皇后考

原武史

講談社

皇后考

装幀　菊地信義

皇后考　目次

神功皇后の昔には、まだ中天皇《なかつすめらみこと》に類した名称は出来なかったものであろうと思われる。そうして、実際は、中《なか》つ天皇《すめらみこと》として、威力を発揮遊したのだということが出来る。

皇后とは中つ天皇であり、中つ天皇は皇后であることが、まずひと口には申してよいと思うのである。

（折口信夫「女帝考」、安藤礼二編『折口信夫天皇論集』、講談社文芸文庫、二〇一一年所収）

第1章　序——ある詔書をめぐって

大正が終わる二ヵ月前に当たる一九二六（大正十五）年十月二十一日、官報号外を通して、ある詔書が御名御璽《ぎょめいぎょじ》の脇に摂政名を添えて公布され、翌日の新聞にいっせいに掲載された。

朕惟フニ長慶天皇在位ノ事蹟ハ史乗ノ紀述審《つまびらか》ナラサルモノアリ今ヤ在廷ノ臣僚ニ命シ深究精覈セシメ其ノ事蹟明瞭ナルニ至レリ乃《すなわ》チ大統中同天皇ヲ後村上天皇ノ次ニ列ス茲《ここ》ニ之ヲ宣示ス

当時、天皇嘉仁《よしひと》（大正天皇）は葉山で療養しており、二一年十一月から摂政となった皇太子裕仁《ひろひと》（後の昭和天皇）が天皇の公務を代行していた。御名御璽の脇に摂政名を添える詔書のスタイルは、このときからずっと続いていた。言うまでもなく「朕」は天皇の一人称だが、実際には皇太子を意味している。

長慶《ちょうけい》天皇というのは、南北朝時代に南朝の天皇であった後村上《ごむらかみ》天皇の皇子である。江戸時代から在位説と非在位説があったが、大正期になって新史料が発見されたことで「其ノ事蹟明瞭ナルニ至」ったとして、皇統（大統譜）に加えられ、第九十八代天皇となったのである。

この決定を最終的に下したのは、前日に開かれた枢密院会議であった。裕仁が嘉仁の代わりに親臨し、議長の倉富勇三郎、副議長の平沼騏《き》一郎《いちろう》、首相の若槻礼次郎ほか内閣閣僚、それに十八人の顧問官が出席した会議で、満場一致で可決された（「長慶天皇ヲ皇代ニ列セラルルノ件会議筆記」、『枢密院会議議事録』四十二、東京大学出版会、一九八八年所収）。

明治以降、歴代天皇を確定する作業が進められた。明治三（一八七〇—太陽暦が採用される一八七三年までは元号と西暦にズレがあるため、元号表記を優先させる）年には、壬申《じんしん》の乱で敗れた大友皇子《おおとものおうじ》を弘文《こうぶん》天皇としたのをはじめ、奈良時代と鎌倉時代に政変のため退位させられた天皇にも、それぞれ淳《じゅん》仁《にん》天皇、仲恭《ちゅうきょう》天皇の諡号《しごう》（おくり名）が贈られている。

一九一〇（明治四十三）年には、国定教科書『尋常小学日本歴史』の教師用教科書が発行され、執筆者で歴史学者の喜田貞吉が南北朝時代につき、南北朝を対等に扱い、両朝の正閏《せいじゅん》軽重を論ずるべきでないと説明したことを機に南北朝正閏論争が起こった。この論争は一一年に天皇の勅裁により、南朝を正統とすることで決着した。

これに伴い、北朝の天皇の存在は認められない代わりに、後醍醐《ごだいご》天皇以下、後村上天皇、後亀山《ごかめやま》天皇を歴代に数えることとした。このとき、「長慶天皇ヲ御歴代ニ加ヘラルルコトハ他日其ノ御在位ノ事実ノ判明スルヲ俟チテ然ル後ニ之ヲ決スヘキコト」（前掲「長慶天皇ヲ皇代ニ列セラルルノ件会議筆記」）としたが、それから十五年後に「御在位ノ事実」を認めたわけである。

長慶天皇の在位確定とともに、神武《じんむ》から大正までの皇統が確定し、詔書が公布されたのと同じ日、皇室令第六号として皇統譜令が公布された。一八八九（明治二十二）年発布の旧皇室典範には、第三十四条に「皇統譜及前条ニ関ル記録ハ図書寮ニ於テ尚蔵ス」とあったものの、皇室の戸籍に当たる皇統譜は、長らく現存していなかった。

十月二十二日、裕仁は宮城《きゅうじょう》（現・皇居）内の宮中三殿で「親告の儀」を行い、長慶天皇を皇統に加えたことをアマテラスや歴代天皇の霊などに「奉告」した。官庁や学校は、この日を臨時休業日としている（『東京朝日新聞』一九二六年十月二十一日）。

内大臣秘書官長の河井弥八は、二十二日の日記に「長慶天皇御登列奉告祭。頗《すこぶる》盛儀なり。出席者三百余人」（高橋紘ほか編『昭和初期の天皇と宮中　侍従次長河井弥八日記』第一巻、岩波書店、一九九三年）と記している。その五日前の十月十七日に同じ宮中三殿で行われた神嘗祭《かんなめさい》が「参列者意外に少し」であったのとは好対照である。

これにより、天皇嘉仁を初代神武天皇から数えて百二十三代目と見なすことが、初めて正式に可能となった。現天皇の明仁《あきひと》は第百二十五代とされているが、それも二六年十月二十一日の詔書にしたがっている。

つまり、大日本帝国憲法第一条で「大日本帝国ハ万世一系ノ天皇之ヲ統治ス」と規定しておきながら、「万世一系」の具体的中身は大正末期まで確定していなかったわけだ。二六年十月二十一日の詔書によれば、その原因はひとえに、南北朝正閏論争が起こったのを機に正統と定められた南朝の問題にあったかに見える。

ところが、この詔書はもうひとつの重大な決定があったことを言外に追いやっている。神功皇后を皇統から外す、言い換えれば仲哀天皇に次ぐ第十五代天皇としては認めないという決定がそれである。

二六年十月二十日に開かれた枢密院会議は、長慶天皇を皇統に加える決定を最終的に下したにすぎない。この決定を実質的に下したのは、二四年三月七日に帝室制度審議会の調査機関として宮内省に設置された「臨時御歴代史実考査委員会」であった。

臨時御歴代史実考査委員会の設置を帝室制度審議会総会にはかり、宮内大臣の牧野伸顕《のぶあき》に進言し、官制が公布されるや委員会の総裁となったのは、伊東巳代治《みよじ》であった。伊東は一九〇三（明治三十六）年に帝室制度調査局副総裁、次いで一六（大正五）年に帝室制度審議会総裁となるなど、皇室制度の整備に力を注いできた（『伯爵伊東巳代治』下、晨亭会、一九三八年）。

以下、西川誠「大正後期皇室制度整備と宮内省」（『年報近代日本研究20　宮中・皇室と政治』、山川出版社、一九九八年所収）の助けを借りつつ、臨時御歴代史実考査委員会につき見ておきたい。

この委員会の委員に選ばれたのは、枢密顧問官の倉富勇三郎、枢密顧問官で元司法大臣の平沼騏一郎、元司法大臣の岡野敬次郎、宮内次官の関屋貞三郎、枢密院書記官長の二上兵治《ふたがみひょうじ》、内大臣秘書官長の入江貫一、宮内省諸陵頭兼図書頭の杉栄三郎、歴史学者で東京帝大教授の三上参次、黒板勝美、辻善之助、和田英松、歴史学者で元東京帝大教授の坪井九馬三《くめぞう》、歴史学者で京都帝大教授の三浦周行《ひろゆき》であった。官僚や元大臣が七人、学者（帝大教授ないし元帝大教授）が六人という構成である。倉富、平沼、岡野、二上は、帝室制度審議会のメンバーでもあった。

伊東は、自らの権威を高めようとして、委員会での諮問事項を多く望んだ。「審議ヲ要スル事項」は、当初十八点におよんだ（国立国会図書館憲政資料室所蔵「平沼騏一郎関係文書」に所収）。

しかし、委員会の監督となる宮内大臣の牧野伸顕は、委員会が設置された翌日の二四年三月八日、伊東に「皇統譜令の必要事項に局限する事を切言」（『牧野伸顕日記』、中央公論社、一九九〇年）した。帝室制度審議会総会が同年四月二十五日の議決を経て牧野に答申した諮問事項は、最も重要な次の三点にしぼられた。

第一、神功皇后ヲ皇代ニ列スヘキヤ否〔ヤ〕

第二、長慶天皇ヲ皇代ニ列スヘキヤ否〔ヤ〕

第三、宣仁門院中和門院及明子女王ハ其ノ取扱ヲ皇后ト同一ニスヘキヤ否〔ヤ〕（前掲『伯爵伊東巳代治』下）

牧野はこれらの事項を臨時御歴代史実考査委員会に諮問し、伊東は委員会のメンバーに手分けして調査させることにした（同）。

第三の諮問事項に出てくる宣仁門院《せんにんもんいん》は四条天皇の女御《にょうご》、中和門院《ちゅうわもんいん》は後陽成《ごようぜい》天皇の女御で後水尾《ごみずのお》天皇の生母、明子《あきこ》女王は高松宮好仁《たかまつのみやよしひと》親王の王女で後西《ごさい》天皇の女御である。審議の結果、いずれも「皇后と同一の取扱をなすべからず」（同）とされた。

第三が皇后をめぐる諮問事項であったのに対して、第一と第二は天皇をめぐる諮問事項であった。歴代天皇を確定させるという点では、第三よりも第一と第二のほうがはるかに重要であった。二六年十月二十一日の詔書は、第二の結論である「皇代に列せらるべきものなり」（同）を踏まえていたのだ。

しかしそれは、単独で決められたわけではなく、第一の結論である「皇代に列せざるを可とし」（同）とセットになっていたのを見逃してはならない。先の詔書は、第二の結論についてのみ触れており、第一の結論については触れなかったのである。

大正天皇の日々の動静を記した公文書である『大正天皇実録』大正十五年十月二十一日条でも、第二の結論だけが言及されている。

大正十三年宮内省ニ臨時御歴代史実考査委員会ノ設ケラルルヤ、同委員会ニ於テモ宮内大臣ノ諮問ニ基キ慎重審議ノ末、同〔長慶〕天皇ヲ皇代ニ列シ奉ルベキ旨ヲ答申スルニ及ビ、更ニ枢密院ニ諮詢ノ後勅裁アラセラレ、詔書ヲ以テ同天皇ヲ皇代ニ列シ奉ルベキ旨ヲ宣示セラレシナリ。


なぜ第一の結論には触れなかったのか。

長慶天皇を歴代天皇に加える一方、神功《じんぐう》皇后はそこから外された。前者については、はっきりしなかった「天皇」の在位が史料によって明らかとなり、天皇として認められたわけで、詔書でそれを公表する意味はあるが、後者については、いかなる史料によっても在位の確認できない「皇后」を天皇として認めないのは至極当然である。わざわざ公表したり、記録したりするまでもないことだ。そう考えれば合点がいく。

だが、それは直ちに次の疑問を生ぜしめる。

ではなぜ、そんな決まりきったことを、政府主導の委員会まで設けて仰々しく諮問しなければならなかったのか。なぜそんな決まりきったことが、大正末期まで正式に決まらなかったのか。

なるほど、一九〇九年刊行の『尋常小学日本歴史』では、後の応神《おうじん》天皇の摂政であった神功皇后は事実上の天皇と見なされ、巻末の附録に掲げられた歴代天皇の一覧表にも組み込まれ、在位期間も記されていた。しかし一九一一年刊行の『尋常小学日本歴史』から、国定教科書では南朝正統論が採用されるとともに、神功皇后も外されるようになった。枢密顧問官の倉富勇三郎は、二一年九月九日の日記で、長慶天皇とともに問題になるのは神功皇后ではなく、履中《りちゅう》天皇の皇孫女で清寧《せいねい》天皇没後に皇位を継いだとされる飯豊青皇女《いいとよあおのひめみこ》（飯豊天皇）だとしている（『倉富勇三郎日記』第二巻、国書刊行会、二〇一二年）。神功皇后の問題はすでに解決済みとしているわけだ。にもかかわらず、なぜ飯豊青皇女ではなく、神功皇后が委員会で審議を要する最重要事項として再び浮上し、国定教科書の記述についても「其ノ当否如何」と問われるに至ったのか。

　そもそも、天皇として認めるか認めないか以前に、神功皇后というのは長慶天皇と全く異なり、実在自体が疑わしい伝説ではないのか——疑問は疑問を呼び、謎は深まるばかりである。

　いったい、神功皇后とはどういう人物であったか。

　この人物について記す最も重要な文書は、『日本書紀』と『古事記』である。前者では気長足《おきながたらし》姫尊《ひめのみこと》、後者では息長帯比売命《おきながたらしひめのみこと》、大帯比売命《おおたらしひめのみこと》などと表記される。仲哀《ちゅうあい》天皇の妃、応神天皇の母であり、開化《かいか》天皇の子孫でもあるため、天皇とは血がつながっている。

　生没年は、『日本書紀』によれば成務《せいむ》四十（一七〇）年—神功六十九（二六九）年。『古事記』では、仲哀天皇の条に神功皇后の話を含ませているのに対して、『日本書紀』では独立の一巻（巻第九）がまるまる当てられ、天皇と同格に扱われている。

　一九二〇（大正九）年十一月発行の国定教科書『尋常小学国史』上巻（文部省）は、「神功皇后」という章を設け、次のように記している。

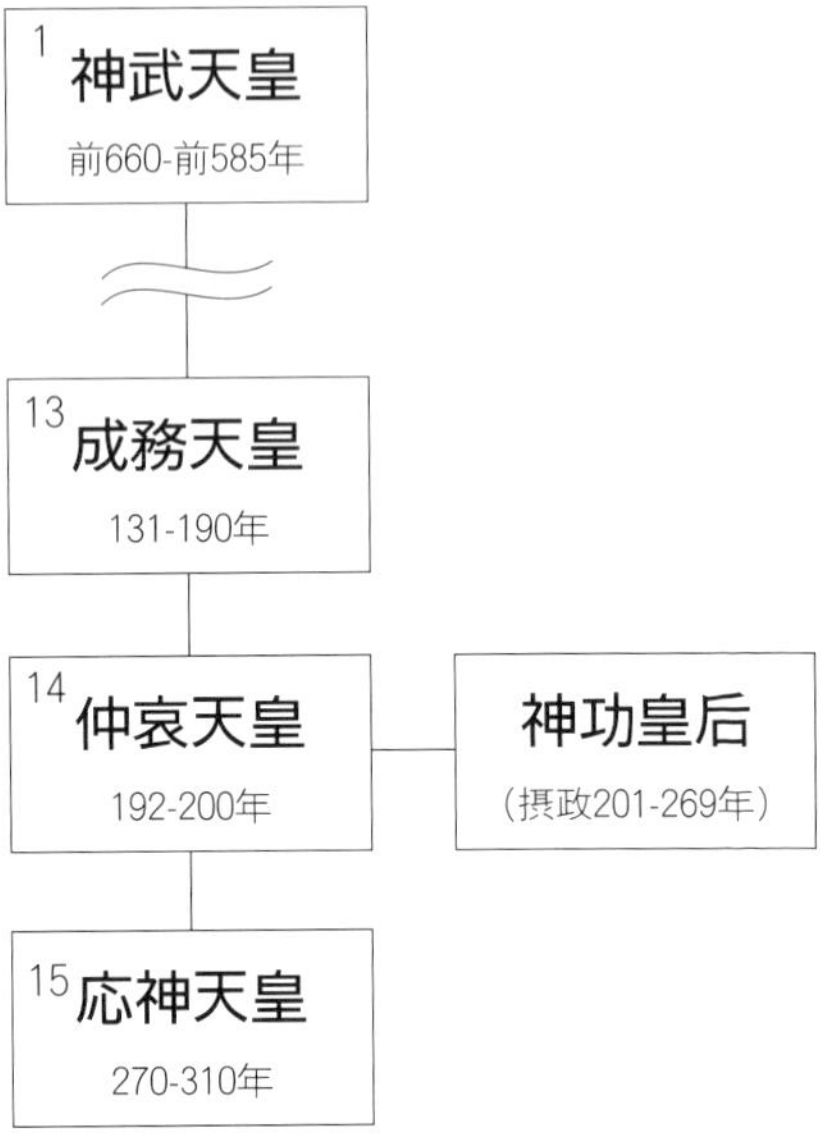

＊天皇の左の数字は代数、下は在位年（西暦）

仲哀天皇の皇后を神功皇后と申し、御生れつき賢くをしくましませり。天皇の御代に熊襲《くまそ》またそむきしかば、天皇は皇后と共に九州にみゆきして之を討ちたまひしが、いまだ平がざるうちにかくれたまへり。

此の頃朝鮮には新羅、百済、高〔句〕麗の三国ありて、之を三韓といへり。中にも新羅は最も我が国に近く、且その勢強かりき。されば皇后は、まづ新羅をしたがへなば、熊襲はおのづから平がんとおぼしめし、武内宿禰《たけのうちのすくね》とはかり、御みづから兵をひきゐて新羅を討ちたまふ。時に紀元八百六十年〔西暦二〇〇年〕なり。

皇后は御出発の前、香椎《かしい》の海べに出で、御髪を解き海水にて洗ひたまひて、男の如くみづらといふ髪のふうにゆひ、人々に向ひたまひて、「われ今かりに男のすがたになりて軍をひきゐ、神々の御たすけと汝等の力とによりて新羅を討ちしたがへん」と仰せられしに、武内宿禰をはじめ一同つつしみて、「仰にしたがふべし」と答へたてまつれり。

皇后舟いくさをひきゐて対馬にわたり、それより新羅におしよせたまふ。軍船海にみちみちて御勢すこぶる盛なりしかば、新羅王大いに恐れていはく「東の方に日本といふ神国ありて、天皇といふすぐれたる君いますと聞く。今来れるは必ず日本の神兵ならん。いかでかふせぎ得べき」とただちに白旗をあげて降参し、皇后の御前にちかひて「たとひ太陽西より出で、川の水さかさまに流るる時ありとも、毎年の貢はおこたり申さじ」といへり。やがて皇后凱旋したまひしが、其後百済、高〔句〕麗の二国もまた我が国にしたがへり。

いわゆる三韓征伐の記述である。『日本書紀』と『古事記』のストーリーを組み合わせて、小学生向けにわかりやすくまとめられている。正確にいえば新羅、高句麗、百済を三韓と記しているのは『日本書紀』であり、『古事記』には新羅だけが出てくるのだが、本書では便宜上、両者を区別せずに三韓征伐と表記することにしたい。

『日本書紀』と『古事記』を見ても、あるいは他のいかなる歴史書を見ても、神功皇后のように自ら海を渡って外国に赴き、外国と戦って勝った天皇は一人もいない。

もちろん現在では、こうした話は「虚構のあとが著しく、史実とはみなしがたい」（「新羅征討説話」、『国史大辞典』7、吉川弘文館、一九八六年所収）とされている。しかし明治から敗戦まで、学校現場で神功皇后は実在の人物と見なされ、右記のような国定教科書をもとに、三韓征伐もれっきとした歴史的事実として教えられていた。

教科書では触れられていない重要な記述として、仲哀天皇が「かくれたま」いた、つまり死去したのは、三韓征伐を促すアマテラスと住吉三神（底筒男命《そこつつのおのみこと》、中筒男命《なかつつのおのみこと》、表筒男命《うわつつのおのみこと》）の神託が神功皇后に下ったにもかかわらず、その託宣を疑ったため神の怒りに触れたからであること、神功皇后の三韓征伐はこの神託によっており、住吉三神が守護したこと、朝鮮半島に行く前から妊娠していた神功皇后は、九州に戻って応神天皇（誉田《ほんだ》別《わけの》皇子《みこ》、品陀《ほんだ》和気命《わけのみこと》）を産んだこと、このため三韓征伐は、神功皇后と皇后の胎内にいた応神天皇が一体となって成し遂げられたともいえること、などがある。これらは、『日本書紀』にも『古事記』にも似たような記述がある。

ところが、応神天皇が生まれてから神功皇后が死去するまでの六十九年間にわたり、神功皇后が皇太后として、四歳で皇太子となる応神天皇の摂政の地位にあったことについては、『日本書紀』にのみ詳細な記述がある。また『日本書紀』には、神功皇后を『魏志』倭人伝に登場する卑弥呼と同一の人物と見なしている記述があるが、『古事記』にはそうした記述がない。

『日本書紀』の記述によれば、仲哀天皇と応神天皇の間には、三韓征伐（摂政前紀）の期間まで含めれば七十年近く（正確には六十九年十ヵ月と二十三日）におよぶ空位の期間があるため、神功皇后を天皇にカウントしないと、「大空位時代」が生じることになる。大正末期まで神功皇后を天皇として認めるべきか否かが決着しなかった主な理由は、まさにこの点にあった。

臨時御歴代史実考査委員会の委員のうち、第一の諮問事項を調査する特別委員となったのは、平沼騏一郎、三上参次、黒板勝美の三名であったようだ（このうち、三上と黒板は第二の諮問事項の特別委員にもなっている）。その証拠に、三名が共同で立案した「神功皇后ヲ皇代ニ列セラルヘカラストナス理由書案」が、前掲「平沼騏一郎関係文書」に収められている。

書かれた正確な期日は不明だが、一九二五年五月一日付で委員会幹事の渡部信から平沼にあてられた「諮問事項第一ニ対スル答申理由書別紙総裁ノ命ニ依リ及御回付候也」という手紙が付いていることから、遅くともこの日までに書かれたと見られる。

そこではどのような点が、神功皇后を歴代天皇に加えない「理由」として掲げられていたのだろうか。原文のまま、箇条書きで列挙してみよう。

①書紀ノ記載ハ皇后カ皇太后ノ位ニ居テ大政ヲ摂行シ給ヒシコトヲ示シ、其ノ御在位ノ天皇ニ非サリシコトヲ昭ニセルモノナリ

②書紀カ皇后ノ為ニ一紀ヲ立タルノミナラス、御名ニ尊ト称シ、御一人称ニ朕ノ字ヲ用ヒ、御言ヲ勅トシ、神去リマシシヲ崩ト云ヒ、御墓ヲ陵ト称シ又磐余《いわれ》ニ都シタマフト書シ、恰《あたか》モ御歴代ノ天皇ニ対スル記載ト同様ノ書法ヲ用ヒタルカ為ニ疑義ヲ生セサルニ非スト雖《いえど》モ、書紀ヲ通覧スルニ御歴代ノ天皇ニ付テハ、其ノ紀ノ首ニ総テ御諱尊天皇ト標出スルヲ体例トセルニ拘《かかわ》ラス、皇后紀ニハ御諱尊ト標出シテ天皇ノ称号ヲ加フルコトナシ

③誉田別皇子カ夙《つと》ニ大統ヲ継キタマフヘキ御方ニ定マリシコトハ書紀ノ記載ニ依リテ認メ得ヘク、其ノ猶ホ幼冲ナリシカ為ニ、直ニ宸極ニ登リ給ハスシテ皇太子ニ立タセラレタルモノニ外ナラス、而シテ御母神功皇后ハ皇子ノ未タ践祚ナキニ拘ラス皇太后ノ位ニ居リテ大政ヲ摂行セラレタルナリ、今時ノ観念ヲ以テスルトキハ、天皇マシマサスシテ皇太子アリ摂政アリト言フカ如キ、少《いささ》カ異様ノ感ナキニ非スト雖モ、未タ制度ノ具備セサル上代ノ変例ハ復《ま》タ已《や》ムコトヲ得サルナリ

④古事記ニ於テハ皇后ヲ御一代トナサス、其ノ御事蹟ヲ仲哀天皇ノ条ニ附記セリ、是レ一層明確ニ皇后ノ宸極ニ登リ給ハサリシコトヲ断定セルモノト謂フヘシ

このうち、①、②、④は、記述の形式に関するものである。要するに、神功皇后は『日本書紀』では天皇と表記されていない、『古事記』では仲哀天皇の条に付記されているにすぎない、だから天皇ではないということだ。しかしこんなことは、枢密顧問官や東京帝大教授の権威を借りずとも、『日本書紀』や『古事記』をきちんと読めば、誰しもが気づくことである。

問題は③である。

ここには前述した、六十九年間にわたって神功皇后が皇太后の地位にあり、皇太子〔後の応神天皇〕の摂政として政務を行い続けたという、核心部分に当たる「大空位時代」に対する言及がある。

だが、その理由としては、「其〔誉田別皇子〕ノ猶ホ幼冲ナリシカ為ニ、直ニ宸極ニ登リ給ハスシテ皇太子ニ立タセラレタルモノニ外ナラス」という、いかにも苦しい弁明しかなされていない。なぜなら幼冲とは、明治維新の際に前土佐藩主の山内豊信《とよしげ》が満十五歳の天皇を「幼冲の天子」と呼んだように、せいぜい十代までを指す言葉であり、六十九年間も天皇にならなかったことに対する理由にはなっていないからだ。「少カ異様ノ感ナキニ非スト雖モ、未タ制度ノ具備セサル上代ノ変例ハ復タ已ムコトヲ得サルナリ」という蛇足の一文は、この強引さを意識したからこそ付けられたのだろう。

一方、三浦周行は、平沼、三上、黒板の三名とは別に、単独で二四年五月十三日に「神功皇后ヲ皇代ニ列スベキヤ否ヤニツキテノ意見」を提出している〔前掲「平沼騏一郎関係文書」所収〕。臨時御歴代史実考査委員会が設置されて二ヵ月あまり、帝室制度審議会総会が開かれてわずか半月あまり後のことである。

ここで三浦は、神功皇后が「皇位ニ即《つ》カセラレシコトハ見エズ」、「他ノ女帝ノ如ク、御諱天皇ト称シ奉ラザルコト丶共ニ明瞭ナリ」としながらも、平沼、三上、黒板とは明らかに異なる意見を述べている。

思フニ、皇后ハ仲哀天皇ノ崩御ヲ承ケ給ヒテ、御親《みずか》ラ軍国ノ大事ヲ決セラレ、赫々タル偉業ヲ達成シ給ヘルノミナラズ、其後ニ至ルモ、一切ノ政務ヲ総攬シ給ヘリ、若《も》シ皇后ニシテ普通ノ摂政ニマシマサンニハ、皇太子ノ御成長ヲ待ツテ皇位ニ即ケ奉ラルベキ筈ナルニ、サル事モナク、御一生太政ヲミソナハシ給ヘルコト、当時ノ歴朝ニ異ラセラレズ

もし神功皇后が「普通ノ摂政」であれば、皇太子が成長した時点で摂政をやめ、皇太子が天皇に即位しなければならないはずである。だが実際にはそうはならず、皇太后として死去するまでずっと「太政ヲミソナハシ給」いたという『日本書紀』の記述から、三浦は目をそむけていない。この点で神功皇后は、「当時ノ歴朝」、つまり天皇と変わらなかったというのだ。

さらに三浦は、神功皇后の在位を否定する説が頻出するようになったのは、中国を尊ぶ江戸時代の漢学者からだとして、水戸藩主の徳川光圀《みつくに》の命により編纂された『大日本史』をその代表的な例にあげる。

『大日本史』は、①神功皇后を后妃伝に列して天皇から外し、②大友皇子を帝紀に列して弘文天皇とし、③南朝を正統とした。これらは、「三大特筆」と言われている。そのすべてが、大正末期までに政府により認められたわけだ。順番でいえば、①が一番最後になったことに注意すべきだろ

う。

政治学者の渡辺浩は、幕府や朝廷といった学術用語が、後期水戸学に由来する皇国史観のイデオロギーを帯びていることを指摘した（『東アジアの王権と思想』、東京大学出版会、一九九七年）。この指摘を踏まえれば、明治以降の歴代天皇の確定過程にも、水戸学のイデオロギーがじわじわと影響を及ぼしていったといえよう。

三浦は、『大日本史』的な歴史観をこう批判する。

> コレ漢学者ガ、一般ニ支那一流ノ男尊女卑ノ思想ニ駆ラレタルト、支那ノ歴史上非難セラルヽ女王ガ先入主トナリテ、女子ノ政局ニ当ルガ如キハ、所謂牝鶏《ひんけい》ノ晨スルモノトシテコレヲ排スルニ傾キタルトニ依ルモノニシテ、独リ皇后ノミナラズ、女帝ノ大統ヲ嗣《つ》ガルヽヲ非常ノ変態ナリト看做《みな》シ、甚シキニ至リテハ、女帝ヲ挙ゲテ閏位ニ貶《おとし》メテ正位ニ列セズ、女帝ノ為メニハ一切一紀ヲ立テズシテ皆前紀ニ附シタルサヘアリ

こうした漢学者流の歴史観は、日本には当てはまらない。なぜなら日本では、「天照大神ヲ始メ奉リ、歴代女帝モ多ク君臨シマシ〳〵タレバ、強《あなが》チ非常ノ変態ナリシト謂フヲ得ズ」と言うべきだからである。「女子であつても、第一天祖天照大神《あまてらすおおみかみ》の如き御方があらせられた位であつたし、御歴代にも女帝があらせられた。民間に於ても、余りに性に依つて尊卑の別を置いたとは思はれぬ」と述べた『国史上の社会問題』（大鐙閣、一九二〇年）以来の三浦の歴史観が、ここに現れている。

したがって三浦は、「神功皇后ヲ皇代ニ列セラルヘカラス」という臨時御歴代史実考査委員会の

結論に、必ずしも満足していなかったはずである。「今後ニ於テモ、略《ほぼ》天皇ニ准シ給フカ、若クハ此際新ニ天皇号ヲ追贈シ給フガ如キハ、皇后ノ御偉業ヲ追尊シ給フ所以ノ聖謨ニシテ、聖代ノ美事ナリト思惟シ奉ルモノナリ」。神功皇后の「偉業」を踏まえれば、たとえいまは無理でも、将来的には天皇に格上げすべきだとしているわけだ。

神功皇后をめぐって、臨時御歴代史実考査委員会で平沼、三上、黒板と三浦の間に議論の応酬があったことは想像に難くない。新史料が発見された長慶天皇のように、すっきりとはいかなかったのではないか。

三浦は長慶天皇の在位確定について、「長慶天皇御在位決定に至る迄」（『日本史の研究』第二輯、岩波書店、一九三〇年所収）で触れている。もちろん、議事の中身までは明かさなかったものの、委員会で作成した案が宮内大臣に答申され、「宮内省より内閣の諒解を得た上、枢密院に御諮詢になり、同院に於ては精〔審〕査委員を設けて鄭重熟議の末、御在位を認めて本会議に移し、満場一致でこれを可決した」としている。

正確にいえば、総裁の伊東巳代治が臨時御歴代史実考査委員会での決定を宮内大臣の一木《いちき》喜徳郎《きとくろう》に答申したのが二五年十二月二十二日、一木が「長慶天皇ヲ皇代ニ列セラルルノ件」を枢密顧問に諮詢するよう裕仁に奏請したのが二六年八月十日、枢密院に審査委員会が設けられたのが同年九月二十七日であった（国立国会図書館憲政資料室所蔵「牧野伸顕関係文書」、『昭和天皇実録』大正十五年十月二十日条、前掲「長慶天皇ヲ皇代ニ列セラルルノ件会議筆記」）。

一方、神功皇后については、第一の諮問事項とされながら、臨時御歴代史実考査委員会で「皇代ニ列セラルヘカラス」という決定がなされ、伊東が宮内大臣に答申するまでの具体的経過が明らかでない。
長慶天皇については文章を公表した三浦周行も、神功皇后については公表しなかった。臨時御歴代史実考査委員会が設置された二四年三月、牧野は伊東と「議事の秘密厳守すべき事を談合」(前掲『牧野伸顕日記』)しており、三浦もこれを守ったように見える。

三浦周行は、平沼、三上、黒板が強引に押し切ろうとした「大空位時代」の問題を鋭く衝いたばかりか、彼らの背景にある『大日本史』的な歴史観にまで筆を進めた。とはいえ、神功皇后を歴史上の人物と見なし、『日本書紀』の記述が事実だとする前提に立っている点では、平沼、三上、黒板と変わらなかった。

いや正確にいえば、『日本書紀』の記述のうち、都合のよい部分にのみ言及し、そうでない部分は無視した平沼、三上、黒板よりも、三浦のほうが『日本書紀』の記述に忠実にしたがっているともいえた。

これより先の一九二一年、日本文化史学者で東洋大学教授の和辻哲郎は、「神功皇后について」(初出は『中央史壇』二一年十月号。『和辻哲郎全集』第二十二巻、岩波書店、一九九一年所収)のなかで、黒板勝美の『国史の研究』各説の部(文会堂書店、一九一八年)における神功皇后の解釈を取り上げた。

黒板は同書で、前述した三韓征伐を神功皇后ではなく、「仲哀天皇の御考」によるものとし、その根拠として、『日本書紀』巻第九の神功紀四十七年に見られる、「新羅の調使の至れるを見て、神功皇后応神天皇大いに喜びたまひ、先王の望みし国人来朝せりとのたまひしこと」をあげた。その反面、三韓征伐を促す神託が神功皇后に下ったにもかかわらず、仲哀天皇がその託宣を疑ったため神の怒りに触れたという巻第八の記述については、「伝説」であって史実ではないとした。

三浦が言うところの、「独リ皇后ノミナラズ、女帝ノ大統ヲ嗣ガル、ヲ非常ノ変態ナリト看做す解釈が、ここにもよく現れている。

和辻は黒板の解釈を批判する。

> あの鮮やかに描かれた神託の話を斥《しりぞ》けて、新羅征伐のみを史実と認める根拠はどこにあるか。神托の話も新羅征伐の話も、伝説の中には同じ権利をもって存在している。たとえ前者が神功紀四十七年の記述と矛盾するにしても、この記述のみを史実と見、それに矛盾する神託の話を仮構と見るわけには行かない。それと反対の見方も同じ権利をもって存在し得るはずである。だから右の様な解釈は、なんら確実な根拠を持たない気儘《きまま》な臆測と見るほかはない。（前掲「神功皇后について」）

痛烈である。『古寺巡礼』『日本古代文化』と立て続けに古代日本に関する著作を出版した少壮気鋭の学者は、東京帝大教授の権威に真っ向から挑んだのだ。

なんら確実な根拠を持たない気儘な臆測——これと全く同じ言葉を、三浦は「其（誉田別皇子）ノ猶ホ幼冲ナリシカ為ニ、直ニ宸極ニ登リ給ハスシテ皇太子ニ立タセラレタルモノニ外ナラス」と強弁した黒板（と平沼と三上）に浴びせたかったのではなかろうか。

では、和辻は三浦と同じ立場をとったかといえば、そうではない。あくまでも『日本書紀』の忠実な解釈者たらんとする三浦に対して、和辻は『日本書紀』の記述を史実と見なす前提そのものを崩そうとする。

この種の伝説の人物〔神功皇后〕を『日本書紀』の編者は歴史的人物と見た。そうして「時」から超越している物語を、雑駁な細片に砕いて、年や月にあてはめた。かくして神功皇后の治世は六十九年間となり、六十九歳まで皇太子であった応神天皇の治世は、四十一年間となった。が伝説の主人公たる神功皇后をそのまま歴史的人物と認める限り、現在の歴史家と『書紀』の編者との間にどれだけの差違があるだろう。（同。傍点原文）

和辻に言わせれば、「神功皇后の伝説は明らかに『伝説』であって歴史的事実ではない」のだ。『日本書紀』のある部分を史実とし、ある部分を伝説とする黒板も、『日本書紀』の全体を忠実になぞる三浦も、この点では等しく間違っている。三浦があれほど問題にした「大空位時代」も、和辻は全く問題にしていない。

さらに和辻は言う。文中でしばしば言及される『魏志』や『百済記』によって潤色された『日本書紀』よりは、「息長帯姫」（息長帯比売）という女英雄の物語が描かれた『古事記』のほうが、まだましである。『古事記』は、「幼稚な歴史家の編纂した『書紀』よりも、「一層事実に近いものと見なくてはならぬ」（同）。

もっとも、この女英雄も歴史的人物と同一ではない。「われわれは『古事記』に描かれた『息長帯姫』の物語をそのままに受け取って、そこに上代人の心に結晶した一つの理想的人物を看取し得れば足りるのである」（同）。

こうした和辻の解釈は、早稲田大学教授であった津田左右吉《そうきち》の『古事記及び日本書紀の新研究』（洛陽堂、一九一九年）から示唆を得ていたかもしれない。なぜなら、津田もまた、「神功皇后の新羅征討の物語」にわざわざ一章をあて、「此の物語に於ける書紀の記載には、後人の添加したところ（中略）が頗る多い」のに対して、「古事記は物語の原形に近いものであるが、それとても歴史的事実そのまゝでは無い」としているからだ。

このように、和辻や津田は神功皇后を天皇として認めるか否か以前の問題として、神功皇后の実在自体に疑いの目を向けた。『古事記及び日本書紀の新研究』が発禁となる昭和初期と比べて、大正期にはまだ天皇制研究の自由があったのである。

しかし、彼らが臨時御歴代史実考査委員会のメンバーになることはなかった。政府も、国定教科書によって教えられる国民も、神功皇后を歴史的人物とする前提を共有していた。皇室もそうだったのは言うまでもない。東宮御学問所に入学した皇太子裕仁は、一九一四（大正三）年度に同御用掛の白鳥庫吉《くらきち》から国史の授業で、「神功皇后の征韓」について教わっている（『國史』、勉誠社、一九九七年）[注1]。

大正末期、政府は神功皇后を歴史的人物として認めたうえで、天皇から外す決定を正式に下した。その決定は、公表されることがなかった。六十九年にわたる「大空位時代」は、天皇不在のままとなった。

しかし天皇以上に、皇后はずっといたわけではない。皇后のあり方は、天皇に比べてはるかに多様であり、皇后が立てられなかったり、逆に二人の皇后が並立したりしたこともある。歴代天皇の配偶者は、常に皇后と呼ばれていたわけではなく、配偶者でないのに皇后になったり、死後に皇后を追贈されたり、皇后ではなく中宮と呼ばれたりした。元弘三（一三三三）年に後醍醐天皇の中宮として珣子《じゅんし》内親王を立ててから、江戸時代初期に徳川和子《まさこ》が後水尾天皇の中宮に立てられるまで、長慶天皇の時代を除いて中宮は途絶えた。明治元（一八六九）年十二月（新暦一月）に天皇睦仁《むつひと》（明治天皇）の女御となった美子《はるこ》（昭憲《しょうけん》皇太后）が中宮を経て皇后になると、中宮職《ちゅうぐうしき》は皇后宮職《こうごうぐうしき》に改められた。中宮の称号が廃止され、皇后に統一されたのは、旧皇室典範が発布される一八八九年になってからである。

ほとんどの皇后や中宮は、歴史的に活躍することもなく、忘却されていった。おそらく、神功皇后に匹敵する明治までの有名な皇后は、後に天皇になった皇后を除けば、光明皇后《こうみょう》（七〇一～七六〇）しかいない。[注2] 言うまでもなく聖武《しょうむ》天皇の妃であり、生前に受けた尊号は中台天平応真仁正《ちゅうだいてんぴょうおうしんにんしょう》皇太后といった。初めての皇族以外からの皇后とされている。仏教に帰依して悲田院《ひでんいん》や施薬院《せやくいん》を設置し、貧窮者やハンセン病者、孤児らを救済した。

前掲『尋常小学国史』上巻には、「聖武天皇」という章に「聖武天皇の皇后は、藤原鎌足の孫にまし〳〵て、世に光明皇后と申したてまつる。皇后もまたあつく仏教を信じたまへり。御生れつきなさけ深く、貧しき人々のために病院を建てて薬を施したまひ、又孤児を集めて之を養はしめたまへり」とある。

三浦周行は、一九二一年十月に書かれた「光明皇后」（『日本史の研究』第一輯、岩波書店、一九二二年所収）で、光明皇后が神功皇后と同様、聖武天皇の死去後に皇太后として、約五年間にわたって女帝である孝謙《こうけん》天皇の事実上の摂政であり続けたことを重視している。ここで三浦は、「支那伝来の思想」である「男尊女卑」の立場から「光明皇太后の政治を盲目的に非難するは決して公正の見といはれまい」としているように、臨時御歴代史実考査委員会での意見を先取りするような主張をしている。

だが、神功皇后と光明皇后では、性格がまるで正反対である。「暫く男《ますらお》の貌《すがた》を仮りて、強《あながち》に雄《おお》しき略《はかりこと》を起さむ」（『日本書紀』）とした前者が天皇よりも猛々しく、男勝りの皇后とされたのに対して、「仁慈《じんじ》にして、志、物を救ふに存」（『続日本紀』）った後者は慈母のような皇后であったとされる。この両極をおさえられたら、天皇といえども出る幕はあるまい。皇后は両性具有になり得るのだ。

しかも、神功皇后が歴史的人物とされることで、皇后に神託が下ったことも事実とされた。アマテラスや住吉三神の神託が下ったのは皇后に対してであって、天皇に対してではなかった。たとえ神功皇后が天皇として認められなかったとしても、「神」により近いのは皇后という「事実」自体は否定されなかったのである。

二四年二月から五月にかけて、沼津御用邸で皇后節子《さだこ》（貞明《ていめい》皇后）に「神《かん》ながらの道」を講義した法学者で東京帝大教授の筧《かけい》克彦は、「神功皇后様の卓越し給ひしことは、直覚的に信仰心を有し給ひ、特に御油断なき御修養により正しき御信仰に深くいらせられ、従つて御決心固く実行力に富み給ひしこと」（傍○原文）と述べている（『神ながらの道』、内務省神社局、一九二六年）。

同年四月九日、皇后節子に会った牧野伸顕は、皇后から「筧の進講の件」につき、「厚く礼を述べ度し、進講は実に有益にして予期以上の興味あり、裨益《ひえき》する処多大なり、殊に女子には尤も為になる様感ぜり」という言葉をかけられている（前掲『牧野伸顕日記』）。

その四日後、牧野は伊東巳代治に会いに行き、「考査委〔員〕会問題に付相談」し、「議題の種類を分つ事、弘文、仲恭両天皇は御歴代に数へ皇霊殿に奉祀せるを以て、今更問題とす可からざる事、其他御親裁を仰ぐに研究材料不足等の為め未だ其時機にあらざる問題も交混せるに付、此等は諮問事項の形式を取らざる等の事」を話したところ、伊東も異議はなかった（同）。帝室制度審議会総会が答申し、宮内大臣が臨時御歴代史実考査委員会に諮問する形式をとりながら、実際には宮内大臣の牧野が主導権を握っていたのである。諮問事項が前述の三点にしぼられるのは、この直後であった。

明治維新とともに、政府が周到に築こうとした天皇と皇后の「別」、すなわち分業体制は、はじめからそのどちらにもなり得る神功皇后という〝火種〟を抱えていた。天皇嘉仁の原因不明の病気という不測の事態が、さらに追い打ちをかける。皇太子裕仁が摂政になると、天皇が事実上不在となり、代わって皇后の存在が浮上してくる。

臨時御歴代史実考査委員会で「神功皇后ヲ皇代ニ列スヘキヤ否〔ヤ〕」が審議され、「否」とされた時期は、現実の皇后が一方で神功皇后に、他方で光明皇后に自らを一体化させながら、「神ながらの道」にのめり込んでゆく時期でもあったのである。

これまで、近代天皇制の研究といえば、天皇が中心であった。確かに近年になって、若桑みどり『皇后の肖像　昭憲皇太后の表象と女性の国民化』（筑摩書房、二〇〇一年）や片野真佐子『皇后の近代』（講談社選書メチエ、二〇〇三年）などのような本格的な研究書が刊行されたのに続いて、二〇一四年には吉川弘文館から明治天皇の后に当たる昭憲皇太后の事績を記録した『昭憲皇太后実録』上下巻、別巻が刊行されるなど、皇后研究をめぐる状況には大きな変化が見られつつある。にもかかわらず、いみじくも天皇制という用語それ自体が暗示しているように、明治、大正、昭和の三代の天皇にさえ注目すれば近代天皇制はおのずと明らかになるのであり、皇后は天皇に比べれば二次的な存在にすぎないという前提そのものは、依然として揺らいでいないように思われる。

だがそもそも皇后というのは、天皇の後ろに控えるだけの存在なのか。言い換えれば、天皇の「添え物」にすぎないのか。確かに大日本帝国憲法や日本国憲法には、天皇に関する条文はあっても、皇后に関する条文はない。皇后が勅語や詔書を発布することもなければ、宮中三殿や伊勢神宮で御告文を奏上することもない。しかし、天皇家の長男として生まれれば、あるいは長男でなくても結果として唯一生き残った男子になれば、その瞬間から天皇となるべく運命づけられるのに対して、皇后となる女性は人生の途中で天皇家に嫁いでくる。このため天皇にはない葛藤が生じ、もがき苦しむなかで皇后とは何かという、天皇にはない強烈なアイデンティティの意識が芽生えるのだ。

血統でアマテラスや神武以来の各天皇とつながっている天皇とは異なり、皇后は努力を重ねて神功皇后や光明皇后のような過去の偉大な皇后と一体になろうとする。さらには女性神であるアマテラスに自らを重ね合わそうとする。天皇の「添え物」どころか、天皇よりもいっそう神に近づこうとするのである。

明治以降の皇后が、天皇とともに行うべき重要な行為として、皇居の宮中三殿で行われる宮中祭祀と、天皇の行幸に対応する行啓がある。

戦後の政教分離に伴い、宮中祭祀は公務ではなく、天皇家の私事になったが、その基本的性格は戦前までといささかも変わっていない。またこうした行為は、憲法や皇室典範に規定されていない。言うまでもなく宮中祭祀は、アマテラスや歴代天皇や皇族の霊、あるいは天神地祇《てんじんちぎ》(八百万神)と呼ばれる神々に対する祈りを意味する。たとえ皇后自身は御告文を奏上することがなくても、皇后も天皇と同様に拝礼するのだ。行啓も、伊勢神宮をはじめとする全国の神社や歴代の天皇、皇后陵への参拝が含まれる。したがって宮中祭祀や行啓は、明治以降の皇后が神功皇后や光明皇后、あるいはアマテラスに近づくための絶好の機会となる。

天皇ではなく、皇后に注目することで、新しい天皇像と皇后像をつくり出しつつ、天皇を前面に押し出したはずの近代天皇制の裏で進行しつつあった重大な過程が見えてくる。次章以下では、その過程を具体的に明らかにしてゆきたいと思う。

なお天皇、皇后の表記は原則として生前は名前(睦仁、嘉仁、美子、節子など)を用い、明治天皇、大正天皇、昭憲皇太后、貞明皇后などの諡号は死後にのみ用いることにする。また引用文や人名、書名などの漢字は原則として新字体に統一し、引用文は必要に応じて句読点や濁点、振り仮名を補ったことも付言しておく。

［注］

1　ただしこの節は、仲哀天皇の章に含まれており、独立の一章にはなっていない。

2　光明皇后というのは後世に広まった俗称であり、正式な名は光明《こうみょう》子《し》だが、本書では俗称の方を用いることにする。

第2章

神功皇后と神武天皇 (1)

まずは、別掲の紙幣三枚、起業公債一枚と切手二枚を見ていただきたい。

紙幣は、明治初期に発行された新紙幣に偽造が多発したために改めて政府が発行した「改造紙幣」の一円券、五円券、十円券で、それぞれ一八八一（明治十四）年二月、八二年七月、八三年九月に発行が開始された（貨幣博物館所蔵）。このうち、一円券は日本で初めて人物が印刷された政府紙幣であった。

殖産興業の資金確保のための「大日本帝国政府起業公債五百円証書」は、一円券と同じく、一八七八年に原版が完成し、一八八一年に発行されている。切手は一九〇八年二月発行の五円切手と十円切手で、これまた日本で初めて図案に人物を取り入れた普通切手であった（郵政博物館所蔵）。

これらに共通しているのは、神功皇后が刻まれていることである。人々の目に触れやすい紙幣、起業公債、切手に天皇でなく、皇后が刻まれているのだ。

特に紙幣は、一円券、五円券、十円券のいずれにも神功皇后が刻まれており、一八九九年十二月まで使用されることによって、神功皇后を天皇以上になじみ深い存在にさせるのに貢献したと思われる。改造紙幣には、「神功皇后札」という愛称までつけられた。

起業公債と紙幣に刻まれた神功皇后は、イタリア人彫刻師のエドアルド・キヨッソーネによるも

◀一圓紙幣

五圓紙幣▶

◀十圓紙幣

起業公債▶

◀五圓切手（左）
十圓切手（右）

ので、切手も紙幣を参考にして描かれた。起業公債の容貌、衣装は「まったく西洋の婦人かビーナスのような感じ」であり、紙幣は後になるほど日本人らしくなるとはいえ、それでもまだ西洋人の特徴が残っている（植村峻《たかし》『紙幣肖像の歴史』、東京美術、一九八九年）。

　これらの肖像を見る限り、「暫く男の貌を仮りて、強に雄しき略を起さむ」（『日本書紀』）とした男勝りのイメージはみじんもない。紙幣の歴史に詳しい植村峻は、「神功皇后の肖像を彫刻するに際してキヨッソーネは、『古事記』や『日本書紀』の神功皇后に関する部分を読み、〝幼ニシテ聡明叡智、貌容壮麗〟という『日本書紀』の唯一の容貌に関する記述を頼りに、古今の浮世絵や役者絵、彫像なども参考にしてデッサンを始めたと考えられる」（「大蔵省印刷局におけるキヨッソーネの業績」、『お雇い外国人キヨッソーネ研究』、中央公論美術出版、一九九九年所収）と述べているが、三韓征伐が肖像に反映されているようには見えない。

　キヨッソーネは、一八八八年一月に有名な御真影《ごしんえい》のもとになる天皇睦仁の肖像画も描いている。この肖像画は、「襖を隔てて正面より竜顔を仰ぎ、御姿勢・御談笑の微に至るまで尽く拝写」（『明治天皇紀』第七、吉川弘文館、一九七二年）したものであったのに対して、神功皇后にそうした実物のモデルはあるはずもなかった。

なぜ天皇でなく、皇后だったのか。

『明治天皇紀』第五（吉川弘文館、一九七一年）の一八八〇（明治十三）年二月八日条によれば、当初は皇后ではなく、天皇の図像が紙幣に使われるはずであった。大蔵卿の大隈重信が、「紙幣は貴重なり、故に西洋諸国の例皆其の帝王の肖像を紙幣に現出せり、方今我が国紙幣の価位低落して止まざるは、人民其の貴重なる所以を知らざるに因る、故に此の神武天皇聖影を現はして其の弊を救ふの一助と為さんとす」と述べていたからである。

なお植村峻は、神武天皇ではなく、天皇睦仁の肖像を採用するはずだったと推測している（前掲「大蔵省印刷局におけるキヨッソーネの業績」）。しかしそうした記述は、少なくとも前掲『明治天皇紀』第五にはない。

言うまでもなく神武天皇とは、『日本書紀』巻第三および『古事記』中巻の冒頭に登場する天皇で、皇室の祖先とされるが、どちらも第一代天皇とは明記していない。『日本書紀』では神日本磐《かんやまといわ》余彦天皇《れびこのすめらみこと》、『古事記』では神倭伊波礼毘古命《かんやまといわれびこのみこと》と表記される。前掲の国定教科書『尋常小学国史』上巻（文部省、一九二〇年）では、神功皇后とともに、神武天皇に一章があてられている。

瓊瓊杵尊《ににぎのみこと》より御二代をへて、神武天皇の御時にいたるまでは、御代々日向にまし〳〵てわが国をさめたまひしが、東の方には、なほわるものどもはびこりて、甚ださわがしかりき。天皇は之を平げて、人民を安《やす》んぜんとおぼしめし、舟《ふな》いくさをひきゐて日向を発し、大和《やまと》に向ひたまひ、多くの年月をへて浪速《なには》につきたまへり。

天皇河内《かはち》より大和に入らんとしたまひしに、わるものどものかしら長髄彦《ながすねひこ》といふもの勢《いきほひ》強く、御軍《みいくさ》をふせぎて入れたてまつらず。よりて天皇道をかへて、紀伊《きい》より大和に進まんとしたまふ。其のあたりは、山高く谷深く道なきところも多かりしが、天皇は之をものともしたまはず、飛行く烏をしるべとし、兵士をはげまし、道をひらかせて、つひに大和に入りたまへり。

（中略）

やがて天皇は、宮を畝傍山《うねびやま》の東南橿原《かしはら》にたてて、はじめて御即位《ごそくゐ》の礼を行ひたまへり。此の年をわが国の紀元元年《きげんぐわんねん》とし、毎年二月十一日の紀元節は、此のめでたき日にあたれるがゆゑに、国民ひとしく之を祝ふなり。

このように、日向《ひゅうが》を発ち大和を征服して橿原で即位するまでの説話は「神武東征」と呼ばれるが、今日では神功皇后の三韓征伐と同様、「全く史実性を認めることはできない」（「神武天皇」、前掲『国史大辞典』7所収）とされている。しかし、神功皇后もまた朝鮮半島から帰還すると、瀬戸内海を東に向かい、紀伊に上陸しており、その伝説上のルートは神武東征と一部重なっている。

神武天皇の肖像を紙幣に採用すべきだとする大隈の意見に対して、侍講の元田永孚《もとだながざね》は次のように反論している。

紙幣は貴重なりと雖も、其の物たるや、賤民・販夫も之れを手にし、車夫・博徒も之れを懐にし、汚穢・塵垢に塗る、然るに皇祖の聖影を現出せんとすること何ぞ忌憚なきの甚しきや、且紙幣の価位低落せるは、金貨減少して紙幣過多なるに因れり、今其の原因を治せずして、之れを救済せんがため皇祖の聖影を利用せんとするが如きは上を蔑如するものと云ふべし、若し聖影印刷の紙幣にして其の価位益〻《ますます》下落することあらんか、聖徳亦低下すと称せざるべからず（前掲『明治天皇紀』第五）

大隈は西洋諸国にならい、帝王、つまり神武天皇の肖像を紙幣に印刷すれば、人々は紙幣がいかに貴重かを知り、紙幣の「価位低落」をくい止めることができると考えた。これに対して元田は、誰が手にするかわからない紙幣に神武天皇を印刷するのはあまりにおそれ多い、たとえ神武天皇を印刷しても紙幣の「価位低落」をくい止められなければ、「聖徳」もまた低下することになるではないかと反論したのである。

今日から見ると、元田の反論は明らかに説得力を欠いている。例えば、流通しているすべての紙幣にエリザベス女王の肖像が印刷されているイギリスでは、ポンドの相場やレートの変動にかかわりなく、女王に対する国民の敬愛が不動のものになっているからだ。

しかし天皇睦仁は、元田の奏上を受け入れ、大隈の奏上をしりぞけた。その代わりに神功皇后の図像を印刷することは、「既に印刷を了せるもの尠からざるの故」により、これを認めた。

以上のような『明治天皇紀』第五の説明を、美術史学者の若桑みどりはこう解釈している。

国体主義者にとっては、神武の国家創業の偉業と天皇の維新が結合していたのであるから、その像は女性である皇后の像とは次元の違うものだった。それと同時に、神功皇后は、女性であるから、紙幣に登場することができたのだ。女性であるという本質的な低さのために、許されたのだ。天皇ではなく、皇后だったから許されたのだという推測もできる。（前掲『皇后の肖像』）

天皇よりも皇后のほうが、男性よりも女性のほうが劣っているという「本質的な低さ」のために、皇后は紙幣の顔になったというのだ。

歴史学者の牧原憲夫は、神功皇后が描かれた前述の起業公債について、「文明国の国民にして天皇の臣民」をつくりあげることを最終目標とする文明開化の本質を見事に表現したものと解釈するとともに、「〝三韓征伐〟の神功皇后は『国権拡張』のシンボルともなりえた」としている（「文明開化論」、『岩波講座　日本通史』第16巻、岩波書店、一九九四年所収）。

しかし若桑の解釈には、明治の女性が男性中心の政治文化の下でいかに抑圧されていたかという前提から歴史を語ろうとするがゆえの不自由さがある。反対に牧原の解釈では、天皇と皇后、男性と女性の違いについて全く注意が払われていない。本章では、両者とは異なった視角から、この問題に迫ってみたい。

歴史学者の塚本明は、江戸時代の神功皇后伝説を検討した「神功皇后伝説と近世日本の朝鮮観」（『史林』第79巻第6号、一九九六年所収）の「むすびにかえて」で、牧原憲夫を批判しつつ、こう述べている。

明治政府が文明開化策を打ち出した時に、なぜ神功皇后を持ち出したのかが問われなければならない。それが国民国家のシンボルになりうるためには、民間に未知の存在では有効ではない。
（傍点引用者）

これは非常に重要な指摘である。塚本の指摘を応用すれば、なぜ神武天皇ではなく神功皇后だったのかという問いに対して、神武天皇が「民間に未知の存在」であったのに対して、神功皇后はよく知られた存在であったからだという仮説を導き出すことができる。

この仮説は、神武天皇の東征も神功皇后の三韓征伐も史実ではなく、そもそも神武天皇や神功皇后という人物からして後代に創作されたとする今日の通説と矛盾しているように見える。もしどちらも同じようにフィクションであるなら、一方がよく知られ、他方が全く知られないということは論理的にあり得ないからだ。

しかし、事実かどうかにこだわらず、伝説や信仰のレベルで比べれば、神武天皇と神功皇后の伝説や信仰が全く同じ強度で分布しているわけではない。明治維新までに、歴代の天皇ないし皇后や皇子（例えばヤマトタケル）の伝説や信仰が全国のどの地方でどれほど広まっていたのか。その偏差や広まりの度合いは、個々の天皇や皇后や皇子によって違うはずである。

では、どのようにしてその偏差や広まりの度合いを測定すべきか。

最もわかりやすい目印として、地名がある。

例えば、ほぼ完本として残っている『出雲国風土記』には、出雲国、つまり島根県東部の多くの地名が、いかに「天の下造らしし大神《おおかみ》大穴《おおな》持命《もちのみこと》」や「天の下造らしし大神の命」、すなわちオオクニヌシの伝説と関係しているかが縷々《るる》述べられている。安来《やすぎ》市伯太《はくた》町母里《もり》、松江市宍道《しんじ》町、出雲市久多見《くたみ》町など、いまも行政区画として用いられる多くの地名は、いずれもこの伝説と関係があることが、『出雲国風土記』からわかる。

だが、『出雲国風土記』以外の風土記は散逸しているか、せいぜい一部欠損して残っているだけだ。『新編武蔵風土記稿』や『紀伊続風土記』のように、江戸時代に編纂された新編風土記や続風土記もあるが、それらを含めても、各国の風土記を史料として用いる方法には限界がある。

本章では、都道府県別に編纂された『角川日本地名大辞典』全四十七巻、別巻二巻（角川書店、一九七八～九〇年）のうち、各巻の「地名編」を一枚に収録したCD-ROM版（角川書店、二〇〇二年。以下CD-ROM版と略す）を用いることにする。これを手掛かりに、神武天皇や神功皇后にちなむ地名、あるいは神武天皇をまつる神社や神功皇后をまつる神社が、どの都道府県にどれほど分布しているかを調べてみたい。

まず、地名編全体で、神功皇后、神武天皇という言葉がそれぞれ何件出てくるかを検索してみる。

神功皇后（気長足姫、息長足姫、息長帯比売、大帯姫を含む）は千百四十三件で、応神天皇を除くどの天皇よりも多い。応神天皇（八幡大神、品陀和気、誉田別、誉田天皇を含む）は千六百九十九件であるのに対して、神武天皇（神日本磐余彦、神倭伊波礼毘古を含む）は三百三十三件にすぎない。CD-ROM版における神武天皇の登場頻度は、神功皇后の三分の一にも満たないのだ。もちろん、このすべてが地名や神社名を説明するのに使われているわけではないので、速断は避けるべきだろうが、神武天皇よりも神功皇后の伝説や信仰のほうが多く残っていることの一つの傍証にはなる。

神武天皇にちなんだ地名で最も有名なのは、大阪の浪速ないし難波であろう。「方《まさ》に難波碕《なにわのみさき》に到るときに、奔《はや》き潮《なみ》有りて太《はなは》だ急《はや》きに会ひぬ。因りて、名《なづ》けて浪速国《なみはやのくに》とす。亦浪花《なみはな》と曰ふ。今、難波と謂ふは訛《よこなま》れるなり」（『日本書紀』）。だが、東征のルートは宮崎県から奈良県にまでまたがるにもかかわらず、残っている地名は意外に少なく、全部合わせても三十九ヵ所にすぎない。都道府県別では福岡県が十ヵ所で最も多く、奈良県の九ヵ所がこれに次ぐ。三重県以東には一ヵ所もない。一九四〇（昭和十五）年は神武天皇即位から二千六百年に当たるとされたことから、記念事業として「紀元二千六百年奉祝会」が神武東征にちなんだ場所を「神武天皇聖蹟」に指定した。しかしその数は二十一ヵ所しかなく、顕彰碑が建てられたのは十九ヵ所にとどまった。

一方、神功皇后にちなんだ地名は、三韓征伐への往還のルートに当たる府県を中心に、百九十八ヵ所に達する。そのなかには、広島市西区の草津のように、神武天皇、神功皇后の双方にちなむ地名もある。草津は、神武天皇と神功皇后の営陣の地と伝えられることからもともと軍津《いくさつ》と称し、これが転訛したとされている。

都道府県別では福岡県の六十四ヵ所が最も多く、兵庫県の三十一ヵ所、長崎県の二十八ヵ所と続く。例えば福岡県糟屋《かすや》郡宇美《うみ》町の宇美は、「其の〔神功皇后の〕御子の生《あ》れましし地《ところ》を号《なづ》けて宇美と謂ふ」（『古事記』）ないし「十二月の戊戌《つちのえいぬ》の朔《ついたち》辛亥《かのとのいのひ》に、誉田天皇《ほんたのすめらみこと》を筑紫に生れたまふ。故《かれ》、時人、其の産処《みうみのところ》を号けて宇瀰と曰ふ」（『日本書紀』）に由来する。神功皇后が三韓征伐からの帰還後に応神天皇を産んだから、宇美とされているわけだ。

神武天皇では一ヵ所もなかった長崎県が三位に入っているのは、三韓征伐のルートとされる壱岐と対馬が長崎県に属しているのが大きい。神武東征と三韓征伐のルートが重なる福岡県、広島県、愛媛県、岡山県、香川県、兵庫県、大阪府にはその双方にちなむ地名があるのに対して、福井県以東の東日本には、神武天皇、神功皇后のどちらかにちなんだ地名すら一ヵ所もない。

西日本には、神功皇后にちなんだ駅名も数多くある。ＪＲ山陽本線の御着《ごちゃく》（兵庫県）、糸崎（広島県）、幡生《はたぶ》（山口県）、ＪＲ鹿児島本線の枝光《えだみつ》（福岡県）、箱崎（同）、ＪＲ呉線の安芸津《あきつ》（広島県）、ＪＲ美祢《みね》線の厚保《あつ》（山口県）、ＪＲ山陰本線の安岡（同）、綾羅木《あやらぎ》（同）、ＪＲ阪和線の熊取（大阪府）、西鉄貝塚線の名島（福岡県）、三苫《みとま》（同）、同線とＪＲ香椎線の和白《わじろ》（同）、西鉄天神大牟田線の三沢《みつさわ》（同）、阪神本線の武庫川《むこがわ》（兵庫県）、打出《うちで》（同）、魚崎（同）、同線と阪急神戸線の御影《みかげ》（同）、神戸電鉄有馬線の唐櫃台《からとだい》（同）、同粟生《あお》線の粟生（同）など、枚挙にいとまがない。前述の草津や宇美も、それぞれ広島電鉄やＪＲ香椎線の駅名になっている。

おそらく東日本で、神功皇后に匹敵するのは、景行《けいこう》天皇の皇子、仲哀天皇の父とされるヤマトタケル（『古事記』では倭建命、『日本書紀』では日本武尊と表記）であろう。神功皇后にとっては義父に当たる。ＣＤ－ＲＯＭ版におけるヤマトタケルの登場頻度は六百二十六件で、神武天皇よりは多いが、神功皇后よりは少ない。

このＣＤ－ＲＯＭ版によれば、ヤマトタケルにちなんだ地名は愛知県以東の関東、東海地方に多く、茨城県で二十五ヵ所、千葉県で十八ヵ所、愛知県で十七ヵ所を数える。茨城県が最も多くなっているのは、一部欠損しながら現存している『常陸国風土記』がヤマトタケルにちなむ地名を多く収録しているからだ。それでも、神功皇后にちなむ福岡県の地名の数ほど多くはない。

ヤマトタケルにちなむ地名のなかには、后のオトタチバナヒメ（『古事記』では弟橘比売命、『日本書紀』では弟橘媛と表記）に関係するものもある。オトタチバナヒメはヤマトタケルの東征に同行したが、走水《はしりみず》の海（現在の浦賀水道）でヤマトタケルの軽はずみな言動が海神の怒りを招いたとき、自ら犠牲となって入水し、海神の怒りを和らげたとされる人物である。

例えば、千葉県の木更津、君津や、神奈川県中郡二宮町二宮、千葉県習志野市、千葉県袖ケ浦市にある袖ケ浦といった地名は、それぞれヤマトタケルがオトタチバナヒメの死を悲しみ、去ることができなかった場所（君不去《きみさらず》）、オトタチバナヒメが犠牲となったために、ヤマトタケルが無事着岸することができた場所（君去津《きみさらづ》）、オトタチバナヒメが着ていた錦の小袖が漂着した場所に由来するとされている。

現皇后の美智子《みちこ》は、一九九八年に行われたある国際図書イベントの基調講演「子供の本を通しての平和――子供時代の読書の思い出――」のなかでオトタチバナヒメについて触れている（『歩み皇后陛下お言葉集』、海竜社、二〇〇五年）。これについては、また触れる機会があろう。

次に、神武天皇（神日本磐余彦尊）をまつる神社と、神功皇后（気長足姫尊、息長帯比売命）をまつる神社を比較してみたい。これまたCD-ROM版によれば、神武天皇を祭神とする神社は、神功皇后を祭神とする神社に比べて、きわめて少ない。

明治維新以降、政府は神社の社格を定めた。伊勢神宮を頂点に、全国の神社の格を大きく官社と諸社（民社）、無格社に分け、諸社はさらに府県社、郷社、村社に分けた。CD-ROM版では郷社よりもランクが上の神社しか収録されていないため、神武天皇をまつる神社、神功皇后をまつる神社ともに、正確な数は不明である。

CD-ROM版によれば、神武天皇をまつる神社が最も多いのは熊本県と宮崎県だが、それでも六社しかない。しかも熊本県は、神武東征のルートから外れている。一八九〇（明治二十三）年に造営された橿原神宮をはじめ、北海道の静内《しずない》神社、白石神社、深川神社などは、すべて明治以降につくられたものである。

これに対して、神功皇后をまつる神社は、地名と同じく、中国・四国地方から九州地方にかけて多く分布する。最も多いのは山口県で、九十社と抜きん出ており、福岡県の二十九社がこれに次ぐ。応神天皇と神功皇后を合祀したり、応神天皇を主神とし、神功皇后を配祀したりする八幡系の神社が大半を占めている。

旧村社のためCD-ROM版には収録されていないが、北九州市八幡西区の岡田宮は、「神武天皇日向国より東征の途次、当宮に詣り天神地祇の八神（八所神）を奉斎し、この地に留まり給う」とともに、「神功皇后、三韓征討の折、崗県主祖《おかのあがたぬしのおや》・熊鰐《わに》の案内で熊手出岬（皇后崎）に到り、当宮に詣り八所神を親祭」したとされている（岡田宮ホームページ）。広島市の草津と同様、神武天皇と神功皇后の双方にちなんだ神社とされているわけだ。

神功皇后をまつる神社が山口県に多いのは、九州の熊襲平定のため西下した仲哀天皇と神功皇后が、九州を海の向こうに見据える本州の西端に穴門豊浦宮《あなとのとゆらのみや》を建てて滞在したせいだろう。下関市にあり、神功皇后をまつる旧国幣小社の忌宮《いみのみや》神社は、その跡地とされている。[注1]

忌宮神社以上に重要なのは、福岡市東区にある元官幣大社の香椎宮《かしいぐう》である。香椎宮は、『古事記』では訶志比宮、『日本書紀』では橿日宮と表記され、仲哀天皇が熊襲征伐のための大本営を構えながら急死した場所であるとともに、神功皇后が仲哀天皇の神霊をまつった場所であり、三韓征伐のさいに大本営が置かれた場所ともされている。平安時代に編纂された『延喜式《えんぎしき》』神名帳《じんみょうちょう》では記載されず、式部省の部に橿日廟と記され、一般の神社とは異なる待遇を受けてきた。一九一五（大正四）年十一月の天皇嘉仁の即位大礼で仲哀天皇を祭神に加えるまでは、神功皇后を本宮にまつっていた（『香椎宮御由緒』、香椎宮社務所、一九八三年）。

このように、福岡県は神功皇后にちなむ地名や神功皇后をまつる神社の数が非常に多い。一九二三年三月、福岡県は、「神功皇后御遺跡に関し各郡市並に中等学校に命し史実伝記口碑を蒐録せしめ」、その結果を『飛廉起風』という本にまとめている。「飛廉起風」は、神功皇后の三韓征伐について記された『日本書紀』巻第九の、「時に飛廉《かぜのかみ》は風を起し、陽侯《うみのかみ》は浪を挙げて、海の中の大魚《おおいお》、悉《ふつく》に浮びて船《みふね》を扶《たす》く」に由来する。

この本には、CD-ROM版にはなかった地名や村社までが収録されており、県内における神功皇后信仰のいっそうの広がりを確認することができる。

ではなぜ、一九二三年になって福岡県はこうした調査に乗り出したのか――その理由を明らかにするのは、もう少し先にしておきたい。

前掲「神功皇后伝説と近世日本の朝鮮観」は、近世民衆の間に広がった神功皇后伝説の内容を、京都町人の祭礼として名高い祇園祭を題材に分析している。

祇園祭には、神功皇后をモチーフとする山車（山鉾）が三つある。その一つは皇后が三韓征伐への出陣前に鮎を釣り、事の成否を占ったことにちなむ「占出山《うらでやま》」であり、あとの二つは皇后の出兵自体にちなむ「出征船鉾」と「凱旋船鉾」である。塚本明は、江戸時代に描かれた船鉾の舳先に、神功皇后による征服の対象として鬼が描かれていたり、祭を警備する役人の史料に「鬼」という文字が現れたりすることに着目し、こう述べる。

近世を通じて京都において、神功皇后の出兵を鬼退治と結び付け、降参した鬼＝朝鮮人が献上物を捧げるという筋の話が、最大の年中行事たる祇園祭において年ごとに再生された。これらの山鉾が伝えた神功皇后伝説は『日本書紀』が記したものではなく、いや、中世的な伝説ですらなく、蒙古襲来後の異境観念と結び付いた、極めて自民族中心主義的な内容を持つものであり、それまでの「伝説」と比べても鬼退治伝説と同一化することで、神功皇后の侵略を民衆の物語世界からも正当化するものであった。

確かに『日本書紀』には、三韓征伐を鬼退治と結び付けるような記述はない。だが、出兵自体はまぎれもなく『日本書紀』に由来するものだ。神武東征が祭りのモチーフにならなかったのに対して、神功皇后の三韓征伐は応仁の乱の前から祇園祭に取り入れられていた。

滋賀県大津市にある天孫神社の例祭で、慶長年間（一五九六〜一六一五）から始まったとされる大津祭では、寛延二（一七四九）年に「神功皇后山」と呼ばれる山車（曳山）が創建された。大津祭は祇園祭の風情を色濃く継承した祭礼とされており、神功皇后山も祇園祭の占出山を模して作られたように見える。

祇園祭や大津祭だけではない。神功皇后を主祭神とする京都市伏見区の御香宮《ごこうぐう》（御香宮神社）で行われた伏見惣祭は「異国退治」と結びついていたし、常陸国の鹿島神宮の祭礼は「異国降伏」「三韓征伐」の大祭と呼ばれていたという。

塚本明は、このような神功皇后伝説が秀吉の朝鮮侵略を機にいっそう強まったとしている。「民衆の側は、秀吉の侵略と神功皇后伝説と鬼退治伝説とを融合させ、朝鮮人を『征伐』の対象としての鬼と表現するに至ったのである」。これに関連して、リチャード・W・アンダーソン「征韓論と神功皇后絵馬――幕末から明治初期の西南日本――」（亀井好恵訳、『列島の文化史』10号、一九九六年所収）は、いっそう興味深い事実を明らかにする。

江戸後期から明治中期にかけて、福岡県筑紫野市の神社に奉納されたほとんどの絵馬に神功皇后が描かれていることに注目したこの論文は、「日本を保護し強化する手段として、朝鮮へ侵攻し、征服するという計画が、政府の西郷と大久保の間でよく知られた議論になるよりずっと以前に、九州の村々の豪農の間で浮上していた」と指摘する。九州では、明治初期に台頭する征韓論よりも早く、神功皇后伝説が朝鮮侵略を正当化したというのだ。

三韓征伐と結び付いた神功皇后伝説は、西日本の名物料理や温泉にも残っている。

例えば、愛媛県北条地方（現・松山市）の鯛めしは、「古老の話では朝鮮へ出兵する途中の神功皇后が鹿島神社に必勝を祈願した際に、漁民の献上した鯛で鯛めしを炊いて神に供えたとの言い伝え」に由来する（『愛媛県百科大事典』下巻、愛媛新聞社、一九八五年）。長崎県壱岐の湯本温泉（湯ノ本温泉）は神功皇后が「三韓征伐のため壱岐に立寄られた際発見されたもの」と言い伝えられており（『勝本町史』上巻、勝本町、一九八五年）、佐賀県の武雄《たけお》温泉や嬉野《うれしの》温泉は、神功皇后が三韓征伐を終えて九州に帰ってきてから発見したものとされている（『武雄市史』下巻、武雄市、一九七三年および『嬉野温泉新誌』、嬉野温泉株式会社、一九〇六年）。嬉野温泉碑には、「往古神功之自朝鮮凱旋也、浴此而疾愈、因呼日嬉、故名焉」とある（前掲ＣＤ－ＲＯＭ版）。

しかしながら、神功皇后伝説は決して三韓征伐とのみ結び付いていたわけではない。それに劣らず重要なのは、応神天皇を産んだ「母」としての皇后である。これこそ、男性の天皇には決してあり得ない伝説であった。

前章では、男勝りの神功皇后と慈母のような光明皇后という対比の構図を示しておいたが、神功皇后は応神天皇を産み、光明皇后は孝謙天皇を産んでいる。この点では明らかな共通性があるわけだ。

塚本明によれば、祇園祭の山鉾には、安産の守り神としての神功皇后という役割が付されていた(前掲「神功皇后伝説と近世日本の朝鮮観」)。御香宮神社は「安産の社」として知られており、祭神の神功皇后を「日本第一安産守護大神」としている(御香宮ホームページ)。

近世の御香宮では桂女《かつらめ》という巫女が仕え、神功皇后の守札を売り広めた。柳田國男は、「武家の女房たちに取つては、神功皇后は、理想の女性である。御武運と云ひ、御子神の尊さと云ひ、何とぞして、あやかりたき事ばかりであつた上に、如何に幸福に満ちたる名門と雖も、子宝ばかりは思ひの儘でなかつた故に、乃ち其不安を散ぜんが為に、愈〻桂女をして、勝手放題な家の歴史を、附け加へしめることになつたのである」と皮肉まじりに述べている(「桂女由来記」、『定本柳田國男集』第九巻、筑摩書房、一九六二年所収)。

歴史学者の須永敬《たかし》は、「神功皇后を〈聖母〉として祀る信仰」(『宗教研究』三二四号、二〇〇〇年所収)において、福岡県や熊本県、長崎県の壱岐、対馬に神功皇后を「聖母」と称してまつる神社が広く分布していることに注目している。その中心は香椎宮であり、平安時代の史料にはすでに「八幡聖母香椎宮」と書かれている。

聖母といえばマリアを連想するが、この場合は「せいぼ」ではなく「しょうも」と読む。応神天皇の母という意味であり、背景には九州地方に広がる土俗的な母子神信仰があるとされている。作家の遠藤周作は『母なるもの』（新潮文庫、一九七五年）で、長崎県の五島列島に残る隠れキリシタンの里を訪ね、その納戸に「キリストをだいた聖母の絵」ではなく、「乳飲み児をだいた農婦の絵」が掲げられているのを見いだしている。これもまた一種の母子神信仰といえるのではなかろうか。

『日本書紀』巻第九には、「〔皇后〕群臣《まえつきみたち》及び百寮《つかさつかさ》に命《みことおお》せて、罪を解《はら》へ過を改めて、更に斎宮《さいくう》を小山田邑《おやまだのむら》に造らしむ」「三月の壬申《みずのえさる》の朔《ついたちのひ》に、皇后、吉日《よきひ》を選びて、斎宮に入りて、親《みずか》ら神主《かんぬし》と為りたまふ」とある。仲哀天皇の死後、神功皇后は自ら神主となって斎宮に七日七夜籠もると、ようやく仲哀天皇にたたりを及ぼした神が正体を明かした。この斎宮に当たるとされる福岡県古賀市小山田の小山田斎宮に、「聖母屋敷」と呼ばれる場所がある。

二〇一二年の四月十四日から十六日にかけて、私は講談社の文芸誌『群像』編集部（現・出版部）の長谷川淳さんとともに、福岡県内に点在する神功皇后ゆかりの神社を訪ねる旅に出た。その一環として、小山田斎宮も訪れた（写真参照）。

小山田斎宮（福岡県古賀市）

市販の福岡県道路地図には斎宮の場所が記載されていなかったが、小山田の集落に入ると案内板が立っており、迷わずにたどり着けた。「小山田斎宮」と書かれた石碑には「官幣大社香椎宮宮司従六位藤井貞一謹書」とあり、香椎宮との関係がうかがえた。

境内は無人で、拝殿の背後は福岡県の天然記念物に指定されたブナ科のスダジイやイチイガシの林で覆われていた。そのなかには、幹をしめ縄で囲まれ、高さ三十メートル、樹齢千年をゆうに超える神木らしきものもあった。鳥居と拝殿を結ぶ参道の階段の両側にも、クスノキとイチイガシの巨木がそびえたっていた。聖母屋敷の案内板は見当たらなかったが、社叢の規模からして相当な古社であることは容易に想像できた。

実は福岡県には、糟屋郡久山町山田に斎宮がもう一ヵ所ある。ここは福岡市の近郊に当たるせいか、小山田斎宮よりも周囲は開けており、すぐ隣には小学校があった。境内には、「ここ山田の地に鎮座する斎宮は、日本最古の国史に記載された『小山田邑　斎宮』の比定地とされる神社です」という案内板が立ち、参拝記念として頭山満《とうやまみつる》が植樹したイチョウがそびえていた。

頭山は福岡県出身で、福岡で結成された民間団体「玄洋社」の総帥であり、早くから日本の海外進出を唱えたアジア主義者として知られている。

斎宮の近くには、神功皇后が神主となってアマテラスの霊をまつったことにちなむ旧県社の伊野《いの》天照皇大神宮《てんしょうこうたいじんぐう》があった。その場所は、皇后が山頂から朝鮮半島を眺めたことから名がついたとされる遠見岳の麓に位置している。境内には樹齢数百年のスギなどが鬱蒼と生い茂り、ひんやりとした霊気が漂う。拝殿の正面には、やはり頭山満直筆の掲額「雲従龍」が掛けられていた。

玄界灘に面した福岡県糸島市二丈深江の鎮懐石《ちんかいせき》八幡宮は、旧村社のため前掲『角川日本地名大辞典』に収録されていないが、『日本書紀』に「時に、適《たまたま》皇后の開胎に当れり。皇后、則ち石を取りて腰に挿みて、祈りたまひて曰したまはく、『事竟《お》へて還らむ日に、茲土《ここ》に産れたまへ』とまうしたまふ。其の石は、今伊覩県《いとのあがた》の道の辺に在り」、『古事記』に「其の政《まつりごと》未だ竟《お》へざりし間に、其の懐妊《はら》みたまふが産《あ》れまさむとしき。即ち御腹を鎮《しず》めたまはむと為《し》て、石を取りて御裳の腰に纏《ま》かして、筑紫国に渡りまして、其の御子は阿礼坐《あれま》しつ」とあるように、神功皇后が三韓征伐に赴く前にこの地を通ったとき、出産を遅らせるため、石を取って肌身に抱いたことに由来している。

境内は無人であったが、私たちが訪れたときには神社に付属する家から女性が出てきて、鳥居の脇にある石を指さし、「これは神功皇后様が取られた石です」と説明してくださった。どうやらこの地方では、神功皇后伝説があたかも史実として語り継がれているようだ（写真参照）。

ちなみに、東直子の小説『いとの森の家』（ポプラ社、二〇一四年）では、糸島半島にある神社を小学四年の主人公とその姉が訪れ、境内に横たわる木の幹を見つけ、傍らにある「鎧掛松」と書かれた石を眺めていたところ、おじいさんが「そりゃあ、神功皇后が着とりんしゃった、よろいたいね」と声をかけてきて、「神功皇后様は、いさましかお姫さまやけん、あんたらもようお参りして、

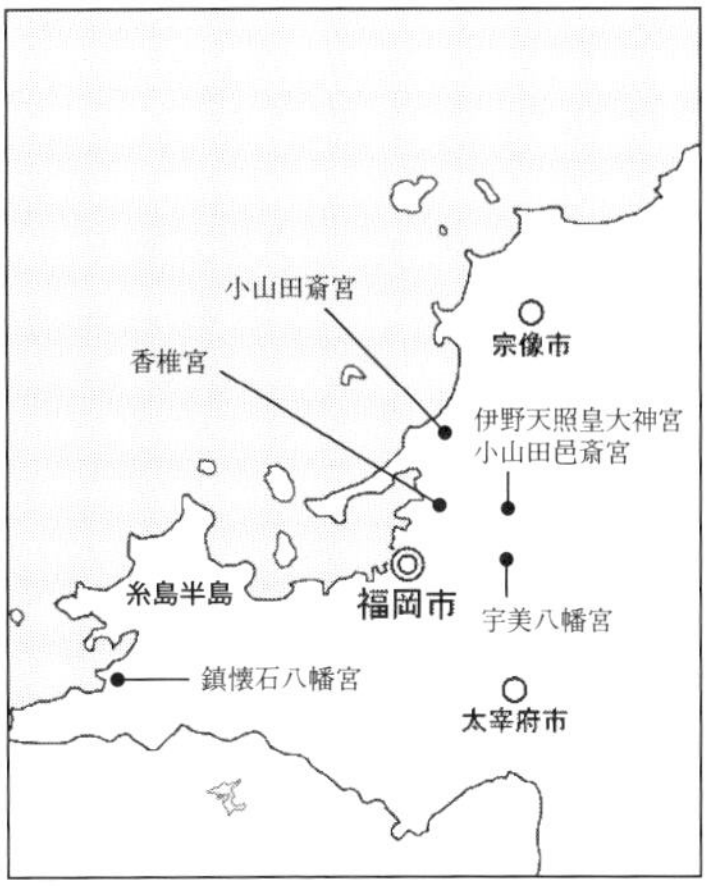

福岡市周辺の神功皇后ゆかりの神社

いさましくなるとやなあ、は、は、は」「先に死んでしまった夫のかわりに、ここの井戸で染めたよろいば着て、みんなを先導したとたい。そんで、勝って帰ってきたとたい。お腹に子どもおりんしゃったとやのにな。帰ってきてから男の子産んだそうや」と語る場面がある。これもまた記紀には描かれていない神功皇后伝説の一種であろう。東は小学生時代に一年ほど福岡県糸島郡（当時）に住んでいたというから、実話に基づいているのかもしれない。

福岡県糟屋郡宇美町には、神功皇后をまつる宇美

上＝鎮懐石八幡宮（福岡県糸島市）
下＝宇美八幡宮の産湯の水（福岡県糟屋郡）

八幡宮がある。前述のように、神功皇后が応神天皇を産んだ場所とされている。境内には、神功皇后が出産のさいに取りすがったとされる神樹「子安の木」や、産湯として用いたとされるわき水「産湯の水」などがある（写真参照）。ここにもまた安産信仰があり、私たちが訪れたときにも、夫婦と見られる若い男女が参拝する姿が引きも切らなかった。

言うまでもなく、妊娠や出産は女性に固有のものである。歴史学者の武田佐知子は、『衣服で読み直す日本史　男装と王権』（朝日選書、一九九八年）のなかで、古代の天皇の正装には男女差がなかったことを説得的に論じ、明治以降に強調されるようになる性差の観念を古代に投影させることの危うさを指摘した。神功皇后自身も男装していることからわかるように、武田の指摘は的を射ている。しかし妊娠や出産に関する限り、男と女の間に非対称的な関係が厳然と存在することもまた明らかである。たとえ医学が進歩しようが、妊娠や出産に伴う苦難が女性にしか共有されないこと自体は、少しも変わっていない。

　もし神功皇后が三韓征伐という側面だけで語られていれば、伝説や信仰がこれほど広がることはなかったに違いない。皇后は「女」であるとともに「母」であったからこそ、西日本を中心に天皇にも劣らない知名度を獲得できたのではないか。

なお須永敬によれば、聖母という名の母神をまつる信仰は、朝鮮半島南部にもある。もちろん、韓国で聖母に当たるのは神功皇后ではなく、新羅や高麗の始祖とされる王母のことだが、ともによく似た伝説や信仰をもっており、時にはその双方の聖母神を知り得る関係にあったという（「日韓国境域の聖母神に関する一考察」、『日本民俗学』二三四号、二〇〇三年所収）。

これとは対照的に、神託を受ける巫女的な皇后像は、南島、すなわち琉球王国との共通性がある。折口信夫が着目したのも、こうした皇后の姿であった。折口と沖縄、そして皇后との関係については後述しよう。

歴代の天皇にはない神功皇后像の広がりについて、歴史学者の長志珠絵《おさしずえ》はこう述べている。

神功皇后は、近世の庶民社会で極めて人気が高く、奉納される絵馬や版を重ねた女訓の類にも登場する。が、そのイメージは、キヨソネが描いた開化のシンボルとしての女神像とは全く異なっている。あるいは、近代以降の、良妻賢母主義という性別役割の規範に適合しない。神功皇后は、「三韓征伐」を果たした軍神として強い意志、勇敢さなどとともに、妊娠中に出征、凱旋して出産するという記紀神話の記述から、安産信仰、ことに腹帯信仰の対象であったからである。

（「天子のジェンダー」、西川祐子、荻野美穂編『〔共同研究〕男性論』、人文書院、一九九九年所収）

ここで長は、神功皇后のイメージに見られる「近世」と「近代以降」の断絶について強調しているが、果たしてそう言い切れるだろうか。

確かに本章冒頭に示した紙幣や起業公債、切手に描かれた神功皇后は、三韓征伐とはつながっていない。けれども、「母」としての皇后とはつながっているのではないか。起業公債の図像を分析した村山隆拓《たかひろ》は、そこに描かれた神功皇后に、「眼差しが優しく、物腰の柔らかい母神的な神功皇后」を見いだしている（「大日本帝國政府起業公債イメージ」、『武蔵文化論叢』7号、二〇〇七年所収）。

政府が神武天皇でなく、神功皇后の図像が入った紙幣や起業公債、切手を発行したのは、神功皇后が西日本を中心に、最もよく知られた皇室のシンボルであったからではないか。長州や肥前のような西南雄藩の場合、なおさらそうだったのではないか。紙幣の図像として神武天皇を提案した大隈重信も肥前出身であり、一八七七（明治十）年四月には、岩倉具視《ともみ》に神功皇后採用の経緯を改めて詳しく述べている。

王政復古の沙汰書で「諸事神武創業之始ニ原《もとづ》キ」とうたった明治維新では、神功皇后以上に神武天皇というシンボルを前面に出さなければならなくなった。それがいかに困難だったかは、天皇像が確立されるまでの一時の便法として神功皇后を利用せざるを得なかったことからもわかる。いや正確にいえば、神功皇后は決して一時の便法として利用されるだけの存在ではなかったのである。この点については、また次章以下で触れたい。

福岡県を中心に広がる神功皇后伝説を調べ、実際に現地を訪れるうち、一人の作家の存在が気にかかるようになった。幼少期から四十四歳までの大半を小倉《こくら》市（現・北九州市小倉北区）で過ごし、古代史にも大きな関心を寄せた松本清張である。

清張は『古代史疑』（中央公論社、一九六八年）で、卑弥呼や邪馬台国に対する関心をあらわにした。一方、『日本書紀』で卑弥呼とされた神功皇后に対しては、全く関心を示そうとしなかった。清張は『日本書紀』の説を否定し、「幻の神功皇后」に呪縛された歴代の学者の説を次々に批判している。

続く『空白の世紀　清張通史2』（講談社文庫、一九八六年）では、いっそう明白に、神功皇后に対する無関心が表明されている。

> 記紀によると応神天皇は、仲哀天皇とその妻オキナガタラシヒメ（息長帯比売＝神功皇后）との子である。まだ母の胎内にいるときから身体が発達していて国政を見ていた（胎中天皇という）。母の神功皇后は「三韓征伐」の際に臨月だったが、帰還まで子が生まれぬように祈って石を裳の腰にはさんで北部九州から出発し、帰国して宇美というところ（福岡市の南方）で生んだ。このように応神の出生はオトギバナシになっている。
>
> 仲哀は架空の天皇とされている。神功皇后も架空の女性である。両親が架空なのに、その子が実在の天皇であろうはずはない。

清張は、仲哀天皇、神功皇后、応神天皇を、すべて架空の人物として簡単に片付けている。「応神天皇の『出生の秘密』のために、両親の神功皇后と仲哀天皇という架空の人物をつくって『三韓征伐』のために北部九州に引っぱってきたと思われるのである」（同）。

清張は卑弥呼を、政治的実権のないシャーマン的な巫女と見ている。シャーマンに対する関心は、未完に終わった最晩年の長編小説『神々の乱心』上下（文春文庫、二〇〇〇年）まで続いている

（その詳細は、原武史『松本清張の「遺言」『神々の乱心』を読み解く』、文春新書、二〇〇九年を参照）。にもかかわらず、神功皇后は史実としてはもちろん、伝説としても一顧だにされていない。なお前掲のCD-ROM版によれば、卑弥呼にちなむ地名や卑弥呼をまつる神社は、福岡県ばかりか全国にひとつもない。神功皇后とは対照的である。

清張と並ぶ福岡県出身の作家として、大西巨人がいる。清張は大西巨人の長編小説『神聖喜劇』を高く評価する一方、大西も清張の作品をよく読み、自らの作品にも引用している。大西が『神聖喜劇』を光文社のカッパ・ノベルスとして刊行したのも、光文社から長らく小説を刊行してきた清張の推薦があったからだ。

なるほど、大西巨人は松本清張とは異なり、古代史を直接のテーマとする作品を書いてはいない。しかし大西は、古代史に何の関心ももっていなかったわけではない。それどころか、香椎宮が重要な舞台となる小説を書いているのだ。『群像』一九八七（昭和六十二）年八月号に掲載された「娃重島《あえしま》情死行《じょうしこう》あるいは閉幕の思想」で、香椎宮は『日本書紀』の表記と同じ「橿日宮」として出てくる。[注2]

主人公の志貴太郎は、橿日宮に親愛感をもっている。その親愛感は、橿日宮が「橿日廟」と呼ばれていたことに由来するという。

「宮」にたいする「廟」は、「みたまや（霊廟）」もしくは「かりもがり（殯）の場所」を指示するはずであり、したがって、それは、「宮」よりもずいぶん具体的・直接的に「死」ないし「死者」とかかわりがなければならない。幼時以来、志貴は、死にたいして熾烈《しれつ》な関心ならびに畏怖を持続してきた。神社境内一般にたいする志貴の概括的な好感なり愛情なりはさもあらばあれ、橿日宮界隈にたいする彼の親愛感は、橿日宮が本源的には「橿日廟」であったことになかなか起因しているのではないか。……あるとき志貴は、橿日宮界隈にたいする彼の親愛感をみずから解析して、そんなふうにも考えた。（傍点原文）

香椎廟の「廟」とは、仲哀天皇の廟を指すか神功皇后の廟を指すかで見解が分かれているが、塚口義信『神功皇后伝説の研究　日本古代氏族伝承研究序説』（創元社、一九八〇年）が指摘するように、神功皇后の霊魂をまつっていたとするべきだろう。つまりここでいう「死」は、神功皇后とつながっているのだ。タイトルからもわかるように、「娃重島情死行あるいは閉幕の思想」は情死がテーマになっており、それを暗示する場所として橿日宮が選ばれている。

香椎といえば、清張の推理小説『点と線』があまりにも有名である。『点と線』でも、香椎は情死体が発見される場所として設定されている。しかし、『万葉集』巻六に収められた大伴旅人の歌「いざ子ども香椎の潟《かた》に白妙《しろたえ》の袖さへぬれて朝菜摘みてむ」が引用されるだけで、香椎宮も神功皇后も出てこない。

実はこの歌には、「冬十一月、大宰の官人等、香椎の廟を拝《おろが》み奉《まつ》り訖《お》へて退《まか》り帰る時に馬を香椎の浦に駐《た》てて各《おのおの》懐《おもい》を述べて作る歌／帥大伴卿の歌一首」という詞書きが付されている（『日本古典文学大系5　萬葉集二』、岩波書店、一九五九年）。『点と線』ではこの詞書きが省かれているのに対して、「娃重島情死行あるいは閉幕の思想」では歌、詞書きともに引用されている。

大西巨人の小説では、福岡が鏡山と言い換えられるのが一つの特徴となっている。実はこの鏡山という山も、福岡県田川郡香春町《かわら》と佐賀県唐津市にあり、神功皇后が三韓征伐の途上、天神地祇をまつり、必勝を祈願して鏡を安置したことに由来するとされている（前掲ＣＤ‐ＲＯＭ版および『飛廉起風』）。長編小説『深淵』では、鏡山のほか、佐賀の代わりに松浦、唐津の代わりに宝満、東松浦郡の代わりに領巾振《ひれふり》郡、浜玉の代わりに珠島といった架空の地名が用いられているが、これらの地名もすべて、神功皇后と関係がある。

これは偶然の一致だろうか。

「娃重島情死行あるいは閉幕の思想」では、志貴太郎の心象風景を記す次のような文章がある。

櫃日宮界隈にたいする志貴の親愛感は、「神道《しんとう》」とか「皇室」とかには――とりわけ志貴の主観においては、――まったくかかわりがなかった。（中略）神社とその周辺とを森厳静謐《せいひつ》のたたずまいにしつらえるのが復古神道的イデオロギーの具体化であるにちがいない以上、人が櫃日宮界隈に親愛感を抱くことには多かれ少なかれ疑わしい節《ふし》があるかもしれない、――そんな反省も、時として志貴を捕えなくはなかった。それにしても、いったいに彼は、神社境内一般に好感なり愛情なりを持っていた。

明治以降に強まる神道イデオロギーに対する峻拒の感情において、大西は決して清張に負けてはいない。しかし大西の場合、櫃日宮や鏡山などの地名が神功皇后に由来することを意識しつつ、あえてそれを用いているように思われる。想像をたくましくすれば、大西はこうした地名を用いることで、九州（正確にいえば北部九州）が「天皇」とは別の土地であることを示そうとしたのかもしれない。

［注］

1　同じ下関市にある赤間神宮の祭神は壇ノ浦の戦いで入水した安徳《あんとく》天皇で、毎年五月には安徳天皇をしのぶ「先帝祭」が行われる。田中慎弥の小説『燃える家』（講談社、二〇一三年）は、この先帝祭を題材としたものだ。しかし下関には、安徳天皇よりもずっと前から神功皇后にまつわる言い伝えがあったことを忘れてはならない。

2　「娃重島情死行あるいは閉幕の思想」は、単行本にはなっていない。

第3章

神功皇后と神武天皇(2)

慶応三（一八六八）年十二月九日に発せられた王政復古の沙汰書で、新政府は「諸事神武創業之始ニ原《もとづ》キ」という文言のもと、「復古」のシンボルとして神武天皇を前面に打ち出した。建武《けんむ》中興の制度を参考とすべきだとする中山忠能《ただやす》、三条実美《さねとみ》ら公家の意見に対して、岩倉具視は「神武創業」をスローガンとし、すべてにわたる維新を行うべきだとする玉松操の意見を採用したのである。

天皇睦仁は、明治元年九月に京都を発ち、十月に東京に入った。前章で見たように、東京のある武蔵国はもともと神武天皇の東征とも神功皇后の三韓征伐とも縁がなく、ヤマトタケルも相模国から浦賀水道を横断して上総《かずさ》国に渡ったため、武蔵国を経由しなかった。天皇は東京に入るや、武蔵国一の宮に当たる大宮（現・さいたま市大宮区）の氷川神社に参拝したが、その祭神はスサノオであった。

天皇睦仁即位後初めての新嘗祭《にいなめさい》は、同年十一月十八日に京都の吉田神社で行われ、天皇は東京で遥拝した。その三日前には新政府が布告を発し、新嘗祭を「神武天皇以来世々ノ　天皇十一月中卯ノ日当年ノ新穀ヲ　天神地祇ニ供セラル、重礼ニテ三千年ニ近ク被為行」とした（『明治天皇紀』第一、吉川弘文館、一九六八年）。

実際には戦国時代から江戸時代にかけて、新嘗祭が中断していたことからもわかるように、これは明らかに誇張した表現であったが、一般の人々になじみのない新嘗祭の意義を説明するのに、これまたなじみのない神武天皇が持ち出されていたわけだ。

天皇は、同年十二月二十二日に京都に戻ると、その三日後に父に当たる孝明《こうめい》天皇の三回忌を営んだ。これを機に仏教色が一掃され、神道式の祭儀が行われるようになった。翌明治二年三月、天皇は再び京都を発ち、途中伊勢神宮に参拝して、東京に入った。京都に戻ることはもはやなく、事実上の遷都が実現された。

明治二年六月二十八日、天皇は太政官政府に属する神祇官《じんぎかん》を訪れた。神祇官は前年三月十三日の布告で、「神武創業ノ始」に基づき、「祭政一致之御制度」を回復させるべく「再興」したものとされたが、神武天皇の時代には存在しなかった。歴史学者の山口輝臣は、「神武天皇のときに神祇官はあったのかと考えてみれば、この置換に飛躍があることにすぐ気付くだろう。当事者もそのことは弁《わきま》えていた。このあと『神武創業』への言及が減り、もっぱら祭政一致が掲げられていくのはそのせいである」としている（小倉慈司、山口輝臣『天皇の歴史09　天皇と宗教』、講談社、二〇一一年）。

神祇官では、天つ神と国つ神を意味する「天神地祇」、古代の神祇官に由来し、天皇を守護する「八神《はっしん》」、歴代の天皇の霊を意味する「歴代皇霊」のために三座の神座が設けられ、天皇が拝礼した。

明治二年七月、官制の大改革が行われ、神祇官が太政官から独立し、その上位に置かれることになった。十二月には神祇官に仮神殿が築かれ、鎮座並びに鎮魂祭が行われた。仮神殿の中央には八神が、東座に天神地祇が、西座に歴代皇霊が、それぞれまつられた。

明治三年二月六日、天皇は神祇官の八神殿で仲哀天皇の命日祭に当たる「正辰祭《しょうしんさい》」を行った。神功皇后の夫に当たるのが仲哀天皇である。歴代天皇の命日に正辰祭が行われるのは、これをもって嚆矢《こうし》とする。

「神武創業」をスローガンとする明治維新とともに浮上してきたのは「歴代皇霊」であり、歴代天皇の命日であった。前述のように、歴代皇霊とは故人となった皇后、皇妃、皇親の霊が一八七六（明治九）年十二月に合祀されるまでは、歴代天皇の霊だけを意味した。だが、当時、神武から孝明までの歴代天皇がまだ確定していなかったことは、すでに序章でも触れた。

そもそも、神武天皇が第一代の天皇かどうかすら、確定していなかった。

明治三年に太政官に設置された御系図取調掛が編纂した「皇統系図」の初稿と再稿では、アマテラスの孫、神武天皇の曾祖父に当たり、高天原《たかまがはら》から日向高千穂《たかちほ》に降臨したとされるニニギ（天津彦《あまつひこ》彦火瓊瓊杵尊《ひこほのににぎのみこと》）を第一代とし、明治五年十一月に文部省から太政官正院に差し出された伺書でも、ニニギを「第一代トシテ数へ奉リ度」とあった。太政官からは神武天皇とニニギのどちらを第一代とするかについて公式の発表がないまま、後述する神武天皇祭や紀元節祭が行われ、神武天皇即位紀元が定められてゆくのだ。天皇の勅裁により、神武天皇が第一代に確定するのは、大日本帝国憲法発布と旧皇室典範制定の二年後に当たる一八九一（明治二十四）年二月のことであった（「御歴代ノ代数年紀及院号ニ関スル調査ノ沿革」附録上巻、宮内省図書寮、一九一九年）。

神功皇后を天皇に加えるべきか否かもまた、維新直後から問題となっていた。なぜなら、『摂津国風土記』逸文では、神功皇后を「息長足比売の天皇《みこと》」と表記していたし、平安時代末期の歴史書

『扶桑略記』、鎌倉時代初期の歴史物語『水鏡』や史論書『愚管抄』、南北朝時代の歴史書『神皇正統記』や『帝王編年記』などでも、神功皇后を第十五代天皇としていたからである。『扶桑略記』に至っては、「神功天皇」と記しているほどだ。序章で述べたように、神功皇后の在位を否定する説が出てくるのは、せいぜい江戸時代になってからにすぎない。

歴代皇霊の命日、つまり正辰祭の日付が定まったことを記した明治三年二月六日の「祭典録」には、次のような一節がある。

神功皇后ハ雖御歴代之外奉御玉串（同追補、宮内省図書寮、一九一九年）

神功皇后は歴代天皇には加えないけれども、歴代天皇と同じように、祭典のさいには玉串を捧げるという、どっちつかずの判断をしている。

しかし、一八七三（明治六）年の「祭祀録」所収の「列聖御正辰祭」には、「五月十三日　後一条院天皇　神功皇后」とあり、神功皇后を歴代天皇に加えている。この翌年以降、神功皇后の正辰祭は五月十三日でなく、六月三日に行われるようになるが、歴代天皇の正辰祭はあまりにも数が多すぎたため、天皇が死去してから一定の年に行われる式年祭とともに一八七八年六月に廃止され、春分の日に当たる「春季皇霊祭」と秋分の日に当たる「秋季皇霊祭」の二つに統合された（ただし式年祭は一九〇八年に皇室祭祀令が制定されてから復活する）。

いや、統合されなかった正辰祭がある。天皇睦仁にとって直近に当たる後桃園《ごももぞの》から孝明までの四代の天皇と、神武天皇の祭である。

神武天皇の命日とされる明治三年三月十一日、天皇は初めて神武天皇の正辰祭、すなわち神武天皇祭を行った。祭典の模様を、『明治天皇紀』第二（吉川弘文館、一九六九年）は「〔天皇〕幣物紅白絹十匹を供へしめたまひ、御拝あり、次に歴代皇霊を御拝あり」と記している。

もし明治維新が、神武創業でなく建武中興を手本としていたならば、天皇睦仁は後醍醐天皇という実在の天皇に自らを重ね合わせることができたはずである。神武天皇は後醍醐天皇とは異なり、幕末まで長らく陵の位置すらも確定していなかった。

明治四年三月には、太政官が、毎年神武天皇祭の日に地方官などに遥拝式を行うよう示達している。神武天皇祭は、単に宮中で天皇が行っていればよいだけの祭祀ではなくなるのだ。宗教学者の村上重良《しげよし》は、「神武天皇祭の新定によって、政府は、国民の間に神武天皇を強く印象づけることをめざしていた」としている（『天皇の祭祀』、岩波新書、一九七七年）。

一八七三年一月一日から太陽暦が採用されたのに伴い、神武天皇祭は四月七日、その翌年からは四月三日に改められ、正式に休日となる。『明治天皇紀』第三（吉川弘文館、一九六九年）によれば、七三年には天皇ばかりか、明治二年十月に京都から東京に移った皇后美子（昭憲皇太后）や、明治五年三月に京都から東京に移った皇太后夙子《あさこ》（英照《えいしょう》皇太后）も拝礼している。

ここまで神武天皇を持ち上げるからには、神武天皇を理想の天皇として正当化するための思想が求められなければならなかった。しかし、天皇睦仁の侍講となった元田永孚は、明治五年一月七日の講義でこう述べた。

全躰　本朝ニテハ　神明ノ　御先祖様ヲ御目的ト遊ハサル、ハ申上ル迄モナケレトモ　本朝ニハ道理ヲ記シタル書籍ニ乏シキ故此堯舜ノ道カ即　御烈祖神明ノ道ニテ此堯舜ノ書ヲ以テ　本朝神明ノ道ヲ講習スル訳ニテ是アレハ現今天下治道ノ御目的ハ即此篇ニ備ハリタルナリ（元田竹彦、海後宗臣編『元田永孚文書』第二巻進講録、元田文書研究会、一九六九年）

『日本書紀』や『古事記』には、神武天皇がなぜすぐれているかが書かれていないから、その代わりに儒教経典のひとつである『書経』に登場し、中国古代の伝説上の聖人とされている堯《ぎょう》や舜《しゅん》の治績を通して、帝王学を学んでいこうというのである。

一八七九（明治十二）年一月七日の元田の講義では、神武天皇を舜に比すことで、その偉大さが強調される。

聖人ノ心ハ漢モ和モ同一ニテ、即チ神武天皇ノ御位ニ即カセ玉ヒシ初メニ、皇祖天神ヲ鳥見山ニ御祭リアラセラレマシテ、大孝ヲ天下ニ示サレマシタルモ、舜ノ格于文祖ノ心ト少シモ御替リナキコトテコサリマシテ、有レ丈ノ御大業モ、御自身ノ御功業ト思シ召シマセス、只々天祖天孫ノ御心ヲ御受ケ継キ遊サレマシタルトノ御孝心ニテ、聊カ天下ヲ私スルノ御心ニアラセラレマセサル故、天下万民モ御徳化ニ感服致シマシタルニテコサリマスル（同。原文は読点なし）

『日本書紀』巻第三によれば、神武天皇は即位後に橿原宮《かしはらのみや》に近い鳥見山《とみのやま》（奈良県桜井市）で「皇祖《みおやの》天神《あまつかみ》」を祭ったとされている。

鳥見山の祭りだけではない。四方拝や元始祭のような、明治になってから整備される一連の宮中祭祀もまた、「天下ヲ以テ御自身ノ天下ト思召マセス祖宗ノ天下ト思召マス御心」から発している──元田はこう主張するのだ。このように明治天皇は、舜を媒介として神武天皇と結び付けられることになる。

しかしこれは、かなり強引な解釈である。儒教の素養が深く、後に教育勅語の作成にもかかわることになる元田永孚にしか思いつかない解釈といっても過言ではあるまい。おそらく元田は、自らの解釈がせいぜい天皇睦仁にしか通用しないことをよくわかっていただろう。神武天皇の肖像を紙幣に採用すべきだとする大隈重信の意見に元田が反対したのは、儒教経典によってしかその正統性を説明できないことを恐れたからかもしれない。

明治四（一八七一）年陰暦十月二十九日に制定された「四時祭典定則」で、天皇自身が行い、皇后が拝礼する大祭として、元始祭（一月三日）、神武天皇例祭（三月十一日）、神嘗祭（九月十七日）、新嘗祭（十一月卯日）、孝明天皇例祭（十二月二十五日）が定められた（前掲『昭憲皇太后実録』上巻）。これにより、皇后美子が天皇睦仁とともに宮中祭祀に出席することが「定則」化される（大岡弘「近代皇室祭祀における皇后の御拝と御代拝について」、『神道宗教』第二一八号、二〇一〇年所収。一八七四年には、新嘗祭が後述する紀元節祭に置き換えられる）。

実際に皇后美子が宮中祭祀に出席したのは、明治五（一八七二）年陰暦九月十七日の神嘗祭からであった。神嘗祭は伊勢神宮の収穫祭に当たり、明治四年のこの日、天皇は皇大神宮（伊勢神宮内宮《ないくう》）遥拝の式を済ませてから、宮中の賢所《かしこどころ》で初めて祭典を行った。同じ日に皇后も出席するはずであったが、「御支障あるにより」（前掲『昭憲皇太后実録』上巻）取りやめとなっている。

ここでいう「御支障」が具体的に何を指すかは明らかでない。もちろん、体調不良という可能性もあるが、生理の可能性も捨てきれない。

江戸時代には、二人の女性天皇がいた。明正《めいしょう》天皇と後桜町《ごさくらまち》天皇である。女性特有の出産や生理を「血穢《けつえ》」「穢《けが》れ」と見なす意識は、この時代にはもう完全に確立されていた。歴史学者の藤田覚は、後桜町天皇の「月の御障り」に備えて大嘗祭《だいじょうさい》の日取りが二段構えで計画されていたことを指摘しつつ、こう述べる。

天皇は、さまざまな禁忌やタブーに包まれ、「現人神《あらひとがみ》」としてその「聖性」を穢れから守っている。その隔絶した「聖性」こそ、天皇存在の本質、核心を形作っている。隔絶した聖性をもつ現人神天皇は、さまざまな神事や儀礼を執り行う主体だった。しかし、女性天皇には女性ゆえの「穢れ」がつきまとう。この「穢れ」意識が存在する限り、女性天皇は、天皇の本質的な部分で十分にその役を果たせなかった。江戸時代にたしかに女性天皇が二人存在したが、その本質は「つなぎ」役であり、政務は摂政が代行し、神事もきわめて不十分にしか行うことができなかった。いわば「半天皇」でしかなかった。（『天皇の歴史06　江戸時代の天皇』、講談社、二〇一一年）

こうした「穢れ」の観念は、女性である限り、皇后にもつきまとう。皇后美子は子を産まなかったので、「穢れ」に当たるのは生理しか考えられない。

しかし『日本書紀』や『古事記』を見る限り、神功皇后に「穢れ」を感じさせるものはない。例えば、応神天皇を産む場面では、「十二月の戊戌《つちのえいぬ》の朔《ついたち》辛亥《かのとのいのひ》に、誉田天皇《ほんたのすめらみこと》を筑紫に生れたまふ」（『日本書紀』）、「御腹を鎮《しず》めたまはむと為《し》て、石を取りて御裳の腰に纏《ま》かして、筑紫国に渡りまして、其の御子は阿礼坐《あれま》しつ」（『古事記』）とあるだけである。神功皇后が仲哀天皇の死後に斎宮《さいくう》にこもったのは、仲哀天皇にたたりを及ぼした神を特定するためであって、出産や生理のためではなかった。

では、出産や生理を「穢れ」と見なす意識は、いったいいつから出てきたのか。成清《なりきよ》弘和『女性と穢れの歴史』（塙選書、二〇〇三年）によれば、八世紀初頭の神祇令《じんぎりょう》ではまだ規定されず、九世紀前半の『弘仁式《こうにんしき》』で祭祀の時空間に限定される形で「産穢《さんえ》」が規定され、九世紀後半の『貞観式《じょうがんしき》』で「産穢」に付随して宮女の懐妊や生理までが忌みの対象となり、十世紀前半の『延喜式』以降、日常の時空間にまで広がっていった。

神祇思想を研究する小平《おだいら》美香は、『女性神職の近代　神祇儀礼・行政における祭祀者の研究』（ぺりかん社、二〇〇九年）のなかで、明治初期までは男性に交じって女性の神職もいたにもかかわらず、神職が「国家官吏」となったのに伴い、全国の神社において女性神職の登用が認められなくなり、一八七四（明治七）年には男性神職が九千七百七十二名に対して女性神職は八名（うち「琉球」に七名）となったことを指摘している。しかしそれは「穢れ」という祭祀上の禁忌に基づいていたからではなく、政府が女性の国家官吏の出現に伴う家族制度の崩壊を危惧したからであった。

一方、明治以降の宮中では、「神」に祈るという行為が、男性の天皇に限定されなかった。確かに男性天皇にはない「穢れ」がつきまとうものの、皇后や皇太后もまた天皇と同様に祭祀に出席し、拝礼したのだ。いや、皇后や皇太后だけではない。非公的な御巫《みかんなぎ》として、内掌典《ないしょうてん》（賢所で祭祀を専門とする掌典職の女性）が今日もなお存在し、宮中で厳格な生活を保っていることは、自らも内掌典を長くつとめた髙谷《たかや》朝子が、『宮中賢所物語　五十七年間皇居に暮らして』（ビジネス社、二〇〇六年）で詳しく回想している。

政府が神武天皇を国民に知らしめるための戦略として考案したのは、神武天皇の命日に当たる神武天皇祭だけではなかった。神武天皇が天皇として即位した日もまた、祝祭日とするのである。

一八七三年の改暦に先立ち、神武天皇即位紀元（皇紀）が制定された。「明治五年を距ること二千五百三十一年、神武天皇の橿原宮に即位したまへる辛酉の年を以て紀元元年とし、且即位の日一月二十九日を祝日と定めて祭典を行ふことを恒例」（前掲『明治天皇紀』第二）としたのである。『日本書紀』巻第三には「辛酉年《かのとのとりのとし》の春正月《むつき》の庚辰《かのえたつ》の朔《ついたちのひ》に、天皇、橿原宮に即帝位《あまつひつぎしろしめ》す。是歳《ことし》を天皇の元年《はじめのとし》とす」とあり、一月二十九日は旧暦の元日に当たっていた。この日は「神武天皇即位日」、七四年以降は「紀元節」と呼ばれ、神武天皇祭と同様、休日となる（七四年以降は神武天皇当時の中国の暦を用いて計算したとして、二月十一日に改められる）。この日もまた、天皇ばかりか、皇后と皇太后も拝礼するようになる。

神武天皇祭、紀元節祭と神武天皇に関係する宮中祭祀がつくられ、祝祭日にされたことについて、村上重良は「この伝説上の第一代の『人皇《にんのう》』が、幕末、すでに信仰の対象となっていたこともあって、そのイメージの系統的な拡大増幅が図られた」（前掲『天皇の祭祀』）と述べている。その発端は、七世紀に築造が確認されながら所在不明となっていた陵が、「信仰の対象」となる幕末にいたって再び築造された神武天皇陵にあった。

文久《ぶんきゅう》年間に孝明天皇の勅裁により、畝傍山《うねびやま》北東山麓に当たる大和国高市郡ミサンザイ（現・奈良県橿原市大久保町）に神武天皇陵の築造が決定された。さらに一八九〇年には神武天皇を祭神とする橿原神宮が創建され、畝傍山・神武陵・橿原神宮が三位一体となった神武「聖蹟」が形成されてゆく。歴史学者の高木博志は、「神武天皇をめぐる畝傍山の『聖蹟』が近代に創り出される背景には、明治維新の理念である神武創業を視覚化し、その地に国民の崇敬を集め、参加・動員をはかろうとする意図があった」と指摘している（『近代天皇制と古都』、岩波書店、二〇〇六年）。

しかし神武天皇即位紀元は、条約などの公文書に元号とともに使われただけで、一般にはそれほど普及しなかった。紀元節が祝祭日として意識されるのは、一八八九（明治二十二）年の紀元節を期して大日本帝国憲法が発布されてからであり、神武天皇祭も遥拝所が設置されて国家的な儀礼が行われたというよりはむしろ、祝祭的な要素をもって民衆に受容された。

例えば、一八七五（明治八）年二月二十四日の『郵便報知新聞』には、次のような記事がある。

拙者は長州萩の住民なるが、去る旧の正月六日用事ありて豊浦郡の滝部といふ所に至りしに、家毎に日の丸の旗を立たり、これは如何なることぞと問へば今日は天朝の御機嫌節と申事ゆへ此旗を建て御祝申なりといへり（原文は濁点なし）

旧暦の正月六日を太陽暦に直すと、二月十一日となる。つまりこの日は、紀元節だったわけだ。「恥しき事ながら我萩には今日御国旗を建たる家一軒もなし」と記者は書くが、滝部の住民も紀元節を「機嫌節」だと思っていたことがわかる。

神奈川県橘樹《たちばな》郡生麦村（現・横浜市鶴見区）で名主をつとめた関口藤右衛門の日記には、一八七四

（明治七）年以降、四月三日に「神武天皇御祭ニ付日ノ丸籏建ル」「神武天皇御祭ニ付国籏建ル」といった記述が見られるようになるが、二月十一日の紀元節に関する記述はない（『関口日記』第十八巻、横浜市教育委員会、一九八一年）。山形県村山郡尾花沢村（現・尾花沢市尾花沢）の豪農、鈴木宗尹《そういん》の一八七五年四月三日の日記には、「於郷社ニ遥拝有之ニ付、礼服ニテ罷出候」とあることから、遥拝をしていた様子はうかがえるにせよ、神武天皇祭とは書かれず、「今晩酒飯振舞　赤小豆飯」とあるように、夜には酒や赤飯が振る舞われている。二月十一日の紀元節に関する記述はない（『宗尹日記』、鈴木宗世、一九九五年）。

神奈川県西多摩郡檜原村（現・東京都西多摩郡檜原村）の農民、宇田牛五郎の一八八六（明治十九）年の日記でも、紀元節に関する記述はない代わりに、四月三日は「神武祭日ニ付」、仕事を早く終えて農民六人が集まり、「酒五升飲」むなど「大イ祝ウ」と記されている（『牛五郎日記』第一分冊、牛五郎日記研究会、一九八〇年）。

事情は、神武「聖蹟」が形成された奈良県でも同様であった。奈良県では、神武天皇祭がレンゾという明治以前からの農耕儀礼的な民俗行事と一体化し、四月三日に合わせてその行事を行うようになったことから、神武天皇祭ではなく「神武レンゾ」と呼ばれるようになる（市川秀之「神武天皇祭の民俗行事化」、『日本民俗学』二六一号、二〇一〇年所収）。

このように明治初期には、地方で暮らす人々の日記に神武天皇という文字が記されること自体、きわめてまれであった。三重県飯野郡射和《いざわ》村（現・松阪市）に本拠をもつ伊勢商人、竹川竹斎の日記で神武天皇祭の記述が現れるのは、一八八二（明治十五）年四月三日からだが、それでも「神天王御祭日」（原文ママ）と記されている（浅井政弘、上野利三編『竹斎日記』稿XI、松阪大学地域社会研究所、一九九八年）。

つまり、神武天皇を国家的なシンボルとして知らしめようとする政府の戦略は、必ずしもうまくいっていなかったのである。それよりは神功皇后のほうが、明治以前から西日本を中心にはるかによく知られていた。

いや、西日本だけではない。東京の日枝《ひえ》神社大祭（山王祭《さんのうまつり》）は、明治以前には神田明神《かんだみょうじん》の大祭である神田祭と隔年交代で六月十五日に行われた。祭りの当日には、二十四番目の神輿《みこし》行列として、神功皇后の人形を乗せた山車《だし》が江戸市中を進んだ（『日本橋区史』第四冊、東京市日本橋区役所、一九一六年）。幕末にいったん廃れるものの明治になって復興され、一八八七（明治二十）年六月には「来る十四十五の両日、日枝神社の大祭に付、氏子の町々より挽出す山車家台の大略を聞くに、日本橋区の通り一丁目二丁目三丁目四丁目呉服町大工町の六ケ町が例の神功皇后にて、是には芸妓が附添ふ」（『読売新聞』一八八七年六月十二日。原文は読点なし。傍点引用者）と報道されるまでになった。一方、東京で神武天皇遥拝所が建てられたのは、一八七三年八月に築地一丁目十三番地で申請されたものと、同年十一月に深川森下町六十番地で申請されたものの二ヵ所にすぎなかった（松山恵『江戸・東京の都市史　近代移行期の都市・建築・社会』、東京大学出版会、二〇一四年）。明治維新とともにつくられた神武天皇祭よりも江戸時代から続く日枝神社大祭のほうが、東京市民にとってなじみ深かったのは想像に難くない。

こうしたことは、政府も自覚していたように思われる。次の史料に注目したい。

朕惟フニ風俗ナル者移換以テ時ノ宜シキニ随ヒ国体ナル者不抜以テ其勢ヲ制ス今衣冠ノ制中古

唐制ニ模倣セシヨリ流テ軟弱ノ風ヲナス朕太タ慨之夫レ神州ノ武ヲ以テ治ムルヤ固ヨリ久シ天
子親ラ之カ元帥ト為リ衆庶以テ其風ヲ仰ク
神武創業　神功征韓ノ如キ決テ今日ノ風姿ニアラス豈一日モ軟弱以テ天下ニ示ス可ケンヤ朕今
断然其服制ヲ更メ其風俗ヲ一新シ
祖宗以来尚武ノ国体ヲ立ント欲ス汝等其レ朕カ意ヲ体セヨ（前掲『明治天皇紀』第二。傍点引用者）

明治四（一八七一）年八月二十四日に出された「服制改革《ふくせいかいかく》の詔《みことのり》」の全文である。天皇の服制を和装の束帯《そくたい》・直衣《のうし》から洋装の軍服へと変える正当性の根拠を、天皇自身が「神武創業」と「神功征韓」に求めているのだ。明治維新のスローガンとなった「神武創業」だけでは「汝等」を納得させるのが難しいと判断したからこそ、言わずもがなの「神功征韓」を加えたとしか考えられない。この詔は、神功皇后の三韓征伐という伝説が、当時いかに広がっていたかを逆説的に示している。

そして前章で見たように、「母」としての皇后像もまた、神功皇后が刻まれた紙幣や起業公債、切手を通して表象された。それらは結果的に、神武天皇よりも神功皇后のほうを、ますますなじみ深い存在にした。

明治初期における神功皇后と神武天皇に相当する関係は、出雲大社の祭神であるオオクニヌシと、伊勢神宮内宮の祭神で、皇祖神でもあるアマテラスという二柱の神の関係についても当てはまる。

拙著『〈出雲〉という思想』（講談社学術文庫、二〇〇一年）で詳しく論じたように、一八七五年三月に大教院の後身として設立され、『古事記』の冒頭に登場する造化三神（アメノミナカヌシ、タカミムスビ、カミムスビ）とアマテラスをまつる神道事務局の祭神にオオクニヌシを合祀すべきか否かをめぐって、全国の神官が合祀に賛成する「出雲派」と合祀に反対する「伊勢派」に分かれて論争する「祭神論争」が起こったのである。言うまでもなく、出雲派の中心は出雲大社であり、伊勢派の中心は伊勢神宮（正式には神宮）であった。

明治四年五月には、太政官が神祇官の決定に基づいて初めて体系的な社格を制定し、アマテラスをまつる伊勢神宮を頂点として全国の神社を再編成した。社格で言えば、出雲大社は二十九社ある官幣大社の一つにすぎず、社格を超越した伊勢神宮の優位は明らかであった。にもかかわらず祭神論争では、伊勢派よりも出雲派のほうが優位に立つのである。

アマテラスとは異なり、オオクニヌシは『出雲国風土記』ばかりか、『播磨国風土記』や『伊予国風土記』逸文にも登場するなど、神功皇后同様、西日本各地の伝説と結び付いていた。出雲派のリーダーで、出雲大社の第八十代国造であった千家《せんげ》尊福《たかとみ》は、死後の世界を意味する「幽冥界」を主宰するオオクニヌシの神徳を説くべく、明治初期にしばしば西日本各地を巡教した（原武史『可視化された帝国　近代日本の行幸啓』増補版、みすず書房、二〇一一年）。当時の明治天皇の巡幸が、東日本を中心にしていたのとは対照的であった。

結局、祭神論争は決着がつかず、一八八一（明治十四）年に勅裁が出され、出雲派が事実上しりぞけられた。その背景には、アマテラス―神武天皇―天皇睦仁というラインを確立させたいという政府の思惑があった。「神道は宗教にあらず」とする国家神道の確立は、出雲派をしりぞけてこそ可能になるのである。

もっとも、神功皇后は出雲派とは異なり、しりぞけられるどころか、視覚イメージとしては神武天皇よりもはるかに広く定着した。一八八〇年に絵師の月岡芳年《よしとし》が描いた浮世絵「大日本史略図会第十五代神功皇后」では、弓を薙刀のように突き出す神功皇后が、第十五代天皇として大きく描かれている（アライ＝ヒロユキ『天皇アート論　その美、〝天〟に通ず』、社会評論社、二〇一四年）。これは神功皇后が刻まれた紙幣や起業公債、切手とは異なり、三韓征伐と結びついた皇后＝天皇像を描いたものであった。

では、神武天皇の視覚イメージは全くなかったのかといえば、そうではない。

その証拠として、高木博志は一八八一年に出版された「神武天皇御神像」と、一八八八年に田村米造が描いた「神武天皇討夷之図」という二つの図像を取り上げている。神武天皇自身が製作したと説明された前者が「近世の民間信仰を伝える徳にあふれた神像」であるのに対して、後者はヨーロッパ的で凜々しく、「明治天皇の御真影の姿とも重なってくる」。高木は、東征する神武天皇のイメージができる過程と、天皇睦仁がヨーロッパ的な軍人君主へと転換する過程とがパラレルだとする（前掲『近代天皇制と古都』）。

だが、こうした図像が一般にどれほど知られていたかは、きわめて疑わしい。美術史学者の千葉慶は、逆に神武天皇のイメージが曖昧だったからこそ、改革を正当化するために利用されたとしている。千葉が「その後のあらゆる神武像の定型となった」として着目したのは、一八九〇（明治二十三）年に竹内久一が制作した「神武天皇木像」であった。これもまた一八八八年にキヨッソーネが描いた天皇睦仁の肖像画によく似た姿をしており、架空の神武天皇が現実の天皇睦仁に重ね合わされている（『アマテラスと天皇〈政治シンボル〉の近代史』、吉川弘文館、二〇一一年）。

同じ木像でも、神功皇后の人形は前章で触れた京都の祇園祭の山鉾や大津祭の曳山、あるいは前述の日枝神社大祭（山王祭）の山車などに明治以前から見られた。
日清戦争が勃発した一八九四年には、大津祭の曳山は見合わせになったものの、人形の飾り立ては行われ、「土間座にて皇后凱旋之飾立ヲナシ荒砂を敷き松を立て、表ニ紫の幕を新調」したという（『大津祭総合調査報告書（5）神功皇后山（神功山）』、滋賀民俗学会、一九七三年）。日清戦争の主な舞台が朝鮮半島であったことを考えると、象徴的意味合いは明らかだろう。

明治神宮外苑に、一九二六（大正十五）年に竣功した聖徳記念絵画館がある。ここに天皇睦仁と皇后美子の生涯を描いた日本画四十枚、洋画四十枚、あわせて八十枚の壁画が展示されている。すべての壁画がそろったのは、三六（昭和十一）年であった。完成までに十年の時間を要したのは、それだけ史実の考証に手間がかかったからだ。美術史学者の林洋子はこう述べている。

本土、朝鮮半島や大陸を問わず、画家たちは出来事の現場を季節や時間帯に配慮しながら訪れ、当時の資料を集め、当事者からの聞き取りを重ねている。登場人物の容貌や服装も厳密なまでに考証し、なかには現場の室内調度や服装の再現を発注した者もいた。（「解題」、明治神宮編『明治神宮叢書』第十八巻資料編2、国書刊行会、二〇〇三年）

こうした点から林は、聖徳記念絵画館の壁画は「芸術作品」というよりはむしろ「歴史資料」として完成度が高いと述べている。
これらの壁画を見ると、天皇睦仁が断髪して黒い軍服を着用し、馬に乗って軍事演習を見学する

習志野之原演習行幸

践祚

のは、一八七三（明治六）年四月の習志野行幸を描いた「習志野之原演習行幸」からである。それまではむしろ、女性的な外観であった。慶応三（一八六七）年一月の皇位継承儀式を描いた「践祚《せんそ》」では、天皇は長く伸ばした髪を結び、顔には白粉を塗り、裾を長く引いた白い引直衣《ひきのうし》を着用し、赤い張袴《はりばかま》をはいた姿で座している。同年十二月九日、京都御所小御所での御前会議で御簾の向こうに座る天皇の姿も、全く同様に描かれている。

ところが、「習志野之原演習行幸」以降、天皇の「男性化」が進む。一八八二（明治十五）年、赤坂仮皇居で大山巌に軍人勅諭を下賜する場面を描いた「軍人勅諭下賜」では、天皇は眉といいヒゲといい、キヨッソーネが描いた肖像画にかなり近づいている。

御真影のもとになるこの肖像画は、必ずしも天皇睦仁の実像を描いたものではなかった。天皇の御真影が時間を超越した一種のフィクションであったことは、美術史家の多木浩二が『天皇の肖像』（岩波現代文庫、二〇〇二年）で指摘している。

「軍人勅諭下賜」は、一九二六年十月二十日に寺崎武男が完成させたものであった。寺崎は、天皇の軍服や勲章、記章については実地に見学し、実物を写生したのに対して、「御尊影」については「特ニ力ヲ尽シ奉ツタ事ハ勿論、必ズ潔斎シテ後謹写シタ。ソノ苦心ハ畏レ多ケレバ申上ゲズ」と述べるだけだ（前掲『明治神宮叢書』第十八巻資料編2）。当時の写真が残っていないため、男性性を誇張した御真影に頼るしかなかったのだろう。実際の天皇が必ずしも丈夫でなかったことは、『明治天皇紀』の記述からも明らかである。

天皇睦仁の像が御真影という名のフィクションとしてつくられてゆくとともに、それとは比較にならないほど小規模ながら、架空の神武天皇もまた、天皇睦仁の御真影に似せてつくられてゆく。ここには二重の意味でのフィクション化の過程がある。

軍人勅諭下賜

天皇の「男性化」にあわせて、皇后の「女性化」も進む。新たな天皇像がつくられるとともに、そのパートナーとしての皇后像もつくられるのである。
もっとも、それは決して対等な関係ではなかった。一八七七年八月、上野で行われた第一回内国勧業博覧会の開場式に臨む天皇と皇后を描いた「内国勧業博覧会行幸啓」を見ると、洋装（軍服）の天皇の後ろに、和装礼服である袿袴《うちきばかま》を着用した皇后が付き従っている。天皇とは対照的に、皇后は明治になっても和装を続けたのだ。

内国勧業博覧会行幸啓

歴史学者の武田佐知子は、その理由として、皇后が後宮女官の筆頭として位置付けられていたことを挙げている（前掲『衣服で読み直す日本史』）。

明治維新により、源氏名をつけられた住み込みの独身女官たちからなる後宮は天皇から切り離され、皇后が統括することになる。この点についてはすでに数多の研究があるので、ここでは歴史学者の佐々木克による簡潔な説明を引用するだけにとどめる。

十六世紀半ばの正親町《おおぎまち》天皇の在位の頃から、後宮は男子禁制となり、天皇の私的空間には男性の入りこむ余地がほとんどなくなり、天皇の日常環境は、女性的世界が濃密となって幕末から明治をむかえていた。たとえば、孝明天皇の場合、およそ五十名ほどの女官が、天皇個人の日常生活に奉仕しており、一部女官の天皇をとりまく世界への発言力は強大であった。明治二年十月そして明治四年七、八月の「後宮」改革の断行は、以上のような女官の伝統的勢力を一掃することを意図したものである。（「天皇像の形成過程」、飛鳥井雅道編『国民文化の形成』、筑摩書房、一九八四年所収）

天皇の「男性化」は、「女性的世界」を天皇から皇后に移し変えること、言い換えれば明治までの宮中の世界と断絶することで初めて可能になったのである。これに対して、皇后の「女性化」は、むしろ明治までの宮中の世界を継承することで可能となった。

天皇睦仁には皇子（親王）が五人、皇女（内親王）が十人いたが（うち生き残ったのは後に天皇となる皇子一人と皇女四人）、すべて側室から生まれている。皇后美子は一人も産んでいない。つまり一夫一婦を装いつつも、実際には一夫多妻（一婦＋多妾）制だったのだ。歴史学者の片野真佐子は、「美子皇后は、小柄で、華奢で、腺病質で、子供を産まなかったことから女性的発達に欠けるといわれさえした」と述べている（「近代皇后像の形成」、富坂キリスト教センター編『近代天皇制の形成とキリスト教』、新教出版社、一九九六年所収）。

皇后は御内儀（オク）と呼ばれる私的な生活空間を統括していたのであり、天皇と皇后の服装に見られる非対称性は、「天皇と皇后が不可分の、一対の夫婦であるという認識自体が存在しなかった」ことを端的に表していた（前掲『衣服で読み直す日本史』）。政治学者の関口すみ子は、皇后の侍読となった元田永孚が、「我邦」は「一夫一婦」でなくていいのだと皇后を説得したとしている（『御一新とジェンダー　荻生徂徠から教育勅語まで』、東京大学出版会、二〇〇五年）。大事なのは「宮中ノ和」だというのだ。

富岡製糸場行啓

明治初期の皇后には、天皇にはない役割が課せられるようになる。すなわち、宮中で養蚕を行い、製糸産業を奨励し、女子教育を振興することである。聖徳記念絵画館には、一八七三（明治六）年六月に皇后美子が皇太后夙子とともに群馬県の富岡製糸場を訪れた場面を描いた「富岡製糸場行啓」と、一八七五年十一月に皇后美子が東京女子師範学校（現・お茶の水女子大学）の開校式に臨んだ場面を描いた「女子師範学校行啓」が展示されている。どちらも、皇后は和装（袿袴）で描かれている。

しかし、神武天皇とは異なり、皇后美子の視覚イメージにあわせる形で、神功皇后の視覚イメージがつくられたわけではなかった。前章で示した神功皇后の図像は、皇后美子とはおよそ似ていない。そもそも皇后美子は、「妻」であっても「母」ではなかった。

天皇睦仁の御真影製作に遅れること一年、一八八九年六月には、皇后美子の御真影が撮影されている。若桑みどりは前掲『皇后の肖像』で、この御真影にもキヨッソーネが関与していたと推測している。だが、『明治天皇紀』にそうした記述はない。

このとき、皇后の肖像も天皇に合わせる形で、洋装に変わった。正確にいえば、一八八六年七月の華族女学校を訪れたときから、皇后美子は洋装に変わっている。その背後には、「欧化」政策の一環として皇后の洋装化を進め、最も保守的な世界である後宮にも影響力を及ぼそうとする伊藤博文がいた（坂本一登『伊藤博文と明治国家形成 「宮中」の制度化と立憲制の導入』、講談社学術文庫、二〇一二年）。たとえ表面的であるにせよ、西洋流の一夫一婦制を演出することで、列強から一等国として認められ、条約改正を成し遂げたいという政治的もくろみがあったのは、容易に想像できるだろう。

皇后は一八八七年一月、女子の洋装と国産服地の使用を奨励する「思召書」を発したが、この文書は新聞や雑誌に発表され、大きな反響を呼びおこした。歴史学者のアンドルー・ゴードンは、「それは宮中女官ばかりでなく、高い社会的地位にあこがれる女性すべてにとっての行動規範を設定したのである」と述べている（『ミシンと日本の近代　消費者の創出』、大島かおり訳、みすず書房、二〇一三年）。

洋装の皇后は、外国人にも好評であった。洋装に反対していたドイツ人医師のエルウィン・ベルツですら、一八八九年四月二十七日の日記には「皇后はだんだん洋装に慣れてこられた、全く立派に見える。優しい容姿に、品のある顔立ち」と記している（トク・ベルツ編、菅沼竜太郎訳『ベルツの日記』上、岩波文庫、一九七九年）。

聖徳記念絵画館の洋画を見てゆくと、一八九〇（明治二十三）年の歌御会始を描いた「歌御会始」や、九四年の結婚二十五周年を祝う式典を描いた「大婚二十五年祝典」では、天皇は大礼服、皇后はローブデコルテなど洋服を着用し、天皇は右（向かって左）、皇后は左（向かって右）の椅子に座っているが、その高さは同じである。文部省が通達した御真影の配置と同様、左右の区別はあるにせよ、ここでようやく、一対のパートナーとして表象されるのだ。[注1]

歌御会始

しかし、一八九一年六月六日の日記では、ベルツはこう述べている。

天皇は、玉座が皇后の座と同じ高さにあることを、どうしても承服されなかった。それよりも、高くせよとのことなのだ。ところが、井上〔馨〕伯はそれに反対だった。ある時、伯が参内したところ、玉座の下に厚い絹の敷物がこっそり置いてあるのを発見したので、伯はこれを引きずり出して、室のすみに放り投げたが、これがため、大変な騒ぎが持上ったことはいうまでもない。(前掲『ベルツの日記』上)

このような天皇の考え方には、元田永孚から講義を受けた儒教の影響があるように思われる。元田は一八八八(明治二十一)年一月六日の講書始でも、「夫婦相和シマシテ夫ハ妻ヲ愛シマスルニ礼ヲ以テシテ褻レ過キマセス妻ハ夫ニ事ヘマスルニ敬ヲ以テシテ愛ニ溺レマセヌヲ夫婦有別ト申シマシテ夫婦ノ道ト致シマスル」と述べていた(前掲『元田永孚文書』第二巻進講録)。

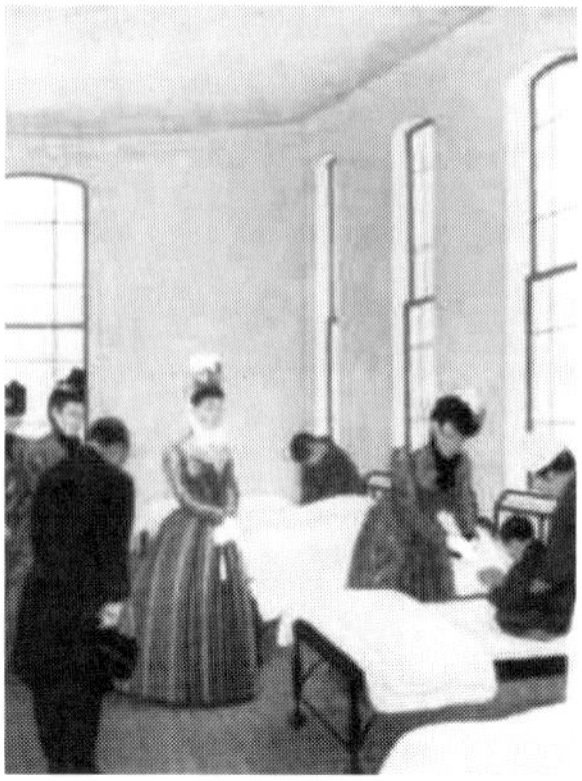
東京慈恵医院行啓

「夫婦有別」は、天皇と皇后の役割分担にも見られた。軍事、政治面を統括する天皇に対して、皇后は前述の養蚕、製糸業の奨励、女子教育の振興のほか、明治中期には病院訪問という新たな役割が加わる。この役割は、戦争とともにますます大きくなる。

聖徳記念絵画館には、皇后が一八八七(明治二十)年五月に自ら総裁となる東京慈恵医院(現・東京慈恵会医科大学附属病院)の開院式に出席したときの洋画「東京慈恵医院行啓」や、日清戦争中の一八九五年三月に広島陸軍予備病院第一分院を訪れたときの洋画「広島予備病院行啓」が展示されている。ここで注目すべきは、皇后が東京慈恵医院を訪れる直前の一八八七年四月に、次のような令旨を出していることだ。

やまひは万のくるしみを生ずるもとにして、その不幸は富貴なる人も同じことながら、分てまづしきは病にかゝりても医師の治療を受ることを得ざるによりて、いゆべき病も終にいえず。その身はもとより妻子までも不幸に陥るにいたる、まことに哀むべきものなり。されば我祖宗は夙にかゝる不幸の民をすくふことをつとめ給ひ、施薬院を設けて普く疾病のものをすくひ養ふべき所となし給ひ、天平宝字元年勅して越前国の墾田一百丁を以て施薬院に附し、朕と衆生と永く病苦の憂を滅し、共に延寿の楽を保たんとねがひ給ひしは実に難有御事と申すべし。（前掲『昭憲皇太后実録』上巻。原文は濁点および句読点なし）

文中の「施薬院を設けて普く疾病のものをすくひ養ふべき所となし給ひ」たのは、光明皇后にほかならない。『続日本紀』天平二年四月辛未日条に、「始《はじ》めて皇后宮職《こうごうぐうしき》に施薬院《せやくいん》を置《お》く。諸国《くにぐに》をして職封《しきふ》并《あわ》せて大臣家《だいじんけ》の封戸《ふうご》の庸《よう》の物《もの》を価《あたい》に充《あ》て、草薬《そうやく》を買《か》ひ取《と》りて毎年《としごと》に進《たてまつ》らしむ」とある通りである。確かにこの令旨では「我祖宗」とあるだけで光明皇后には触れていないが、施薬院に言及したことは、皇后美子が光明皇后を意識していたことを暗示していよう。

また一八八八年に福島県の磐梯山《ばんだいさん》が噴火したさいには、皇后は日本赤十字社から現地に医師を派遣して被災者の救護に当たるよう命じた。二〇一二年の三月から五月にかけて、明治神宮文化館宝物展示室で開催され、現天皇や現皇后も見学した「昭憲皇太后と赤十字展」では、「これが日赤の災害救護活動の始まりとなりました。さらに平時の救護事業の奨励のために国際赤十字に10万円（現在の3億5千万円相当）を寄付され、昭憲皇太后基金となりました」（同展チラシ）と説明されていた。

このような、社会的弱者に対して仁慈の心を寄せる皇室のイメージは、明治初期の天皇の巡幸でつくられた。一八七六年の東北・北海道巡幸にさいして、元田永孚は侍従長の徳大寺実則にあてた手紙でこう述べていた。

民情風俗を感化するは、蓋し形にあらずして心に在り、言にあらずして徳に在り、真に慎まざる可んや。（中略）万一陛下の心誠切ならざる所あり、陛下の規模公大ならざる所ある時は、則其一時精励する所の者、言語形貌の上に止まつて、民心を久遠に服すること能はず。（沼田哲、元田竹彦編『近代日本史料選書14　元田永孚関係文書』、山川出版社、一九八五年）

天皇にとって重要なのは、うわっつらの言葉や外見ではなく、心の内面からあふれ出る徳なのだ――まさに『論語』学而第一の「子曰、巧言令色、鮮矣仁」を思わせる元田の言葉に天皇は感化され、一八七八年の信越・北陸・東海巡幸では、新潟県の沿道で眼病を患った人々が多いのを見て、県に千円を寄付している（『明治天皇紀』第四、吉川弘文館、一九七〇年）。巡幸の途上では、官庁や裁判所、学校、軍事施設、産業施設などのほかに、函館病院（現・市立函館病院）、大阪鎮台病院、名古屋鎮台病院（現・国立病院機構名古屋医療センター）といった各地の病院も訪れている（前掲『可視化された帝国』増補版）。

しかし、大規模な巡幸が行われなくなり、天皇の行幸が主に軍事的なものとなる明治中期以降、社会的弱者に仁慈の心を寄せる役割は、天皇から皇后へと移ってゆく。慈母のような皇后のイメージは、神功皇后よりはむしろ光明皇后につながることになる。一八八七年四月の令旨は、まさにその先駆けとなるものであった。

皇后の背後には、ドイツ、オーストリア、イタリアの帝室や王室を訪問し、各国の皇后や王妃が自ら社会事業に尽くすのを見て衝撃を受けた伊藤博文の存在が、またしてもあった。伊藤は、ロシアやイギリスを視察した例も挙げながら、帰国後に皇后美子に言上したが、学校教育の奨励と並行して社会事業に尽力する皇后美子の姿勢は、ここから生まれたのである（前掲『皇后の近代』）。

皇后が和装から洋装に変わり、天皇と一対で椅子に座るようになっても、天皇と皇后の分業体制は維持される。それは御真影に見られるような、男性性を強調した軍事的シンボルとしての天皇像と、聖徳記念絵画館の壁画に見られるような、「質素・養蚕・女子教育・病院・兵士訪問」といったキーワードに象徴される皇后像が確立されてゆくということでもある。

いや、そうとも言い切れない。

言うまでもない。神功皇后という、この分業体制を根本から覆す皇后が、歴代のどの天皇にも劣らない存在感をもっていたからである。

神功皇后を天皇として認めるべきか否かという問題は、まだ解決されていなかった。それどころか、皇后美子が男勝りの神功皇后に重ね合わされ、皇后自身が軍事関係の行啓を行うなど、役割分担を逸脱するような行動に出ることすらあった。

皇后は必ずしも、天皇の一歩後ろに控え、天皇の陰に隠れた存在であり続けたわけではないのである。

［注］

1　若桑みどりは前掲『皇后の肖像』で、山田年忠（南斎《なんさい》）が描いた錦絵「大日本帝国銀婚御式」をもとに、「天皇と皇后は並び立っているわけではなかった」としているが、この場合は錦絵よりも洋画のほうが資料的価値は高いと思われる。

第4章

皇后美子・神功皇后・日蓮宗（1）

二〇一二年九月、日本政府は尖閣諸島を国有化した。これに中国が激しく反発し、日中関係が悪化しているのは周知の通りである。

しかし、その尖閣諸島が属している沖縄県もまた、一八七九（明治十二）年の「琉球処分」によって初めて設置されたことは、果たしてどれほど知られているだろうか。

琉球は江戸時代の初期に薩摩藩に侵攻され、実質的な支配下におかれてからも、依然として中国（明、清）を中心とする東アジアの国際秩序に属しており、中国暦を使い、中国への朝貢を続けていた。ところが明治になり、日本が国民国家として国境を確定するにあたり、琉球王国は正式に廃止され、中国の支配は一掃されたのである。

当然、中国は日本政府に激しく抗議した。一八七九年七月、上海総領事の品川忠道は、「洋人ノ所見ニテハ自今亜細亜諸邦ニ於テ頗《すこぶ》ル注目スル処ハ日清間ニ於テ若《もし》クハ彼ノ琉球所属ノ一条ニ付キ戦端ヲ開カン歟《か》此事ハ欧洲各国ニ取テ固《もと》ヨリ要領ノ関係アル事トハ為ササルト雖《いえ》トモ我輩カ東洋海港ニアル間ハ頗ル大事項トス」と政府に報告している（『琉球所属問題関係資料第八巻　琉球所属問題　第一第二』、本邦書籍、一九八〇年）。

琉球処分をめぐって、日本と中国の間に戦争が始まるかどうかが西洋人の関心を集めていたというのだ。これが決して杞憂ではなかったことは、一八七八年秋に中国漫遊の旅から帰国し、七九年四月に宮内省御用掛、一等侍講兼務となり、皇后美子にも進講した副島種臣《そえじまたねおみ》の言動を見れば明らかである。

同年五月二十八日は、皇后美子の誕生日であった。前掲『明治天皇紀』第四は、その模様をこう伝えている。

午前十一時皇后、皇族・大臣・参議・麝香間《じやこうのま》祗候・宮内省奏任官以上の参賀を受けたまひ、酒饌を賜ふ、是の日宮内省御用掛副島種臣・侍補吉井友実《ともざね》・侍講元田永孚の三人特に皇后に拝謁を請ひ、而して種臣種々陳上する所あり、爾後《じご》意見あらば忌憚《きたん》なく言上すべしとの御詞を賜ふ

このときに副島種臣が皇后に対して述べた言葉を、元田永孚は驚きながら聞いている。

方今支那ヨリ日本ノ琉球処分ヲ非トシ既ニ昨日ノ新聞紙ニ載セテ或ハ将ニ紛議ヲ起サントス事若シ調《ととの》ハサレハ開戦モ測ルヘカラス支那ト戦ヲ開カハ容易ニ勝敗ヲ決シ難シ故ニ
皇上陛下ハ長崎ニ　御馬ヲ進メ玉ヒテ大元帥ノ御指揮アラセラルヘケレハ
皇后陛下ニハ　神功皇后ノ例ヲ以テ支那ニ御打渡リアラセ玉フノ　御予定然ルヘシト存シ奉ルナリ種臣老骨ナリト雖トモ敢テ人ニ後レス随行ノ覚悟ナリ（前掲『元田永孚文書』第一巻。傍点引用者）

天皇は長崎にとどまるのに対して、皇后は「神功皇后ノ例ヲ以テ」中国に渡るべきだ、その場合

には自分も随行すると主張したのである。

副島のこの言葉に注目したのが、前掲『御一新とジェンダー』で皇后美子を取り上げた政治学者の関口すみ子である。関口は、明治中期までの皇后が、「『神功皇后』の再来、『雄々しい』存在と称えられることが少なくない」としている。

皇后の反応はどうだったか。「善クモ心ヲ用ヰテ申シクレタリ今日ノ形勢一大事ナリ猶考ヘアラハ申シクレヨ」（前掲『元田永孚文書』第一巻）という言葉からは、まんざらでもなかった様子が伝わってくる。元田は「其の御大度《ママ》に深く感銘」したという（前掲『昭憲皇太后実録』上巻）。しかし皇后美子は、積極的に自らを神功皇后に重ね合わせ、戦争が起きることを想定して中国に赴こうとしていたわけではない。

副島が皇后美子を神功皇后に見立てた背景には、誕生日のちょうど一ヵ月前に当たる四月二十八日に皇后美子が皇太后夙子とともに横浜に行き、軍艦扶桑に乗り、艦内を巡覧し、軍艦金剛や比叡などが停泊しているのを見学したことがあったように思われる。

歴史学者の片野真佐子によれば、皇后は海軍好きで、この後も一八八一年に横浜から軍艦迅鯨《じんげい》（初代）に乗って横須賀まで行き、水雷艇が水雷を発射する様子を見学したほか、八六年三月には病気の天皇に代わり、横浜から軍艦扶桑に乗り、軍艦武蔵（初代）の進水式に臨席した。同年十一月には、天皇とともに巡洋艦浪速と高千穂に試乗し、水雷発射実験を見学している（前掲『皇后の近代』）。このとき皇后は、魚形水雷が船舶を破壊する様子を見学し、次の和歌を詠んでいる。


事しあらばみくにのために仇波の　よせくる船もかくやくだかむ（前掲『昭憲皇太后実録』上巻。原

文は濁点なし）

勇ましい歌である。いったん戦争が起これば、この勢いで敵国の軍艦を破壊してほしいという皇后の念願がよく表れている。皇后は、目の前に展開する非日常的な光景を、飽きもせずに眺め続けたのではないか。その態度は、油のにおいが不快で、軍艦に乗るのを嫌い、船酔いもしやすかった天皇睦仁とは対照的であった。

一八八七年一月、皇后は天皇とともに、孝明天皇二十年祭のため京都に向かった。東海道本線はまだ全通していなかったため、往路は横浜から神戸まで軍艦浪速に乗り、神戸からは鉄道（現在の東海道本線）を利用し、京都に入った。復路は大津、長浜、名古屋を経由し、鉄道（現在の武豊《たけとよ》線）で武豊に出て、武豊沖から横浜までは再び軍艦浪速に乗った。

この日は空はよく晴れていましたが、半島の浦風が強く、真冬の寒さが身を刺すようでした。しかし当時三十八歳の皇后には、一向に寒さをおいといの気色もなく、御五衣（十二単）の雅やかなお姿で、武豊の埠頭から小蒸気船に召されて、天皇とともに軍艦浪速にご移乗になりました。伊勢湾の大波小波を押し切り、伊良湖崎の鼻まで進み、海路東京にお帰りになりました。

皇后が軍艦で長旅をなさるのは、日本の歴史上かつてない壮挙でした。荒海のうねりに艦が揺れても平然とされるご様子に、お供の者たちは、

「神功皇后が三韓征伐に向かわれた時も、このようであったのだろうか」

と、ただ驚嘆するばかりでした。（傍点引用者）

皇后が軍艦浪速に乗った日の模様をこう記すのは、生誕百五十年を記念して明治神宮が編集した『昭憲皇太后さま　御生誕百五十年記念』（明治神宮、二〇〇〇年）である。おおむね、皇后が死去した一九一四（大正三）年に刊行された洞口猷壽《ほらぐちゆうじゅ》『昭憲皇太后宮』（頌徳会）の記述によっている。

ここで注目すべきは、またしても皇后美子が神功皇后に重ね合わされていることである。船に弱い天皇とは対照的に、初めて軍艦に長時間乗ったにもかかわらず、「荒海のうねりに艦が揺れても平然とされる」皇后の様子が、神功皇后の三韓征伐を思い出させたというのだ。

その様子は、小柄で華奢な外見からは想像もつかなかったに違いない。

確かに、ここでも神功皇后に言及したのは、「お供の者たち」であって皇后美子自身ではなかった。皇后美子が軍艦で往復したルートも、神功皇后が三韓征伐のために往復した海路とは全く異なっていた。しかし、天皇睦仁を神武天皇に重ね合わせる言説の少なさに比べれば、皇后美子と神功皇后のアナロジーは、より強く認識されていたといえるかもしれない。

前章で触れたように、神功皇后を天皇として認めるべきか否かは、明治初期から問題になっていた。明治五年十一月、文部省が太政官正院に差し出した伺書には、次のような一節があった。

神功皇后ハ後世御代数ヲ除キタルモノモ有之《これあり》候得共日本書紀ニ御代数ニ奉入タレハ之ニ従ヒ中度

（前掲「御歴代ノ代数年紀及院号ニ関スル調査ノ沿革」）

正確にいえば、『日本書紀』に「御代数」は明記されていないのに、神功皇后が他の天皇と同じく独立の一巻として扱われていることを根拠に、「御代数ニ奉入タレハ之ニ従ヒ中度」としているわけだ。

一方、太政官正院歴史課は、この伺書に付箋をしてこう記している。

神功皇后ノ御事日本書紀ニ尊后曰皇太后ト有之摂政ト有之候上ハ御代数ニ不奉入コト勿論ニ候（同）

やはり『日本書紀』に言及しながら、神功皇后は「天皇」ではなく、すべて「皇太后」や「摂政」と表記されていることを理由に、「御代数ニ不奉入コト勿論ニ候」としているのである。

神功皇后に関する『日本書紀』の記述をめぐって、文部省と太政官正院では見解が真っ向から対立していた。宮内卿の徳大寺実則や宮内大輔の万里小路《までのこうじ》博房もまた「神功皇后御代数ヲ除キ候方可然トノ意見」（同）を付したため、太政官左院は文部省の伺いをしりぞけ、神功皇后を歴代天皇から外すべきだとして勅裁をあおいだ。

しかしどういうわけか、この決定を受けるべき行政文書には、次の付箋があった。

神功皇后ハ御代数ニ奉入候ニ御決定ノコト（同）

目には目を、付箋には付箋をといった感じだろうか。この「御決定」がどういう経緯で下されたのかはわかっていない。いずれにせよ太政官正院ではなく、文部省の見解が通ったのだ。明治五年十二月に文部省が編輯した『史畧』では、神功皇后を歴代天皇に加えている。同年、正院歴史課が編輯した『皇統系図』では、初稿で神武天皇でなくニニギを第一代とするとともに、「御決定」にしたがって第十七代の仲哀天皇の次に「第十八代摂政神功皇后　称制七十年」と記載し、神功皇后を天皇に加えた。ところが再稿と三稿では、「仲哀天皇九年庚辰春三月天皇崩皇后称制」「辛巳歳春二月還倭京冬十二月二日群臣尊称皇太后是為摂政元年」として、天皇から外している（同）。つまり、正院歴史課がもともととっていた見解に戻ってしまったのだ。「御決定」が勅裁によるものかどうかはっきりしない以上、それに拘束される必要はないと判断したのかもしれない。

明治初期に文部省や陸軍文庫、海軍兵学寮、元老院、宮内省などが出版した日本の歴史や皇位継承に関するテキストを概観すると、文部省は神功皇后を歴代天皇に加える見解をとっている。前述の『史畧』のほか、一八七五（明治八）年四月に師範学校が編輯し、文部省が刊行した『日本畧史』でも、神功皇后を第十五代天皇としている（『日本教科書大系』近代編第一八巻歴史（一）、講談社、一九六三年）。

これに対して、陸海軍や元老院、宮内省は神功皇后を歴代天皇に加えない見解をとっている（前掲「御歴代ノ代数年紀及院号ニ関スル調査ノ沿革」追補）。ただし元老院が一八七六年と八〇年に起草した『国憲』案や一八八五～八六年頃に宮内省が起草した『皇室例規』は、女帝そのものを認めていなかったわけではなく、例外的な場合に限ってではあれ、認める立場をとっていた（小嶋和司『明治典憲体制の成立』、木鐸社、一九七二年）。

東京大学教授、宮内省制度取調局委員で国学者の小中村清矩《きよのり》は、末尾に「明治十八（一八八五——引用者注）年十月五日考案」と記された『女帝考』を執筆している。法制史学者の所功《ところいさお》が『産大法学』三一巻三・四号（一九九八年二月）で紹介したその原文には、神功皇后につきこう記されている。

謹デ按ズルニ、神功皇后ハ即位シ玉ヒシニアラズ。故ニ天皇ト云サズ。紀ニ摂政ト号セリ。然レドモ、摂位六十九年ノ久シキニ及ビ、崩御ノ後、皇太子七十一歳ニシテ即位アリシハ如何ナル故ナリケン。紀ニ此皇后ヲ御世代ノ列ニ加ヘシモ、故アリゲナリ。（古事記ニハ除キタリ。）此ヲ以テ、暫ク女帝ノ首ニ挙グ。（傍点引用者）

つまり小中村は、宮内省に属する委員でありながら、当時の文部省に近い解釈をとったわけだ。

この『女帝考』に注目したのが、女帝を否定する立場をとっていた井上毅《こわし》である。それは決して、『女帝考』の解釈を井上が認めたことを意味しない。それどころか、「神功皇后ハ、国ニ当ルコト六十九年、而シテ終《つい》ニ摂位ヲ以テ終ヘ玉ヘリ」として、神功皇后を天皇に加えないことの傍証として利用しているのだ。所功は、「これは井上が、小中村の『女帝考』等を熟読することによって、日本における女帝の先例は一時的な『権宜《けんぎ》』（臨時のはからい——引用者注）にすぎず『皇統（皇位継承者）は男系・男子に限る』が『皇家ノ成法』だ、と確信したからこそ書きえたのであろう」としている。

一八八九年二月十一日、大日本帝国憲法と同時に発布された旧皇室典範の第一条では、「大日本国皇位ハ祖宗ノ皇統ニシテ男系ノ男子之ヲ継承ス」とある。旧皇室典範を逐条解説した『皇室典範義解』（国家学会、一八八九年）には、この第一条につき、「神功皇后ハ国ニ当ルコト六十九年終ニ摂位ヲ以テ終ヘタマヘリ」とする、前述の一文とそっくりな文章がある。『皇室典範義解』は伊藤博文を著者としているが、実際には井上毅が執筆している。

小林宏「井上毅の女帝廃止論」（梧陰文庫研究会編『明治国家形成と井上毅』、木鐸社、一九九二年所収）によれば、井上が女帝制の廃止を強く唱えるのは、一八八五〜八六年からであった。これ以降、文部省も従来の見解を改め、神功皇后を天皇に加えないテキストを出版するようになる。一八八六年刊行の『日本文明史略』や、一八九一年刊行の『高等小学歴史』、一九〇三年刊行の『小学日本歴史』がそれに当たる。

ただし「序」で触れたように、一九〇九年刊行の『尋常小学日本歴史』では、神功皇后を摂政としながらも、歴代天皇の一覧表に組み込んでいた。事実上の天皇だとする見解もまた受け継がれていたのであり、必ずしも全面的に井上の解釈に従ったわけではなかった。

井上毅のように、『女帝考』を女帝の否定の論拠として掲げる解釈は、決して小中村清矩の本意ではなかったに違いない。この点につき、井上とは正反対に、小中村の解釈をそのまま受け取り、神功皇后を女帝と見なしたのが、東京帝国大学文科大学教授で歴史学者の重野安繹《やすつぐ》であった。重野は、「故文学博士小中村清矩ハ、神功皇后ヲ本朝女帝ノ第一トシテ、左ノ如ク論ジタリ」として、小中村の議論を忠実に紹介した（前掲「御歴代ノ代数年紀及院号ニ関スル調査ノ沿革」附録下巻）。

重野が井上とは異なる角度から小中村の『女帝考』を紹介したのは、一九〇四年五月から〇五年二月まで、九回にわたって宮内省図書寮で開かれた「帝国年表草案調査会」に委員として加わったからであった。

「序」で触れたように、旧皇室典範の第三十四条に「皇統譜及前条ニ関ル記録ハ図書寮ニ於テ尚蔵ス」とあったにもかかわらず、皇統譜はまだなかった。図書寮は一八九五年七月に皇統譜の草稿を脱稿したものの、歴代天皇はまだ確定していなかった。ゆえに宮内省図書頭としては、「皇統譜ニ関連スル事業トシテ歴代御継承ノ事蹟ヲ明ニスル為帝国年表ヲ官撰」する必要が生じたのだ（前掲「御歴代ノ代数年紀及院号ニ関スル調査ノ沿革」）。

宮内大臣の田中光顕《みつあき》は、毎回欠かさず出席した。田中は、調査会が開かれる前年の一九〇三年八月から九月にかけて、京都、大阪、奈良などに出張し、歴代の陵墓を巡拝している（『伯爵田中青山』、田中伯伝記刊行会、一九二九年）。帝国年表草案調査会が開かれるきっかけとして、田中自身の陵墓巡拝をあげることもできよう。

帝国年表草案調査会は、重野のほかに東京帝大文科大学学長で歴史学者の坪井九馬三、東京帝大文科大学教授で哲学者の井上哲次郎、東京帝大文科大学教授で歴史学者の星野恒《ひさし》と三上参次、国学者の谷森善臣《よしおみ》を委員とし、「神功皇后ヲ御一代ニ加フヘキヤ否」、つまり神功皇后を歴代天皇に加えるべきか否かを議題として、一九〇四年五月十日に最初の会議が開かれた。日露戦争が始まってから、ちょうど三ヵ月がたっていた。

この会議からちょうど二十年後、宮内省に設置された「臨時御歴代史実考査委員会」で「神功皇后ヲ皇代ニ列スヘキヤ否〔ヤ〕」が第一の諮問事項に掲げられたことは、すでに「序」で触れた。

帝国年表草案調査会の委員のうち、「加フヘキ」としたのは重野、井上の二名、「否」としたのは坪井、星野、三上、谷森の四名であった。このうち、坪井と三上は、臨時御歴代史実考査委員会でも引き続き委員となり、神功皇后を「皇代ニ列セラルヘカラス」とする最終決定を見届けることになる。

重野は、「加フヘキ」とする論拠として、本居宣長に言及している。宣長といえば、『古事記伝』の冒頭で、それまでの「常識」を覆し、「漢籍意《からぶみごころ》」の染み付いた『日本書紀』に比して『古事記』の真の古伝たるゆえんを論じた国学者として、あまりにも有名である。しかしそれは必ずしも、『古事記伝』において『日本書紀』の文章を全面的にしりぞけることを意味してはいない。宣長は、必要に応じて、『古事記』に並行して『日本書紀』の該当箇所をも引用し、それに対する注釈や説明を行っている。

重野が注目したのは、『古事記伝』三十一之巻の次のような記述である。

〔品陀別命《ほんだわけのみこと》〕未生《あれ》坐さず御腹内に坐々しほどは、臣連《おみむらじ》八十《やそ》伴緒《とものお》こと〴〵に、大后に仕奉り、生《あれ》坐ても幼《いとけなく》坐ししほどは、さらにも申さず、成長《ひととなり》坐て後も、大后の世に坐々ける限は、大御親《おおみおや》に坐ませば敬《いやま》ひ仕奉り賜ひて、よろづ其御心に随賜ひつべければ、御子はおのづからなほ太子の如くに坐々て、大后ぞ、おのづから天皇の如くには坐々ける、（『本居宣長全集』第十一巻、筑摩書房、一九六九年。【】内の挿入文は省略。原文のルビを平仮名にした。傍点引用者）

文中の「品陀別命」は応神天皇、「大后」は神功皇后をそれぞれ指している。ここで宣長は、『古事記』だけではなく『日本書紀』の記述にもよりながら、「大后ぞおのづから天皇の如くには坐々ける」としている。神功皇后を事実上の天皇として認めたのだ。

この点に関する限り、国学者でありながら「近年元老院ノ纂輯御系図ハ、仲哀天皇ニ第十四ト注シ応神天皇ニ第十五ト注シ、神功皇后ハ皇后トシテ、天皇ノ歴数ニ加算セザリシハ、記紀ノ主義ヲ誤ザル者ト謂ベシ」（前掲「御歴代ノ代数年紀及院号ニ関スル調査ノ沿革」附録下巻。原文は濁点なし）とした谷森善臣は、宣長よりも水戸学者に近いといえよう。

重野は、一九〇〇年一月と三月に東京学士会院で行った講演をまとめた「大日本史の特筆に就き私見を述ぶ」（『東京學士會院雜誌』第二十二編第三号、一九〇〇年所収）で、すでに『古事記伝』三十一之巻に注目し、「宣長常に紀記の異同を弁じ、紀の漢書様なるに不満なるも、神功の御事に付ては、記の古樸なるは無上なれども、紀の書法、後世の定めとは云ふものゝ、能く斟酌《しんしやく》裁定して当時の有形に甚く違はず、正史の体裁宜く然るべしと断じたるは、公平穏当の論なり」（傍点原文）と述べていた。

前述の小中村清矩も国学者であったが、重野は帝国年表草案調査会で、国学の大成者である本居宣長にまでさかのぼり、「日本紀宣長ノ説ニ従ヒ神功皇后ハ御世代ニ加フルヲ穏当ナリ」とした（前掲「御歴代ノ代数年紀及院号ニ関スル調査ノ沿革」附録下巻）。

重野が目指したのは、要するに水戸学に対する国学の復権ということができる。「大日本史は正史の体を創め、数千載の事実を収拾《ママ》し、考据該博、体例明白、文字謹厳誠に不刊の大典たり。世人此書に頼りて尊王の大義を知り、以て今日に至る。（中略）予は唯特筆の過厳過断なるに疑なきこと能はず」（前掲「大日本史の特筆に就き私見を述ぶ」。傍点引用者）という文章からは、『大日本史』の三大特筆のひとつにならって明治三年に大友皇子が弘文天皇と追諡されるなど、水戸学の影響の大きさを一方で認めながら、他方でそうした解釈にどうしてもなじめない重野の本音がにじみ出ている。

法制史学者の所功は、同時代に重野と同様の神功皇后観をもっていた学者として、学術雑誌に発表した「神道ハ祭天ノ古俗」を一八九二年に『史海』に転載したのがもとで筆禍事件に発展し、帝国大学教授を辞した久米邦武をあげている（「現代における神功皇后観」、『神功皇后』、皇学館大学出版部、一九七二年所収）。

久米は、副島種臣や大隈重信同様、佐賀の出身であり、両者との付き合いもあった。彼は『史海』第三十四巻（一八九五年）と第三十六巻（一八九六年）に掲載された「神功皇后と漢の呂后」で、こう述べている。

日本の昔は男女共に国土を領して祭政に主となる風俗なり。神に事《つか》ふるには男をカンナキと云、女をミコと云、カンナキは神和にて、ミコは御子の意なるべし。国土の主となるには、男をヒコと云、女をヒメと云、ヒコを彦、また日子と書けば、ひめは媛、また日女の意なるべし。此の如く神教政治の時代には、男女の国家に於る権利に差別なく、女の軍事にも従ひしは、伊弉冉尊《いざいい》の醜女《しこめ》、長髄彦《ながすねひこ》の女軍など、皆著しき証跡にして、是も我尚武の俗の他に異なる所なるべし。（中略）故に日本には支那の如く女を抑斥する風なし。（傍○原文）

ここで久米は、後に「ヒメ・ヒコ制」と呼ばれることになる政治形態について、初めて触れている。ヒメ・ヒコ制とは、「男性と女性が対になって統治権・祭祀権を行使する政治形態」のことであり、その女性は霊的能力を有する。具体的にいえば、「琉球の女君である聞得大君《きこえおおきみ》や卑弥呼、さらに神功皇后などが該当する」（『日本史大事典』第五巻、平凡社、一九九三年）。

ヒメ・ヒコ制については、女性史学の創始者である高群逸枝《たかむれいつえ》が『母系制の研究』や『女性の歴史』で本格的に論じたほか、松本清張も前掲『神々の乱心』上下のモチーフとして取り入れている（前掲『松本清張の「遺言」』を参照）。ヒメ・ヒコ制という用語こそ使ってはいないものの、柳田國男や後に触れる折口信夫も南島に赴き、それに相当する祭祀論を展開している。しかし女性史研究者の間では否定的見解も少なくなく、[注1] 前掲『国史大辞典』などに「ヒメ・ヒコ制」の項目はない。

久米は、「神功皇后の胎中天皇を定め給ひしは、其皇子の男なるや女なるやは知れざりし時なるに、誕生ありて男帝にまし〱たれど、皇后は政を摂され、崩後に至りて応神帝は即位ありたり。然れば女帝の起りは既に神功皇后にあり」（傍○原文）「神功皇后は位にこそ即給《つきたま》はね、万機を裁せられし実権は真帝に異ならず」（傍点原文）などと主張している。胎中天皇というのは、応神天皇のことだ。

なお、久米が「神功皇后と漢の呂后」を書いていた時期は、中国では西太后（慈禧《じき》太后）が、朝鮮では閔妃《ミンビ》（明成《ミョンソン》皇后）が、ともに皇帝や国王を上回る権力者となっていた。久米自身も、「清韓の国家を観察すれば、清帝幼少にして国母の西太后久しく垂簾《すいれん》にて政を裁し、韓の政治は王妃閔氏の手に左右されてあるとなん」と述べている。だがそれは、「衰運の極」を示すものでは決してなく、「其主の幼少なるに当りて母氏に聴て事を裁決するは、其式の如何なるに拘はらず、家を保ち国を保つに於て家族自然の情理にして、怪しむに足らざる事なり」としている。要するに久米は、「女を抑斥する風」があったかなかったかという点では中国、朝鮮と日本の間に違いはあっても、「家族政治の中に形成して、発達し来る国家」という点では違いがないとしているのである。

神功皇后のように、君主（天皇、皇帝、国王）に代わって皇后（王后）や皇太后（王太后）が摂政政治を行う政治形態は、中国や朝鮮では「垂簾聴政《すいれんちょうせい》」と呼ばれた。垂簾というのは、玉座の後ろに御簾を垂らし、その中に皇后や皇太后が控えていたことに由来している。中国では西太后のほかに前漢の呂后や唐の武則天（則天武后）、朝鮮では十八世紀の国王、英祖《ヨンジョ》の継妃に当たる貞純《ジョンスン》王后が相当する。しかし女性で皇帝となったのは武則天だけであり、高麗や朝鮮王朝には一人もいなかった（新羅では女王が三人在位した）。

一方、日本では江戸時代までに八人十代の女性天皇が存在している。その中には、聖武天皇と光明皇后の第一子として生まれ、菩薩が方便として女身になるという「方便の女身」説を利用して皇帝となった武則天から影響を受けて出家し、自らの正統性を示そうとした孝謙・称徳天皇のような本格的な天皇もいた（勝浦令子『孝謙・称徳天皇　出家しても政を行ふに豈障らず』、ミネルヴァ書房、二〇一四年）。

話を久米邦武に戻そう。

久米と重野は、『大日本史』を継いで『大日本編年史』などを編纂する修史館や帝国大学で、ずっと同僚の関係にあり、相互に強い影響を与え続けた（髙田誠二『久米邦武　史学の眼鏡で浮世の景を』、ミネルヴァ書房、二〇〇七年）。もし久米が筆禍事件を起こさず、帝国大学教授の座にとどまっていたら、帝国年表草案調査会に加わっていた可能性が高い。その場合には、神功皇后を歴代天皇に加えるべきだとする意見が劣勢をはね返したかもしれない。

神功皇后に注目していたのは、久米や重野ばかりではなかった。華族女学校教授の下田歌子も、その一人であった。和歌に長じ、皇后美子に可愛がられ、皇后から「歌子」の名をもらった人物である。

下田は「神功皇后」（『愛國婦人』第五号、一九〇二年所収）で、次のように述べている。

季節はかはりたれど、同じ名に呼ぶ五月とし言へば、古きを温《たず》ねて、新らしき代にも昔を知れとや、五月人形は、ありしながらに飾られたるが中にも、先づ、中央の上坐を占め給へるは、神功皇后の御像にして、朝鮮問題の、朝毎の新聞にも、見ゆる日多き此頃は、是れがいにしへの三韓今の朝鮮を、女性の御身にて、征服し給ひし、御方にかと、小供の眼をさへ引く事の多き、思へば、いと尊くも畏こくもあるかな。

当時、神功皇后と武内宿禰は、一般に五月人形として飾られていた。日清戦争以来、「朝鮮問題」が新聞紙上でしばしば取り上げられるようになるにつれ、五月人形で飾られた神功皇后が、子供の眼すらをも引き付けるようになったというのだ。

重野が宣長に言及しつつ、神功皇后を歴代天皇に加えるべきだとした背景には、日清戦争や日露戦争に代表される東アジアの情勢の変化に伴い、神功皇后が「征服」のシンボルとして浮上したこともあったのではないか。

しかし、水戸学が再び脚光を浴びる機会は、意外に早くやってきた。「序」でも触れた、一九一〇年から一一年にかけて起こった南北朝正閏論争である。

この論争の結果、『大日本史』の三大特筆のひとつであった南朝正統論が、勅裁により認められた。みずからは北朝の血を引いていたにもかかわらず、天皇睦仁は南朝を正統としたのである。これ以降、血統とともに、一三九二年の南北朝合一のさい、南朝から北朝に譲り渡されたとされる三種の神器（八咫鏡《やたのかがみ》、草薙剣《くさなぎのつるぎ》、八尺《やさか》（坂）瓊勾《にのまが》（曲）玉《たま》）が、「万世一系の皇統」を担保する神聖なものとして浮上してくるゆえんである（原武史『昭和天皇』、岩波新書、二〇〇八年）。

一九一〇年に死去した重野安繹は、南北朝正閏論争に参加していない。東京帝大における重野の後継者に当たる三上参次は、論争に参加する一方、南朝正統論からも北朝正統論からも距離をおこうとした点で、重野の影響を受けていた（山口道弘「正閏　南北朝正閏論争」、河野有理編『近代日本政治思想史　荻生徂徠から網野善彦まで』、ナカニシヤ出版、二〇一四年所収）。にもかかわらず、「序」で触れたように、一九二四（大正十三）年三月に宮内省に設置された「臨時御歴代史実考査委員会」の委員となる三上は、重野とは異なり、水戸学にならって「神功皇后ヲ皇代ニ列セラルヘカラス」とするのである。

［注］

1　例えば、義江明子『古代女性史への招待　〈妹《いも》の力〉を超えて』（吉川弘文館、二〇〇四年）を参照。

第5章

皇后美子・神功皇后・日蓮宗 (2)

一八七九（明治十二）年八月三十一日、東京の青山御所で第三皇子が誕生し、嘉仁と名付けられた。第一皇子と第二皇子は早世したため、この皇子が後に天皇、すなわち大正天皇となる。大正天皇の生涯については、すでに拙著『大正天皇』（朝日選書、二〇〇〇年）で詳しく論じたため、ここでは必要最小限の記述にとどめる。

生母は、権典侍《ごんてんじ》、つまり天皇睦仁の側室の一人で、二位局と呼ばれた柳原愛子《なるこ》であった。嘉仁は、満八歳の誕生日に「儲君《もうけぎみ》」、つまり皇后美子の実子と定められた。天長節に当たる一八八九年十一月三日には立太子礼《りったいしのれい》を行い、皇太子になっている。

しかし嘉仁は、生まれたときから病弱であった。皇后美子は、嘉仁の健康回復を祈るべく、一八八三年十月六日に出雲大社から祭神であるオオクニヌシ（大国主神）の霊代を取り寄せ、嘉仁に毎日拝礼させた（中島利一郎「大行天皇御聖跡について」、『中央史壇』第一三巻第二号、一九二七年所収および前掲『昭憲皇太后実録』上巻）。

不思議なのは、なぜアマテラスではなく、オオクニヌシだったのかである。アマテラスの霊代としての神鏡は、宮中三殿の賢所に奉安されており、元始祭、紀元節祭、神嘗祭などの宮中祭祀で天皇が祈る対象であった。皇后は、天つ神のアマテラスはすでに守護神になっていると見なし、国つ神のオオクニヌシの分霊を取り寄せることで、天神地祇〔八百万神〕が嘉仁を守護するような態勢を整えようとしたのではないか。

それでも、嘉仁の健康はなかなか回復しなかった。

前掲『昭憲皇太后宮』によれば、孝明天皇の側室で天皇睦仁の生母に当たる中山慶子《よしこ》や、皇太后夙子の弟で後の貞明皇后の父に当たる九条道孝が、「此上は神仏の加護を仰ぎて玉体の御回春を祈らむ」ということで、朝夕に小石川区白山前町〔現・文京区白山〕の大乗寺に代参者を立てて祈願したのが縁となり、皇后は日蓮宗に接近する。「其の後、〔皇后〕陛下には屢々高倉〔寿子〕園〔祥子《さちこ》〕等の近侍の女官を大乗寺や池上の本門寺に差遣はされまして、当時日蓮宗の大徳であつた鶏渓日舜上人に、蔭ながら御帰依の思召を伝へさせられたのな〔だ〕さうでございます」〔同〕。鶏渓日舜上人は、大乗寺住職を経て、一八九二年には大本山池上本門寺の第六十六世法位になっている。

アマテラスやオオクニヌシだけでは、つまり「神」だけでは嘉仁の健康回復を祈るのに不十分だと判断したからこそ、皇后もまた中山慶子や九条道孝と同様、「仏」の加護を仰ごうとしたのだろう。皇后美子の家系である一条家の菩提寺は京都の臨済宗大本山東福寺にあったが、皇后が接近したのは臨済宗でなく日蓮宗であった。

歴史研究家の石川泰志によれば、一八八八年に嘉仁が百日咳にかかった際、日蓮宗大本山小湊山誕生寺の豊永日良《にちろう》上人が鶏渓日舜とともに病気平癒の祈禱の依頼を受け、験あって快癒したのを機に、皇室は誕生寺とも縁を結んだ〔「明治皇室の仏教信仰を訪ねて」、『大法輪』第七九巻第一二号、二〇一二年所収〕。誕生寺は、日蓮生誕の地として知られており、現在の千葉県鴨川市にある。

一方、東福寺は九条道家の発願によって開創された寺であり、九条家の菩提寺でもあった。皇太后夙子も、一九〇〇年に皇太子嘉仁と結婚し、大正に改元される一二年七月には次代の皇后となる節子も、九条家の出身である。夙子（英照皇太后）、美子（昭憲皇太后）、節子（貞明皇后）と、三代の皇后はいずれも京都を訪れたさいに東福寺に立ち寄り、墓所に詣でている（白石芳留編『東福寺誌』、大本山東福寺、一九三〇年）。

たとえ明治以降、天皇が仏教との関係を断ち切って神道の「祭主」になろうが、天皇家の外から皇后を迎えなければならない限り、神道以外の宗教が皇室に入ってくることは避けられなかった。日蓮宗を信仰していた皇太后夙子は皇后美子に、「すべて神仏の教は、皆正しきによりて人の心を導くなれば、決して疎かに思ふべからず、神道なり、仏道なりとて、別《わ》け隔てゝ疎意あるは宜しからずと思ふ。神を信ずる心は、これやがて仏を尊とむ心なり。仏を信ずる心は、やがてこれ神を尊とむ心ともなれ。唯だ誠の心をもていづれの道をも信ぜよかし」と述べたという（上田景二編『昭憲皇太后史』、公益通信社、一九一四年）。

宮中祭祀のほとんどは、明治になってつくられた「にせの伝統」「発明された伝統」であることを、天皇睦仁も皇后美子も同時代人としてよくわかっていたのではないか。だからこそ皇后は、日蓮宗

京都・東福寺の九条家墓所

というれっきとした宗教に、最後のよりどころを求めようとしたのではなかったか。たとえ宮中祭祀が「にせの伝統」であろうが、建前上は神道を支えなければならない天皇よりも、皇后のほうが相対的には自由であった。皇后は天皇の代わりに、日蓮宗に帰依したという見方もできるのではないか。

枢密顧問官の佐佐木高行は、一八九九（明治三十二）年二月二十五日の日記に「一体宗教は婦人社会に入る時は其弊害名状すべからず」「今日の御内儀なれば、仏教迷信の弊は可有之も外教の憂は先以懸念なし」と書いている（『佐佐木高行日記　かざしの桜』、北泉社、二〇〇三年）。「御内儀」というのは、宮城内の奥宮殿を指している。つまり佐佐木は、宮中の私的な空間に「外教」＝キリスト教は入り込んでいないが、仏教は入り込んでいることを認め、その「迷信の弊」を憂慮しているのだ。

実は天皇もまた、昔の形を完全に捨てたわけではなかったという説がある。近代の皇室に詳しい米窪《よねくぼ》明美は、明治期までは御内儀の「上段の間」に皇親の霊位がまつられ、天皇が年に何度か祈りをささげていたことから、上段の間が仏間の役割を果たしていたとしている（『明治宮殿のさんざめき』、文藝春秋、二〇一一年）。だが、たとえそうだとしても、「外」に漏れることは決してなかった。侍従の日野西資博《すけひろ》は、「（天皇が）仏を御拝みなさつたことはありませぬか」と尋ねられたのに対して、「表向きは一向なかつたやうであります」と答えている（『明治天皇の御日常　臨時帝室編修局ニ於ケル談話速記』、新學社教友館、一九七六年）。

夙子や美子だけではない。節子もまた、日蓮宗との関係が浅くはなかったこと、しかし節子は夙子や美子とは異なり、天皇嘉仁の体調が悪化するにつれ、日蓮宗だけでは満足できなくなることは、やがて明らかになるだろう。

身体が必ずしも丈夫でないというのは、天皇睦仁もまた同じであった。『明治天皇紀』によれば、四時祭典定則に反する形で、天皇が「御違例」、つまり病気のために宮中祭祀を休み、代拝で済ませることは、決して珍しくはなかったからだ。ほかに、地方行幸による不在や悪天候もまた、代拝の理由となった。

一方、皇后はどうだったか。『官報』には一八八四年から、「宮廷録事」の欄に宮中祭祀に関する記事が出るようになるが、皇后が出席した回数はきわめて少なく、多くは皇太后夙子と同様、代拝で済ませるか、代拝者すら立てていない。天皇や皇太后については記しても、皇后については記していない日も少なくない。こちらも四時祭典定則が守られていないわけだ。


一八九〇（明治二十三）年という年は、天皇と皇后にとって忙しい年であった。まず三月から五月まで、陸海軍聯合大演習統監や海軍観兵式のため、天皇は愛知県、京都府、兵庫県、広島県、長崎県を訪れ、皇后もその一部に同行し、京都に一ヵ月あまり滞在した。続いて十月には、茨城県で近衛諸隊秋季小機動演習が行われ、天皇と皇后がそろって見学した。皇后は、「ことしは春秋にみゆきありて、宮のうちにましますの日のすくなかりければにや、いつよりもとく年の暮れぬるこゝちす」と述べている（『昭憲皇太后御集』、文部省、一九二四年。原文は句読点なし）。

とりわけ後者は、海軍好きだった皇后が、初めて陸軍の本格的な軍事演習を見ることになる行啓として、注目に値する。その喜びを、皇后は十月二十六日、上野から御召列車に乗るに先立ち、「みづからも従ひ奉るべく、かねておほせごとありしかば、いとうれしくていでたつ。この大御代ならずば、いかで女の身にてかゝることを見むと思ふに、おのづから心もいさみたちてうちゑまれぬ」と素直に表している（同）。

皇后美子は、女でありながら「戦争」の現場を見ることができる時代になったことを感謝するとともに、まだ見たことのないその現場を想像するだけで、明らかに興奮しているのだ。

十月二十七日、二十八日と、二日間にわたって見たその現場は、皇后の眼にはどう映ったか。

今日は敵のちかづきたりと見えて大砲小銃のおとはげしく、広き原にもひゞきわたりぬ。上〔天皇〕には例の御馬にて道も定めさせたまはず、森の中松の林などにわけいりて見めぐらせたまふに木の枝の御あぶみ〔鐙〕にかゝるもいとかしこし。みづからも車よりいでゝ、小銃の連発又は大砲のうちかたなども見ずや、と附添へる士官のいふに、さらばとておりたつ。黒けぶりたちのぼる中に、火気見えてはげしき音のきこえたる、いといさまし（同）

確かに一方で、皇后は「事あらむ日は、親妻子をかへりみず、君のため命をすてゝたゝかひなむとおもふに、いとたのもしくはあれど、又いたはしくて胸もふたがるこゝちぞする」と述べているように、「戦争」の悲惨さを想像しようとした。しかし他方、日頃の宮中という狭い世界とは似ても似つかない、「遠近に烟たちのぼりつゝの音、こゝかしこに聞えて、赤白の旗風にうちなびき、馬のいなゝくこゑもところどころにきこえたり」（同）というような、壮大なスペクタクルを目のあたりにして、胸のすくような思いを抱いたこともまた事実であった。

実際にその四年後、戦争がはじまった。一八九四年八月、朝鮮王朝で起こった民衆反乱「甲午《カボ》農民戦争」をきっかけとして日本と中国は朝鮮に出兵し、日本が中国に宣戦を布告したのである。日中の戦争が危惧された琉球処分から十五年後のことであった。

八月十一日、宮城内の宮中三殿では宣戦奉告祭が行われた。しかし天皇はこれに出ず、式部長の鍋島直大《なおひろ》に代拝させた（『明治天皇紀』第八、吉川弘文館、一九七三年）。

これに先立ち、宮内大臣の土方久元が天皇に会い、宣戦を奉告するために伊勢神宮と孝明天皇陵に派遣する勅使の人選についてたずねたところ、天皇はこうこたえた。

今回の戦争は朕素より不本意なり、閣臣等戦争の已むべからざるを奏するに依り、之れを許したるのみ、之れを神宮及び先帝陵に奉告するは朕甚だ苦しむ（同）

天皇は開戦に消極的だったのだ。「海路陸路に射向ふ寇等を速に伐平らげ食国《おすくに》の大御稜威《おおみいつ》を天下に照輝かし」（同。原文は宣命書き）という祝詞（御告文）が奏された宣戦奉告祭に出なかったのも、そうした自らの思いをあらわしたかったからかもしれない。

土方は驚き、「曩《さき》に既に宣戦の詔勅を裁可あらせらる、然るに今に於て斯《か》かる御沙汰あらせらるゝは、或は過まりたまふことなきか」と天皇を諫めた。天皇は激怒し、「再び謂ふなかれ、朕復《ま》た汝を見るを欲せず」とこたえた（同）。だが言うまでもなく、もはや戦争の中止を宣言することはできなかった。

同年九月、天皇は大本営が置かれた広島に向かった。ちょうど六月に山陽鉄道（現・ＪＲ山陽本線）が神戸から広島まで開通したため、天皇は新橋から途中名古屋、神戸で二泊しつつ、鉄道で広島まで行くことができた。病気のため授業についていけなくなり、同年八月に学習院中等学科を中退した皇太子も、十一月に広島に向かい、久しぶりに天皇と対面するなど、一週間ほど滞在している。

続いて、皇后も一八九五年三月十七日、典侍、権典侍、掌侍《しょうじ》、権掌侍、命婦《みょうぶ》、権命婦など十一人の女官を同伴して新橋から広島まで鉄道で向かった。その中には、天皇の側室である権典侍の千《ち》種任子《くさことこ》や園祥子も含まれていた。彼女らは宮廷内の部屋から出たことがなく、顔は青白かった。ドナルド・キーンは皮肉まじりに、「皇后は夫の然るべき欲求を案じ、夫の寝所での自分の地位を否応なく奪うと承知の女たちを伴ってきたのだった」(『明治天皇』下巻、角地幸男訳、新潮社、二〇〇一年)と述べている。

なお、このときも皇太子が感冒にかかったため、皇后は出発を遅らせている。皇后にとっては、生涯のうちで東京から最も遠い行啓となった。

皇后は天皇同様、鉄道を利用し、広島に滞在しつつ、戦争で負傷した兵士が収容されている広島の陸軍予備病院本院、同第一分院、同第三分院、同第二分院や呉の海軍病院を回った。その意味で皇后は、前章で触れた天皇と皇后の分業体制から逸脱せず、「病院・兵士訪問」という自らの役割に徹したのである。したがって当然、副島種臣が述べたような、「神功皇后ノ例ヲ以テ支那ニ御打渡リアラセ玉フノ　御予定」はなかった。

しかし、神功皇后と全く関係がなかったわけではない。同年四月十二日には、福岡県の宗像《むなかた》大社同様、アマテラスとスサノオの誓約によって生まれた宗像三女神(田心姫神《たごりひめのかみ》、湍津《たぎつ》姫神、市杵島《いちきしま》姫神)を祭神とする厳島《いつくしま》神社に参拝しているからだ。

当時大元帥陛下には大本営に在らせられ日夜軍務を釁《みそな》はし給ひ一歩も御外出等遊ばされぬので深き御思召を以て特に〔皇后〕陛下に厳島行啓を命ぜられたのである。当日陛下には潔斎の上御本殿深く進ませられ恭しく御玉串を捧げられ約三十分の長き間を御端座遊ばされ只管《ひたすら》軍国の戦捷について御黙禱あらせられ、何時御退殿も分らぬので供奉の人々は憂慮に堪へず如何遊ばされたるにやと御気遣ひ申上げたが陛下には軈《やが》て然《さ》も御心に応へたらん御面持ちにて御退殿があつて、供奉官に対せられ、「嘸《さぞ》待ちつらん」と厚き御言葉を賜はつた（前掲『昭憲皇太后史』）

日清戦争の期間中、天皇はずっと大本営が置かれた広島城内にいたため、宮中三殿や神社で戦勝を祈ることもなかった。それどころか、日野西資博によれば、天皇は広島滞在中に肺炎にかかっていたというのだ（前掲『明治天皇の御日常』）。体調のすぐれない天皇は、自らの代わりに皇后に厳島神社を参拝させ、戦勝を祈らせたということになろうか。

しかし、このときすでに勝敗は決しており、下関で講和会議が開かれていた。五日後の十七日には、講和条約（下関条約）が結ばれることになる。にもかかわらず、皇后は「約三十分の長き間を御端座遊ばされ只管軍国の戦捷について御黙禱」したことになる。

これは要するに、戦勝祈願ではなく、戦勝を感謝する黙禱だったのではないか。

記紀には記されていないものの、神功皇后は三韓征伐に際して、朝廷で信奉されていた宗像三女神に神助を祈ったところ、霊験があったとされている（正木喜三郎『古代・中世　宗像の歴史と伝承』、岩田書院、二〇〇四年）。宗像三女神は、記紀に記されている住吉三神と似たような役割を担っていたというのだ。

日清戦争の主な戦場が朝鮮半島だったことを考えると、皇后美子が新羅、百済、高句麗との戦いに勝った神功皇后を思いつつ、約三十分もの時間をかけて戦勝を宗像三女神に感謝した可能性は決して小さくない。

天皇は、宮中三殿に宣戦を自ら奉告しないまま、また戦勝を神に祈らないまま、日清戦争に勝ってしまった。皇太后夙子死去に伴う服喪期間があけ、岩倉具視の養子に当たる岩倉具綱《ともつな》が掌典長となる一八九八（明治三十一）年以降になると、代拝理由が明らかでない代拝の回数が大幅に増えている（大岡弘「明治期皇室祭祀『恒例大祭』における御代拝の急増をめぐって」、『神道宗教』第二〇四・二〇五号、二〇〇七年所収）。

病気にかかったわけでもなく、悪天候でも行幸中で不在だったわけでもないのに、天皇は宮中祭祀を掌典長にほぼすべて一任するようになるわけだ。天皇は自らの健康に留意するあまり、祭祀に熱心でなくなったのである。

例外は、靖国神社臨時大祭であった。日清戦争や日露戦争で戦死した兵士を合祀し、霊魂を慰めるために行われた臨時大祭に、天皇は一八九五年十二月、九八年十一月、一九〇六年五月、〇七年五月の四回にわたり出席し、参拝している。皇后もまた一八九六年五月の臨時大祭に出席し、参拝したほか、九八年十一月、一九〇六年五月、〇七年五月には天皇に続いて参拝している。さらに一九一一年五月には、単独で伊勢神宮にも参拝している。

みいくさの道につくしゝまこともて　猶国まもれちよろづの神（前掲『昭憲皇太后実録』下巻。原文は

濁点なし）

これは一九〇六年、「靖国神社にまうでゝ」（同）と題して皇后が詠んだ歌である。歌人の佐佐木信綱は、「靖国神社に合祀せられつる勇士の霊を、千万の神とのたまひて、一死国につくしし戦死者の霊の、とこしへに皇国を守れかしとのたまへるなり」と注釈している（佐佐木信綱編『明治天皇御製集　昭憲皇太后御歌集』、現代短歌全集別巻、改造社、一九二九年）。

しかしそれは、あくまで公的な場における皇后としての振る舞いにすぎない。皇后は、皇太后夙子亡きあと、宮中祭祀には必ずといっていいほど代拝者を立てる一方、自らは日蓮宗にいっそう帰依するようになる。その背景にあったのは、皇太子嘉仁の度重なる病気であり、とりわけ一八九五年八月に肋膜炎や肺炎の症状を呈して体温が四十度を超え、右肺全体が冒されて重体におちいったことがあげられる。

このとき、皇后は日蓮宗の寺院で、安産や子育の神として知られる雑司が谷鬼子母神に女官を代参で遣わし、自らも祈ったところ、皇太子の体調は回復に向かったという。「かねて鬼子母神は幼き子を守る仏と聞き『是れぞ我が念ずべき仏なり』と御信心の昭憲皇后は『御喜び限りなく益御信仰あらせらるるなり』とは某女官の証言である」（石川泰志『近代皇室と仏教　国家と宗教と歴史』、原書房、二〇〇八年）。

厳島神社に参拝し、宗像三女神に戦勝を感謝してから、たったの四ヵ月しかたっていない。神道だけでは、「母」として「我が子」の命を救おうとする皇后の気持ちが満たされることはなかったのだ。

この点、天皇は対照的であった。佐佐木高行は、一九〇二（明治三十五）年四月二十一日の日記に、同じ枢密顧問官の河瀬真孝から聞いた話を書き留めている。

甚だ恐れ多き事なるが、先年皇太子殿下御不例にて殆んど御危篤に被為在、各侍医幷独乙《ドイツ》医師（ベルツ氏）も一同に御快復の御事は不被為在と迄申出たる場合、聖上の御沙汰に、決して気遣なし、皇太子は死なぬとの御事に被為在候旨品川子爵（弥二郎）より伝承せり。（中略）皇太子殿下御危篤の御容体に被為在候場合、聖上の死なぬと御沙汰の通り追々御快方に被為赴候より皇孫御降誕被為遊、追々御繁昌の今日と相成候事抔に至りては、実に人力の及ばざる処、其辺の事は軽々唱ふべき御事に非ず云々。（前掲『佐佐木高行日記』）

ベルツというのは、ドイツ人お雇い医師のエルウィン・ベルツのことである。天皇は、侍医やベルツがさじを投げたにもかかわらず、また少なくとも表向きは何にも祈らなかったにもかかわらず、「皇太子は死なぬ」と確信していたというのだ。

この話を河瀬から聞いた佐佐木は、「其通り神国と申すの外なし」と答えている。こうして天皇は、周囲から神として祭り上げられたのである。

天皇睦仁が親臨し、首相の桂太郎ほか閣僚が出席した一九〇四年二月四日の御前会議では、ロシアとの開戦が決定された。

是の朝天皇軫念《しんねん》措く能はず、午前十時三十分特に〔伊藤〕博文を内廷に召して謁を賜ひ、予め其の意見を徴し、以て宸断に資せしめたまひしが、議遂に決するや、夕刻内廷に入りたまひて後、左右を顧みて宣はく、今回の戦は朕が志にあらず、然れども事既に玆に至る、之れを如何ともすべからざるなりと、更に独り私語したまふものの如く、語を継ぎて宣はく、事万一蹉跌を生ぜば、朕何を以てか祖宗に謝し、臣民に対するを得んと、忽ち涙潸々として下る、一座為に黯然《あんぜん》たり（前掲『明治天皇紀』第十）

日清戦争のときと同じように、天皇は開戦に消極的であった。「朕何を以てか祖宗に謝し」という言葉からは、たとえ宮中祭祀に出ることはなくても、皇祖皇宗に対する責任を痛感していた様子がうかがえよう。「涙潸々として下る」という姿は、キヨッソーネが描いた肖像画をもとに一八八八年に製作された天皇の御真影とは、あまりにかけ離れている。

これ以降、天皇は眠れぬ夜が続き、食欲も減退した。天皇は、日清戦争の宣戦奉告祭に出なかったように、日露戦争の宣戦奉告祭にも出なかった。

一方、皇后は対照的であった。御前会議から二日後の二月六日、皇后は滞在していた葉山御用邸で、坂本龍馬が出てくる夢を見たというのだ。

日露戦争のあつた明治三十七年、陛下には先帝陛下の御勧めに従はせられて、葉山の御用邸に行啓中でございましたが、其の二月六日の夜ゆくりなくも、坂本龍馬が御殿の長廊下に立現れまして、此の度の戦争は御国の勝利疑ひなき由を、恭しく言上致しますと、坂本龍馬の姿はかき消えて仕舞ひましたので、陛下は御不審に思召されて御目覚になると、それは御夢であらせられたのです。（前掲『昭憲皇太后宮』）

歴史学者の片野真佐子は、「皇后の夢の真相はともかく、夢を見たというのだから、美子は眠れないということはなかったのだろう。なんとも剛毅な皇后である」と評している（前掲『皇后の近代』）。

実は、この逸話は開戦直後から新聞が伝えていた。四月十三日の『時事新報』には、次のような記事がある。

皇后陛下が葉山御用邸に御滞在あらせられたる去る二月初旬の事とか申すも畏けれど或る夜の御夢に白無垢着けたる一人の男御座所の入口に拝伏して臣は維新前国事の為めに身を致したる坂本龍馬と申す者にて候、海軍の事は当時より熱心に心掛けたる所に候へば今回露国との戦端いよ〳〵開けん暁には身は亡き数に入り候へども魂魄は御国の軍艦に宿りて忠勇義烈なる我軍人を保護仕らん覚悟にて候と申上ぐると見給へば姿はかき消す如く失せにけり陛下には不思議の事に思召し翌朝御側の者に前夜の御物語あり

皇后が見た夢に関しては、ベルツが記した一九〇五年四月十五日の日記にも、興味深い記述がある。

当時、ベルツは妻のハナと二人で京都を訪れていた。二人で散歩の途中、坂本龍馬の墓を見つけ

たハナが、龍馬を知らないベルツにこう言っている。

昨年、戦争の始まったころ、皇后さまが大変不思議な夢をご覧になりましたので、これを御付きの方の一人におもらし遊ばされました。それによりますと、お見知りのない一人の男が、お夢に現われて――わたしは坂本竜馬と申す者でございます、今度の戦さは勝利でございますから、ご安心遊ばされますよう、お知らせ申しあげるため参上いたしました、この坂本竜馬めの申しあげることにうそ、偽りはございません――と申し述べたそうでございます。（中略）それ以来、坂本は日本中で有名です。そしてこのお話は、国民を元気づけることにもなりました。（前掲『ベルツの日記』下）

皇后が見た夢の話は、国民に知れ渡っていたというのだ。おそらく、その火付け役となったのが『時事新報』の記事だったのだろう。それがポーツマス条約に反対する「日比谷焼き打ち事件」に象徴されるような、対外硬派的世論の形成に寄与したのは想像に難くない。

たとえ夢に出てきたのが神功皇后でなく坂本龍馬であろうと、天皇ではなく皇后が、国民の戦意をあおる役割を果たしていたという点で、皇后美子は神功皇后とつながっている。これもまた、天皇の御真影のペアとして一八八九年に製作された皇后の御真影のイメージとは、全くかみ合わない。

なお、皇后の夢の逸話は、田中光顕が土佐出身で、坂本龍馬とも交流があったことから、「薩長閥によって当時は閑職に追いやられていた田中光顕が、土佐閥の挽回のために〝演出〟したもの」

という説もある（『坂本龍馬大事典』、新人物往来社、一九九五年）。

もう一つ、皇后と日露戦争の関係を考えるうえで重要なのが、愛国婦人会である。

一九〇一年二月、女性による日本で初めての軍事救護組織として結成されたこの会に、皇后美子は夢見伝説の直後に多額の金を下賜している（片野真佐子「初期愛国婦人会考」、大口勇次郎編『女の社会史 17–20世紀 「家」とジェンダーを考える』、山川出版社、二〇〇一年所収）。戦争中の一九〇五年四月二日に開かれた第四回総会には皇后が出席し、「本日愛国婦人会の総会に臨み、茲に各員を見るを喜ぶ。殊に今回の事局〔日露戦争を指す――引用者注〕に際し、本会が能く救護の実を挙げつゝあるは満足の至りなり。尚ほ将来事業の益す盛ならむことを望む」と述べた（『愛國婦人』第七十五号、一九〇五年四月五日）。

愛国婦人会自体は銃後の組織であり、「質素・養蚕・女子教育・病院・兵士訪問」といったキーワードに象徴される皇后像とも符合する。だが、日清戦争のときと比べても、皇后の戦争に対するコミットの度合いは明らかに積極さを増しており、政治的振る舞いが目立つようになっていたのである。

とはいえ、日清戦争同様、皇后は戦場に赴いたわけではなかった。皇后が一八九〇年に目にした「戦争」は、戦死者がいないという意味で、実際の戦争とは似ても似つかなかった。一九〇九年七月に日露戦争の激戦地、旅順を訪れ、「戦争のおそろしさ今さらながら思はれた。名高き東鶏冠山《ひがしけいかんざん》北砲台にて、実戦者吉永中佐・秦中尉の戦闘概要をはなしてくれ、実におそろしい心地」「一本の木もなく石ころのがら〱、蟻がはっても上からみえるといふほどの山の下から日本軍が攻めるのを、上から露兵が機かん銃でバラ〱うつからたまらぬ。出ても〱全滅といふ有様。いまだに人骨が出るといふはなし。何とも血なまぐさいところ」（小田部雄次『梨本宮伊都子妃の日記　皇族妃の見た明治・大正・昭和』、小学館、一九九一年）と記した梨本宮《なしもとのみや》妃伊都子《いつこ》のような体験を、皇后が共有することはなかった。

日露戦争が終わった翌年の一九〇六年以降、皇后美子は毎年一月ないし二月から四月にかけて、沼津御用邸に単独で長期滞在するようになる。この間に皇后は、しばしば御用邸を出て近隣の各地を散策したが、東京とは異なり、皇后の行動の自由度はきわめて高く、事前にスケジュールが綿密に立てられることもなかった。前掲『昭憲皇太后実録』下巻には、例えば次のような記述がある。

午前十一時御出門にて沼津千本浜へ成らせられ、海浜を散策したまひ、又偶〻同所にて曳網を行ふにより、其の捕獲せる魚類を御覧あり、午後一時還御あらせらる。（明治三十九年一月十八日条）
午前十一時二十分御出門、沼津千本浜に行啓あり、海岸にて御昼餐を召させられたる後、偶〻沼津尋常高等小学校男子部尋常二年生徒百五十名、教員に率いられて運動の為海岸に出遊せるを御目に止められ、御休所前に於て生徒に唱歌せしめて之を聞かせらる。（明治四十二年一月二十七日条）

皇后が千本浜で漁民の仕掛けた曳網にかかった魚を見物したのも、地元の男子生徒の合唱を聴いたのも、全く予定外の行動であった。前掲『大正天皇』で詳述したように、一九〇〇（明治三十三）年から一二年まで続けられた皇太子嘉仁の地方巡啓でも、同様の行動が各地で展開された。まだこの時期までは、少なくとも地方では皇族自身が行動を決めることのできる自由が残っていたのである。
　皇后が沼津御用邸本邸に滞在しているときには、孫に当たる裕仁、雍仁《やすひと》、宣仁《のぶひと》の三親王も西附属邸に滞在していることが多かった。皇后は、本邸や西附属邸で三親王に会ったほか、海岸を散歩中に裕仁や雍仁と出くわしたり、三親王を御用邸に近い志下《しげ》浜に招いて地曳網を見学したりした（『昭和天皇実録』明治三十九年三月九日条、同年三月十二日条など）。裕仁らにとっては、めったに会うことのない天皇睦仁より、沼津でしばしば会うことができた皇后美子のほうに親しみを感じたに違いない。

　一九一二年七月三十日に天皇睦仁が死去すると、元号は大正と改められ、皇后美子は皇太后となった。睦仁は明治天皇と追諡された。

　嘉仁と節子が天皇と皇后になり、宮城に移るのに伴い、彼らが住んでいた青山御所に美子は移住することになった。美子に仕えた元女官の山川（旧姓・久世）三千子によれば、青山御所には、明治天皇の御真影が奉安されていたから、美子は毎日この御真影を拝み、時には天皇が生きていたときと同じように、報告をしていたという（山川三千子『女官』、実業之日本社、一九六〇年）。

　しかし、美子はそのような拝礼だけでは満足できず、法華経巻第八「観世音菩薩普門品　第二十五」の書写を思い立った。「陛下が、明治天皇御追福の御為めとて、妙法蓮華経普門品の御浄写を思立たせられたのも、深き思召のあらせられた事であると拝察致されます」（前掲『昭憲皇太后宮』）。いまや日蓮宗は、嘉仁の健康回復を祈るばかりか、夫である明治天皇の冥福を祈るための宗教となったのである。書写した観世音菩薩普門品は、一三年十月に伏見桃山陵を参拝したさい、伏見宮《ふしみのみや》邦家親王の第八王女として生まれ、九条家の養女となり、京都・瑞龍寺の門跡を継いだ日蓮宗の尼僧、村雲日栄尼《むらくもにちえい》に下付された（前掲『昭憲皇太后史』）。

なお石川泰志は、皇太后が法華経巻第六「如来寿量品第十六」に出てくる詩句「自我偈《じがげ》」を写経し、誕生寺に納経したとしている（前掲「明治皇室の仏教信仰を訪ねて」）。

いずれにせよ、皇太后の晩年の日々に、もはや神道の入り込む余地はなかった。

元宮内大臣の田中光顕は、皇太后のために等身大の明治天皇の銅像を製作することを思い立ち、一二（大正元）年九月に彫刻家の渡辺長男に原型の製作を依頼した。その原型をもとに、鋳造師の岡崎雪聲が一四年三月に銅像を完成させたが、皇太后に献上されることはなかった（『昭和天皇実録』昭和五十五年九月二十四日条）。同年三月二十六日、皇太后は滞在していた沼津御用邸で、狭心症のため重体におちいったからである。皇后は四月十日、東京に移送され、十一日午前二時五十分に死去したと発表された。享年六十四であった。

だが、梨本宮妃伊都子は、四月九日の日記に「皇太后陛下、只今俄《にわか》に御急変。実は崩御《ほうぎょ》になりしなれども、いまだ御発表なく、御重体との事」と記している（前掲『梨本宮伊都子妃の日記』）。皇太后は、東京に移送される前に、沼津で死去していたというのだ。公式の「崩御」発表時刻が実際の時刻とずれることは明治天皇が死去したときにもあったが、このときの空位期間は二時間十七分にすぎなかった。それに比べると、今回は二日もずれたことになる。[注1]

五月九日、美子は昭憲皇太后と追諡された。

女官の一人で、権掌侍の小池道子は、皇太后の冥福を祈るために法華経全八巻を書写し、白山前町の大乗寺に皇太后愛用の遺品を寄贈している（小田部雄次『昭憲皇太后・貞明皇后　一筋に誠をもちて仕へなば』、ミネルヴァ書房、二〇一〇年）。

［注］

1　前掲『昭憲皇太后実録』下巻の大正三年四月九日条にも「御脈搏も絶えたまひ、強心剤の注射・人工呼吸等の御手当も効を奏せず、遂に蘇生あらせられず。尚御発喪は御帰京迄延引せられたり」とあるが、正確な死去の時間は記されていない。したがってこの日、皇太后の容体急変を知らされ、新橋を午前七時十五分に出る列車に乗って駆けつけた天皇と皇后が、生前の皇太后に面会できたかどうかもわかっていない。なお、東海道線の起点が新橋から東京に変わるのは、同年十二月になってからである。

第6章

皇太子妃節子の孤独（1）

一九〇〇（明治三十三）年五月十日午前七時半、氷川神社に近い東京市赤坂区赤坂福吉町（現・東京都港区赤坂二丁目）の九条道孝邸から、髪を上げ、白繻子《しろじゅす》に銀色菊と小葵の模様が入った礼装を着用した九条節子が出てきた。節子はまだ満十五歳。すでに待機していた馬車に乗り、桜田門を経由して宮城に入った。

目指すは、宮城内で最も清浄なる場所とされる宮中三殿であった。節子は宮中三殿の中央にある賢所に付属する便殿《びんでん》で、五衣唐衣《いつつぎぬからぎぬ》（十二単）に着替え、手水《ちょうず》をした。潔斎は九条邸を出る前に済ませていた。

もちろん、節子が賢所に入ったのは、このときが初めてであった。賢所は、外陣、内陣、内々陣からなっていた。節子は、便殿で束帯に着替えた皇太子嘉仁とともに外陣から内陣に進み、拝礼し、玉串をささげた。嘉仁は満二十歳で、節子より五歳年上だった。

内陣と、神体の鏡（伊勢神宮にある三種の神器の一つ、八咫鏡《やたのかがみ》の分身）が安置された内々陣の間は、御簾で隔てられていた。嘉仁は内陣で、誓詞に当たる御告文を読み上げた。それが終わると、節子は嘉仁とともに外陣に戻り、神酒を受けた。それから、賢所の左右にある皇霊殿、神殿にも、同様に拝礼した。

これが、「賢所大前の儀」と呼ばれる、初めての神前結婚式であった。一連の動作は、前月に定められた皇室婚嫁令で定められていた。皇室婚嫁令は一九一〇年に皇室親族令に改められ、四七（昭和二十二）年に廃止されるが、結婚式のあり方そのものは一九九三年の皇太子徳仁《なるひと》と小和田雅子の結婚までほぼそっくり受け継がれている。

天皇睦仁と一条美子の結婚のときは、まだこうした儀式がなく、京都御所に入内して高位の女官であることを内々に命ずる「女御宣下」があっただけで、いたって簡素であった。神前結婚式という儀式もまた、多くの宮中祭祀と同様、明治以降に創られたという意味では、「発明された伝統」の一つにほかならない。

午前九時、嘉仁と節子は天皇睦仁と皇后美子の住む宮殿に参内した。嘉仁が葡萄一の間で正装に着替えている間、節子は葡萄二の間でマントドクールの礼装に着替え、天皇、皇后との「御対面式」に臨んだ。おそらく、トレーンと呼ばれる裾の長さは三メートルを優に超えただろう。和装から洋装に着替えたことで、和装では見えなかった首や腕があらわになった。

午前十一時二十分、二人はそろって馬車に乗り、赤坂区元赤坂町（現・港区元赤坂二丁目）の仮東宮御所（青山離宮）までパレードした。沿道は群衆で埋めつくされ、「鹵簿《ろぼ》〔行列〕ノ進マザルコト二十分」に及んだ。午後三時三十分、節子はローブデコルテの礼装に着替え、勲一等宝冠章を身につけて再び嘉仁と馬車に乗り、宮殿に向かった。胸や肩、背などが大きく開いた洋装のため、地肌がますます剝き出しになった。

天皇、皇后も出席した宮中祝賀式をつつがなく終えると、午後七時三十分、二人は仮東宮御所に戻り、白絹の寝間着に着替えている。

以上は、『風俗画報』第二一一号（一九〇〇年六月十五日）および『大正天皇実録』明治三十三年五月十日条の記述によったものである。節子は、朝から五回も着替えたことになる。結婚当日の節子の心境を、もとよりうかがうすべはない。しかし同年十一月には、鍋島伊都子と梨本宮守正《もりまさ》王が、東宮以外の皇族で初めての神前結婚式を行い、伊都子もまた五衣唐衣やマントドクール、ローブデコルテを着用している。伊都子は当日の心境を、こう記している。

当日の朝は、いとも引しまりたる心地すれども、何となく心細り、一歩こゝを出づれば再び住家ならぬと思へば、遠くはなれるにはあらざれども、ものがなしく、一生の悦《よろこび》の日なれども、又涙の出づるをとゞめあへず。皆々にいさみ立られ、玄関に出づれば、御迎として宮家より廻されたる美々しき御馬車、儀仗騎兵も旗も朝風になびきて、馬のいなゝきも勇ましく、あゝかゝる立派なる行列の主人公になり参内するかと思へば、さらに胸の動悸もやまず、夢の如く車上の人となり、門内に居ならぶ数十人の人々に見送られて出でた。（前掲『梨本宮伊都子妃の日記』）

節子の心境も、伊都子に近かったのではないか。ただし後に触れるように、節子と伊都子の間には、ある一点で決定的な違いがあった。

お雇い外国人で、皇太子妃選びに大きな影響力を発揮し、節子を身体検査したこともあるエルウィン・ベルツの眼に、結婚当日の節子はどう映っていただろうか。

絶好の天気に恵まれて、東宮成婚式。今まで引きこもった生活をしておられた東宮にとっては、辛い一日であった。しかし、これによく耐えられたようである。宮中での結婚式は、古代日本の宮廷衣裳で行われた。それから、洋装の新郎新婦は儀装馬車で、宮城から青山〔赤坂〕の東宮御所に向われた。そこで午後一時に、東宮は直接関係のある人々だけにお会いになった。東宮はお元気な様子。妃は大変お美しい。（前掲『ベルツの日記』上）

ベルツが見た節子の姿は、マントドクールを着用して首にはネックレスが、頭上には宝冠が輝いていた。十五歳とは思えないその姿を目のあたりにして、ベルツは「大変お美しい」と評したのだ。

しかし、節子が通った華族女学校の学監、下田歌子は、結婚式当日の『毎日新聞』に、節子のことを「是れと取り立てゝ申すべき花々しき御事などはなかりしが、未来の国母として、些少だも欠点を有し賜はざる御方」（傍点引用者）と評している。ノンフィクション作家の工藤美代子が指摘するように、歌子自身が節子を推薦したわりには、消極的な評価を隠そうともしていない（『国母の気品　貞明皇后の生涯』、清流出版、二〇〇八年）。こういう言葉が、結婚式のめでたき日に堂々と新聞に掲載されていること自体に驚きを禁じ得ない。

同様の記述は、一九二〇（大正九）年八月十日の原敬の日記にもある。来訪した下田歌子の話を、原は次のように書き留めている。

……今の〔皇后〕陛下は御幼少より御教育致せしに別段優れたる御長所なきも、又何等の御欠点も之なきに付然るべきかと伊藤〔博文〕公に内話し、橋本綱常責任を以て御診察致し、健康中分なしと言ふ事にて当時の東宮妃に御定ありたる様の次第（以下略）（原奎一郎編『原敬日記』第五巻、福村出版、一九八一年。傍点引用者）

結婚式当日に歌子が節子に対して下した消極的な評価は、それから二十年がたっても変わっていなかった。『毎日新聞』の記事は正確であったことになる。

実は、本命が別にいたのである。

下田歌子が昌子《まさこ》、房子《ふさこ》両内親王の養育主任であった佐佐木高行や、佐佐木の妻の貞子らとともに、皇族や公爵の娘の容姿性行を観察し、「独り群を抜」くと判断していたのは、伏見宮貞愛《さだなる》親王の第一王女、禎子《さちこ》であった（『明治天皇紀』第九、吉川弘文館、一九七三年）。禎子は一八九三年五月、皇太子妃に内定し、三年後には天皇、皇后が宮家を訪れ、本人に面会している。

主婦の友社編『貞明皇后』（主婦の友社、一九七一年）によれば、禎子は「雪の精のように肌の色が白く、見るからに王女の気品を備えていた」。一方の節子は、黒姫さまと呼ばれるほど色黒であった。

しかし一八九九年三月、健康上の理由から、皇太子嘉仁と禎子との婚約は解消された。この婚約解消事件については、皇族や華族の歴史を研究する浅見雅男が著した『皇太子婚約解消事件』（角川書店、二〇一〇年）に詳しいので再説はしないが、反面教師になったのは、東京女子師範学校行啓のさいに山川菊栄《きくえ》が観察したように、「小柄で青白く、頬がこけて美しい」（『おんな二代の記』、平凡社、一九七二年）とされながら、「弱々しくさみしい感じ」（同）もまた否めず、皇子や皇女を一人も産まなかった皇后美子であろう。

当時の西洋列強は、いずれもキリスト教的な観念によって一夫一婦制が定着していた。妻と妾が同じ家のなかで暮らしているのは、けがらわしい野蛮の風習と見なされかねなかった。一等国として認められるためには、宮中が率先して一夫一婦制を確立させる必要があり、皇子を産める健康な女性が望まれたのである。

禎子が皇太子妃候補から消えた結果、急浮上したのが節子であった。

その最大の理由は、節子が禎子とは対照的に、健康には全く問題がないとされたことにある。前宮内大臣の土方久元は、節子が皇太子妃に内定して十日後の一八九九年八月三十一日、佐佐木高行に対して、「節子には体質の丈夫と申す一点にて落札に相成」と述べている(前掲『佐佐木高行日記』)。

逆にいえば、「体質の丈夫」以外の点については目をつぶろうということでもあったのだ。では、節子の何が問題とされたのか。

前掲『皇太子婚約解消事件』によれば、節子が「妾腹の子」であったことや、皇族でなく華族、すなわち公爵家の娘であったことも問題になっていた。だがおそらく、最大の問題は節子の容姿にあった。

風俗史家の井上章一は、明治時代の美人の条件として、肌の白さが必須であったことを、当時の小説や雑誌の言説などを通して浮かび上がらせている(『美人論』、朝日文庫、一九九五年)。明治以降、西洋化の影響により憧れの対象が一重まぶたから二重まぶたになるなど、美人の基準が大きく変わったにもかかわらず、肌の白さに関しては平安時代からずっと変わらなかった(硲《はざま》あい「一重まぶたから見る日本人女性の美とは何か」、明治学院大学国際学部卒業論文、二〇一三年）。黒姫さまと呼ばれるほど地肌の黒かった節子は、それだけでもう失格であった。

天皇と皇后、あるいは男性皇族と女性皇族の大きな違いの一つは、前者の場合、容姿が問題になることはまずないのに対して、後者の場合は容姿が問題になる可能性があることだろう。平たくいえば、美人かそうでないかが結婚の判断材料になるということだ。

早くも記紀神話には、イワナガヒメという有名な醜女が登場する。イワナガヒメの父であるオオヤマツミは、高天原から降臨したアマテラスの孫のニニギに、姉のイワナガヒメと妹のコノハナノサクヤヒメを差し出す。そのさいに、ニニギは次のような行動をとる。

故爾《かれここ》に其の姉は甚凶醜《いとみにく》きに因《よ》りて、見畏《みかしこ》みて返し送りて、唯其の弟《おと》木花之佐久夜毘売を留めて、一宿《ひとよ》婚《まぐわい》為《し》たまひき。（『古事記』）

時に皇孫、姉は醜しと謂《おもお》して、御《め》さずして罷《ま》けたまふ。妹《おとと》は有国色《かおよし》として、引《め》して幸《みとあたわ》しつ。則ち一夜《ひとよ》に有身《はら》みぬ。（『日本書紀』）

ニニギは、美しかったコノハナノサクヤヒメだけをめとり、醜かったイワナガヒメは父の元に返してしまったのだ。コノハナノサクヤヒメはホオリを産むが、このホオリの孫が神武天皇になる。

それでも江戸時代までは、身分や家柄が結婚の条件としては大きな比重を占めていた。格式ある武家が嫁を容姿で決めるなどというのはあり得なかった。夫婦同伴で社交をすることも、まずなかった。

ところが明治以降になると、特に上流社会では欧米のように、夫婦同伴で表に出ることが多くなり、社会の視線にさらされる機会が増える。それに伴い、身分や家柄よりも容姿のほうが、妻を選ぶ条件として重視されるようになる（前掲『美人論』）。将来の皇后となるべき女性であれば、この条件は一層重視されるはずだ。

もちろん、天皇や皇太子の結婚の判断材料として、容姿の具体的特徴が公式に記されることはない。しかし、山川菊栄が記したように、皇后美子は美人と見られていたし、久邇宮良子《くにのみやながこ》（香淳《こうじゅん》皇后）や正田《しょうだ》美智子（現皇后）の場合も、皇太子裕仁（昭和天皇）や皇太子明仁（現天皇）が彼女らの美しさに魅了され、強く結婚したいと願ったのは明らかであった。久邇宮良子は久邇宮家という、明治初期に伏見宮家から独立した皇族の一員であり、家柄、容姿ともに申し分なかったのに対して[注1]、正田美智子は生まれながらの平民で、皇后や元皇族から強い反対があったにもかかわらず、最終的には容姿が家柄を上回った。一九五八（昭和三十三）年十一月二十五日、品川区東五反田の正田家を訪れた侍従の入江相政《すけまさ》は、「美智子さん、綺麗でそして立派である」と日記に記している（『入江相政日記』第六巻、朝日文庫、一九九四年）。

九条節子はそうではなかった。

同じ九条でも、節子より三歳年下で、節子の異母弟である良致《よしむね》の妻となる九条武子《たけこ》（西本願寺法主・大谷光尊の次女）は、後に柳原白蓮《びゃくれん》、江木欣々《きんきん》と並ぶ大正三美人の一人とされた。徳冨蘆花《ろか》は、一九一六（大正五）年七月の日記に、「美人の九条武子が、芸者の様に意気な姿の写真が新聞に出て居る。抱くならあんなのが抱きたい」と記している（『蘆花日記』三、筑摩書房、一九八五年）。

一方、前掲『皇太子婚約解消事件』にも引用されているように、平成になって公開された書簡や日記からは、宮中関係者が節子の容姿について、露骨なほどのやりとりを交わしていた様子が伝わってくる。

例えば、上野秀治「続・明治期における東宮妃選定問題」（『史料』第一二一号、皇學館大學史料編纂所、一九九二年十月十日所収）に紹介されている、一八九九年五月十日に侍従長、徳大寺実則が皇后宮大夫、香川敬三にあてた書簡には、次のような一節がある。

扨《さて》過日御内話仕候九条家令嬢写真御回接収候、噂よりハよろしく一見仕候

回覧されていた節子の写真を見た徳大寺が、「噂よりハよろしく」と感想を漏らしていたのである。「噂」がいかに広がっていたかがわかるというものだ。

比較文化史学者の佐伯順子は、『明治〈美人〉論　メディアは女性をどう変えたか』（NHKブックス、二〇一二年）で、写真を用いた間接的な見合いは明治初期からすでにあり、写真を実物よりもよく見せ、縁談を成立させようとする試みまであって、それがトラブルの原因にもなったと指摘している。

節子が皇太子妃に内定した同年八月二十一日以降も、嘉仁は節子に会えない状態が続いていた（公式に発表されるのは一九〇〇年二月十一日）。嘉仁はおそらく、節子の写真だけを見せられていたのだろう。九月十一日の佐佐木高行の日記には、宮内大臣の田中光顕と、佐佐木の次女の加賀美繁子とのやりとりが記されている。

繁子問ふ、節子御方は皇太子殿下は御目見被為遊候哉。
田中云、未たなし、今日御目見は不被遊方可然との事なり（御器量悪敷《あしき》との意の如し）。（前掲『佐佐木高行日記』）

カッコ内の挿入文は、節子は嘉仁にまだ会わないほうがよいという田中の言葉を繁子から聞かされた佐佐木が、自らの推測を述べたものだ。田中が「今日御目見は不被遊方可然」と言ったのは、嘉仁が節子に会えば、節子の容姿にがっかりしてしまうと考えたからではないか——佐佐木はこう推測している。

このやりとりを記した後で、佐佐木は「今般の御儀は誰れも不満なるに、唯々御体質丈夫而已《のみ》に依ると恐察す。（中略）今般の御儀程分からぬ事はなし。此上皇太子殿下御感触悪《あ》しく御癖之不被為遊様奉祈候、穴賢々々」と記している。禎子をあきらめきれない佐佐木は、嘉仁が節子の「御感触」、すなわち印象にがっかりして、「御癖」が出てしまうのを、何よりも心配しているのだ。

ここでいう「御癖」とは何だろうか。容易に想像できるように、節子以外の女性に興味をもち、会おうとすることだろう。なかでも、嘉仁が最も心を寄せていたと思われる女性が梨本宮妃となる鍋島伊都子であったことは、節子との結婚直後に明らかになる。

もっとも、皇室はもちろん、華族社会全体においても、当時は一夫多妻が一般的であり、「家」存続のために妾をもつことは習俗として認められていた（森岡清美『華族社会の「家」戦略』、吉川弘文館、二〇〇二年）。前述のように、嘉仁も節子も、側室から生まれている。天皇の周囲には、皇后美子のほか、嘉仁の生母に当たる柳原愛子や園祥子など、美しい側室（権典侍）が何人もいた。全体では約二百人の独身の女官が男子禁制の世界を形成し、奥宮殿と百間《ひやっけん》廊下でつながっていた女官局《つぼね》に住み込んでいた。

嘉仁だけを責めるわけにはいかないのだ。

山川菊栄は、「問題を起さないために、皇后だけは美人をえらぶが、女官には美人をおかず、美人でないことが採用の条件になっているという話」を聞いている（前掲『おんな二代の記』）。そうだとすれば、皇太子妃の候補が美人か否かは、きわめて重要な条件になるはずであった。だが実際には、容姿よりも、皇子を産めるかどうかを優先させたことになる。

前掲『大正天皇』でも記したように、嘉仁は自らの欲求を抑えられない性格の持ち主であった。だからこそ、「独り群を抜」く禎子が消えたことで生じた「穴」は、あまりにも大きかった。エルウィン・ベルツが一九〇〇年三月二十三日の日記に記しているように、「あらゆる東洋の風習とは全然反対に、東宮が成婚前に他の女性に触れられないようにすることに決定をみた」（前掲『ベルツの日記』上）のも、節子を皇太子妃にすることを決めた東宮輔導の有栖川宮威仁《ありすがわのみやたけひと》親王や東宮輔導顧問の伊藤博文が、嘉仁の性格をよくわかっていたからではないか。

それにしてもである。

なぜ節子は、これほどまでに容姿をあげつらわれなければならなかったのか。それを解くためには、節子の特異な生い立ちについて触れる必要がある。

ＪＲ中央線の中野―高円寺間に敷かれた複々線の線路は、地上から高架になり、やがて環状七号線と立体交差する。その直前、向かって右側の車窓には、住宅が密集するなか、線路際に森のような一角が見えてくる。番地でいえば、杉並区高円寺北一丁目九番に相当する。

大河原家である。

この家こそ、九条節子が一八八四年から八八年まで、零歳から四歳までを過ごした家にほかならない（森泰樹『杉並風土記』中巻、杉並郷土史会、一九八七年）。節子は神田錦町の九条道孝邸で生まれてすぐ、大河原金蔵、てい夫妻の家に里子として預けられた。

当時の高円寺は、東多摩郡高円寺村といい、一八八八年当時の戸数は百二十戸、人口は六百八十二人にすぎなかった（『杉並区史』、東京都杉並区役所、一九五五年）。純然たる農村地帯で、田よりも畑のほうがずっと多く、大麦や小麦、ヒエ、甘藷などがよくとれた。

大河原家は高円寺村でも有数の豪農で、土蔵を三棟所有し、屋敷だけで六千坪はあった。徳川家慶が鷹狩りをした際には、休憩所になったとも伝えられていた（前掲主婦の友社版『貞明皇后』および大河原善雄「旧農家の初午祭今昔と稲荷　雑稿」、『杉並郷土史会史報』第二二六号、杉並郷土史会、二〇一一年三月二十五日）。

嘉仁と節子が結婚した一九〇〇年五月十日の『大阪毎日新聞』には、大河原家につき、「入口には年経たる欅の大木が左右に立ち茂つて自然の門構へをなし、中庭も頗る広く、門を入〔る〕と右側に木造の倉庫があり尚進めば左側に土蔵がある。正面は本家で茅葺きながらも間数は随分多い。総てその結構、材木の古びたるなど何れも旧家の面目を示しながら畳建具等は小サツパリしてをる」（原文は句点なし）と紹介する記事が掲載されていた。

甲武鉄道（現・JR中央線）の新宿—立川間が開通するのは一八八九年四月であったから、節子が住んでいたときにはまだなかった。国木田独歩の『武蔵野』は一八九八年の作品だが、そこに描かれた次のような風景を、幼かった節子も見たに違いない。

真直な路で両側共十分に黄葉した林が四五丁も続く処に出る事がある。この路を独り静かに歩む事のどんなに楽しかろう。右側の林の頂は夕照鮮かにかがやいて居る。おりおり落葉の音が聞えるばかり、四辺《あたり》はしんとして如何にも淋しい。前にも後にも人影見えず、誰にも遇わず。若しそれが木葉落ちつくした頃ならば、路は落葉に埋れて、一足毎にがさがさと音がする、林は奥まで見すかされ、梢の先は針の如く細く蒼空を指している。猶更ら人に遇わない。愈々《いよいよ》淋しい。落葉をふむ自分の足音ばかり高く、時に一羽の山鳩あわただしく飛び去る羽音に驚かされるばかり。

同じ路を引きかえして帰るは愚である。迷った処が今の武蔵野に過ぎない。まさかに行暮れて困る事もあるまい。帰りも矢張凡《およ》その方角をきめて、別な路を当てもなく歩くが妙。そうすると思わず落日の美観をうる事がある。日は富士の背に落ちんとして未だ全く落ちず、富士の中腹に群がる雲は黄金色に染て、見るがうちに様々の形に変ずる。連山の頂は白銀の鎖の様な雪が次第に遠く北に走て、終は暗憺たる雲のうちに没してしまう。（新潮文庫、二〇一二年改版より）

このような武蔵野の豊かな自然のなかを遊び回ることで、節子の身体は鍛えられていった。京都育ちの皇后美子とはもちろん、麻布鳥居坂の久邇宮家の別室で育てられた久邇宮良子とも、東五反田の正田家で育てられた正田美智子とも決定的に異なる幼少期を過ごしたのである。

節子の色黒の地肌や健康的な身体は、部屋に閉じこもりがちな皇族や華族の娘とは対照的な生い立ちによるところが大きかった。九条家に戻ってからも、節子は夏休みのたびに大河原家に「帰省」し、数日泊まることをしばらく続けた。皇太子妃に内定した数日後にも突然訪れ、「むかしわかすみける里の垣根には菊や咲くらん栗や笑むらん」「ものこころ知らぬほとより育てつる人のめくみは忘れさりけり」と詠んだ色紙を大河原夫妻に贈り、庭に乙女椿を植えている（前掲『杉並風土記』中巻）。

大河原金蔵によれば、同家には幼少期の節子を撮影した写真がたくさん残っていた。だが結婚が決まると、「悉く御取上げに相成り」、代わりに「御慶事を御発表になりましてから後に御写しになつたものを一ツ下げられ」たという（『大阪毎日新聞』一九〇〇年五月十日）。

節子は高円寺時代、大河原家のしきたり、とりわけていの信仰心から影響を受けている。

ていは生まれつき、信心深い女であった。朝は農家のならわしで誰よりも早く起きて、姫が目をさますころは、もう一働きしたあとであった。ていは暗い神棚や仏壇に燈明をささげて、その前にぬかずき観音経を読みあげているのであった。すると姫も起き出してきて、ていと並んで、紅葉のように可愛い手を合わせて、仏壇を拝むのがお定まりであった。（前掲主婦の友社版『貞明皇后』）

観音経というのは、『法華経』巻第八「観世音菩薩普門品　第二十五」を指している。節子は後年、「神ながらの道」を講義する筧克彦に対して、「幼年の頃より其つもりで日々　神宮遥拝をいたさせ申居候へども」と回想しながらも、「観世音菩薩によりて出生せられたるなれば永代毎朝礼拝をさせ申度之はふくみおき下され度」と懇願している（『大正の皇后宮御歌謹釈』、筧克彦博士著作刊行会、一九六一年）。

九条家が赤坂氷川神社の氏子であったように、大河原家も高円寺村原地域の鎮守氷川神社の氏子であったが、これとは別に、稲荷の小さな祠が屋敷の南側の畑のなかにあった。この稲荷社は、いまも大河原家の南側、中央線の高架線下にへばりつくようにして存在する。大河原家では、二月の最初の午の日に当たる初午祭を、稲荷社で行う習慣があり、この日は正月とともに、茶を飲んではならないとされていた（前掲「旧農家の初午祭今昔と稲荷　雑稿」）。

節子もまた、仏壇に手を合わせるとともに、伊勢神宮を遥拝し、初午祭には稲荷社に詣でたに違いない。「それから稲作をつかさどる神があった。その神からの人間へのお使は白狐なのである。この神には、わが家をどうか火災、盗難から守り給えと祈願できた。（中略）私は絶えずこの神に、貧しいわが家をそのような災難から守り給えと祈りつづけた。（中略）毎朝身を清めると、私は東西南北の各方位に在す四群の神々にこの共通の御祈禱を捧げたが、その中でも昇る太陽は神々中の最高の神なので、東方の神々には格別に丁重におがんだ」（『余はいかにしてキリスト信徒となりしか』、大内三郎訳・注、講談社文庫、一九七一年）。幼少期の生活をこう振り返るのはキリスト者として名高い内村鑑三だが、節子も同様の習慣を身につけていったように思われる。

しかしもちろん、節子は幼少期の信仰を捨ててキリスト教的な唯一神を信じるようになったわけではなかった。前章で触れたように、九条家と日蓮宗の関係は深く、節子の伯母に当たる皇太后夙子（九条夙子）は日蓮宗を信仰し、節子の父の九条道孝は嘉仁の健康回復を祈願するため、大乗寺に代参者を立てた。これが縁となり、皇后美子も日蓮宗に接近している。九条家の養女となった村雲日栄尼も、日蓮宗の尼僧であった。

法華寺（奈良市）の本堂

歴史学者の美馬《みま》弘によれば、節子の従姉妹である近衛高尊尼は、奈良の尼門跡・法華寺（写真参照）の門跡であり、節子が幼少の頃から姉妹のように親密な関係であった（「『神々の乱心』にみる異形の「後宮」―松本清張の描いた奥の女性たち―」、『第十二回松本清張研究奨励事業研究報告書』、北九州市立松本清張記念館、二〇一二年所収）。法華寺の本尊は、光明皇后の姿を模したと伝えられる十一面観世音菩薩である。光明皇后が神功皇后とともに、歴代の皇后のなかでは飛び抜けて有名であり、皇后美子もその存在を意識していたことは、すでに3章で少し触れておいた。

節子が観世音菩薩を礼拝し続けたのは、それなりの理由があったのである。

［注］

1　ただし良子の母方の家系に色覚異常の遺伝があることが問題となり、「宮中某重大事件」が起こった。この点については、12章で再説する。

第7章

皇太子妃節子の孤独 (2)

結婚式から十三日後の一九〇〇（明治三十三）年五月二十三日から六月七日にかけて、皇太子嘉仁と皇太子妃節子は伊勢神宮、神武天皇陵、孝明天皇陵、英照皇太后陵などに結婚を奉告するため、三重、奈良、京都の一府二県を回る「新婚旅行」に出掛けた。結婚直後に皇室ゆかりの神社や天皇陵を回る習慣は、九三年六月の皇太子徳仁と小和田雅子の結婚までずっと受け継がれている。

伊勢神宮での潔斎は、非常に厳格なものであったと思われるが、具体的な内容はわかっていない。作家の小山いと子は、月刊誌『平凡』に連載していた小説「美智子さま」のなかで、五九年四月に結婚したばかりの皇太子妃美智子が皇太子明仁とともに伊勢神宮を参拝したさい、前日の潔斎の様子につき、「巫子たちは表情を押し殺した顔で、美智子さまのお召物を脱がせた。美智子さまは、自分では一指も触れることが出来ないのであった。羞恥のため、美智子さまは赤くなり、うなだれ、不覚にも拒もうとされた」「巫女はまるで赤ん坊を扱うように、全身残すところなく手を入れて洗い流すのである。同性とはいえ、身が縮むようだった」と記している（『平凡』一九六二年十二月号所収）。この場面などを宮内庁が問題にし、「美智子さま」は翌年、連載中止に追い込まれている。

京都は九条家にとってもゆかりが深い。節子は、京都御所に滞在中、東福寺の九条家墓所に参詣している。しかし節子が皇太子妃として東福寺を訪れたのは、このときを除けば、山陰地方を視察した皇太子と京都で合流した一九〇七年六月のときだけであった（前掲『東福寺誌』）。

結婚奉告の旅から戻ると、節子は嘉仁と同様、宮中で国学、漢学、そしてフランス語の講義を受けるようになる。国学の侍講であった本居豊穎《とよかい》の講義録『皇太子殿下進講摘要』（東京大学文学部国文学研究室内本居文庫所蔵）によれば、一九〇〇年六月二十二日に節子の国学の時間割が決まり、月曜日と木曜日は歴史と地理、火曜日は古今集、水曜日は国文、金曜日は作文と和歌を受講することになった。この時間割にもとづき、六月二十六日には最初の授業である古今集の授業が始まっている。

六月二十八日から始まった歴史の授業では、「中学師範学校、其ノ他中等教育ノ学校」で用いられた萩野由之『日本歴史』（博文館、一八九一年。改訂版は九六年）が教科書として使われた。節子の年齢を考慮して選ばれたのだろう。嘉仁と節子のカリキュラムは別々であり、一緒に同じ授業を受けることはなかった。


明治期の皇太子は、現在よりもはるかに行動の自由が確保されていた。家庭を尊重すべき新婚生活にあっても、その自由は貫かれた。

嘉仁は結婚奉告から帰るや、さっそく単独で私的な外出を繰り返している。『大正天皇実録』から主な外出を拾えば、六月十五日に馬に乗り、南豊島御料地内の代々木（現・明治神宮内苑）に行ったのに続いて、十六日と十七日は葉山御用邸、七月四日は馬に乗ってまた代々木、二十二日と二十三日は東海道線で大磯の鍋島直大別邸という具合である。

六月十五日と七月四日は午前中の授業を終えてから午後に出掛け、六月十六日と十七日は嘉仁、節子ともに授業はなく、七月二十二日と二十三日もまた嘉仁、節子ともに授業が休みとなった（前掲『皇太子殿下進講摘要』）。

歴史学者の小田部雄次は、特に嘉仁が七月二十二日に鍋島直大別邸を単独で訪れたことに注目している。なぜならそこには、直大の娘で、すでに梨本宮守正王と婚約していた鍋島伊都子がいたからだ。

同日の伊都子の日記には嘉仁が来たことが記されている。しかも、この日は鍋島直大も栄子《ながこ》も横浜に出ており不在であり、日記には、「午前八時より大磯別荘へ皇太子殿下ならせらる。御両親様は横浜へ御いで」とある。午後には婚約者の梨本宮守正から電話があり、伊都子は両親の不在を告げるが、三時にやってきて「いろいろ御はなし」をしている。直大は横浜から大磯の皇太子の「御機嫌うかゝひ」に出て、夜九時に別荘に帰ったとある。（前掲『昭憲皇太后・貞明皇后』）

公刊されている前掲『梨本宮伊都子妃の日記』に、七月二十二日の分は収録されていない。おそらく、日記を編集した小田部は閲覧したのだろうが、日記の引用文が飛び飛びで意味がわかりづらいところがある。

伊都子が記すように、嘉仁が鍋島直大別邸を訪れたのが午前八時だとすれば、その時刻に最も近い列車は、大磯七時五十八分着の神戸ゆき急行以外にはないことが、当時の東海道線のダイヤからわかる。現在では特急はもちろん、快速アクティーすら停車しない大磯だが、当時は鍋島別邸のほか伊藤博文の本邸である「滄浪《そうろう》閣」など、政治家や皇族、財界人が競って大磯に本邸や別邸を建てていたことから、急行が停まったのである。『大正天皇実録』によれば、嘉仁はこの日、仮東宮御所を午前六時五十分に出ている。だがこの急行は、新橋六時二十分発であった。だから実際には、六時五十分よりも早く出ていたはずである。

午後三時に鍋島直大別邸を訪れたのは、『大正天皇実録』によれば東宮輔導の有栖川宮威仁親王と、息子の栽仁《たねひと》王であり、嘉仁と「晩餐ノ御会食」をしたとある。これが事実だとすれば、三時にやってきたのは梨本宮ではなく、有栖川宮威仁と栽仁だったことになる。葉山の別邸に滞在していた有栖川宮威仁と栽仁は、梨本宮から連絡を受けて急遽大磯に向かったと見ることはできないだろうか。

伊都子は、一九七五（昭和五十）年に『三代の天皇と私』という回想録を講談社から出している。そのなかで、「〔大正天皇が〕東宮さんの頃、鍋島の大磯の別荘にお出になりました。その時、家の号を迎鶴楼とつけられて、漢学の教師である三島中洲にこの三文字を書かせ、額を賜うのでした。鍋島家ではそれ以後、迎鶴楼としてその号を大切にしておりました」と述べている。ほかにはただ、「明治天皇と違って大正天皇は大変親しみやすいお気軽なお方でした」としか述べていない。

皇太子の乗る車を「鶴駕」というから、迎鶴楼とは「皇太子を迎える建物」という意味にとれる。なかなか暗示的ではなかろうか。

なお伊都子という名前は、直大が駐伊特命全権公使だった一八八二年にローマで生まれたことに由来する。生後七ヵ月目に帰朝命令が届き、船で約四十日かかって帰国し、満六歳で華族女学校に入学した。九条節子の入学よりは二年早かった。

伊都子は、伏見宮禎子をも上回る美貌の持ち主であった。その証拠に、一九〇〇年十一月に梨本宮と結婚するや、当時次々に創刊された女性雑誌のグラビアにしばしば登場するようになる。例えば、『をんな』創刊号（一九〇一年一月）の巻頭グラビアでは和装姿で、『婦人画報』創刊号（一九〇五年七月）の巻頭グラビアでは洋装姿で、それぞれ伊都子が撮影されている。『婦人画報』（一九〇七年八月号から一九〇九年三月号までは『東洋婦人画報』と改題）は伊都子の写真を掲載することに熱心で、一九〇六年一月号、同年四月号、一九〇七年十月増刊号、一九〇八年四月号、同年十二月号などでも洋装姿の伊都子が撮影されている。比較文化史学者の佐伯順子は、「ローマで生まれた〔鍋島〕栄子の娘伊都子にも、本格的な洋装写真が残されているが、和装写真よりも身についた印象を見せるほどである」（前掲『明治〈美人〉論』）と述べている。

梨本宮伊都子の婚礼写真

お雇い外国人医師のエルウィン・ベルツは、伊藤博文に「洋服は、日本人の体格を考えて作られたものではないし、衛生上からも婦人には有害である」と忠告したことを、一九〇四年一月一日の日記で回想している（前掲『ベルツの日記』上）。だがこの忠告は、少なくとも伊都子にはあてはまらない。ノンフィクション作家の黒岩比佐子は、洋装姿の伊都子の美しさが一九〇九年三月に訪れたパリでも話題になっていたことを、当時の史料から明らかにしている（『明治のお嬢さま』、角川選書、二〇〇八年）。

一方、節子はどうだったか。

もちろん、結婚のさいには、どの新聞もそろって特集記事を掲げた。しかし、明治天皇、皇后美子の御真影や四人の内親王の写真とともに、嘉仁と節子の写真をそれぞれ掲げた『大阪朝日新聞』一九〇〇年五月十日附録を除いて実写はなく、せいぜい肖像画や（全く似ていない）和装の男女の絵ばかりであった。

雑誌では、同年刊行の『太陽』第六巻第八号（臨時増刊）に、「貴顕御肖像」として嘉仁と節子の写真がそれぞれ掲載されている。しかしこれらの写真も、明治天皇と皇后美子の二枚の御真影と同じページに収められている上、その中央には孝明天皇の写真が大きく掲げられているため、節子はそれほど目立たない。同じ『太陽』第七巻第二号（一九〇一年）で、まる一ページ分を使って結婚式当日の梨本宮守正王と伊都子の写真が掲載されたのに比べれば、両者の違いは歴然としている。

おそらく、結婚当時の節子の写真が最も大きく掲載されたのは、新聞や雑誌ではなく、結婚を祝って刊行された単行本であったろう。例えば、高橋光正編『日の出鶴　皇太子殿下・皇太子妃殿下御伝記』（井上勝五郎、一九〇〇年）では、巻頭に嘉仁と節子の写真がそれぞれ一ページ分を使って掲載されている。

女性雑誌の創刊号に掲載された節子の写真は、管見の限り、一九〇六年一月に創刊された『婦人世界』が初めてであった。「最近御撮影」の脚注が付されたその写真では、マントドクールを着用し、ネックレスや宝冠を着けてトレーンを長く垂らした節子が、ややかたい表情で立っている。ちなみに、節子が結婚した翌年一月刊の『女学世界』創刊号には、節子でなく、御真影に使われた皇后美子の写真が巻頭グラビアを飾っている。

伊都子が結婚直後から女性雑誌や月刊誌のグラビアに頻繁に登場しているのに比べると、節子の露出度は高くなかったといえる。

嘉仁の趣味は、極端な洋風好みであった。和装よりも洋装、日本酒よりもワインを好んだ。東宮輔導である有栖川宮からの影響もあっただろう。枢密顧問官の佐佐木高行は、一九〇〇年七月十八日の日記に、「東宮殿下は御天質は誠に廉敷被為在候へ共、何分西洋御好の傾き甚敷兎角御軽々敷に奉伺候事なれば、能々《よくよく》我か御国体より東洋清国なり歴史の大様を御感味被為在、亦吾御国の風俗人質を御熟知被為遊候様御輔導中上候事今日御肝要ならん」と有栖川宮に注文をつけている（前掲『佐佐木高行日記』）。

嘉仁が大磯の鍋島別邸から帰ってからわずか二日後の七月二十五日、嘉仁と節子は上野から東北本線の列車に乗り、避暑のため日光田母沢《たもざわ》御用邸（現・日光田母沢御用邸記念公園）に向かった。田母沢御用邸は日光御用邸（山内御用邸。現・日光山輪王寺本坊）に次ぐ日光の御用邸として、前年に建てられたばかりであった。

御用邸というのは、皇室で用いる別荘的な要素の強い別邸のことで、明治中期から関東地方や静岡県に多く建てられるが、その主な目的は病弱だった嘉仁の静養にあった。嘉仁は日光田母沢のほか、葉山、沼津、塩原の各御用邸をしばしば利用したのに対して、睦仁が御用邸を利用したことは一度もなかった。

日光に行くに当たり、嘉仁は節子に洋風の旅行服を着せようとした。節子はそれを嫌がり、「むつかるに至」った（同）。皇后宮大夫の香川敬三が嘉仁を説得し、東宮御所から上野駅までは通常の服装で行き、車内で節子が洋風の旅行服に着替えることでなんとか決着した。同行した佐佐木高行の妻の貞子と次女の加賀美繁子は、帰京してから「妃殿下の御服装御みすぼらしく、畢竟御旅行服と申事の由」と高行に話している（同）。

実は日光にも、鍋島直大の別邸があった。八月十三日には、嘉仁と節子のあとを追うように、鍋島直大夫妻と伊都子らが避暑のため日光を訪れた。

小田部雄次は、嘉仁が八月十九日に突然鍋島別邸を訪れたことに着目している。その模様は、伊都子自身が日記に書き留めている。

いろ〳〵かたづけ、暫くすると御いでとの事。きものもそれなりにて御出向ひ申上、直に二階へならせられ、われ〳〵も御挨《あい》さつ申上、御そば近くにてさま〴〵の御話し遊ばされ、丁度、午後四時ごろより同五時二十分の時、還御遊ばされたり。（前掲『梨本宮伊都子妃の日記』）

前掲『大正天皇』で触れたように、嘉仁が予定外の場所を突然訪れるのは、このときに限らなかった。しかし、鍋島別邸は特別であった。七月二十二日、八月十九日に続いて、八月二十三日にもまた訪れたからだ。

……直に二階へ御上り被遊、御たばこなどめし上り、それより殿下が（今日は直大へ申ておいた、わが輩の犬をあづけるから、いつ子よくせわをしてやってくれ）とて、それより暫く御ひざ近く御めし被遊、犬の食物の事よりいろ〳〵の御はなし遊ばしいたゞき、四時過御かへり被遊たり。（同）

嘉仁は伊都子を「暫く御ひざ近く御めし被遊」、つまり自分の膝の近くまで寄らせたのだ。

節子が単身で帰京するという「事件」が起こったのは、この二日後の八月二十五日であった。父親の九条道孝が危篤という電報を受け取ったためであったが、実際にはそれほど悪い状態ではなく、九月三日に日光に戻っている。嘉仁の誕生日である八月三十一日には、節子は嘉仁と一緒にいなかったことになる。

日光でも、七月二十七日から通常の時間割を短縮する形で授業が続けられていた。嘉仁と節子は、月曜日から土曜日まで、連日のように授業を受けた。七月二十二日と八月十九日は日曜日のため授業はなかったが、八月二十三日は木曜日で、嘉仁は午前中に授業を受けてから、午後に鍋島別邸に出掛けたのだ。八月二十五日から九月四日までは、嘉仁だけが授業を受けている（前掲『皇太子殿下進講摘要』）。

なお前掲『三代の天皇と私』では、「この年〔結婚した年〕の夏、私たちは例年のごとく日光の別邸に参りました。〔梨本〕宮様も軍務の間を縫って日光にお見えになり、散歩の折には鍋島家にお立寄りあそばされました」とあるだけで、嘉仁の訪問については触れられていない。

小田部雄次はこう推測している。

そもそも、日光での皇太子の言動には不可解なものがある。翌年四月に第一子の裕仁が生まれるので、貞明皇后〔節子〕が八月末に一時帰京した時はすでに妊娠していたであろう。その徴候を皇太子と貞明皇后が知っていたかどうかはともかく、新婚早々、新妻を置いて、日々、未婚の若い女子の家を訪ね、犬をあずけ、話題を共有しようとする行動は不自然である。よほど、伊都子のことが気に入っていたのだろう。（前掲『昭憲皇太后・貞明皇后』）

この推測が当たっているとすれば、「御癖之不被為遊様奉祈候」（前掲『佐佐木高行日記』）という佐佐木高行の危惧が的中したことになる。前掲『大正天皇』では、「二人の新婚生活は順調であった」と書いたが、自説を修正する必要がある。

社会主義運動家の木下尚江《なおえ》は、「吾人が万国に向て誇称するに足るべき者は我皇室が常に真理の先覚者として自ら革新の模範を国民に示し給ふ所に在り」として、皇太子夫妻が国民の模範となり、一夫一婦制を確立させることを期待した（「祝賀の真義」、『木下尚江全集』第一三巻、教文館、一九九六年所収）。前述のように、宮中首脳が伏見宮禎子に代わって九条節子を皇太子妃にする決定を下したのも、西洋列強にならって一夫一婦制を確立させるためであった。にもかかわらず、結婚して三ヵ月あまりで、早くも暗雲が垂れ込めたのである。

社会主義者で、山川菊栄の夫でもある山川均によれば、嘉仁と節子の結婚は『節子姫』の意に反した強制によるものだ」という情報が、当時、「『御学友』と接触のある確かな家庭」から漏れ伝わってきたという（『ある凡人の記録』、朝日新聞社、一九五一年）。この情報をもとに、結婚を政略によるものとして批判する文章が掲載された雑誌『青年之福音』が問題となり、発行責任者の山川は日本で初めて不敬罪を適用され、投獄されている。

節子を悩ませたのは嘉仁ばかりではなかった。皇太子妃の御用掛としては、女官長の万里小路幸《ゆき》子《こ》をはじめ、六人の女官が任命されたが、彼女らの間でも、節子の評判はよいとはいえなかった。一九〇〇年五月十八日、佐佐木高行は妻の貞子から、万里小路が「何分皇妃殿下にも当今の風に候哉御軽々にて心配せり」と語ったのを聞いている。六月十九日には典侍の高倉寿子が佐佐木に対して、「皇太子殿下妃御方は何分おてんば流にて困ると一同申」していると伝えた。これを聞いた佐佐木は、「先日も東宮女官長万里小路幸子も妃殿下の軽々敷と申居候。其辺を御意見申候時は直に御泪汲み申候」と日記に記している（前掲『佐佐木高行日記』）。

まだ十代半ばの節子にとって、六十歳を過ぎた万里小路は、皇太后夙子、皇后美子に仕えた宮中の生き字引きのような女官であり、節子に厳しく接した。節子はその厳しさに耐えかね、涙ぐむこともしばしばだったのだ。

万里小路が節子に教えたのは、宮中のしきたりであった。おそらく、最も厳しく言い聞かせたのは「清《きよ》」と「次《つぎ》」の区別であったろう。近代の皇室に詳しい米窪明美は、こう述べている。

宮廷では日常生活のあらゆる場面で「清」（清浄）と「次」（不浄）が厳しく分けられ、清浄を尊ぶ様々な工夫がなされていた。例えば天皇皇后の食器は「大清《おおぎよ》」と呼ばれ、決して他の人は使えない。また人間の体も上半身＝清、下半身＝次と分れており、女官たちは足袋一つはくのも他人任せにして、下半身に触れないように気をつけていた。（前掲『明治宮殿のさんざめき』）

したがって宮中三殿に上る前に行う潔斎も、上から下に湯をかける「かかり湯」でなければならなかった。生理は「マケ」と呼ばれ、「穢れ」の最たるものとされ、出産＝産穢のときと同様、宮中祭祀に出ることはできなかった（前掲『宮中賢所物語』）。前述のように、女性に特有の出産や生理を「穢れ」と見なす意識は平安時代からあり、江戸時代の女性天皇である後桜町天皇も、大嘗祭を行うさい、生理日に当たった場合に備えて予備日を想定していた（前掲『天皇の歴史06　江戸時代の天皇』）。

こうした意識は、宮中では明治以降も受け継がれた。男性よりも女性のほうにいっそう負担がかかるしきたりが、忠実に踏襲されていたのである。

社会学者のノルベルト・エリアスは、『宮廷社会』（波田節夫他訳、法政大学出版局、一九八一年）で、ブルボン王朝のフランスの宮廷において煩瑣な儀式が驚くべき発達を遂げたことを指摘している。

確かに儀式は、それに関係しているすべての人たちにとって、多かれ少なかれ重荷であった。「いやいやながら宮廷へ出かけて行き、やむを得ない場合には、大声で不平を言った」と十八世紀末にジャンリス伯爵夫人が報告している。しかし人々はそれを実行していたのである。ルイ十五世の娘たちは、国王が長靴を脱ぐごとに国王の就寝の儀式に立合わねばならなかった。その際彼女たちは急いで普段着の上に金の刺繍のある大きな張り入りスカートをはき、定められたとおりの長い宮中用引裾を腰のまわりに結びつけた。そして他の部分を大きなタフタのマントの下に包み隠し、女官、侍従、たいまつを手にした従僕を伴って、遅れないように宮殿の廊下をいくつも走りぬけて国王のところへ赴いた。そして十五分後には、嵐の夜に狩猟する魔王の一族さながら、戻って来たのである。人々は礼儀作法をいやいや守っていたが、自分からそれをやめることはできなかった。それは単に国王がその維持を要求したからばかりではない。そこに編み込まれていた人たちの社会的存在そのものが、その礼儀作法に結びついていたからである。

一度決められた宮中儀式の数々は、たとえそれがどれほど不合理に見えようが、やめるには多大な困難を伴うという点に関する限り、明治以降の日本の皇室もあまり変わらない。とりわけ女官長という地位は、「社会的存在そのものが、その礼儀作法に結びついていた」という意味で、宮中でも抜きん出ていた。

敗戦直後の四五年十二月十五日のことであった。この日は宮中祭祀の一つで、一九〇八（明治四十一）年制定の皇室祭祀令では大祭でなく小祭に分類されながら皇后の出席が慣例化していた賢所御神楽の儀が行われたが、皇后良子は妹の三条西信子が十一月八日に死去したのに伴い、服喪中だった上、生理日に当たっていたため、出られなかった。女官長の保科武子は、天皇裕仁に対して、祭祀の終わる深夜まで皇后と別居し、夕食も別々にとるよう申し出た。これに対して天皇が異を唱えたことが、侍従次長であった木下道雄の日記に書き留められている（『側近日誌』、文藝春秋、一九九〇年）。

万里小路の考え方も、しきたりを厳格に守ろうとする点では保科と同じであったろう。妊娠が判明した時点で祭祀には出られず、生理はもとより、めでたいはずの出産までも「穢れ」とされることを、節子は宮中で初めて知ったのではなかろうか。

節子は、結婚した翌年に当たる一九〇一年四月二十九日、第一皇子の裕仁を出産した。結婚して早々に、美子との違いを身をもって示したわけだ。伏見宮禎子も一九〇一年四月に侯爵の山内豊景《とよかげ》と結婚したが、子供はできなかった。この点に関する限り、健康上の理由から禎子との婚約を解消し、皇子が産めると見込んだ節子に白羽の矢を立てた政府の判断は正しかったことになる。

お世継ぎの誕生が、政府ばかりか、一般国民に大いなる喜びをもたらしたのは間違いない。

東京市内はもちろん、第一報が伝わった地方では、祝意を表するために日の丸を掲げた。「市中国旗を掲げて奉祝するもの多く各地方また同様なることハ別電の如し。猶各学校等ハ休業して奉祝し賀表を呈するもあるべし。各団体よりもそれぐ賀表を捧呈する都合にて松田〔秀雄〕東京市長不取敢参賀する由」(『東京朝日新聞』一九〇一年五月一日。原文は句点なし)。梨本宮妃伊都子は、同年五月五日の日記に「けふは午前十時、青山練兵場にて祝砲百〇一発、日比谷の原にては花火打揚、大賑ひ」と記している(前掲『梨本宮伊都子妃の日記』)。

しかし、第一皇子が生まれたとき、嘉仁は葉山御用邸にいた。誕生から四日後の五月三日、皇后美子が初孫を見にくるのに合わせて、嘉仁も葉山から仮東宮御所に戻り、午前十一時過ぎにようやく初対面した。皇室の近現代史に詳しい髙橋紘は、「待ち望んだはずの男子誕生なのに、なぜすぐ駆けつけなかったのか。午後三時半にはまた御用邸に戻っている。この日の皇太子の、妻やわが子にたいする素気ない行動には、理解しがたいものがあり、何があったのだろうか」と訝しんでいる(『人間　昭和天皇』上、講談社、二〇一一年)。

裕仁は、生まれて七十日目に当たる一九〇一年七月七日、伯爵川村純義《すみよし》邸に預けられた。これもまた宮中のしきたりによるものであったが、前述のように九条家でも同じようなしきたりがあった。節子自身も、両親に育てられたわけではなかったという点では、嘉仁や裕仁と同様の幼少期を過ごしたわけである。

この時期の嘉仁は、御用邸の滞在のほか、地方見学に出掛けていて仮東宮御所にいないことが多かった。これが嘉仁の健康回復を重視する東宮輔導、有栖川宮の方針によっていたことは、前掲『大正天皇』で詳しく触れておいた。大規模な地方行啓としては、一九〇〇年十月から十二月にかけての兵庫、福岡、佐賀、長崎、熊本各県訪問、〇二年五月から六月にかけての群馬、長野、新潟、茨城各県訪問があげられる。いずれも、嘉仁が途中で体調を崩したため、予定を繰り上げて帰京したが、本来ならばより大規模な行啓になるはずであった。

木下尚江は、〇二年五月の行啓を前に、「我等が平素希望し奉れる次第を正直に申すならば、両殿下御同伴にて民情の御視察かたぐ〳〵、一夫一婦の大倫の活きたる手本を人民に御示しありたきことであります」として、皇太子の地方見学に皇太子妃が同伴すれば、皇室が一夫一婦制の道徳を人々に示す絶好の模範になると主張した（「東宮殿下の御旅行と風教の関係」、『木下尚江全集』第一五巻、教文館、一九九七年所収）。だが木下の期待に反して、地方見学に出掛けるのは嘉仁だけで、嘉仁と節子が一緒に地方を見学する機会は、なかなか訪れなかった。待望のお世継ぎが生まれたというのに、節子は子育てもできず、ひとり仮東宮御所にこもりがちの日々を送っていた。

節子の精神的落ち込みは、第二子を懐妊してからひどくなった。このとき、皇后美子の分身として動いたのが下田歌子であった。

一九〇二年五月二十九日、東宮侍従職主事の桂潜太郎が下田のもとを訪れ、天皇、皇后の意向を伝えたことがきっかけとなり、五月三十日、下田は節子に会っている。嘉仁はこのとき、新潟県の高田から前橋に向かう列車に乗っていて不在だった。

東宮妃殿下此頃兎角御気色勝れやかならず、同夜御泪ぐみ被為遊候御模様にて、両陛下深く御案じ被為在候に付あなたに御参相成候而何角面白き御咄し聞え上げ候様致度との事なり。依而私（下田）答云、私（下田）は面白き御咄しは出来不申、御存知通の生質に付御慰め申上事はいかにも御受出来兼候と申候へは、桂云、兎も角御参にても宜敷御咄し被下度との事に付、同三十日参上妃殿下に拝謁致候処、何分御前と違ひ御元気不被為在奉伺候間、神功皇后の御事跡を申上、御歴代には如此御方様被為在候御事なれば、御懐妊の御事なれば別て御元気御養ひ被為在候様願度、一体御前は中々御元気に被為在候に如何哉と御慰め且御励し申上候（以下略）（前掲『佐佐木高行日記』。傍点引用者）

これは、下田が親しかった加賀美繁子に話したことを、繁子の父である佐佐木高行が記録した日記の一節である。ここにはもはや、「何分おてんば流にて困る」と言われた結婚直後の面影はない。注目すべきは、下田が懐妊中の節子を励ますため、「御歴代には如此御方様被為在候御事なれば」として、「神功皇后の御事跡」に言及していることである。節子が受けた歴史の個人授業の教科書として用いられた萩野由之『日本歴史』（前掲）にも「三韓ヲ征服ス」という章があり、「初皇后ノ三韓ヲ征セントスル時、適《たまたま》産月ニ臨メリ。乃《すなわち》祝シテ曰ク、願クハ凱旋ノ後ニ、此土ニテ分娩セント。遂ニ遠征ノ軍ヲ率キテ渡航セシニ、事畢《お》ヘテ筑紫ニ至ルニ及ヒテ、皇子生マル。即応神天皇ナリ」（原文は句点なし）と記されていたが、第十四代が仲哀、第十五代が応神とされて神功皇后は「御歴代」から外され、応神天皇の在位期間が神功皇后の摂政時代を含めた百十年とされていた。

下田歌子にとっての神功皇后は、萩野の『日本歴史』とは比較にならないほど大きな存在であった。『愛國婦人』第五号（一九〇二年五月二十五日）に掲載された前掲「神功皇后」の一節を引用しよう。

皇后は、殊にたゞならぬ御身に渡らせ給ひしを、国家の為に、斯かる大志を企て給ひ、成功いとめでたくて、筑紫に帰り給ひし後、平らかに皇子は生ませ給ひにけり。是れぞ、次の帝応仁《ママ》天皇には渡らせ給ひぬる。さても、皇后は、所生の御子を皇太子に立てさせ給ひ、そが摂政として、六十有九年の星霜を重ねさせ給ひ、宝算一百歳にして崩じ給へりき。后が摂政の御間、大いに、三韓の文明を輸入して、国運の進行を計らせ給ひける事、また、その御武功にも譲らざりけり。

皇后は、実に、わが日本帝国の開闢より今日に到るまで、女性として、文武の御功績のことよ無きはいふまでも無く、男子の中にだに、是れに双《なら》ばん人の、また多くあるべしとも覚えず。

おそらく、下田はここに記されたようなことを、節子に話したのだろう。下田は萩野と異なり、応神天皇が皇太子であった「六十有九年」間は神功皇后が摂政であったとして、「御歴代」に加える解釈をとっている。そればかりではない。皇后の実績は「武功」だけではなく、「国運の進行を計らせ給ひける事」にもあったとして、「文武の御功績」に触れ、男性天皇に勝るとも劣らぬ活躍をしたことを強調しているのだ。

神功皇后の懐妊について記す『日本書紀』や『古事記』には、まだ産穢という思想はなかった。下田の話を聞いた節子は、妊娠という体験を通して、初めて神功皇后とつながっている実感をもつことができたのではなかろうか。それは「万世一系」の名のもと、生まれながらにしてアマテラスや神武天皇と血統でつながっている歴代の天皇にはあり得ない体験であった。

節子にとっての神功皇后は、孤独の闇の彼方に現れた一条の光にほかならなかった。神功皇后にたとえられながら、ついに妊娠することがなかった皇后美子にはない境地に、節子は早くも達したのである。

具体的な月日は不明だが、この年（一九〇二年）、節子は「神功皇后」と題して、和歌を三首詠んでいる（『貞明皇后御集』上、宮内庁書陵部、二〇〇一年）。

皇神のたすけましてぞ平きし　つくしのあだもこまのこきしも
くに遠くことむけましゝをゝしさよ　あはれをみなのおほ御身にして
あやにしきこがねしろがねさゝげては　しらぎのきみもたすけたまひつ（原文は濁点なし）

つくしのあだ＝筑紫の仇は熊襲、こまのこきし＝高麗の王は高句麗の王を意味する。神功皇后が新羅の王の命を助け、金銀を貢がせる話は『日本書紀』に出てくる。おおむね『日本書紀』をなぞっただけといえるが、神功皇后が「皇神」の助けを借りつつ、女性の身でありながらはるばる朝鮮半島まで遠征し、新羅を平定したばかりか、高句麗と百済にも朝貢を誓わせた「をゝしさ」に勇気づけられているのだ。

第二皇子の雍仁（後の秩父宮《ちちぶのみや》）が生まれたのは、同年六月二十五日のことであった。その日は奇しくも、節子の十八回目の誕生日と重なっていた。このときもまた、嘉仁は葉山御用邸に滞在しており、七月二十二日まで仮東宮御所に帰ってこなかった。

第8章

団欒と大病と

(1)

一九五一（昭和二十六）年に書かれた「思い出の明治」（『皇族に生まれて　秩父宮随筆集』、渡辺出版、二〇〇五年所収）で、秩父宮雍仁親王は自らの生い立ちをこう振り返っている。

生まれた年〔一九〇二年〕の八月末から約一ヶ月、母上につれられて葉山に転地し、帰京の後、十月十六日に兄上のおられる麻布狸穴の枢密顧問官海軍大将川村純義伯爵の家にあずけられた。

つまり雍仁もまた、兄の裕仁同様、生まれてすぐに川村邸に預けられたのだ。枢密顧問官の佐佐木高行は、「淳宮《あつのみや》〔雍仁〕殿下川村伯爵邸へ御移転被為在候御事は、妃殿下には余り御好不被為遊御模様に洩承り候」（前掲『佐佐木高行日記』）と日記に記している。節子は、自分の誕生日と同じ日に生まれた雍仁を、手放したくはなかったのではないか。

結婚直後に伊勢神宮や神武天皇陵などを巡拝して以来、皇太子嘉仁と皇太子妃節子は別々の行動をとることが多かった。東宮輔導であった有栖川宮の方針のもと、嘉仁はしばしば地方に出掛けたのに対して、節子は妊娠と出産を繰り返し、仮東宮御所に一人こもる日々が続いた。二人の間には、透き間風が吹いていたように見える。

そうした関係が変わる兆しを見せ始めたのが、一九〇三（明治三十六）年に大阪で開かれた第五回内国勧業博覧会への行啓であった。

五月二十六日、嘉仁と節子は、博覧会見学のため、新橋から東海道線の列車に乗り、二人そろって大阪に向かった。博覧会見学後には兵庫県舞子の有栖川宮別邸に六泊したため、帰京したのは六月十日であった。

内国勧業博覧会というのは、政府が主催する文明開化や殖産興業のための催しであり、このときまでに一八七七年、八一年、九〇年、九五年と四回開催された。開催地は第一回から第三回までは東京、第四回は京都であり、大阪では初めてであった。

会場は、大阪市の現在の天王寺公園と大衆歓楽街「新世界」を合わせた一帯と、堺市の大浜公園の二ヵ所に分けられ、総面積はあわせて十万五千坪あまりに及んだ。開催中の人出は約四百三十五万人と、当時の大阪市の人口の四倍以上を記録した（吉見俊哉『博覧会の政治学　まなざしの近代』、中公新書、一九九二年）。

天皇睦仁も皇后美子も、京都御所に滞在しつつ、交代で鉄道を使い、それぞれ八回と七回、博覧会を見学している。一方、嘉仁と節子は、大阪の第四師団の施設である偕行社に滞在しつつ、そろって三回、博覧会を見学した。天皇と皇后が別々に行動したのに対して、嘉仁と節子は一緒に行動し、市内を馬車で移動するさいには「東宮には妃殿下の御手を執らせられ御下車」（『大阪朝日新聞』一九〇三年五月二十九日）という場面すら見られた。二人は、一夫一婦制のよきモデルを演じたのである。

五月二十八日、嘉仁と節子は博覧会場内の台湾館を訪れた。ヤシなど南方の植物が中庭に植えられ、紅紫白黄の極彩色に彩られた中国風の楼閣は、立ち並ぶパビリオン群のなかで、ひときわ目を引いていた。日清戦争後に日本の植民地となった台湾を紹介するためのパビリオンには、さまざまな出品物が陳列されていた。その一角に、「宗教具、神礼及服装標本」のコーナーがあった（月出晧編『台湾館』、第五回内国勧業博覧会台湾協賛会、一九〇三年）。

節子の目は、このコーナーに展示されていた台湾特産の翡翠数珠にとまったらしい。「過般東宮妃殿下博覧会に行啓相成りたる節、台湾館に於て珠数一連御買上げに相成りたる由に承り申候」（『中外日報』一九〇三年六月七日）。数ある出品物のうち、わざわざ数珠を選んで買い上げたところに、節子の関心の深さがうかがえる。

嘉仁と節子は、いったん偕行社に戻ったものの、午後七時に再び出て博覧会場を訪れ、博覧会協賛会接待所に設けられたバルコニーに出た。

そのときであった。

頓《やが》て露台に御登臨あり（七時五十分）し折柄、イルミネーションは一斉に点ぜられ、協賛会催しの安倍野〔阿倍野〕方面に於ける大煙火は、彩火を飛ばし、轟音を伝へ、丘上丘下と謂はず、人頭を以て塡められたる場内数万の入場者が、期せずして吁と叫び出したる感歎の声湧き出でたるを、両殿下、有栖川宮御首《はじ》め、供奉《ぐぶ》の文武官を御供に、台上の御椅子に凭《もた》らせられ、東宮には御煙草を召されつゝ、妃殿下に始終御物語あり。場内一面の電燈飾より、噴水塔の五彩燦爛《さんらん》たる水簾の美はしきを御指点遊ばし、軈《やが》ては両殿下御椅子を離れ玉ひ、いと楽しげに夜色の壮観をゆるく御覧せさせられ、其間絶えず煙火の興、軍楽の演奏を御慰みあり。（『大阪朝日新聞』一九〇三年

五月二十九日。原文は句点なし）

イルミネーションと花火があいまって、会場は「光」の洪水に包まれた。花火の鳴る音、人々の歓声、そして軍楽隊の音楽が絶えず聞こえてくる。これほどの視覚と聴覚が同時に刺激される体験は、節子にとって初めてであったに違いない。天皇や皇后が訪れたときにもなかった過剰な演出は、博覧会の「開場以来未見の一大光景」（同）を大阪の夜に出現させることになった。

そもそも、当時の宮殿（明治宮殿）や仮東宮御所には、電灯がなかった。一八九一年一月二十日、漏電により帝国議事堂が全焼したのに伴い、天皇が宮殿で電灯を使うことを禁じたためである（前掲『明治天皇紀』第七）。だが、それから十年以上がたち、「畢竟危険と申事も近来大に進歩し、其の危険は無之旨専門家申居候事」（前掲『佐佐木高行日記』）となり、皇室でも建設中の新東宮御所（赤坂離宮。現・迎賓館赤坂離宮）を含め、新しい施設には電灯を設置する方針に改められた。

皇太子夫妻がバルコニーに現れる午後七時五十分という時間に合わせて、イルミネーションがいっせいに点灯され、花火が上がるという仕掛けは、明らかに計画的なものである。前掲『可視化された帝国［増補版］』で示したように、祝祭日や記念日などに、特定の時間があらかじめ告知され、その時間に全国で人々が同一の行動をとることを強制する〈時間支配〉は、一九一五（大正四）年十一月の大正大礼に始まり、戦中期になって確立されるが、そうした支配の先駆けと見なすこともできなくはない。

博覧会のイルミネーションに魅了された一人に、当時十四歳になったばかりの和辻哲郎がいた。和辻は、「当時としては、電燈は主として屋内のものであって、屋外にこれほど多数の電燈をつけるということはなかった。だから夕方になってこのイルミネーションが始まると、人々は竜宮をでも見るような気持ちになって、うっとりとしてながめたものなのである」と回想している（「自叙伝の試み」、『和辻哲郎全集』第十八巻、岩波書店、一九六三年所収）。皇太子夫妻を神々しく見せるための演出としては、絶妙といってよかったのだ。

六月一日、二人は初めて別々の行動をとる。嘉仁は午前十時に偕行社を出て、大阪築港に向かった。一方、節子は嘉仁よりも早い九時三十分に出て、厩戸皇子《うまやどのみこ》（聖徳太子）が建てた四天王寺に向かった（『大阪朝日新聞』一九〇三年六月二日）。これは非公式の行啓であったが、四天王寺の本尊は金堂の救世観世音菩薩であるから、節子自身の希望が反映されていたと思われる。

四天王寺では、聖徳太子が「四箇院《しかいん》の制」をとったことが『四天王寺縁起』に示されている（四天王寺ホームページ）。四箇院とは、敬田院《きょうでん》、施薬院、療病院、悲田院のことで、敬田院は寺院そのもの、施薬院と療病院は薬局と病院、悲田院は社会福祉施設に当たる。しかしこれはあくまでも伝承であり、皇太子妃時代の光明皇后が養老七（七二三）年、興福寺に施薬院と悲田院を設置したのが最古とされている。節子が歴史の教科書として使っていた前掲『日本歴史』でも、「第十六章厩戸皇太子法制ヲ定ム」で「四天王寺ヲ難波ニ造リ」とあるだけで、四箇院については記されていない。

舞子から帰ってちょうど二ヵ月がたった一九〇三年八月十日、節子にまたしても懐妊の兆しが現れた。だが八月二十五日、流産してしまう（『明治天皇紀』第十、吉川弘文館、一九七四年）。文京区の宮内庁豊島岡墓地には、皇族の墓に交じって、このときの流産墓がある（高橋紘『平成の天皇と皇室』、文春新書、二〇〇三年)。

流産からちょうど一年後、日露戦争が勃発して半年後に当たる一九〇四年八月、節子は第三子を妊娠し、翌年の一月三日に男子を出産した。この第三皇子は、宣仁と名付けられた。後の高松宮《たかまつのみや》である。

裕仁、雍仁がともに預けられた邸の主である川村純義は、前年の八月に病死していた。このため、裕仁と雍仁は十一月九日に川村邸を引き払い、沼津御用邸、次いで御用邸西隣の川村別邸(後の沼津御用邸西附属邸)に移った。一九〇五年三月二十二日には、節子が宣仁を伴い、裕仁と雍仁が待つ沼津御用邸に向かっている。節子は沼津で初めて、宣仁ばかりか裕仁や雍仁とも多くの時間を共有できたのだ。

だが、そうした日々は長くは続かなかった。四月十四日には裕仁と雍仁が帰京し、皇孫仮御殿に入居した。皇孫仮御殿は青山離宮内の御産所に当たり、嘉仁と節子の住む仮東宮御所に隣接していた。

宣仁は節子とともに沼津に残ったものの、十一月十二日には二人の兄と同じく、皇孫仮御殿に移った。このときの悲しみを、節子は歌に詠んでいる。

わかれてはまたかなしみのますならん　すぎにしことをおもひいでつゝ
道一つへだてなれどもこゝろには　いくへのやまがあるこゝちする(前掲『貞明皇后御集』上。原文は濁点なし)

確かに、川村邸に里子に出していたときに比べれば、二人の親王が住む皇孫仮御殿は仮東宮御所と「道一つへだて」たところにあり、歩いて行き来ができるようになったことで、親王たちが仮東宮御所を訪れたり、逆に嘉仁や節子が皇孫仮御殿を訪れたりすることが容易になった。だが親子が完全に同居できない限り、節子から「かなしみ」は去らず、「いくへのやまがあるこゝち」のままだったのだ。

この点については、里子制度に強く反対していたベルツが、最もよき節子の理解者のはずであった。ベルツは後に、「出産マシーンにしか見られていなかった母君〔節子〕は生まれつき快活そのものであったのに、悲しみのあまり体調を崩された。私はあらゆる機会をとらえて、この無意味な習慣に口を酸っぱくして異議を唱えたが、長い間いっこうに実を結ばなかった」（『ベルツ日本再訪　草津・ビーティヒハイム遺稿／日記篇』、若林操子監修、池上弘子訳、東海大学出版会、二〇〇〇年）と回想している。

しかし、ベルツはドイツに帰国する直前の一九〇五年六月六日、嘉仁が別れを惜しんで宴を開いたとき、沼津御用邸から一時的に宣仁を連れて帰京した節子を久しぶりに目のあたりにして、こう感激している。

宴後、東宮妃が、生後五カ月の「赤ちゃん《ベビー》」で、心身共に発育のよい、一番末の皇子を連れて出てこられた。妃は、皇子たちを手もとへお引取りになって以来、もとのように快活になられた。沈鬱と興奮の症状から回復されたし、また東宮にも、家庭生活が良い影響を及ぼしたことは否定できない。（前掲『ベルツの日記』下）

ベルツは、明らかにある誤解をしている。節子と息子たちが同居するようになったと思い込み、「もとのように快活になられた」と確信したのだ。その確信は、一九〇八年三月に伊藤博文からの要請を受けて日本を再訪し、仮東宮御所を訪れたとき、ますます強まる。

皇太子妃は明るく、華があり、魅力的なご様子。グレーの毛織りの服に白いブラウスとボレロ風の上着をお召しになった、優美なお姿。着こなしも上品で、おじょうずだ。のびのびとした身のこなしは、まるでこの服を着たままでお生まれになったようだ。妃は私に三人の皇子を誇らしげに引き合わされた。（前掲『ベルツ日本再訪』。傍線は原文）

嘉仁、節子と裕仁、雍仁、宣仁が、仮東宮御所と皇孫仮御殿に分かれて暮らす状態はまだ続いていた。けれどもベルツの眼には、節子が三人の皇子の母親として、「日本広しといえどもかつて見たことがない」（同）あたたかな家庭を築いているように映った。ベルツの文章を見る限り、洋服を上手に着こなす、母親としての自信に満ちあふれた節子の姿に、かつて容姿や服装のみすぼらしさをあげつらわれた頃の面影はみじんもない。

拙著『大正天皇』で詳説したように、嘉仁は（随行する東郷平八郎や少数の東宮職関係者を除いて）相変わらず単独で地方視察を続けていた。しかし一九〇八年の東北行啓からは、各地で発売された絵葉書や新聞の行啓記念号に、皇太子夫妻と三人の皇子、そして間もなく完成する新しい東宮御所が入った写真が掲載されるようになる。こうしたメディアを通して、天皇睦仁と皇后美子とは異なる、近代的な家族の象徴としての嘉仁、節子の像が国民の間に広まってゆくのである。

明治末期の皇太子一家の家庭生活については、文芸評論家の福田和也による以下の描写が参考になる。

……目と鼻の先に住みながら、逢えないのは寂しい。皇太子は、夜、突然仮御殿にあらわれて、子供たちと話しこんだり、昼間、鬼ごっこに飛び入りした。まとまった時間を子供たちと過ごすことができないのは味気なかった。

週二回、夕食をともにすることになった。

水曜日は、皇孫たちの仮御殿、土曜は東宮御所で、家族が食卓を囲むことになった。

寄木がモザイク張りになっている、御所の食堂の真ん中に大きな食卓が置かれて、正面に、皇太子夫妻がすわり、むかいあって、迪宮《みちのみや》〔裕仁〕、淳宮〔雍仁〕、光宮《てるのみや》〔宣仁〕が並ぶ。

皇太子は葡萄酒をのむ。ワイングラスが空くと、瓶を抱えてゆき、注ぐのが子供たちの一番楽しみだった。残りが一口ぐらいになると、宮たちはグラスをじっと見る。「おもうさま」（御所言葉で父上のこと）が、盃をあげると、急いで席をたつ。タイミングをまちがえた淳宮が陪食の人々のグラスについでまわり、みなが恐縮することもあった。

母、節子妃は、子供たちの好きなようにさせていた。行儀などについては、何もいわず、ずっと微笑んでいた。週に二度しか会えないのだから、という心持ちとともに、足立たかを心から信頼していた。（中略）

食事が終わると、居間に移り、節子妃がピアノを弾き、皇太子が歌った。(『昭和天皇』第一部、文藝春秋、二〇〇八年)

足立たか(タカ、孝)は、一九〇五年五月に裕仁と雍仁の保母となり、皇子たちを養育した女性で、後の首相、鈴木貫太郎の妻となる。クエーカー派のキリスト教徒であった父の元太郎から深い影響を受けていたが、節子と同年輩ということもあり、節子の信頼は厚かった。

秩父宮雍仁親王の事蹟を日記体で記録した『雍仁親王実紀』(吉川弘文館、一九七二年)によれば、裕仁、雍仁、宣仁の三人が初めて嘉仁、節子と食事をともにしたのは、一九〇七年六月十六日であった。嘉仁や節子が皇孫仮御殿を訪れることもあれば、逆に裕仁、雍仁、宣仁が東宮御所を訪れることもあった。

『昭和天皇実録』明治四十二年十月一日条と同年十月二十五日条には、福田和也の描写を裏付ける次のような記述がある。

午後、雍仁親王・宣仁親王と共に東宮御所に御参殿になる。皇太子妃の御座所にて種々お遊びになり、皇太子妃のピアノ演奏をお聴きになる。

雍仁親王・宣仁親王と共に東宮御所に参殿され、皇太子・同妃と御夕餐を御会食になる。御食後、皇太子等と御一緒に「世界一周唱歌」を合唱される。

一九〇九（明治四十二）年十月一日は金曜日、同年十月二十五日は月曜日である。当時、裕仁は八歳、雍仁は七歳、宣仁は四歳であった。『昭和天皇実録』によれば、三人がそろって東宮御所を訪れる日は日曜日、火曜日、水曜日、木曜日にもあり、土曜日と決まっていたわけではなかったのだ。

節子はピアノを、東京音楽学校教授で幸田露伴の妹でもある幸田延に教わっていた。

幸田〔東宮職〕御用掛毎週金曜日の午後参殿して御相手申上ぐる由なるが、バイオリンより進みて近来は、これとピアノとを合せて御稽古遊ばされ御暇の時には平常の御練習を怠らせ給はざるを以て頗る御上達遊ばされたれば今はベトーベン、モザート等の最も荘厳にして且高尚幽婉なる曲のみを御稽古ある迄に御進歩遊ばされたり。（『東京朝日新聞』一九〇八年五月二十日）

文中の「ベトーベン」はベートーヴェン、「モザート」はモーツァルトのことである。節子が特に好んだのは両者の音楽であった（『貞明皇后』、大日本蚕糸会、一九五一年）。ベートーヴェンは、当時の日本でもすでに「楽聖」として知られ、「月光ソナタ」と呼ばれた「ピアノ・ソナタ第十四番嬰ハ短調作品二十七‐二『幻想曲風』」は、名曲としての地位を確立していた（齊藤紀子「ピアノと月光：洋楽受容初期の日本におけるピアノの表象」、『お茶の水音楽論集』第一四号、二〇一二年所収）。

節子が使っていたグランドピアノは、譜面台、フレーム、側板などにさまざまな植物紋様がちりばめられていた（三浦啓市『ヤマハ草創譜　洋楽事始から昭和中期までの70年余をふりかえる』、按可社、二〇一二年）。このピアノは後に、いったん赤坂の九条家に移されてから、一九三一年に九条邸近くの氷

節子が使っていたグランドピアノ。東京・赤坂の特別養護老人ホーム「サン・サン赤坂」に保存、展示

川小学校に寄贈され、現在は校舎を転用した特別養護老人ホーム「サン・サン赤坂」の玄関近くに保存されている（写真参照）。そこには、「日本で初めてピアノが製造されたのは明治33年（１９００）です。グランドピアノは明治35年（１９０２）に製造が開始されました。このピアノはそのときのものと思われます」という案内板が立っている。

節子にとって、ピアノは息子たちに思うように会えない孤独を解消するための大切な手段にほかならなかった。「つれづれな時は、おひとりでピアノを弾いておられた。その美しい旋律が御所のなかをしずかに流れた」（前掲主婦の友社版『貞明皇后』）という。

やがて、節子の心のなかに小さな変化が現れる。三人の息子たちに対する愛情、とりわけ裕仁と雍仁に対する愛情に、濃淡の差が出てくるのだ。[注1] その差を最も早く看取することになる人物こそ、日露戦争で二人の息子を亡くし、一九〇七年一月には天皇睦仁の命により学習院長となる乃木希典《まれすけ》であった。

一九〇七年十月、韓国統監である伊藤博文の要請により、嘉仁が日本の保護国となっていた大韓帝国を訪問した。その答礼として、同年十二月にはまだ十歳だった韓国皇太子の李垠《イウン》が、伊藤に連れられ日本を訪れた。表向きは日韓両皇室の親善が掲げられ、日本への留学を目的としていたが、一〇年八月には韓国が併合されたため、李垠が帰国して皇帝になることはなかった。

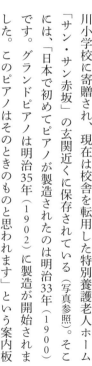

李垠は宮城で天皇、皇后に面会したほか、仮東宮御所や、滞在していた麻布の鳥居坂御用邸、葉山御用邸などで嘉仁や節子にもしばしば会っている。裕仁よりも四歳年上の李垠に嘉仁は愛着を感じ、自ら韓国語を学習するようになる（前掲『大正天皇』）。

節子もまた、一九〇八年には「韓国皇太子の上るにつきよむ」と題して、歌を詠んでいる。

民草もあふぎまつらむ春山に　さけるすもゝの花のさかりを（前掲『貞明皇后御集』上。原文は濁点なし）

一見しただけでは、一体この歌がなぜ韓国皇太子と関係があるのかと首をかしげたくなるだろう。けれども、「春山」が伊藤博文の号である春畝《しゅんぽ》を意味し、「すもゝ」が李、すなわち李垠を意味することがわかれば、裏の意味が見えてくる。節子は、伊藤が仕掛けた日韓両皇室の親善を、まさに額面通りに受け取っていたのだ。

からやまとなかごろたえし親みの　もとのこゝろになるぞうれしき（同）

同じ題で詠まれた歌である。「から」は「韓」を意味している。神功皇后の時代にあった（と節子が考える）日韓間の「親み」は、しばらくずっと絶えていた。それが韓国皇太子の留学によって復活したのを慶賀している。

実際には、朝鮮通信使が往来した江戸時代のほうが、明治時代よりも良好な日朝関係が保たれていたので、この歴史認識には問題がある。記紀が伝えるところの神功皇后の三韓征伐も、大韓帝国の保護国化も、「親み」とは裏腹の侵略的な性格をもっていたのに、節子にそうした意識は全くない。

韓国皇太子が葉山御用邸を訪れたときには、次の歌を詠んでいる。

へだてなくたのしくかたり給ふこそ　くにとくくのすがたなるらめ（同）

このときには通訳が仲介していたと見られるが、嘉仁が韓国語を勉強することになるきっかけがここにあった。併合は全く念頭に置かれていない。だからこそ、政府が韓国併合を正式に方針とした一九〇九年七月から数ヵ月後には、次の歌を詠まなければならなかった。

とつくにと一つなりやはかたくなの　こゝろと人のいはゞいはなむ（同）

ここでようやく、節子は神功皇后の三韓征伐との違いに気づくことになる。併合に反対するのは「かたくなの　こゝろ」と言われるかもしれないが、そう言われても構わないという強い覚悟がうかがえよう。

節子は、神功皇后が三韓（新羅、百済、高句麗）を併合するのではなく、新羅の王の命を助け、金銀などを日本に貢がせて隷属化を図ったように、大韓帝国を日本の保護国としたまま、韓国皇太子を日本で教育する体制を維持したほうがよいと考えていたように思われる。

ところが、韓国国内の義兵闘争が一向におさまらないことを知ると、節子の考えが変わる。「韓国暴動」と題する一九一〇年の歌はこうである。

末つひに国をほろぼす根ざしとも　しらでおふらむあはれしこ草（同）

韓国との親善を深めようとする日本の「真意」がわからず、保護国化に抵抗する韓国国民＝しこ草が「暴動」を起こし続けているようでは、併合もやむを得ないという節子の思いがにじみでている。こうして節子は、併合に反対していた当初の考えを翻し、結果として政府の方針を是認するのである。

韓国が併合された一九一〇年には、神功皇后の三韓征伐が併合を正当化するための「前史」としてしばしば言及された。例えば『万朝報』は、八月二十五日と二十六日の「朝鮮の過去」という記事で、新羅王子のアメノヒボコの血を承けた神功皇后の「朝鮮侵攻」を称えている（小熊英二『単一民族神話の起源〈日本人〉の自画像の系譜』、新曜社、一九九五年）。また歴史学者の喜田貞吉は、同じ一九一〇年に刊行された『韓国の併合と国史』（三省堂）のなかで、日本人と朝鮮人の祖先は同一とする日鮮同祖論に立脚しつつ、もともと一つの国だった日本と朝鮮が、神功皇后の三韓征伐により、再び元の状態に戻ったとした。こうした解釈は、あくまでも『日本書紀』の記述に忠実たらんとした節子とは似て非なるものであった。

一九〇九年五月二十九日、嘉仁と節子は新橋から横須賀線を走る特別列車に乗り、横須賀軍港を訪れた。二人は逸見《へみ》埠頭から軍艦敷島に乗り、第一艦隊の行う開戦準備、戦闘準備、火災演習、水雷発射などの演習を見学している（『大正天皇実録』同日条）。

軍艦に乗ったのも、軍事演習を見学したのも、節子にとっては初めての体験であった。それがどれほど新鮮であったかは、関連する和歌を三十三首も詠んでいることからもわかる（前掲『貞明皇后御集』上）。

そのうちの三首。

うれしさはつゝみもあへず日のもとを　まもりのふねにのりしこゝろの
見るまゝにわがこゝろさへいさみけり　いくさの庭にたつこゝちして
しきしまの大和ごゝろはあらはれぬ　ますらたけをのなせるしわざに（原文は濁点なし）

節子もまた、軍事演習を見学した皇后美子と同様、非日常的なスペクタクルを目のあたりにして、興奮する感情を隠そうともしていない。それどころか、海軍軍人らによる見事なまでの操練に、「しきしまの大和ごゝろ」すら見いだそうとしている。

軍艦に乗るまで、節子は船酔いを心配していた。ところが当日は穏やかに晴れ、一日中波風も立たなかった。その天候を感謝する歌がこれである。

けふひと日うら静かなり我ために　まもりましけむわたつみのかみ（同）

「わたつみのかみ」は海神を意味するが、この場合は神功皇后の三韓征伐を守護した住吉三神（底筒男命、中筒男命、表筒男命）を指していると思われる。さらにいえば、『日本書紀』巻第九の神功皇后紀に収められた文章が念頭に置かれていたのではないか。

表筒男・中筒男・底筒男、三《みはしら》の神、誨《おし》へまつりて曰はく、「吾が和魂《にきみたま》をば大津の渟《ぬ》中《な》倉《くら》の長峡《ながお》に居《ま》さしむべし。便ち因りて往来《ゆきかよ》ふ船を看《みそなわ》さむ」とのたまふ。是に、神の教《みこと》の随《まにま》に鎮め坐《す》ゑまつる。則ち平《たいらか》に海《わた》を度《わた》ること得たまふ。

大阪市住吉区の住吉大社

神功皇后は、住吉三神の教えのままに、その和魂を「大津の渟中倉の長峡」、すなわち現在、住吉大社が建っている大阪市住吉区にまつったところ、平穏に海を渡ることができたというのである。住吉大社には、住吉三神が第一、第二、第三本宮に、「われは大神と共に相住まむ」と述べた神功皇后が第四本宮にそれぞれまつられ、海上安全の守護神として信仰されてきた（『住吉大社略記』、住吉大社社務所、一九九九年。写真参照）。

あるいは、別の見方も可能である。

嘉仁と節子が乗った軍艦敷島は、横須賀軍港を出ると、軍艦日進と第三駆逐隊春雨、皐月、文月をしたがえ、建設中の第二海堡と第三海堡の間を通過して「観音崎灯台ノ東北」まで進んでから引き返した（『大正天皇実録』明治四十二年五月二十九日条）。つまり、「走水海《はしりみずのうみ》」（『古事記』）ないし「馳《はしる》水《みず》」（『日本書紀』）と呼ばれた浦賀水道を通ったのである。

ここは、ヤマトタケルの后であったオトタチバナヒメが入水したところに相当する。ヤマトタケルの軽はずみな行動がもとで海神が怒ったことに対して、オトタチバナヒメは荒れた海を鎮めようと、自ら犠牲となって入水したところ、海神の怒りはおさまり、海が穏やかになった。まさにその現場を通ったことになる。

ヤマトタケルが皇太子だとすれば、オトタチバナヒメは皇太子妃に当たる。節子は穏やかな海を眺めつつ、海神の怒りを鎮めたオトタチバナヒメに思いを馳せていた可能性も考えられるのだ。

今更言うまでもないことだが、和歌の解釈は一通りではあり得ない。確定的な解釈を許さない和歌を史料として用いることには否定的な向きもあろう。しかしながら、天皇にせよ皇后にせよ、自ら書き残した文章がほとんど公開されていない現状を踏まえれば、和歌は天皇や皇后自身の手になる貴重な史料といえる。

とりわけ前掲『貞明皇后御集』に収められた和歌は、公開されていなかったものが数多く含まれており、その大半はこれまで全く知ることができなかった節子の内面が赤裸々に反映している。しかも時には、同じテーマの和歌が続くことで、和歌というよりはむしろ散文、現在でいえばツイッターでの連続したつぶやきに近くなっている。本書が『貞明皇后御集』を重視するゆえんである。

下田歌子は、『愛國婦人』第五号に「神功皇后」を執筆してからちょうど三ヵ月後、同誌の第十一号に「弟橘媛命」を執筆し、「妃が胆力の尋常ならざりしを思ふべし」として、オトタチバナヒメを神功皇后とともに「愛国婦人」のモデルとしている。

節子が嘉仁とともに横須賀を訪れた一九〇九年には、浦賀水道に面し、ヤマトタケルをまつっていた三浦郡浦賀町（現・横須賀市）の走水神社にオトタチバナヒメが合祀されている。また、境内に建立される記念碑には、明治天皇の第六皇女である昌子内親王の筆により、オトタチバナヒメの和歌が刻まれている（写真参照）。

走水地区は、軍艦敷島からも見えたに違いない。

大正になり、皇后となった節子は、住吉大社にも走水神社にも参拝することになる。これらの参拝については、また改めて触れる機会があるだろう。

横須賀市の走水神社

境内にあるオトタチバナヒメの和歌が刻まれた記念碑

［注］

1　7章で述べたように、節子が神功皇后とのつながりを意識した直後に生まれたのが雍仁であったとすれば、雍仁は応神天皇に相当することになる。そうだとすれば、節子の雍仁に対する特別の愛情は、雍仁が生まれた時点からすでに始まっていたのかもしれない。

第9章

団欒と大病と

（2）

節子に大きな精神的影響を与えた下田歌子は、一九〇六（明治三十九）年に華族女学校が廃止されてから、学習院教授兼女学部長になっていた。ところが、一九〇七年十一月には学習院を退いている。その理由は、同年一月に学習院長となった乃木希典との衝突にあった。

乃木が学習院長となった翌月、幸徳秋水が主宰する日刊平民新聞が「妖婦下田歌子」と題して、下田歌子のスキャンダルをすっぱ抜く。予告文はこうだ。

彼女の一眄《べん》に悩殺され、彼女の掌裡に翻弄せられたる者抑《そ》も幾人ぞ、彼女を傷けたる色魔狂は曰く伊藤博文、井上馨、土方久元、山県有朋、彼女が玩びたる情夫は曰く黒田長成、秋山定輔、望月小太郎、田中光顕、林田亀太郎、三島通良、多情を経とし多恨を緯とする者は彼女の歴史也、生涯也、吾人は今日の女学生が理想して措かざる下田歌子を、一個の妖婦とし毒婦として爬羅剔《はらてき》抉《けっ》し、彼女の満身をして完膚なからしめんとす（『日刊平民新聞』一九〇七年二月二十三日。傍▲原文）

このスキャンダルについては、松本清張が「昭和史発掘番外篇」の「政治の妖雲・穏田の行者」（『週刊文春』一九六六年十二月十二日号〜翌年一月十六日号に初出、『対談　昭和史発掘』、文春新書、二〇〇九年所収）で取り上げ、作家の林真理子も『ミカドの淑女《おんな》』（新潮社、一九九〇年）で小説にしている。清張は『ミカドの淑女』を、「これまでは書くのに困難だった題材に小説として初めて成功したと思う」と絶賛している。

「妖婦下田歌子」と題する日刊平民新聞の連載は、同年四月十三日まで四十一回も続いた。困り果てた歌子は、「穏田の行者」と呼ばれた同郷出身の飯野吉三郎に相談した。これが山県有朋《やまがたありとも》をして大逆事件をでっちあげさせる遠因になったというのが、清張の見立てである。歌子の工作は功を奏して日刊平民新聞は廃刊となり、歌子も安堵したが、学習院のイメージ低下につながりかねない歌子を嫌っていたのが乃木であったといわれている。

清張は、当時文部大臣であった牧野伸顕の『回顧録』全三巻（文藝春秋新社、一九四八～四九年）を手掛かりに、乃木が歌子を罷免したのは、「金銭および品行の問題でとかくの評判が伝わり、教育者の地位にあるものとして」いろいろな非難があったためだとしている。

政治学者の解釈も紹介しておこう。橋川文三《ぶんそう》は、乃木が歌子を忌避していたことは間違いないが、歌子を辞任させたのは乃木ではなく、歌子が藩閥や宮廷の事情に通じていることを危惧した山県系の宮廷勢力であったと推測している（「乃木希典と下田歌子」、『橋川文三著作集』3、筑摩書房、一九八五年所収）。

林真理子は、さらに一歩踏み込んでいる。『ミカドの淑女』のラスト、乃木の心象風景を描いた場面である。

そうだ。歌子は女だ。女がよくここまでやってこれたと思うものの、歌子も皇后がそうであられるように女なのだ。

将軍が、〔学習院女子部の運動会で〕台の上に立つ歌子の顔を思いうかべた時、〝復讐〟という言葉が、ナイフのように胸を走った。そうだ、気をつけなければならない。女たちはいつか復讐を遂げるつもりなのだ。この革命で夫からなおざりにされ、子どもたちを失くしてしまった女たちは、きっといつか何かを始めるだろう。世の中から置いていかれた恨みを、きっとどこかで遂げるはずだ。

そう、やっとわかった。こう奏上すればよいのだ。

下田歌子の行状に問題があるのではない。学習院の重職には、女より男の方がふさわしいから、彼女を辞職させる。こう考えると何とすっきりすることであろうか。

乃木は儒教的な男尊女卑思想の持ち主であり、男性に代わって学習院の重職を占めようとする歌子を本能的に嫌ったのだ――林のこうした解釈に対しても、清張は「学習院長乃木希典が歌子を処分した理由の著者の新解釈に感歎する」と賛辞を惜しまない。

確かに乃木が学習院の初等学科生に示した訓示を見ると、「男子は男子らしくなくてはいかん。弁当の風呂敷でも赤いのや美しい模様のあるのを喜ぶやうでは駄目だ」「学習院の学生は成るたけ陸海軍人になれとは、陛下の御沙汰であるから、体の丈夫なものは、なるべく軍人にならなければならぬ」など、男性中心的な思想が目立つばかりか、教科書に対してまで、「平仮名は女らしくていかん。歌などはともかく、男の書くには片仮名の方が男らしくてよいと思ふが、此の頃の教科書は平仮名が多いやうだ」と男らしさを求めている（学習院輔仁会編『乃木院長記念録』、三光堂、一九一四年。原文は読点なし）。

林真理子の鋭さは、下田歌子の背後には皇后美子が控えており、皇室で女性の権限が強くなれば、儒教的な「正しい」秩序が乱れかねないとして、乃木が歌子に、いや皇室の女性全般に強い警戒心を抱くようになったことを、作家の想像力を交えて描いた点にある。歌子を排除することは、皇后美子ばかりか、皇太子妃節子の「後ろ盾」をも遠ざけることを意味していた。

乃木が学習院長となった翌年に当たる一九〇八年四月に裕仁が、さらにその翌年に当たる一九〇九年四月に雍仁が、相次いで学習院初等学科に入学する。これ以降、乃木はいわば小学校の校長として、父である嘉仁や節子とも関わりをもつことになる。

一九〇九年一月十三日、梨本宮妃伊都子が横浜を出港して海路でヨーロッパに向かった。伊都子を乗せた船は、三月三日にフランスのマルセイユに上陸する。伊都子はここで夫の梨本宮守正王と三年ぶりに再会し、鉄道に乗り、四日にパリに入り、しばらく滞在した。パリでの伊都子の人気ぶりについては、7章ですでに触れた。

四月四日から六月十三日までは、スペイン、モナコ、イタリア、オーストリア、ロシア、ドイツ、英国を歴訪している。帰りは陸路を選び、六月二十八日にパリを出発すると、シベリア鉄道、東清鉄道を経由し、奉天、旅順など日露戦争の激戦地を見学した。大連から海路で大韓帝国の仁《イン》川《チョン》に渡り、七月二十日にソウルに着き、最後の皇帝となる純宗《スンジョン》に会っている。二十四日に下関に着き、七月二十九日、ほぼ半年ぶりに帰宅した（以上の日程は、前掲『梨本宮伊都子妃の日記』による）。

一方、節子が遠出をしたのは、一九〇〇年の三重県、奈良県、京都府訪問、一九〇三年の大阪府、兵庫県訪問、一九〇七年の京都府訪問だけで、あとは日光田母沢、葉山など御用邸への訪問か、華族女学校、学習院、靖国神社、東京蚕業講習所など、日帰りの行啓ばかりであった。皇太子妃が外国を訪れることは、現皇后の美智子が皇太子妃時代の一九六〇年九月に訪米するまでなかった。

三人の息子たちと別々で暮らす生活も、相変わらず続いていた。一九〇九年には新東宮御所が完成し、一〇年一月十二日には嘉仁と節子が下見に訪れたが、二人がここに移り住むことはなかった。二人が住むにはあまりに広すぎる新東宮御所に移ることで、息子たちとの距離がますます開いてしまうことを、嘉仁も節子も恐れたからにほかならない。

一九一〇年になると、節子の詠む和歌に再び孤独の色が濃く漂うようになる。その程度が尋常ではなかったことは、以下に掲げる和歌からもわかろう。すべて前掲『貞明皇后御集』上からの引用である（原文は濁点なし）。

（「折にふれて」と題して）
うきこともかなしきこともわすれけり　なれし小犬のあかぬむつみに
何となくものゝ淋しきゆふべには　たはるゝいぬぞたのみなりける
かなしさにむねはりさくるこゝちして　よたゞなみだにぬるゝ袖かな
（「もの思ふころ」と題して）
はてもなく千々に思ひのみだれては　わが身の裡も忘れつるかな

とにかくにおもひめぐらすむねのうち　かたらひぬべき人もなき世か
いかにせむあゝいかにせむくるしさの　やるせだになきわが思ひ川

三人の皇子たちはもとより、夫である嘉仁すら、しばしば地方に出掛けていて、家を空けている。いつも自分のそばにいるのは、飼い犬だけだ――その何ともいえない孤独感が、歌詠みの原動力になっている。

だがそれだけなら、ここまで激しい歌を詠むことはなかっただろう。「いかにせむあゝいかにせむくるしさの」という言葉を発せずにはいられないほどの鬱状態に、この時期の節子が陥っていたのは想像に難くない。

『昭和天皇実録』を見る限り、表面上はこのころも、嘉仁、節子と皇子たちとの団欒は続いていた。明治四十三年四月二十七日条には、「皇太子・同妃と御夕餐を御会食になる。終わって皇太子妃のピアノ伴奏により、皇太子と『世界一周唱歌』を合唱される」とあるからだ。しかし皇后美子は、節子の体重が減少したことを憂慮し、同年六月九日に「同妃の健康増進の思召を以て」節子を浜離宮（現・浜離宮恩賜庭園）に誘っている。また七月八日には、節子を同伴して葉山御用邸に日帰りで出掛けている（前掲『昭憲皇太后実録』下巻）。

節子が体調を崩した直接的な原因は、一見幸せな家庭生活を築いているように映りながら、節子以外の女性に興味を示す嘉仁の「御癖」（前掲『佐佐木高行日記』）がなおらないことにあったのではないか。子を産まず、多くの側室を抱える宮中のしきたりを受け入れた皇后美子とは異なり、三人の息子たちを産んだ節子は、一夫一婦制という近代の家族制度を、どうしても確立させたかったのだ。

これを実証する史料はないが、一九〇九年から一四年まで宮中に出仕し、皇后（皇太后）美子に仕えた権掌侍御雇（一三年より権掌侍）の久世三千子（一五年に結婚し、山川に改姓）は、前掲『女官』のなかで、明治天皇が死去して嘉仁が天皇になった直後、宮城内の宮殿（明治宮殿）で嘉仁と遭遇したときの体験をこう語っている。

ある時、私はふと御用を思い出したので、まだ新帝様の出御までは間のあることと思って、お廊下をゆうゆうと歩いてまいりますと、ちょうど謁見所へおいでになる新帝様に、ぱったりお出あいいたしました。頭を下げて御通過をお待ちしておりますと、おたちどまりになったお上は、

「ああお前は絵が上手だってね」

と、仰せられる。

「いいえそんなことはございません」

「では何か歌がうたえるだろう」

「まことにふつつか者で、何の心得もございません」

「でも学校にはいったのだろう」

「はい。すこしはまいりました」

「自分の写真を持っていないか」

「一枚も持ちあわせておりません」

と、一歩一歩後に身を引く私、陛下は一歩ずつ前に進んでおいでになる。はて困ったことになっ

たと振り返って後を見ると、丁度お物置に行く廊下のお杉戸の前でした。す早くこの戸を引きあけて身を入れると、深く頭をたれました。その時おくればせにお供の侍従が来ましたので、そのまま御通過になりました。

思ったことをすぐに実行せずにはいられない嘉仁の性格が伝わってくる回想である。嘉仁は天皇になる前から、つまり皇太子の時代から、皇后美子に会いに行くたびに三千子の姿を確認しており、年輩の女官をさしおいて、三千子に火のついた葉巻を「退出するまでお前が持っていておくれ」と頼むなど、何かにつけて三千子に目をつけていた様子がうかがえる。三千子は節子より八歳年下で、出仕したときにはまだ満十八歳にも達していなかった。

女の写真を集めるのは、嘉仁の趣味だったようだ。三千子は、「お手元にはだいぶ女の写真もお持ちになりましたのですが、別に何という意味もなかったのでございましょうか」「写真をお集めになるのは、一種の癖とは思っておりましたが、何か晴れきらぬ心は自分ながらどうしようもありませんでした」と述べている。

この一件以降、三千子は天皇となった嘉仁に悩まされるようになる。一九一三（大正二）年六月に嘉仁と節子は長年住み慣れた青山離宮から宮殿にようやく移ったが、それでも嘉仁は、新たに青山離宮に住むことになった皇太后美子の慰問などと称して、青山離宮をしばしば訪れた。そのときには、必ず三千子を呼んだ。

嘉仁と節子が一緒の場合、節子の顔色が変わるのが、はたから見ていてもわかった。節子は、「あの生意気な娘は、私は大嫌いだ」と公言していたという。

三千子が恐れていたのは、嘉仁の「鶴の一声」によって、所属が皇太后宮職から皇后宮職に替わり、青山離宮から宮城に移らなければならなくなることだった。結局、皇太后宮大夫であった香川敬三の取り計らいにより、三千子は病気欠勤扱いとなり、嘉仁が青山離宮を訪れるときには出勤しなくてよいことになった。

以上のエピソードは、嘉仁の「御癖」が一夫一婦制を維持してゆく上で障害となっていたこと、それに対して節子が感情を抑えきれなかったことを物語っている。第三皇子の宣仁が生まれた一九〇五年から、第四皇子の崇仁《たかひと》（後の三笠宮《みかさのみや》）が生まれた一九一五年まで、十年以上にわたって子供ができなかったことも、二人の間に何かがあったことを想像させる。

一九一一（明治四十四）年一月二十七日、節子の姉で、西本願寺の法主、大谷光瑞《こうずい》の妻（西本願寺裏方）であった大谷籌子《かずこ》が急逝した。享年二十八歳であった。『大正天皇実録』同日条には、「籌子、妃ノ姉ナルヲ以テ、妃ハ喪ヲ服セラル」とある。

二月二日には葬儀が行われたが、節子は京都に向かうことすらできなかった。「二月二日、葬儀行へるにつけて」と題する和歌はこうである。

　西の空ながめこそやれこのゆふべ　けぶりとけなむ人をこひつゝ（前掲『貞明皇后御集』上。原文は濁点なし）

この和歌の「けぶりとけなむ」は、宮内庁書陵部編『貞明皇后御歌集』上（宮内庁書陵部、一九六

〇年）では「けぶりとならむ」に改変されている。公式に発表されたのは、「けぶりとならむ」の方である。注1

籌子は、一九〇九年九月から一〇年十月まで、一年あまりにわたって光瑞に同行し、インドやヨーロッパを視察した。節子は、籌子の命を奪うきっかけとなったのが、この長期にわたる海外旅行だと見ていた。

とつくにゝゆきしを禍のはじめとは　誰かおもはむいでたちのとき（前掲『貞明皇后御集』上。原文は濁点なし）

籌子の葬儀が行われたのと同じ日、嘉仁は避寒のため、葉山御用邸に向かった。節子が葉山に向かったのは、その五日後に当たる二月七日であった。

この日、節子は「東京をいでゝ葉山にいたる車のうちにて」と題して、次の歌を詠んでいる。

かへるべき都にはあれどあやしくも　いでたつそらにふるなみだ哉
いかなればこゝろのそこのはれまなき　君のまちますいさむ旅路に
常よりも淋しくみなす車路や　夕日もあかくおなじけしきを（同）

どの歌にも、沈み切った節子の感情がにじみでている。籌子を失った悲しみとともに、嘉仁に対する複雑な思いが伝わってくるかのようだ。

嘉仁は三月二十七日まで、葉山と東京の間を行ったり来たりするのに対して、節子はこの間、ずっと葉山にとどまった。嘉仁が葉山から横須賀に向かった三月二十七日、節子はにわかに発熱し、悪寒を覚えた。『大正天皇実録』明治四十四年四月一日条には、このときの病状につき、「体温三十九度乃至四十度ヲ上下シ、脈搏百余ヲ算シ、又血尿ヲ排ス」とある。

沼津御用邸に滞在していた皇后美子は、三月三十日に節子の病状を知らされ、「賢所に一七日間の平癒祈願を籠めさせ」た。賢所は宮中三殿の一つで、アマテラスをまつる伊勢神宮内宮の神体である八咫鏡の分身が安置されている。皇后は四月十六日に帰京すると、二十八日には自ら賢所に赴いて節子の全快を祈願し、二週間にわたって賢所に供えられた米（賢所御供米《おくま》）を葉山に送り続けた（前掲『昭憲皇太后実録』下巻）。

三月三十一日、節子は侍医頭の岡玄卿らにより、腸チフスと診断された。だが、岡や東京帝国大学医科大学教授の青山胤通《たねみち》、三浦謹之助が作成した診断書は、『大正天皇実録』同日条では全文が黒く塗られている。

それにしても奇妙なのは、三月三十一日以降、「御容態漸次良好ニ嚮ハセラル」とされながら、全快したのはそれから三ヵ月あまりも経過した七月一日とされたことである。この間、節子は嘉仁とはもちろん、三人の息子たちとも完全な別居状態にあった。

当時の日本では、腸チフスは最も恐るべき伝染病の一つであった。東京市だけでも、一九〇六年には患者数千四百九十八人のうち四百二十七人が死亡し、一九〇七年にも患者数千二十八人のうち三百五十五人が死亡していた。「東京市ノ既往十ケ年ノ統計ニ徴スルニ毎年千内外ノ患者ヲ出シ死者ハ夫レノ約三分ノ一乃至五分ノ一ヲ失ヒツヽアルナリ、其数ハ内地全国ノ腸窒扶斯《チフス》患者ノ約二十分ノ一ニ該当スヘキ多数ニ止ルニ非スヤ、腸窒扶斯以外ノ諸伝染病ハ世ノ文明ニ伴ヒテ次第ニ減少シツヽアルニモ拘ラス腸窒扶斯ノミハ何故ニ斯カル奇異ノ現象ヲ呈スルカ」（児玉豊治郎、早野実「東京市ノ堀井水及上水ノ腸窒扶斯菌及大腸菌ノ試験成績」、『顕微鏡』第一〇〇号、一九一一年所収）とあるように、専門家の間でも流行をくい止めるのが困難な病気とされていたのである。

ところが、御用邸に隣接する葉山村（現・葉山町）の各集落では、「年々三四名の腸窒扶斯患者を出し居りたるも」、一九一一年になってからは一人も患者が出ていなかった（『読売新聞』同年四月十三日）。腸チフスの潜伏期間は一、二週間程度であるから、たとえどれほど東京市で流行していようが、東京でかかったとは考えられない。ノンフィクション作家の工藤美代子は、「読売新聞の記事にもあるように、節子妃の病気にはいくつかの謎が残る。いったいなぜ、人一倍健康な彼女だけが感染したのか。また、これほど重症になったのか」（前掲『国母の気品』）と述べている。

当然の疑問であろう。

嘉仁や裕仁は、東宮大夫の村木雅美や東宮主事の桑野鋭《えい》、皇孫御用掛の土屋正直らを葉山に派遣して節子の病状を報告させたり、見舞いのため草花の鉢植えや果物などを贈ったりしたが、直接会いに行くことはなかった（『大正天皇実録』明治四十四年七月三日条、『昭和天皇実録』明治四十四年三月三十日条、四月一日条、五月十四日条など）。その代わりに裕仁は六月十日、節子に次のような手紙を書いている。

おたたさま日一日とおよろしくおなりあそばしてうれしうございます。もうおにはさきのごうんどうもあそばしますか、おしよくじもようめしあがりますか。

私共はまいにちげんきよく学校にかよつてをりますからごあんしんくださいませ。（中略）おたたさまます〳〵お暑くなりますからなほ〳〵おだいじにあそばして一日も早くごぜんかいをいのります。（『昭和天皇実録』明治四十四年六月十日条）

文中の「おたたさま」は、「御母様」、つまり節子を意味する。この手紙からは、裕仁が節子の病気を疑っていなかったこと、節子は少しずつ回復しつつあると伝えられていたことがわかる。

裕仁、雍仁、宣仁の三人が葉山でそろって節子に会ったのは、節子が全快した翌日の七月二日、嘉仁が節子に再会したのは七月三日であった。その十日後、節子はようやく葉山を発ち、仮東宮御所に戻った。

この間、節子は少数の女官を除いて、基本的に一人で過ごした。前掲『貞明皇后御集』上には、一九一一年の一年間だけで二百四十九首の和歌が収められているが、そのなかに具体的な病気をうかがわせるものはない。それどころか、陰鬱な歌が多かった前年に比べても、周囲の環境を見回す余裕ができている。

波のおとはいよ〳〵すごくとゞろきて　春のうみとも思はれぬかな
あづさゆみ春たちぬれば野に畑に　打ちもらされしつぐみさへづる（同。原文は濁点なし）

こうした歌を見る限り、病気の影は全く認められない。見舞いのためだろうか、時にはわざわざ親しい友人がお忍びで訪ねてくることもあったようだ。「訪ひ来りし友のかへるをり」と題する歌から一首を引く。

いとまあらば尋ね来ませよわきいづる　言葉の泉かぎりなければ（同）

この友人が誰かはわかっていないが、孤独な日々を送っていた節子が、心のうちに積もりに積もった言葉を友人にぶつけていたのがわかる。

葉山で精神を落ち着かせた節子が見たのは、やはり一条の光であった。

限りなき世をてらします天津日の　光りにまさる光あらめや（同）

そもそも節子は赤坂氷川神社の氏子であり、その祭神であるスサノオやオオクニヌシとの関係の方が深かったはずだ。にもかかわらず、ここでは「天津日」、つまり太陽神アマテラスに言及している（「天津日嗣」は天皇を意味する）。そこには、皇后美子から送られた賢所御供米によって体調が回復したという意識が反映していたのかもしれない。柳田國男の言う「神と人との最も大切な接触と融和、すなわち目には見えない神秘の連鎖が、食物という身の内へと入って行くものによって、新たに補強せられるというような素朴な物の考え方」（「日本の祭」、『柳田國男全集』13、ちくま文庫、一九九〇年所収）を、節子もまた共有していたのかもしれないのだ。

後に節子が傾倒することになる筧克彦は、前掲『大正の皇后宮御歌謹釈』でこの和歌を取り上げ、次のように解説している。

……大国主神はどこまでも現国魂の神にして、其の和魂の本源は、生命の本源にまします御位種子之神を御魂とし給ふ天照大御神様であらせられます。従うて大国主神の和魂をまつり給ふ御精神を徹底し、天照大御神の御魂を高天原より迎へ奉りて、高天原と豊葦原との両界の不二なる所以、内外合一を、実にすべき時期に達しましたのが、天孫天降りの起る所以でございます。（傍点、傍○原文）

筧がこの和歌に着目したのは、節子が「天照大御神の御魂」に触れていると感じたからだろう。後年の「神ながらの道」へと至る萌芽が、早くも現れているのである。ちなみに、平塚らいてうが『青鞜』創刊号で「元始、女性は太陽であった」と題する文章を掲載したのも、同じ一九一一年であった。

大正天皇の第四皇子に当たる三笠宮崇仁親王（一九一五年生まれ）は、「〔自分が〕生まれる前ですから……」と断りつつ、このときの節子の病気につき、「その闘病のお蔭ですっかり心の中もお変わりになって強くなられたと。それがその後のことにも関係して、一番重要なことだったんじゃないでしょうかねえ」と推測している。ただし、「半年くらいですか、ご静養の期間があったと聞いています」と述べるだけで、具体的な病名については触れていない（工藤美代子『母宮貞明皇后とその時代　三笠宮両殿下が語る思い出』、中央公論新社、二〇〇七年）。

一九一二年七月十九日夜、天皇睦仁は夕食の席で突然倒れ、意識を失った。それから十日後の二十九日午後十時四十三分、天皇は死去する。発表されたのは、三十日午前零時四十三分であった。午前一時には、旧皇室典範第十条「天皇崩スルトキハ皇嗣即チ践祚シ祖宗ノ神器ヲ承ク」にしたがい、嘉仁が天皇になった。同時に、節子は皇后に、美子は皇太后になった。

正確にいえば、睦仁が明治天皇と追諡されたのは死去から一ヵ月近くたった八月二十七日であった。明治天皇は、一世一元制の施行に伴い、元号を諡《おくりな》とした初めての天皇となった。

大喪儀は九月十三日、青山練兵場（青山葬場殿。現・明治神宮外苑）で行われた。この日、赤坂区新坂町（現・港区赤坂八丁目）の乃木希典邸で、希典と妻の静子が自刃したことはあまりにも有名である。

その五日前の九月八日、乃木に呼ばれ、学習院を訪れた人物がいる。海軍大佐で、乃木の信頼が厚く、学習院御用掛となっていた小笠原長生《ながなり》であった。

……乃木は大いに喜び、学習院に関して種々懇談した。特に皇子御三方の御教育、将来について、熱心に詳細な意見を述べた。そのうちに午後二時近くなったので、小笠原は、ではお暇させていただきますと立上がった。すると乃木は突然、椅子を離れて小笠原の側に行き、小笠原の手を堅く握った。（中略）

……学習院の門を出ようとするとき、小笠原は、なに気なく〔人力車の〕母衣の横の小窓からふり返って見ると、乃木は外に出て、去って行く小笠原の車をなごり惜し気に見送っていた。心なしかやせた軍服姿の乃木の肩に、無情な雨が容赦なく降りそそいでいた。小笠原は、ふと、懐の封書に手を当てた。帰りぎわに、乃木に帰ってから読むようにと託されたものであった。（『秩父

宮雍仁親王』、秩父宮を偲ぶ会、一九七〇年）

小笠原は、帰宅後に封書を読むと、すぐに焼却した。したがって詳しい内容はわかっていない。しかし、乃木が自刃して二、三日後、小笠原は妻子にその内容を漏らしている。ここから次の三点が推察できる（同）。

第一に、乃木は裕仁、雍仁、宣仁の教育につき、小笠原によろしくたのむと伝えていた。この遺言は、小笠原が裕仁のための学校として創設された東宮御学問所の幹事となることである程度生かされる。

第二に、乃木は小笠原に自刃を予告していた。

そして第三に、節子が雍仁を偏愛することを心配して、小笠原に善処を依頼した。小笠原は、「皇后陛下は、よほど淳宮さま〔雍仁〕がおかわいいのだな」とつぶやいており、乃木の遺体に別れを告げて帰宅してからも、家族にそれらしき態度を気づかれている。

ここで重要なのは、言うまでもなく第三の点である。節子は、嘉仁とともに学習院を何度も訪れているし、六月二十五日の節子と雍仁の誕生日には乃木も参賀のため二人に会うことが多かった。例えば、一九〇八年六月二十五日の乃木の日記には、「皇孫殿下ニ奉祝東宮妃殿下御祝賀倍〔陪〕宴」とある（乃木神社社務所編『乃木希典全集』中、国書刊行会、一九九四年）。

そうした体験を重ねるうち、乃木は節子の態度に危惧の念を抱くに至った。その危惧がいかに深かったかは、最も信頼していた小笠原に遺言の形で善処を依頼したことからも、十分に察しがつく。

小笠原の次男、長英《ながふさ》は、学習院で雍仁の学友になっており、小笠原も裕仁、雍仁の二人にたびたび拝謁していた（前掲『秩父宮雍仁親王』）。乃木の気持ちは、小笠原にも通じていたはずだ。

実は一九一二年の春、乃木は裕仁が学習院初等学科を卒業するに先駆けて、東宮御学問所を設置して裕仁を学ばせることを小笠原に相談していた。小笠原は乃木から示された原案を修正し、天皇睦仁に見せたところ、天皇から「ソレデ良イ」との許しを得た（「小笠原長生談話速記」、『明治天皇紀』談話記録集成』第五巻、ゆまに書房、二〇〇三年所収）。小笠原は乃木から、裕仁の教育を全面的に託されたのである。

歴史学者の飛鳥井雅道は、「〔明治〕天皇は明宮〔嘉仁〕の病弱さ、意志の弱さ、気まぐれを、皇孫・裕仁にはくりかえすまいと決心したにちがいなく、だからこそ、乃木希典を学習院長に任命し、皇孫〔裕仁〕の教育をまかせようとしたのであった」（『明治大帝』、ちくまライブラリー、一九八九年）と述べている。「次」をあきらめた天皇睦仁から「次の次」を委ねられた乃木にとって、裕仁よりも雍仁に愛情を注ぐ節子の態度は、旧皇室典範第二条「皇位ハ皇長子ニ伝フ」との齟齬を生じるものであり、我慢がならなかったのではないか。

小笠原に会ってから二日後の九月十日、つまり自刃の三日前、乃木は皇孫仮御殿を訪ね、裕仁に山鹿素行《やまがそこう》の『中朝事実』を献上している（『昭和天皇実録』大正元年九月十日条）。

そこには次のような文章があった。

立后の礼正しからざれば則ち男女の別明かならず。而して内修の戒め行はれず。皇妃の道、之を規するに其礼を以てせざれば則ち宮闈《きゅうい》朝に臨み、垂簾《すいれん》政に預り、嗣主をして虚位を擁せしむる

に至る。故に礼は夫婦に本く。治乱之に因り、興亡焉《これ》に繫《かか》る。（『中朝事実』下　皇統　礼儀章、帝国武徳学会、一九一六年）

文中の「宮闈」は皇后の宮殿、「垂簾」は4章で触れたように、玉座の後ろに御簾を垂らし、その中に皇后や皇太后が控えていること、「虚位」は天皇でありながら実権のないことをそれぞれ意味する。

素行は、皇后をきちんと立てなければ「男女の別」が明らかでなくなり、皇后が政治に介入して「垂簾聴政」が行われると警告している。明治天皇同様、嘉仁が天皇になることに不安を抱いていた乃木は、同時代の清の滅亡を招いた西太后のように、節子が天皇の代役となり、裕仁をないがしろにすることを、何よりも恐れていたのではなかったか。

一方、節子にとって、乃木の自刃は不可解な謎として残り続けた。一九二四（大正十三）年の初夏、節子は筧克彦にこう述べている（前掲『大正の皇后宮御歌謹釈』）。

いまださほどの年にてもあるまじきを、また後の世に付て心痛いたされ居ること明かなる程、いろいろ注意がき、ことに「中朝事実」なる本などを以て時世をかんがみるべく遺言されたるなり。かゝれば世に長らへて、青年輩のために充分御国のためと尽しくれられ候へば、如何斗《いかばか》り此大御代の人心に稗《ママ》益すること多かりしならむと存じたるなり。（中略）十年後といへども自分には此死が相わからず候事、誠に愚なるも一度よき折に御申し下され度、是亦急がず隙の折御答へ下され度（原文は句読点なし。傍点引用者）

この口ぶりから察するに、「後の世に付て心痛いたされ居ること」の一端が自らにあるなどとは、節子自身、考えていなかったに違いない。しかし覓に解答を求めなければならないほど、乃木の死が節子にずっと暗い影を落としていたこともまた確かであった。

［注］

1 『貞明皇后御集』所収の和歌の一部は『貞明皇后御歌集』にも収録されているが、それらの和歌は歌意を変えない程度に改変されている場合が多い。以下の章でも、両者の字句の違いについて追々言及してゆくことになるだろう。

第10章　天皇嘉仁の発病

女性運動家の山川菊栄は、天皇睦仁が死去した日のことを、後年、次のように回想している。

明治四十五（一九一二）年七月三十日の夜は、すばらしい月夜でした。その日、明治天皇は世を去りました。私はひとりで二階に寝ていましたが、あけ放した窓からは月の光が水のように蚊帳の中まで流れこむ。ああ明治は終った、明日からは新しい日がくる、今日までのあらゆるいやなことが一夜のうちにこの月の光に洗い去られて、明日からはすばらしく美しい、明るい日がくる、と私はかってな夢をえがいて、子供のころの遠足の前夜のようにうきうきした気分で寝入りました。（前掲『おんな二代の記』）

山川にとって、明治という時代は男尊女卑のはなはだしい、「いやなこと」にあふれた時代であった。その象徴こそ、多くの側室を抱えた天皇睦仁にほかならなかった。陸軍士官学校の卒業式に向かう途中の天皇睦仁をたまたま見た山川は、「学校の御真影で見た、あの五月のおせっくの鍾馗のように強そうな、りきんだ顔とは似ても似つかぬ、疲れて気のぬけたようなありふれた老人の顔！　あれが『英聖文武』と教えられた天皇とは！」（同）と述べている。天皇の交代は、一夫一婦制を確立させた皇室に象徴される「すばらしく美しい、明るい日」の到来を意味しなければならないはずであった。

同様の期待を、徳冨蘆花もまた抱いていた。蘆花は大逆事件に際して書かれた「謀叛論」で、「もし皇太子殿下が皇后陛下の御実子であったなら、陛下は御《お》考《かんがえ》があったかも知れぬ」と述べた（徳冨健次郎著、中野好夫編『謀叛論　他六篇・日記』、岩波文庫、一九七六年所収）。もし明治時代に一夫一婦制が確立していたら、皇后の発言権は高まり、事件を防げたかもしれないとしたのである。

こうした人々の期待に、皇后となった節子はこたえようとした。節子は、天皇となった嘉仁とともに、宮城に移る一九一三（大正二）年六月まで引き続き青山離宮（仮東宮御所）にとどまるが、この間、しばしば馬車に同乗して離宮と宮城の間を往復し、一夫一婦のよきモデルを演じた。

その始まりは、天皇睦仁の死去が発表された翌日に当たる七月三十一日の「朝見の儀」にあった。節子は、ローブデコルテを着用して参列し、閑院宮《かんいんのみや》妃智恵子、東伏見宮《ひがしふしみのみや》妃周子《かねこ》、久邇宮妃俔《ちか》子《こ》、梨本宮妃伊都子ら親王妃や王妃も同様に参列している。

内務大臣の原敬は、この日の日記で違和感をあらわにしている。

> 午前十時朝見の式あり、両陛下出御詔勅ありて首相之に奉答せり、此御式に夫人をも召されたるは式部職の誤りかと思ひたるに、登極令附式に依ると云ふ、何故に如此場合に夫人を加ふる事に規定せしものにや。（前掲『原敬日記』第三巻）

登極令は、天皇の践祚や即位礼、大嘗祭について規定したもので、一九〇九（明治四十二）年二月十一日に皇室令第一号として公布され、本則と附式からなっていた。践祚は皇位を受け継ぐことを意味し、位に就いたことを内外に明らかにする即位とは区別されていた。附式第一編「践祚ノ式」の「践祚後朝見ノ儀」には、「次ニ天皇御正装出御御椅子ニ著御（中略）次ニ皇后御中礼服出御御椅子ニ著御」とあるように、天皇と皇后が椅子に座ることのほか、天皇に続いて皇太子、親王、王が、皇后に続いて皇太子妃、親王妃、王妃らがそれぞれ供奉することが、手順として定められていた。

『大正天皇実録』によれば、嘉仁と節子は八月に五回（十三日は一日に二回）、九月に三回、十月に四回といったペースで青山離宮と宮城の間を往復している。このほか、九月十三日には明治天皇の大葬が行われた青山練兵場に、十一月六日には新たに造営された明治天皇の陵である京都府紀伊郡伏見町（現・京都市伏見区）の伏見桃山陵に、それぞれ二人で行っている。乃木希典が自刃したまさにそのときも、節子は嘉仁と行動をともにしていたのである。

天皇睦仁の死去に伴い、一三年七月二十九日までの一年間は皇室の服喪期間に相当し、この間の宮中祭祀はすべて代拝であった。嘉仁が天皇として初めて宮中祭祀に出たのは、服喪期間が明けた七月三十日の明治天皇一周年祭からである。八月二日の明治天皇霊代奉遷ノ儀、九月二十四日の秋季皇霊祭、十月十七日の神嘗祭も自ら行っている。

ところが、最も重要な宮中祭祀であり、天皇になって初めて行うはずであった十一月二十三日の新嘗祭は、掌典長の岩倉具綱に行わせている。

聖上陛下には昨二十三日午後六時、御束帯黄櫨染御袍の御祭服を召させられ綾綺殿に渡御、親しく御神前に進御、御手水を供へ、神饌御親供あらせらるゝ筈の処、西郷〔吉義〕侍医頭以下侍医協議の末、夕べの御祭典ならばさることながら、深夜午前一時再び出御、徹宵御祭典を親らせさせたまひ、寒気の折柄万々一にも玉体に御障りあらせられては由々しきことなればとて、出御御見合わせ可然旨を奏上したるに、御元気強き陛下には否とよとて強て出御遊ばさるべき御気色なりしを、再三再四奏上の結果、漸く御嘉納をたまひ、御都合上出御あらせられず。（『読売新聞』一九一三年十一月二十四日）

新嘗祭というのは、「夕の儀」と「暁の儀」に分かれている。引用文中の「夕べの御祭典」が前者、「徹宵御祭典」が後者に相当する。両者は全く同じ手順を踏んで行われ、それぞれ二時間ほどかかる。その間、天皇はずっと正座をし続けなければならない。

この記事によれば、天皇はやる気満々だったのに、侍医団が万一の場合を想定してやめさせたことになる。天皇は一三年一月に風邪をこじらせたのに続いて、五月十九日には肺炎にかかり、二十二日午前十時には体温が三十九度四分、二十三日正午と午後四時にはそれぞれ三十九度七分にまで上がった（前掲『大正天皇』）。平癒したのは六月十五日であった（『大正天皇実録』大正二年五月十九日条）。西郷吉義らは、天皇が深夜の冷え込みのなか、「夕の儀」に続けて「暁の儀」を行い、同じ姿勢を保ち続けるだけの体力が回復していないと判断したのである。

にもかかわらず、天皇は「新嘗祭有作」と題する漢詩を詠んでいる。

神嘉殿裏献新穀。修祭半宵燈火鮮。偏願国中豊稔足。五風十雨一年年。（木下彪『大正天皇御製詩集謹解』、明徳出版社、一九六〇年）

天皇嘉仁が、歴代の天皇のなかでもとりわけ漢詩を多く詠んだことは、前掲『大正天皇』でも触れた。

神嘉殿《しんかでん》というのは、新嘗祭が行われる宮中三殿付属の建物を指す。神嘉殿でとれたばかりの新米をささげる祭儀を修めるとき、庭のかがり火はあかあかとして真夜中の闇を照らしている。ひとえに祈るのは、毎年風や雨に恵まれ、日本中の穀物がよくみのることだけだ――まるで自分が新嘗祭を行っているかのような漢詩である。

だが、より奇妙なのは、皇后が新嘗祭に関する和歌を多く詠んでいることだ。

新嘗祭には、皇后をはじめとする女性皇族は出席しない。3章で触れたように、明治四（一八七一）年制定の四時祭典定則では新嘗祭も元始祭などと同様、天皇とともに皇后が出席すべき大祭とされたが、一八七四年になって紀元節祭に置き換えられたため、皇后は出席しないことになったのだ。

宮中祭祀に詳しい星野輝興《てるおき》は、「皇祖及天神地祇の霊徳を肉体的にお受けになるといふ意義」に新嘗祭の特色を見いだしている（祭祀学会編『日本の祭祀』、星野輝興先生遺著刊行会、一九六八年）。また宗教学者の村上重良は、新嘗祭を「穀霊ないしムスビの神と王が一体化する儀礼」と見なし、穀霊は生殖する力をそなえた女性の霊格であるから、新嘗祭の祭司である天皇は男帝を原則としたとする（前掲『天皇の祭祀』）。

星野と村上の説は異なるが、新嘗祭に性的な意味を見いだしている点では共通する。皇祖アマテラスは女性であり、穀霊もまた女性であるとすれば、たとえ『日本書紀』巻第二十四に新嘗祭を初めて行った天皇を女帝の皇極天皇とする記述があるにしても、本来、新嘗祭を行えるのは男性だけということになる。

それなのに、皇后はまるで天皇に代わって自ら祭りを行っているかのように、あるいは女性でありながら新嘗祭に出られる采女《うねめ》役の女官になり代わったかのように、次々と歌を詠んでいる。

かりいねのはつ穂そなへて大神に　つかへ給ふぞかしこかりける
をさまれるみよのしづけきよ半にして　神もうれしときこしめすらむ
みまつりにすゝむうねめのよそほひに　しばし神よの人となりぬる（前掲『貞明皇后御集』上。原文は濁点なし）

三番目の和歌の「よそほひに」は、前掲『貞明皇后御歌集』上では「よそひみて」になっている。

いずれの和歌にも、「大神」「神」「神よ」という具合に、「神」が詠まれている。この「神」とは、「かりいねのはつ穂」、すなわち新米をささげる相手であるアマテラスを指すと見てよい。天皇は漢詩でも「神」に言及しなかったのに対して、皇后ははばかることなく「神」の気持ちにまで踏み込もうとする。もっといえば、女性であるアマテラスに自らを重ね合わそうとする。

新嘗祭では、天皇がアマテラスに神饌を供える「御親供」を行ってから、自らも米飯や白酒黒酒などを飲食する「御直会」を行うことで、アマテラスの「御徳」を身につけるとされる（川出清彦『大嘗祭と宮中のまつり』、名著出版、一九九〇年）。皇后美子が葉山に送った賢所御供米を食べたことで体調が回復した（と信じた）皇后節子にとって、たとえ出られなくても、この祭祀はひときわ身近に感じられたのではないか。

一三年十一月二十三日の新嘗祭は、「夕の儀」「暁の儀」を経て、二十四日未明に滞りなく終了した。海軍次官として出席した財部彪《たからべたけし》は、日記に「夜七時半ヨリ賢所ニ参拝。夜半一時二十分帰宅」と記している（『財部彪日記　海軍次官時代』下、山川出版社、一九八三年）。

この日は、夜が更けても風がなく暖かかった。

大君のみこゝろそらにかよふらむ　冬のよさむのかぜもふかぬは
にひなめの大みまつりもことなくて　をへましにけりみよのはじめに（前掲『貞明皇后御集』上。原文は濁点なし）

皇后は、明治から大正に時代が変わり、新嘗祭が無事に終わったことを喜んでいる。天候に恵まれたのは、天皇の気持ちが天に通じたからだ――天皇が祭りに出なかったことは何ら問題とされていない。

実はこのほかに、皇后は天皇同様、「新嘗祭」と題する漢詩も詠んでいる。

雲晴風暖小春天。先献新禾孝道宣。神祖欣然賜慶福。来秋足卜亦豊年。（『貞明皇后御詩集』、宮内庁

書陵部、一九六〇年）

ここでも、天皇の漢詩にはなかった「神祖」という、アマテラスを意味する熟語が使われている。まるでアマテラスの気持ちを忖度するかのように、「神祖欣然賜慶福」と詠んでいるわけだ。

続いて十二月十五日には、宮中祭祀の小祭の一つである賢所御神楽の儀が宮中三殿の賢所で行われた。これもまた夕方から未明にかけて、六時間にわたり御神楽が演奏される。アマテラスの恩頼を感謝し、新しく迎える年の弥栄を祈るための祭りとされている。

しかし、天皇は体調に配慮してかまたしても出席せず、皇后だけが出席した。

年のうちのこゝろくるしさきえさりぬ　かしこどころをこよひをがみて
天の戸のあけてみひかりあふぎしも　このみかぐらぞもとゐなりける
こゝろして月もさすらむ大神を　なぐさめまつるみかぐらのには
みかぐらや神のこゝろにかなひけむ　あしたしづかに初雪のふる（前掲『貞明皇后御集』上。原文は濁点なし）

前掲『貞明皇后御歌集』上では、三番目の和歌の「こゝろして」が「こゝろありて」、四番目の和歌の「あしたしづかに」が「あさ庭清く」になっている。

皇后の「大神」アマテラスに対する思いは、ここでも熱い。八咫鏡の分身が安置された賢所を今宵拝めば、年内の「こゝろくるしさ」も消え去ってしまうとか、御神楽の翌朝に初雪が降るのは豊年の予兆であり、御神楽の演奏がアマテラスに通じたおかげだなどと述べている。皇后は、天皇を媒介とせず、直接アマテラスと向き合うことで、天皇よりも上位に立とうとしているかのように見える。

後のことだが、一九二二（大正十一）年十二月に天皇嘉仁の侍医となる山川一郎は、皇后の新嘗祭と賢所御神楽に対する姿勢につき、こう述べている。

皇后陛下のご親拝は究めて稀であったが、新嘗祭や、み神楽には、お髪はおすべらかしで、お五ツ衣を召され、お板輿というお駕籠で、ご内苑から賢所へお参りになる。八瀬出身の輿丁が奉仕する、即ち八瀬童子である。新嘗祭の時、ご親拝を拝見に出るようにと、奥からの電話で、御所のお入側で拝見していると、広い内苑の芝生の上を、赤い提灯（皇后宮の標示）を携えた事務官がご先導で、お板輿と数名扈従した行列が、静かに行進する光景は、全く絵巻物で、まことに古式な神国にふさわしい行事であった。還御になってから、近くでお姿を拝すと、まことに人間界には見るべくもなく、さすがに雲の上と思う程、その神々しさが仰がれた。（『拝命　一侍医の手記』、山川かよ、一九七二年）

傍から見ていても、祭りから帰ったあとの皇后の姿には、神々しさが漂っていたというのだ。前述のように、新嘗祭に女性皇族は出られなかったはずだから、文中の「ご内苑から賢所へお参りになる」のは賢所御神楽のときだけだったろう。もっとも、当時の女官で、源氏名の「椿」から「椿の局」と呼ばれた梨木止女子《なしのきとめこ》（後に登女子に改名）によれば、宮中では神嘗祭、新嘗祭ともに「しんじょうさい」と呼んでいたから、山川の言う新嘗祭は神嘗祭を指している可能性も考えられる（山口幸洋『椿の局の記』、近代文芸社、二〇〇〇年）。

『宮内省省報』によれば、皇后は一九二三年の神嘗祭と賢所御神楽、二五年の賢所御神楽に出席しているので、そのいずれかを見たのかもしれない。しかし、山川のこの証言は、天皇嘉仁に代わって皇后節子が新嘗祭を行っていたかのような錯覚を抱かしめるに十分である。

一九一四年四月十一日（公式記録。正しくは九日）、皇太后美子が死去した。これに伴い、皇室は再び一年間の服喪期間に入った。この年の十一月に京都で予定されていた大礼、すなわち天皇の即位礼と大嘗祭も、一年後に延期された。

一四年六月のサライェヴォ事件をきっかけに、第一次世界大戦が勃発する。時の第二次大隈重信内閣は、日英同盟を理由として、山東半島の青島《チンタオ》に権益をもつドイツに宣戦することを決めた。日光田母沢御用邸で静養していた天皇は、急遽東京に呼び戻され、八月十五日の御前会議で参戦が正式決定されたのである（『大正天皇実録』大正三年八月五日条）。

このとき、天皇が詠んだと見られる漢詩がある。題は「時事偶感」。

西陸風雲惨禍多。列強勝敗竟如何。山河到処血成海。神武憑誰能止戈。（前掲『大正天皇御製詩集謹解』）

ここには、列強の勝敗の行方に思いをめぐらし、戦場で流される血が海をなすほどの惨禍を、神明のような超越的な力によって何とかくい止めることはできないものかと苦悩する天皇の姿がある。「神武」は神武天皇ではなく、人間以上の武力を指す。開戦に消極的だったという点では、日清戦争や日露戦争のときの実父と変わらなかったといえよう。

八月二十六日には、天皇と皇后が宮殿の表御座所で、青島出征軍総司令官の神尾光臣《みつおみ》に会っている（『大正天皇実録』大正三年八月二十六日条）。このときに皇后が詠んだ歌が残っている。

いひしらぬあはれはそひぬかちどきの　軍かへりをまつといふにも
せめよするますらたけをのまごゝろに　かたきとりでもおちざらめやは
たのもしき言の葉きゝてうれしきを　猶安からぬわがこゝろかな（前掲『貞明皇后御集』上。原文は濁点なし）

皇后は天皇とは異なり、戦争そのものに反対しているわけではない。戦勝を祈りつつも、神尾自身の行く末を案じているのだ。宣戦布告を祝う提灯行列が行われた八月三十一日には、次の歌を詠んでいる。

あれましゝこの日の光りいたゞきて　いさをたつらむかふいくさに
万代のこゐにしらるゝまごゝろの　あかきほかげはよし見えずとも（同）

二番目の和歌の「こゐにしらるゝ」「よし見えずとも」は、前掲『貞明皇后御歌集』上では「こゐにぞしるき」「目に見ざれども」になっている。
十一月七日、青島が陥落した。皇后は喜びを爆発させている。

日のもとにたえぬしるしは大君の　みいつと神のまもりなりけり

しろしめすみ代のはじめのかち軍　ことほぎまつるけふのめでたさ

日に月にかさねしうさもきえはてゝ　こゝろしづかにいはふけふかな（同）

一番目の和歌の「たえぬしるしは」は、前掲『貞明皇后御歌集』上では「たふときものは」になっている。

「みいつ」は「御稜威」であり、天皇の威光を意味する。ここでは天皇嘉仁だけではなく、歴代の天皇を指すと思われる。皇后に言わせれば、戦勝は歴代の天皇の威光とアマテラスの加護があったからこそということになる。皇太后美子死去に伴う服喪期間も明けず、天皇自身がまだ大礼すら行っていない「み代のはじめ」に勝利をおさめたことが、皇后には嬉しくてならなかったのではないか。

このころから、天皇嘉仁の体調に異変が見られるようになる。皇太子裕仁が摂政となる一九二一（大正十）年十一月二十五日条の『大正天皇実録』に、その異変をうかがわせる記述がある。

大正三〔一九一四〕年頃ヨリ軽度ノ御発語御障碍アリ、其ノ後ニ至リ御姿勢前方ヘ屈セラルル御傾向アリ、同四年十一月頃ヨリ階段ノ御昇降ニ当リテハ多少側近者ノ幇助ヲ要セラレタリ。

同様の記述は、同日に宮内省から公式に発表された天皇の病状に関する文章にも見られる。

大正三、四年の頃より、御起居以前の如くならず、御姿勢は端整を欠き、御歩行は安定ならず、御言語には渋滞を来たす様ならせられたり。(『東京朝日新聞』一九二一年十一月二十六日。原文は句読点なし)

天皇嘉仁の病気については、現在でもその病名が何だったか、明らかにされていない。ところが近年、神経心理学を専門とする学者により、注目すべき論文が出された。杉下守弘「大正天皇(1879―1926)の御病気に関する文献的考察」(『認知神経科学』第14巻第1号、二〇一二年所収)である。

これまで、天皇の病気はアルツハイマー病ではないかと言われてきた。侍医の山川一郎は、御用掛の三浦謹之助がそのように想像していたと述べているし、病気の原因を探るべく、二六年に密使としてヨーロッパに派遣された侍医の西川義方もそう考えていたようだ(前掲『拝命』および池内紀『戦争よりも本がいい』、講談社、二〇一四年)。

しかし杉下によれば、アルツハイマー病の症状は記憶障害で始まり、重度になると失語症を呈する。天皇の場合は発話障害(失語症ないし構音障害)が先で、記憶障害が後になって出てきたことから、アルツハイマー病ではないとした。そうではなく、はじめに失語症が顕著に出る「原発性進行性失語症」か、構音障害が顕著に出る「大脳皮質基底核症候群」ではないかというのだ。

ではなぜ、天皇はこのような難病にかかったのか。杉下は、幼少期にかかった脳膜炎はいったん完治したとする前掲『大正天皇』の説を批判し、それが病気の発現を亢進させる要因の一つだとする。さらには、精神的ストレスもまた要因として考えられるとしている。

嘉仁が天皇になってから、皇太子時代にはなかったストレスをいくつも抱えていたのは想像に難くない。まず第一に、何かにつけて明治天皇と同じ方式に従わなければならない前例主義が肌にあわなかった。第一次世界大戦の勃発に伴う参戦では、自らの意に反して大元帥として振る舞うことを余儀なくされた。大礼に際して、儀礼の簡略化や日程の短縮を望んでいた天皇の意思は、結果的にほとんど受け入れられなかった。無理な行動を重ねるうちに、体調に異常をきたしたことは十分考えられる。

そうした天皇にとって、皇后はどういう存在だったのだろうか。前述のように、天皇と皇后になった嘉仁と節子は、しばしば行動をともにした。天皇が肺炎を患った翌月に当たる一三年六月以降は、葉山や日光田母沢の御用邸にも一緒に出掛けるようになる。一九一一（明治四十四）年三月から七月にかけて、皇后が三ヵ月あまりも葉山御用邸に一人で滞在していたような別居状態は、もう完全に解消されたのである。一五（大正四）年十二月二日には、十年ぶりに第四皇子の崇仁（澄宮《すみのみや》。後の三笠宮）も生まれている。

つまり一見、天皇は皇后を大事にし、息子たちは順調に成長するなど、天皇と皇后は幸せな一夫一婦の家庭生活を送っていたかに見えるのだ。

しかし、前章で久世三千子の回想を引用したように、嘉仁は天皇になっても、節子以外の女性に対する興味を隠そうとはしなかった。さらに徳冨蘆花は、一五年十一月二十五日の日記にこう記している。

馬鹿一朗〔良〕の話。嘉仁君も中々スキで、皇后さんの出産と同じ月にお妾の産が迫つて居る。それは多分華族の女で、灯火をすゝめる女官なのだ。皇后さんの病中に、嘉仁先生手をつけた。美人ださうだ。此は公然の秘密。――それから株屋のイタヅラでもあらうが、皇后が死んで居ると云ふ評判が頻《しきり》に立つて居るさうだ。六十過ぎても二十の女をわざわざ京都から呼寄せた睦仁さんの子だもの。然し今度こそ一夫一婦を皇室で模範的に、と思ふて居たアテがはづれて、多少の失望を感ぜざるを得ない。（前掲『蘆花日記』二）

馬鹿一朗というのは、後に福永書店を設立して蘆花の本を出版する福永一良のことだ。福永がどこからこのような噂を聞き付けたのかは定かでない。しかし、特に皇室の事情に通じているわけでもない福永ですら知っていたということは、かなり広まっていた噂ではなかったか。「此は公然の秘密」という言い回しが、そうした想像をかきたてるのだ。

この噂が事実だとすれば、嘉仁は節子が葉山で静養していた一一年三月から七月までの間に、「華族の女」、つまり権掌侍以上の女官に手をつけたことになる。そしてその関係は、時代が明治から大正になってからもずっと続いていたことになる。

久世三千子は「華族の女」ではあったが、皇太后美子が死去した一四年に退官しているから、仮にそれ以前に嘉仁が手をつけたとしても、一五年十二月に出産することはできない。嘉仁にとって、天皇になってからの精神的ストレスは、たとえ一夫一婦を演じようが節子だけで解消されるものではなく、複数の女官と性関係をもった睦仁同様、若くて美しい女官をますます必要としたのかもしれない。

皇后が死んでいるという噂は、この直前に京都で行われた即位礼に姿を見せなかったことも影響していよう。実際にはもちろん妊娠中だったからだが、皇后はショックのあまり死んだという噂がまことしやかに伝わっていた可能性も否定できまい。

大正という時代に一夫一婦制の確立を期待していた蘆花の落胆は、ことのほか大きかったようだ。その後も蘆花は、天皇や皇后の動きに注意を払っている。崇仁が生まれた翌日に当たる一五年十二月三日の日記はこうだ。

同時に庶子の方は如何かと思ふ。皇室も今度からはと思ふて居たので、父の子なるを嘉仁先生発揮したのは一失望であつた。然し妻の病中に美しい娘に手を出すのは、嘉仁ならずも誰しも遣りかねぬところで、余なンかは石を投げる権理がない。（同）

蘆花は失望しつつも、一人の男として同情もしている。この庶子が果たして実在したかどうかは、言うまでもなくわかっていない。

皇室ジャーナリストの河原敏明は、『昭和天皇の妹君　謎につつまれた悲劇の皇女』（ダイナミックセラーズ、一九九一年）のなかで、実は崇仁は二卵性双生児として生まれた兄であり、もう一方の妹は奈良の円照寺で尼門跡をしている山本静山《じょうざん》であると主張した。

もちろん三笠宮自身はこの説を強く否定し、三笠宮妃百合子《ゆりこ》もまた前掲『母宮貞明皇后とその時代』で未公開の「澄宮御側日誌」を根拠に反論しているが、高松宮が円照寺を訪れた一九四〇（昭和十五）年十一月十九日の日記には、注目すべき記述がある。

……円照寺着。お墓に参つて、お寺でやすこ、山本静山と名をかへてゐた。二十五になつて大人になつた。（『高松宮日記』第三巻、中央公論社、一九九五年）

この記述から、高松宮は山本静山を知っていたこと、静山のもとの名は「やすこ」であり、幼少期に親しくして以来、ずっと離れ離れで暮らしていたことが明らかになる。河原敏明も、山本静山は一六年一月八日の生まれで、三笠宮とは一ヵ月あまりのズレがあることを認めている。三笠宮や三笠宮妃が否定するように、「やすこ」は崇仁とともに生まれた二卵性双生児の妹ではなく、嘉仁とある女官の間に生まれた庶子ではなかったかという想像を、どうしても抑えることができない。

一九一四（大正三）年という年は、天皇が発病した年であるとともに、皇后が「神ながらの道」に初めて足を踏み入れた年でもあった。それをうかがわせる和歌を、皇后は筧克彦から直接「神ながらの道」の講義を受けるようになる一九二四（大正十三）年に詠んでいる。

神ながら開けし道の奥遠み　ふみそめしより十年へにけり

この和歌は、前掲『貞明皇后御集』中の「大正十三年」には収録されておらず、前掲『大正の皇后宮御歌謹釈』だけに収録されている。筧克彦によれば、同年に皇后がわざわざ筧のために詠んだ歌の一首だという。

逆算すれば、皇后は一四年から、「神ながらの道」を歩み始めたことになる。克彦の息子で、四六年から四八年まで皇太后宮職事務主管として節子に仕えた筧素彦は、「大正三、四年頃から、私の父、当時、東京帝国大学教授筧《ママ》克彦の話を聞きたいとの思召」（前掲『貞明皇后御歌集』）があったと述べている。

筧克彦は一九一二年に『古神道大義』（清水書店）を、一四年に『続古神道大義』上（同）を続けて出しているから、皇后はこれらの著書を読み、感銘を受けたのであろう。筧によれば、古神道とは随神道または惟神道、すなわち神ながらの道を意味する。

では皇后は、いったい筧のどのような文章に魅惑されたのだろうか。いくつか例を引こう。

> 神道の神神は人格的の神で其の一方面は古人又は現人であらせらるる。嘗ても人間とは親密に交通せられ今でも絶えず、隔てなく融通せらるるのである。徒らに自分は神なりと考へられ超越して居らるる傲慢なる神様でない。煩雑な儀式を喜ばれる恐ろしき威厳を有つて居らるる隔てある神様でない。近づき易き平凡なる親密なる神様である。（前掲『古神道大義』。傍点、傍○原文）

> 天皇は教主とせられても、人民各自の心の底から湧き出づる生きたる信仰や意見を此の上もなく喜ばれ、間違なき以上は之を奨励し、反つて之を以て教主の御名誉としてゐらせらるるのである。天皇は、世間生活をなさるる御方としても、人民の間より皇后様を御立てになり、愈々益々

> 人民と同種の御精神や御身体を有せらるる方面の存することを発揮して行かるるのである。（同。傍点、傍〇原文）
>
> 夫婦の間でも夫が先づ唱ふることは、伊邪那岐、伊邪那美の二尊以来定まつて居るが、一方、女性とても其の性格意志を認められ居ることは天照大御神の女神なるを見ても分かる。よしや天照大御神を女神でないとした所で女が男に盲従すべきものと定まれることは見えぬのである。（同。傍点、傍〇原文）

アマテラスは超越的な神ではない。また皇后は常に天皇にしたがう必要はない。皇后であっても、深い信仰心をもてばアマテラスに近づくことができるのであり、むしろそうすることで、天皇の名誉はますます輝くのだ――こういう文章の一言一句が、皇后をどれほど勇気づけたかを想像せずにはいられない。

　天皇の最も親密なパートナーであるはずの皇后は、天皇の異変にいち早く気づいたに違いない。その場合、一つの疑問が生じる。天皇の発病と、皇后の「神ながらの道」への傾倒との間に因果関係はあるのか。より具体的にいえば、天皇の発病に気づいた皇后は、皇后なりの危機感から筧克彦の著書を手にとるようになったのか。それとも、全く関係はなく、筧の著書に興味をもち始めてから、たまたま天皇の発病が明らかになったのか――。

　もとより、真相を確かめるすべはない。

　しかし前者だとすれば、天皇嘉仁の体調が悪化するにつれて皇后節子が「神ながらの道」にのめりこんでゆく理由がはっきりするだろう。

精神科医の中井久夫は、現天皇について「明仁天皇の家庭重視は逃避主義ではない。砦としての必要性のためにも、家庭を築き、維持することに血のにじむ努力をしてこられたのではないか。それは精神の健康を求める、ほとんど本能的生命力であったとさえ私は思う」（『「昭和」を送る』、みすず書房、二〇一三年）と述べている。

同じことは、皇室に一夫一婦制を確立させようとした皇后節子にも当てはまるだろう。ところが実際には、皇子たちとの完全な同居はかなわず、天皇は天皇でより若い女官に目移りするばかりか、体調まで崩してゆく。皇后が「精神の健康」を保つために「神ながらの道」を必要としたのは必然のなりゆきであった。

第11章　もうひとつの大礼

梨木止女子《なしのきとめこ》は一八九二（明治二十五）年に京都で生まれ、三歳のときに上京して天皇睦仁に面会した。睦仁は、まだ幼い止女子をすっかり気に入ったという。そのころから、止女子の美しさは際立っていたのかもしれない。

止女子が皇后宮職の女官として出仕したのは、睦仁が死去して嘉仁が践祚した一九一二（大正元）年であった。位は典侍に次ぐ権典侍で、明治時代であれば天皇の側室となるべきポストに相当した。源氏名は嘉仁が「椿」と命名した。伯母の梨木房枝も「忍」という源氏名をもらって睦仁に仕えたから、梨木家は二代続けて女官を出したことになる。

しかし止女子は、遅くても一九年までに権命婦に降格になっている（『大正九年婦人年鑑』、日本婦女通信社、一九二〇年）。権命婦は、権典侍よりも四段階も低い役職である。二八（昭和三）年に退官して坂東長康と結婚し、八〇年に死去している（前掲『昭憲皇太后・貞明皇后』）。

この女官への貴重なインタビューの記録が、前掲『椿の局の記』である。これを読むと、止女子がいかに嘉仁の寵愛を受けたかがわかる。

……お上は、あたくしの姿がみえたら、ご皿（お皿）持ってこいって仰せんなる。それであたくしは御膳召しあがっててお給仕の時は、なるべく陰へ陰へ行くようにしてるんですが、お皿持ってこいって言って下さるんです。（お持ちすると）持ってる手をがっとおつかみなって、ご自分さんのそばから逃げて行かんように押さえて、つかんでならしゃるです。こっちのお手々でね。そうしてお皿いっぱいもうこぼれます言うくらい積んで頂くわけ。そうすると皇后さまきゅっとごらん遊ばしてんのが、あの近目さんだもんでこう変なお目々でごらん遊ばされるんですね。一時はちょっとご機嫌が悪うてちょっとあのヒステリーみたいにおなり遊ばしたことあるんですよ。

あの近目さん――皇后節子は、極度の近眼であった。『昭和天皇実録』大正六年十月十日条によれば、息子の皇太子裕仁も一九一五（大正四）年から近視が進み、一六年十二月から必要に応じて眼鏡をかけるようになったが、皇后は二二年六月九日、宮内大臣の牧野伸顕に「自分も近眼なるが為め皇子殿下方が御遺伝被遊、実に安き思を為せず、昨年皇太子殿下には御詫したり」と述べている（前掲『牧野伸顕日記』）。

止女子より位の低い権掌侍御雇（後に権掌侍）の久世三千子が、皇后から「あの生意気な娘は、私は大嫌いだ」と言われたのと同じような体験を、止女子もまたしていたのだ。ちなみに、止女子と三千子は同じ年の生まれで、皇后よりは八歳年下である。

お玉突き所でもあたくし召されて、追っかけてこういう風にテーブルの廻りをおまわり遊ばされるんで、あたくしはしょわしょわしょわしょわ逃げるわけです。（中略）そいでないとね（つかまってしまって）しまいにペチョペチョペチョッとこういうとこ（頰を）おなめんなるのん気持ち悪うて気持ち悪うて。

それにあたくしがおそばにいると（皇后さまに対しては）「節子いいよ」って仰せんなるもんで、よけいいかんのですねん。（中略）で、あたくしが〔おクッションを〕上げれば黙ってお坐り遊ばしてらっしゃるんですけどね、そいで「節子ええよ」って仰せんなるのでよけいご機嫌悪うなる。（ついには）御殿のなか揉ますようなこと仰せんなって、ちょっとあの何ちゅうですかな、更年期障害があらしゃるじぶんね、ちょっとおきちがいさんみたいにおなりになったみたい。

玉突きというのは、ビリヤードのことだ。天皇嘉仁は、皇太子時代からビリヤードが好きで、御用邸にも玉突き所をつくらせていた。しかし止女子の回想を見ると、天皇の目的は別にあったようである。

問題は嘉仁の側にあったとはいえ、三千子同様、止女子の節子に対する印象も、決してよいとはいえない。「ヒステリー」「おきちがいさん」という表現には、やはり尋常でない響きがあるからだ。

ここでも、大きく分けて二通りの解釈が可能である。節子は信仰心を求めて「神ながらの道」に入ったがゆえにいっそう霊媒体質になり、トランス状態になりやすくなったと見るべきなのか。それとも、精神の危機を乗り越えるために「神ながらの道」に入ってもなお、天皇に近づく女官が天皇の体調に悪影響を与えていると思い込み、激しく反発したと見るべきなのか。

仮に前者だとすれば、節子は柳田國男の「妹の力」（『婦人公論』一九二五年十月号所収）で描かれる次のような女性に近いように見える。

通例将に霊の力を現さんとする女は、四五日も前から食事が少なくなる。眼の光が鋭くなる。何かと言ふと納戸に入つて、出て来ぬ時間が多くなり、それからぽつ〳〵と妙な事を言ひ出すのである。不断から稍陰鬱な、突詰めて物を考へるたちの女ならば、折々は家族の者の早まつた懸念の為に、幾分此状態を促進することも無いとは言はれぬ。

柳田の言う「家族の者の早まつた懸念」を、嘉仁の不倫や発病に置き換えてみると、ますます説得的ではないか。歴史学者の小田部雄次は、止女子の降格の背景には、止女子に対する嘉仁の寵愛が深すぎて、節子ににらまれたことがあったとしている（前掲『昭憲皇太后・貞明皇后』）。止女子自身も、「もう、位下げて頂かないと困るもんでね、そうして役〔結〕局、お内儀の用事しながら、お内儀の表向きの役ばっかしする事務官のような場所にさして貰いましたが、（ひと頃は、あたくしも）病気になってしまいました」と述べている（前掲『椿の局の記』）。

止女子の言う病気は、精神疾患（神経衰弱）だったようだ。これに関連して止女子は、東京府師範学校に在学中の一九〇六（明治三十九）年に社会教育団体「修養団」（現・公益財団法人修養団）を創設した蓮沼門三の名を挙げている。

このあいだ、あたし古い手紙みてて思い出したのですが、千駄ケ谷に本部がある修養団の蓮沼先生から「評判では皇后さまが焼火箸でおいじめんなったそうだ」って来てるんですね。そんなことね、ありませんよ。そりゃ下方《したがた》の人ならね、そんなこともするかもしれませんけどね、上つ方《うえがた》

の方《かた》はね、そういうさもしいことは遊ばされん。お口でずいぶんね、ひどいこと仰せんなっても
そのようなこた、ぜったいありませんよって申しあげたんですの。でもそれがあの極度の神経衰
弱起こした病気のもとでしたね。（同）

なぜ蓮沼門三は、止女子のような宮中の女官のことを知っていたのだろうか。
一九五六（昭和三十一）年に刊行された『永遠の遍歴　蓮沼門三自伝』（修養団）のなかで、蓮沼は
師範学校時代に下田歌子と知り合ったと述べている。歌子は修養団の世話をする一方、まだ独身だ
った蓮沼に縁談を持ちかけてきた。相手は「さる八幡宮の宮司の娘さんで、ある宮家の家事手伝い
をしているお嬢さん」であった。歌子と蓮沼は二十八歳も年齢が離れており、歌子は蓮沼を実の息
子のように可愛がったのだろう。
この縁談は蓮沼が教会に出入りしていたことから破談となるが、下田歌子が皇族の間にどれほど
広範な人脈を築いていたかを物語ってはいないか。
たとえ下田歌子が学習院を退こうと、皇后（後に皇太后）美子や節子の歌子に対する信頼は揺るが
なかった。蓮沼門三は下田歌子を通じて止女子を知り、目をかけるようになったと思われるのだ。
それにしても、手紙でわざわざ止女子に「評判では皇后さまが焼火箸でおいじめんなったそう
だ」と送りつける蓮沼の神経の図太さには驚かされる。果たして本当にそうした「評判」があった
かどうかは不明だが、ここでも徳冨蘆花の日記（前掲『蘆花日記』三）が手掛かりを提供してくれる。
一九一六（大正五）年九月四日、一人の女性が上京し、蘆花の家の門をたたいた。奈良女子高等
師範学校（現・奈良女子大学）を二年で中退し、蘆花の家に住み込むことになる桜井春代である。日

記では、ただ「桜井」とだけ記されている。

桜井は、同年四月三日に神武天皇の没後二千五百年を記念して神武天皇陵で行われる「神武天皇二千五百年山陵式年祭」に出席するため、天皇と皇后が奈良県を訪れたとき、皇后を実際に見たという（蘆花は「去年奈良行啓の折」と記しているが、去年ではなく今年が正しい）。皇后は四月四日に奈良女子高等師範学校を訪れているから、おそらく間近に見ることができたのだろう。そのときの印象について、桜井は「眼が少し恐かつた」と蘆花に話した。

蘆花はこう言い返す。「例のおめかけの出産で、やきもち中だつたからであらう」。

しかし、同年十月三十日付の『東京朝日新聞』三面に四段抜きで大きく掲載された「皇后陛下御真影」（同年七月五日撮影）は、そうした印象を吹き飛ばした。マントドクールを着用し、宝冠とネックレスを身につけた皇后の姿を見た蘆花は、「新聞の皇后さんの顔が好い」と書いている。「おめかけの出産」から時間がたち、「やきもち」が収まったからと見ているのだ。

とはいえ、それは蘆花が見るところ、あくまでも一時的な現象に過ぎなかったことが、一七年十二月三十日の日記から明らかになる。

初花の内侍が宮中を出た、と新聞にある。お妾の一人なんめり。余曰く、おやぢには幾人もあつた、二人位はあらう、孫の代には一人も無くならう、——お節《さだ》さん〔皇后〕のいびり出しだ、——それが至当だ。（前掲『蘆花日記』六）

蘆花が読んだ新聞は、前日の『時事新報』であったと思われる。記事を引用しよう。

此程の事である。予て大正に於ける宮中一輪の名花として世にも聞え、其の賜はり名さへ初花の内侍と呼ばれし烏丸花子の方が健康勝れざる由と申し立てゝ暇を願出でられ、茲に願意聴許ありて後任には大正二年以来宮中に奉仕中の権掌侍心得子爵中御門晴栄氏の長女賀寿子が権掌侍に昇格の上任命された。（原文は句点なし）

蘆花は、この記事を一読しただけでピンと来た。権掌侍の烏丸花子もまた天皇嘉仁の「お妾」であり、皇后が「いびり出し」たに違いないと考えた。[注1] 明治天皇には「お妾」が幾人もあり、天皇嘉仁にも最低二人はいることが、これで明らかになったと見ているのだ。同時に、「孫の代」、すなわち裕仁が天皇になるときには一人もいなくなり、ようやく名実ともに一夫一婦制になるだろうとも述べている。

蓮沼門三も徳冨蘆花も、梨木止女子や烏丸花子といった天皇のお気に入りの女官に皇后が嫉妬心を抱き、いじめたり追放したりしていると認識していた点では共通する。さらには桜井春代のような女子高等師範学校の生徒ですら、皇后の目付きが恐いと感じていたのである。「お濠の内側」で、何かが起こっているという漠然とした予感のようなものを、当時の少なからぬ人々が抱いていたとしても、怪しむには足るまい。

皇后の気持ちが休まることはなかった。天皇に近づく女官に対するチェックは、厳しくなる一方であった。けれども表面的には、皇后は体調を崩しつつある天皇とともに、明治時代とは異なる一夫一婦制のよきモデルを演じ続けなくてはならなかった。

一九一五年十一月に京都で行われた即位大礼に、懐妊中だった皇后は出ることができなかった。その代わり、一六年四月三日の神武天皇二千五百年山陵式年祭にあわせて、皇后は天皇とともに奈良県を訪れ、その前後に単独で三重県と京都府にも訪れた。このとき、桜井春代が奈良女子高等師範学校で皇后を見たことは先に触れた。

三月二十九日、皇后は東京駅から御召列車に乗った。皇后が乗ったのは、従来の天皇用の御料車とは別に、皇后用の御料車として一月に完成したばかりの8号御料車であった。皇后の好みを反映して御座所は和風で、格天井に鳳凰の舞う姿が描かれた絹張りがなされ、櫛形は七宝細工で飾られていた（星山一男『お召列車百年』、鉄道図書刊行会、一九七三年）。女官室には、典侍の千種任子、園祥子、掌侍の吉見光子、権命婦の三善千代子らが乗っていた。烏丸花子も、このときは権命婦として同行している。ちなみに、8号御料車は解体されたが、女官室だけはさいたま市の鉄道博物館に保存されている。

一行は途中名古屋で一泊し、伊勢神宮のある宇治山田（現・伊勢）には三十日に着いた。その翌日、皇后は十五年ぶりに伊勢神宮の外宮《げくう》と内宮に参拝する。結婚奉告のために訪れた前回は洋装であったが、今回は宮中祭祀にのぞむときと同じ青磁色の袿に緋色の袴を着用し、頭髪をおすべらかしにして参拝した。

皇后宮大夫の徳川達孝《さとたか》は、「陛下が板垣御門前にて御下乗になると、園〔祥子〕典侍、吉見〔光子〕掌侍が御裳を捧持して、静寂太古の如き神前を衣ずれの音も微に進ませられた。御正殿の帳内に入らせられてから、暫く大床に額き給ひて階を静々と御退下遊ばされ、内瑞垣御前内にて再び園典侍の奉持せる御手水を受けさせられた。御参拝の後、御手水を使はせられたのは尊祖敬神の誠を致されたもので、古く歴史に徴するも斯くの如き御鄭重なる御儀はなかつた」と述べている（『大阪朝日新聞』一九一六年四月一日。原文は句読点なし）。前回の参拝から十五年を経て深まったアマテラスに対する皇后の傾倒は、参拝の仕方をすっかり変えてしまったのだ。

皇后は四月一日に宿泊施設となる奈良倶楽部に入り、二日には春日神社（現・春日大社）に参拝してから、一日に東京を出た天皇に合流した。三日は天皇とともに神武天皇陵に行き、二千五百年山陵式年祭に出てから橿原神宮に参拝した。そして四日、皇后は天皇とともに、正倉院と奈良帝室博物館（現・奈良国立博物館）を見学する。天皇と別れて奈良女子高等師範学校を訪れたのは、このあとであった。

正倉院にては、股野〔琢〕帝室博物館総長御先導申し上げ、倉内の部屋部屋残る所なく御案内仕る。人も知る正倉院は、天平時代の珍宝三千余種を蔵したる世界無比の宝庫なり。世に伝ふ蘭奢待の香木を初め、鴨毛の屏風、聖武天皇、光明皇后の御遺物など数多く、其の他武具、楽器、図書、仏像等何れか珍奇古雅ならぬはなし。（中略）流石両陛下に於かせられても、其の妙なる技巧の痕に心を楽しませ、何彼と御下問遊ばすを、股野総長は一々御答へ申上げたり。（同、一九一六年四月五日。原文は句読点なし）

正倉院は、毎年秋の曝涼《ばくりよう》（宝物の虫干し）以外、何人といえども立ち入ることができなかったが、天皇皇后の訪問にあわせて臨時開封された。

そもそも正倉院とは、宮内庁のホームページでも明記されているように、聖武天皇の死後に光明皇后が天皇の冥福を祈り、五回にわたって奉献した天皇の遺品や薬物などの宝物を収蔵した東大寺の正倉に由来している。光明皇后にゆかりが深く、光明皇后の遺品も収蔵されたこの校倉《あぜくら》造りの建物を訪れたことで、皇后節子は光明皇后に対する関心をより深めたのではなかろうか。

四月五日、皇后は天皇と別れて奈良から京都に向かい、午後三時二十五分に京都御所に入った。皇后が春の京都を訪れたのは、まだ九条節子だった幼少期以来のことであった。[注2] 午後七時過ぎには交通規制がしかれるなか、皇后は再び雪白色の袿に緋色の袴に着替え、頭髪をおすべらかしにして、天皇が前年十一月に大嘗祭を行ったときのまま保存されていた仙洞《せんとう》御所内の大嘗宮を訪れ、悠紀殿、主基殿に拝礼した。

皇后の訪問にあわせて、庭にはかがり火がたかれるなど、大嘗祭当日とそっくりな演出がなされた。まるで皇后自身が、これから大嘗祭を行おうとするかのような錯覚を抱かせるに十分な演出であったといえよう。

天皇睦仁が東京の吹上御苑で大嘗祭を行ったのは、明治四（一八七一）年十一月十七日であった。これに先立って神祇省は、この大嘗祭で大嘗宮の悠紀殿、主基殿に皇后美子の拝礼があるべきだとしたが、皇后は「御支障」があって欠席した（前掲『昭憲皇太后実録』上巻）。さらに前章で触れた登極令の附式第二編「即位礼及大嘗祭ノ式」でも、「大嘗宮ノ儀」における皇后の拝礼の手順が定められた。したがって皇后節子の行動は、この登極令附式に準じているという見方もできなくはない。だが、天皇睦仁の大嘗祭から七日後の午後四時過ぎから大嘗宮跡を見学しただけの皇后美子と比べても、皇后節子は大嘗祭当日の模様をより忠実に再現させている。

四月六日、皇后はまず、明治天皇陵（伏見桃山陵）と、その横に造営された昭憲皇太后陵（同東陵）に参拝した。次に孝明、仁孝《にんこう》、光格《こうかく》の各天皇陵と英照皇太后陵のある泉涌寺《せんにゆうじ》（ないしその裏山）に参拝し、九条家の菩提寺である東福寺に立ち寄った。

東福寺で皇后は、妹で大谷光明（浄土真宗本願寺派門主・大谷光瑞の弟）の夫人、大谷紝子《きぬこ》や、同じく妹で真宗仏光寺派管長・渋谷隆教の夫人、渋谷篷子《とまこ》、さらには大谷光瑞の妹で、皇后の弟、九条良致の夫人でもある九条武子らに面会している。本来ならば、ここに姉で大谷光瑞の夫人、大谷籌子もいるはずであった。天皇のいない京都で、皇后は真宗にゆかりの深い九条家の親類縁者に囲まれ、自らのルーツを改めて確認していたのだ。

久々の再会にリラックスしたのか、皇后は「京都御所に着いてからは夜の物をも取らず大嘗宮を二時間の長きに亘つて拝しました。滅多に神々しき大嘗宮を拝することは出来ませぬ」と話している（『大阪朝日新聞』一九一六年四月七日。原文は句点なし）。よほど印象が強かったのだろう。

紫宸殿の高御座と御帳台

四月七日、皇后は前年十一月の即位礼のさいに「紫宸殿《ししんでん》の儀」の舞台となった紫宸殿に昇り、「御即位式当時の御装飾等総て其儘なるを御覧あらせられ聖上陛下の高御座《たかみくら》、皇后陛下の召させ玉ふべき御帳台其他同殿正面の南庭に樹立しある万歳幢旛等一々詳細に御覧あらせられ」（『京都日出新聞』一九一六年四月八日）た。もし妊娠していなければ、天皇が座る高御座の東側に設けられた御帳台に、皇后もまた座っていたはずであった（写真参照）。

予定より三十分も余計に時間をかけて、紫宸殿と、同じく即位礼のさいに「賢所大前の儀」の舞台となった春興殿を見学し終えると、京都御所を出て賀茂御祖《みおや》（下鴨）、賀茂別雷《わけいかずち》（上賀茂）両神社に参拝し、嵐山の伯爵大谷光瑩《こうえい》別邸対嵐房で、兵庫県内を視察していた皇太子裕仁に会っている。八日は石清水八幡宮に参拝してから、「特に御所望ありて」（『大阪朝日新聞』一九一六年四月九日）二条離宮（現・二条城）に立ち寄っている。二条離宮は、一五年十一月の大礼で即位礼と大嘗祭が終ってから、大饗《だいきょう》と呼ばれる饗宴が二日間にわたって開かれたところである。

予て陛下には大饗当時の御模様を御覧ありたりしとの御言葉にて、東京より態々宮内省の伶人芝《しば》葛鎮《ふじつね》、多忠基《おおのただもと》、多忠行《おおのただゆき》氏等九名の伶人も入洛し、舞楽殿の傍なる舞楽舎に就き五節の楽を奏したるなり。（同。原文は句読点なし）

四月九日、皇后は京都を出て名古屋に向かい、三種の神器の一つである草薙剣《くさなぎのつるぎ》の本体を霊代とする熱田神宮に参拝した。帰京したのは十日であった。

総じてこの行啓には、神武天皇二千五百年山陵式年祭にあわせて、前年十一月の大礼で天皇が訪れたところを再訪するという別の目的が伴っていた。大礼が終わった直後の一五年十二月一日から、皇后が京都を訪れた後の一六年四月三十日までの間は、紫宸殿や大嘗宮、二条離宮を外から拝観することが認められ、京都御所および大嘗宮には二百六十六万人、二条離宮には二百五十三万人の拝観者が詰めかけた（伊藤之雄《ゆきお》『京都の近代と天皇　御所をめぐる伝統と革新の都市空間』、千倉書房、二〇一〇年）。だがそうだとしても、皇后の訪問にあわせて御帳台を設け、交通を規制し、東京から関係者を呼ぶなどして即位礼や大嘗祭、大饗当日の模様を忠実に再現させるのは、どう見ても尋常ではない。

前述の登極令附式第二編「即位礼及大嘗祭ノ式」の「即位礼当日紫宸殿ノ儀」に規定されているように、即位礼とは紫宸殿に設けられた高御座に座す天皇とともに皇后もまた御帳台に座し、内外に即位を告げるための儀礼であった。その儀礼を経ていない皇后が、果たして皇后たり得るかという強い負い目のようなものが、節子の胸の内にはあったのではないか。

貴族院書記官長として大礼に参列した柳田國男によれば、当初の予定が変更され、皇后が出席しなかったことを「何モノカノ前徴警示ナルガ如ク」感じた「保守固陋ノ学者」がいたという（「大嘗祭ニ関スル所感」、『柳田國男全集』13、ちくま文庫、一九九〇年所収）。また徳冨蘆花が日記に書いていたように、即位礼に出なかった皇后は死んでいるという噂まで広がっていたのだ。

皇后節子は、たとえ正式の大礼から約五ヵ月遅れても、皇后の即位を告げるための大礼を忠実に再現させなければならないという切迫感に駆られていたのではないか。桜井春代が初めて見る皇后を「眼が少し恐かつた」と感じたのも、蘆花が七月に撮られた皇后の写真にいい印象をもったのも、「やきもち」だけではない要因が含まれていたかもしれないのだ。

それだけではない。

悠紀殿、主基殿で皇后は、宮内省調度頭の小原駩吉《せんきち》から大嘗祭に関する説明を受けている（『大阪朝日新聞』一九一六年四月六日）。祭が行われた時間に合わせて大嘗宮の内部をつぶさに見学し、秘儀であるはずの大嘗祭について詳しく知りたがったことは、登極令附式の規定を逸脱しているようにしか見えない。そこには、体調を崩しつつある天皇にとって代わろうとする、不穏な思惑すら読み取れるのである。

一九一七（大正六）年四月八日、第二皇子の雍仁（淳宮。後の秩父宮）が学習院中等学科から陸軍中央幼年学校に編入する前日、皇后は雍仁に銃剣一振と御守袋一個を、一通の書簡を添えて贈っている。

こゝに国家の干城たる第一階に登り給はんとするを祝して銃剣一口を贈り申候　古へより吾が日本刀は男子の魂と伝へ承り候　諺に花は桜木人は武士と申習はし候　此の桜花爛漫の好時節に御入学相成候事転た感慨の深きを覚え申候　且は桜花と刀剣とまた将た其因縁の浅からさるやう存せられ候（前掲『雍仁親王実紀』）

この当時、皇太子裕仁は帝王学を学ぶための学校である東宮御学問所に通っていた。前年の十一月三日には立太子礼を挙げ、天皇から代々の皇太子に受け継がれてきたとされる壺切《つぼきりの》御剣《みつるぎ》を渡されていた（『昭和天皇実録』大正五年十一月三日条）。対照的に雍仁は、皇后から銃剣一振を渡されることで、陸軍軍人になるための第一歩を踏み出したのである。皇后が雍仁の入学を祝い、「男児の魂」である銃剣と、戦場に赴く場合を想定して御守袋を贈ったのは、生まれながらにして大元帥になることが宿命づけられていながら、戦場に赴く可能性のなかった裕仁との違いをよく認識していたからかもしれない。

ノンフィクション作家の保阪正康は、「銃剣一振と御守袋、それにこの親書こそ、淳宮にとっては『三種の神器』にあたるかもしれないと傅育掛はいっているのだが、母からの親書そのものが神鏡に類するほどの意味をもっていた」と述べている（『秩父宮　昭和天皇弟宮の生涯』、中公文庫、二〇〇〇年）。おそらく、銃剣が前述の草薙剣を思い起こさせることから、親書＝八咫鏡、御守袋＝八尺《やさか》(坂)瓊勾《にのまが》(曲)玉《たま》という連想が湧いたのだろう。

しかしこの連想には、あまりにも不穏な響きがある。なぜなら、もしそうだとすると、アマテラスが孫のニニギに三種の神器を与えたように、皇后＝アマテラス、秩父宮＝ニニギという図式が成り立つからだ。

一九一七年十一月五日、皇后節子は滋賀県で陸軍特別大演習を統監する天皇に同行して、再び京都への旅に出た。途中、名古屋で一泊し、京都御所に入ったのは十一月七日であった。時あたかも、ロシアでは社会主義革命（十一月革命）が起こり、ケレンスキーの臨時政府が倒れ、レーニンらの指導するボルシェヴィキが権力を掌握し、ソヴィエト政府を樹立させていた。

伏見桃山陵、同東陵、泉涌寺、東福寺などを参拝したのは前年四月の行啓と変わらなかったが、九日に訪れた東福寺では「本堂より御裳も軽やかに早やくも紅葉錦織りなせる通天橋に玉歩を運ばせ給ひ」（『大阪朝日新聞』一九一七年十一月十日）、節子の父、九条道孝の十三回忌と、寺を開いた九条道家の追善法要に参列している（前掲『東福寺誌』）。もちろん、この仏事に天皇は参列していない。

十一月十六日、皇后は二条から御召列車に乗り、山陰本線を経由して京都府何鹿《いかるが》郡綾部町（現・綾部市）を訪れた。天皇は陸軍特別大演習の統監のため、十三日に京都から大本営の置かれた彦根に移動しており、同行しなかった。

グンゼ記念館の「栄誉室」

綾部行啓の目的は蚕業奨励であり、綾部町の農商務省蚕業試験場綾部支場と郡是《ぐんぜ》製糸（現・グンゼ）の工場を視察することにあった。皇后が単独で、地方の官公署や工場を視察するのはきわめて珍しかった。

高円寺村で育った幼少期から養蚕に興味をもっていた節子は、皇太子妃時代には飼育していた蚕や繭をしばしば裕仁に見せており、皇后になるや宮城内の紅葉山に養蚕所を新築させている。皇后は蚕を「おこさま」と呼び、御用邸から帰京したときにも真っ先に養蚕所に出掛け、「まあまあ、お前たちはよく残っていて、わたくしの帰るのを待っていてくれたね」などと話しかけたという（前掲主婦の友社版『貞明皇后』）。

当時、綾部は「蚕都」と呼ばれ、蚕業試験場綾部支場、郡是製糸のほか、城丹蚕業講習所、京都府第三区蚕病予防事務所、原蚕種製造所、蚕糸同業組合連合会、綾部製糸などの学校、官公署、工場が集まっていた（『綾部市史』下巻、綾部市役所、一九七九年）。皇后がこの小さな町に注目したゆえんである。

郡是製糸は皇后の行啓を控えて本社事務所を新築したが、この建物は現在、グンゼ記念館として毎週金曜日に一般公開されている。二階の御座所は「栄誉室」と呼ばれ、行啓時のままに保存されている（写真参照）。

郡是製糸が綾部駅の北側にあったのに対して、蚕業試験場綾部支場は駅の南側の本宮地区にあった。皇后は綾部駅で馬車に乗り換え、まず蚕業試験場綾部支場に向かったが、その途中、同じ本宮地区にある皇道大本（現・大本）の本部の前を通過した。

大本は、一八九二（明治二十五）年に開祖の出口《でぐち》なおが神がかり、「筆先」を書き始めたことに端を発する神道系の創唱宗教の一派であり、天理教のように教派神道としての公認を受けてはいなかったものの、大正時代になってから信者数が増えつつあった。当時の綾部のガイドブックには、「毀誉褒貶《きよほうへん》を度外に措いて皇道霊学の教旗を翻へし、勇気を鼓して世人に向つて覚醒を促すこと多年、その百折不撓《ひやくせつふとう》の奮闘は今や基礎固りて現時全国各地に信徒を有すること数万、而かも高官、名士、学者等の態々山間僻陬の綾部町に来り、本部に詣でゝ教理を聞くもの多きは亦以て皇道大本の如何に微妙なる真理を闡明《せんめい》しつゝあるかを知るに足る」とある（上野越矢編『蚕都案内』、錦綾社、一九一八年）。その「高官、名士、学者」のなかには、英文学者で海軍機関学校教官の浅野和三郎や、日露戦争で活躍した海軍軍人の秋山真之、男爵夫人で皇太后美子の姪に当たる鶴殿ちか子らが含まれていた。

皇后が綾部を訪れたとき、なおはまだ生きており、筆先も続いていた。なおの養子の王仁三郎《おにさぶろう》は、ほぼ平仮名だけの筆先を漢字仮名交じり文の「神諭《しんゆ》」とし、一九一七年に発刊された機関誌『神霊界』二月号から連載し始めた。この神諭は、なおが一八年十一月に死去してからも、王仁三郎自身によって書き続けられた。

『神霊界』一七年十二月所収の「大本通信」には、次のような記事がある。

〔十一月〕十六日、国母陛下奉迎の為、本部員一同共楽館前の指定地に集合参礼拝す。

「本部員一同」が具体的に誰を指すのかは明らかでないが、このとき出口なおや王仁三郎、浅野和三郎、大宮守子（入信後に鶴殿ちか子から改名）らが綾部の本部にいたことだけは間違いない。

王仁三郎が明治末期に執筆したとされる『道の栞』（天声社、一九八五年）には、「天照大御神は厳《いず》の御霊《みたま》にして、仏者のいわゆる変性男子《へんじようなんし》の御霊なり」「この神〔速素盞嗚尊《はやすさのおのみこと》〕は瑞《みず》の御霊にして、天地八百万《やおよろず》の罪ある御霊の救い主なりしなり」とある。スサノオを自らに重ね合わせて瑞月と名乗った王仁三郎は、なおに「厳の御霊」の神格を見いだした。

つまり大本では、なおはアマテラスに比定されていたのだ。アマテラスに比定される開祖と、開祖よりは五十歳近くも年下ながら、アマテラスに特別の思い入れをもつ皇后とが、綾部の地で「ニアミス」を起こした日こそ、一七年十一月十六日だったのである。

これに先立ち、王仁三郎は十一月三日付の「いろは神歌」で、皇后の綾部行啓をこう詠んでいる。

〔大正〕六年の秋の末つ頃、（中略）御国の光り照妙の、綾の錦の山里に、御国の母とあを雲の、雲路遥かに播別けて、民の蚕飼の事業を、嘉し給ひて天降り坐す、大御恵を嬉しみて、遠き国より近きより、老も若きも押並べて、御影を拝む国民の、道も狭きまで群集り、伊迎い奉る真心は、嬉し涙に紅の、赤きもみぢの柏手の、高き稜威を仰ぐなり。千早振神代も聞かず丹波路に、斯るためしもあら尊と、君の恵のあなかしこ、賢こき御代に生ひ出し、此上なき幸に大本の、神に仕ふる王仁が、御空を仰ぎ地に伏し、身の賤けきも打忘れ、心の限り身の限り、今日の行啓を祝ぎ奉る。（『神霊界』一七年十二月号所収）

十一月十六日の光景を想像して詠んだ長歌である。この長歌を見る限り、王仁三郎はこれから綾部を訪れようとする皇后を、行啓当日に綾部に集まってくる人々と同様、謹んで奉迎しようとしているかのようだ。

一方、出口なおが大正六年旧暦十一月二十三日、すなわち皇后が綾部を訪れてから一ヵ月半あまりが経った一八年一月五日に記した神諭には、皇后に直接言及しないものの、次のような一節がある。

時節が来たぞよ。時節と云ふものは結構なものの、恐いもので在るぞよ。何事も此方から顕はさいでも、我身の方から全然《さつぱり》正体を顕はして、何処となく飛び歩行《あるい》て、見るのも厭で在るなれど、全部顕はせに、我が我の姿を田舎まで見せに歩行くのが、顕はれるので在るから、時節ほど結構な恐いものは無いと申すので在るぞよ。時節には何ものも叶はんから、茲へ成る迄に世に出て居れる方の守護神、皆に筆先で細々と能く解るやうに書いて知らせ、口で言はして在るぞよ。（『神霊界』一九一八年三月号所収。後に『大本神諭』火の巻に収録。傍点引用者）

四度も出てくる「時節」の「節」は、節子の「節」に通じる。つまり「時節が来たぞよ」とは、皇后が綾部に来たという意味にとれる。

なおは皇后節子について、「恐いもの」「何ものも叶はん」としながら、わざわざ綾部のような「田舎まで見せに歩行く」行動に出たことに対して、警戒心をあらわにしているように見える。それは、皇后が綾部を訪れたことで、皇后の霊媒としての能力の高さを、なお自身が認めざるを得なかったからではないか。なおにとって強力なライバルが現れたのである。

二一年二月に起こった第一次大本事件では、王仁三郎や浅野和三郎が検挙されたが、予審では王仁三郎が裁判官から、神諭のこの箇所につき、「皇后陛下が綾部に行啓になった事を書いたのではないか」とたびたび聞かれている（「第一次事件関係弁護資料」、池田昭編『大本史料集成』Ⅲ事件編、三一書房、一九八五年所収）。

さらに、なおが死去した直後の大正七年旧暦十一月二十二日、すなわち一八年十二月二十四日には、王仁三郎が次のような神諭を記している。

> 大出口の神と現はれて天から斯世を見渡せば、何処も同じ秋の夕暮、霜先の烈しき状態、口で言ふやうな事では無いぞよ。〇〇〇今の〇〇〇の行状を見れば、奥山の谷の奥深き人民の能《よ》ふ行かぬ所で、四ツ足と一つに成りてジヤレて居りて、国が立うが立つまいが、チツトも念頭に無いと云ふ様な事で、ドウして此の神国は治まりて行くと思ふか、神は残念なぞよ。今の中に守護神肉体が改心して、神国の一の行ひ致して下されば結構なれど、何時までも四ツ足の自由に致されて居れる様な事なら、神は是非なく一限りに致して、新つの松の世に致さうより仕様は無いぞよ。千里万里の奥山に住む山の神の精神が悪いから、雌鶏の時を告げる世であるから、世界に誠の事は一つも出来いたさんぞよ。（『神霊界』一九一九年一月号所収。傍点引用者）

原文で伏せ字になっている「〇〇〇今の〇〇〇の行状」は、正しくは「日本の今のてんし〔天子〕

の行状」である。「奥山の谷の奥深き人民の能ふ行かぬ所」は宮中を、「山の神」は天皇を、「四ツ足」ないし「雌鶏」は皇后を、それぞれ意味すると思われる。

雌鶏の時を告げる世という言い回しは、『書経』牧誓の「牝鶏無晨。牝鶏之晨、惟家之索」（牝鶏は晨《とき》する無し。牝鶏之《も》し晨せば、惟れ家を之れ索《つく》す）に由来する。めんどりが朝の時を告げれば、財産をなくしてしまうという意味である。つまりこの神諭は、天皇の行状が悪く、精神も悪いから皇后が勝手放題に振る舞っているとして、当時の皇室を激しく非難しているように読めるのだ。

ここで王仁三郎は、先に引用した「いろは神歌」とは全く異なることを述べている。行啓の前には皇后を奉迎する意向を示していたが、行啓の後に皇后に対する評価が逆転した。そのきっかけとなったのが、先に引いたなおの神諭だったのではないか。

第一次大本事件では、「四足ノ霊ナル文字ヲ用ヒテ皇后陛下ニ憑依セントスル霊アルコトヲ記載」したり、「皇后陛下ヲ称シ奉ルニ雌鶏ナル語ヲ用ヒ」たりするなど、「不敬ノ記事ヲ掲載」したことが、「皇室ノ尊厳ヲ冒瀆」する不敬罪に問われている（「第一次事件関係検察・裁判所資料」、前掲『大本史料集成』Ⅲ事件編所収）。神諭には、天皇のみならず、皇后の尊厳を冒瀆する不敬の記事まであるとしたわけだ。

出口なおの死後、なおの神諭を受け継いで「千里万里の奥山に住む山の神の精神が悪いから、雌鶏の時を告げる世であるから」という文章を書き、教団の機関誌に堂々と公表した出口王仁三郎という人物は、やはりただ者ではない。その意味では、蚕業奨励を目的としたはずの皇后節子の綾部行啓が、二一年の第一次大本事件を引き起こす遠因になったともいえるのである。

［注］

1　前掲『神々の乱心』上で松本清張は登場人物に「初花の内侍は本名烏丸花子。伯爵烏丸光享《みつゆき》さんのお嬢さんだ。いっしょに宮中から消えたのは石山侍従」と語らせているように、蘆花とは異なり侍従との駆け落ち説をとっている。

2　一九一六年四月九日の『大阪毎日新聞』には、「洛都の春色いと御意に適ひ到る所にて彼の地は昔は斯々にてありしと御幼少の砌《みぎり》を思ひ出でさせられたる御由なり」とある。

第12章　皇太子裕仁の訪欧と英国王室

一九一七（大正六）年十二月十一日、皇后節子は「細民視察」のため、芝区芝赤羽町（現・港区三田一丁目）にあった恩賜財団済生会芝病院（現・東京都済生会中央病院）を初めて訪れた。

済生会というのは、一一（明治四十四）年二月に出されたいわゆる済生勅語により、同年五月に設立された財団法人である。「若夫レ無告ノ窮民ニシテ医薬給セス天寿ヲ終フルコト能ハサルハ朕カ最軫念シテ措カサル所ナリ乃チ施薬救療以テ済生ノ道ヲ弘メムトス」という勅語の淵源は、遠く光明皇后にまでさかのぼれるものであった。

済生会芝病院で皇后は、「貧民長屋」の模型や、高橋広湖《こうこ》が描いた「光明皇后薬草狩の図」を見学している。高橋は、歴史画を得意とし、岡倉天心にも実力を認められたが、一二年に朝鮮を旅行中に猩紅《しょうこう》熱にかかり、帰国後に急死した日本画家であった。新聞では、皇后の行啓を「光明皇后の御事など偲れていと畏し」（『東京朝日新聞』一九一七年十二月十二日）と報じるなど、皇后節子自身を光明皇后の再来と見なしている。

一八年五月十六日、皇后節子は芝区芝愛宕町二丁目（現・港区西新橋三丁目）の東京慈恵会医院を訪れている。3章で触れたように、一八八七（明治二十）年四月に皇后美子が令旨で光明皇后ゆかりの施薬院にルーツを求めた東京慈恵医院の後身である。皇后節子もまたこの病院を訪れたさい、

「光明皇后の非人をみつからあらひ給ひけるよしなとおもひうかへて」と題して、和歌を二首詠んでいる。

いにしへのおきてなきこそなかくに　ひとすくふ身もこゝろやすけれ
たふとさもわすれて深きなさけもて　すくふ御身そをゝしかりける（前掲『貞明皇后御集』上）

光明皇后には、千人の垢を流す誓願をして九百九十九人の垢を流し、最後の一人のハンセン病患者の垢を清め、全身の膿を自ら吸ったという伝説がある（辻善之助『日本皇室の社会事業・日本人の博愛』、金港堂書籍、一九三四年）。病室を回りながら、皇后節子の胸中に去来していたのは、この伝説であったようだ。節子は光明皇后を「をゝし」、つまり男らしいとたたえている。

節子が東京慈恵会医院を訪れたのと同じ一八年五月に奈良の法華寺を訪れた和辻哲郎は、「后は不《や》レ得《むをえず》レ已、癩病の体の頂の瘡に、天平随一の朱唇を押しつけた。そうして膿を吸って、それを美しい歯の間から吐き出した。かくて瘡のあるところは、肩から胸、胸から腰、遂に踵にまでも及んだ。偏体の賤人の土足が女のなかの女なる人の唇をうけた。さあ、これで皆吸って上げた。この事は誰にもお云いでないよ。――病人の体は急に端厳な形に変って明るく輝き出した」（『初版　古寺巡礼』、ちくま学芸文庫、二〇一二年）と伝説を脚色している。和辻は節子とは対照的に、「女のなかの女なる人」として光明皇后をとらえていたわけだ。光明皇后が垢を流し、膿を吸ったと伝えられる「から風呂」（浴室）は、慶長年間と二〇〇三年に修理され、いまも法華寺の境内にある（写真参照）。

一九一八年一月には、皇太子妃に久邇宮邦彦《くによし》王の長女、良子女王が内定している。後の香淳皇后である。このとき、裕仁は満十六歳。良子は満十四歳で、学習院女学部中等科三年であった（前掲『人間　昭和天皇』上）。

一月十九日には、新聞各紙にも婚約が決まったと報道された。徳冨蘆花は、この日の日記に「久邇宮さんの長女良子ナガコさんが、皇太子のおよめさんにきまつた。笑つた無邪気な顔が新聞に出て居る。皇室の慶事は我等にも嬉しい」と書いている（前掲『蘆花日記』六）。

妃選びの過程で大きな発言力をもっていたのは、皇后節子であった（浅見雅男『闘う皇族　ある宮家の三代』、角川選書、二〇〇五年）。宮内大臣の牧野伸顕が二一年八月六日に記した日記によれば、節子は良子を気に入り、一九年六月には自分が皇太子妃に内定したときに皇后美子からもらったダイヤモンド入り腕輪を良子に贈ったという（前掲『牧野伸顕日記』）。良子は節子とは異なり、容姿が問題になることもなかった。

奈良・法華寺の「から風呂」

皇后が婚約内定を急いだ背景には、天皇の体調に対する危惧があったと思われる。しかし、このときはまだ正式な婚約成立ではなかった。皇太子嘉仁と伏見宮禎子との婚約が取り消された前例があったことから、慎重を期したためである（前掲『闘う皇族』）。

ちなみに、梨本宮家の方子《まさこ》女王も一時は最有力といわれた。かつて嘉仁が心を動かされた梨本宮妃伊都子の娘である。だが、結局候補から外された。ノンフィクション作家の工藤美代子は、「まだ新婚の頃に大正天皇が娘時代の梨本宮伊都子妃に興味を示した。そのことを節子皇后はけっして忘れてはいなかったろう」と述べている（前掲『国母の気品』）。

一八年八月二日、寺内正毅内閣はロシア革命に対抗すべく、他の連合国とともにシベリアに軍隊を送った。いわゆるシベリア出兵である。だが、天皇、皇后は例年通り、避暑のため六日から日光田母沢御用邸に滞在する。天皇は連日、昼は散歩、夜はビリヤード三昧の日々を送ったが、皇后は出兵が気になっていたようで、十三日には「今回の出兵につき一般状況聞し召させられたき思召あるにより、武官長より其の梗概を言上」した（四竈孝輔《しかまこうすけ》『侍従武官日記』、芙蓉書房、一九八〇年）。

一方、国内では、富山県で起こった米騒動が、全国に拡大しつつあった。シベリア出兵は、米の価格をいっそう押し上げた。天皇、皇后は、予定を切り上げて八月二十一日に日光から帰京した。

九月には寺内内閣が総辞職し、初めての本格的な政党内閣である原敬内閣が成立したが、このころから天皇の体調は目に見えて悪化していった。一八年十月から一九年二月にかけて、天皇は天長節観兵式、帝国議会開院式、元始祭、陸軍始観兵式、紀元節祭などの重要な行事や祭祀をことごとく欠席している。

ロシア革命の衝撃は、日本でデモクラシーの議論をますます盛んにさせるとともに、マルクス主義を広める引き金にもなった。労働者の演説会には女性が加わるようになり、山川菊栄も一九年七月には紡織労働組合の講演会に、同年九月には婦人労働大会に、それぞれ招かれている（前掲『おんな二代の記』）。

皇后節子の役割は、光明皇后をモデルとして、「プロレタリアート」に相当する細民や貧民を救済することにあった。皇室が先頭に立ち、革命を未然に防ぐことが目指されたわけだ。にもかかわらず、米騒動に続く普選運動や労働運動の盛り上がりは、政府をして革命の恐怖を抱かせた（前掲

をいっそう増幅させた。

天皇と皇后が葉山御用邸に滞在していた一九年二月、原敬は宮内次官の石原健三から、天皇の病気につき、「御脳の方に何か御病気あるに非らずやと云ふ事なり」と報告を受け、初めて脳の病気について知らされた（前掲『原敬日記』第五巻）。そして同じころ、宮内省帝室会計審査局長官の倉富勇三郎もまた、石原健三と以下のようなやりとりを交わしている。

石原将《まさ》に去らんとす。予、紀元節のとき還幸なかりしは、真に御風気なりしや、又君か常に憂ひ居る事の為めなりしやと云ふ。石原は真の御風気なりしなり。然れとも、大体に於て心配なり。侍医全体の意見を徴し居れり。其都合にて何とか工夫する必要あるへしと云ふ。（前掲『倉富勇三郎日記』第一巻）

一五年八月に宮内次官となった石原は、皇后同様、天皇の変調を最も近くで見てきた人物であった。倉富の言う「君か常に憂ひ居る事」が何を意味するかは不明だが、おそらく石原は原に脳の病気を伝える前から、倉富には天皇の様子がおかしいことを話していたのではないか。だからこそ倉富は、「御風気」というのは表向きの理由で、本当の理由は別のところにあると睨んだのだ。

一九年四月四日、一人の女性が竹橋門から宮城に入り、明治宮殿で皇后と面会した。跡見女学校（現・跡見学園）の創設者、跡見花蹊《かけい》である。

今日は后宮陛下拝謁仰せ付られとて、御座所まて、典侍、掌侍様御さし〔指〕図下されて、はしめて拝謁ス。陛下には御機嫌うるはしう玉の御声を伺ひ、花蹊にはしはらく逢はんか相替らぬ元気しやな、此度ハ校長退隠して李子に跡を譲ると云事、この明治のはしめ女子教育の事ハたれもとな〔唱〕へない時分より、率先して長〻の間教育に従事して、其功労ハ容易てない、御国の為に尽してくれたと仰せられ、只〻感涙にむせふ計にて、御恩顔ほからかに仰せられ、又李子も小さい時より花蹊仕込にて此度其迹を続くと云、是も大ゐに安心也と仰せ戴き、古き事親〔新〕らしき事御咄しあり。（『跡見花蹊日記』第四巻、学校法人跡見学園、二〇〇五年）

このとき、花蹊は満七十八歳、皇后は満三十四歳であった。皇后は、まるで祖母のような花蹊を前にリラックスしたようで、花蹊が着ていた衣服についてもいろいろと感想を述べるなど、珍しく饒舌になっている。天皇の病気でふさぎこみがちな宮中の空気を、たとえ一時であろうが晴らそうとするかのように。

五月七日、満十八歳になった皇太子裕仁の成年式が行われた。九日には上野公園で「東京奠都《てんと》五十年祭」が開かれ、天皇、皇后、皇太子がそろって参列した。続いて天皇、皇后が十二日か十三日に京都を訪れる計画があったことは、次の記事からもわかる。

天皇皇后両陛下には既報の如く愈来る十二日又は十三日東京御発輦途中御宿泊の御事なく即日京都御所に入らせられ十四日御同列にて京都伏見桃山両御陵並に孝明天皇御陵御参拝、皇后陛下には十五日賀茂神社、官幣大社平野神社、山城〔八坂〕神社、官幣中社白峰神社、北野神社に御参

拝又京都市立絵画専門学校其の他の学校に行幸啓あらせらるゝ趣なり。（『大阪朝日新聞』一九一九年五月三日。原文は句点なし）

おそらくこの京都行幸啓は、東京奠都五十年祭に対応して計画されたのだろう。奠都とは遷都とは異なり、元の都を否定しないまま新たに都を定めることを意味する。したがって、元の都である京都に天皇、皇后が「戻る」ことが要請されたのではないか。

しかし、宮内大臣の波多野敬直《よしなお》は、天皇が京都に行くことに不安を抱いていた。五月三日、波多野は首相の原敬に相談をもちかけた。

……波多野は御相談致度事あり、丁度能き折なるが、講和問題に付内閣員の地方出張を見合せられたりとの事なるが、十日過に京都に行幸の事如何あるべきやと云ふに付、余は御差支なかるべし、講和問題中最も重要なりし青島問題昨夜我提案通り決定の電報に接し、又朝鮮も稍〻静穏ならんとするに因り差向き大問題なし、故に御中止相成る程の事なしと返答せり。（前掲『原敬日記』第五巻）

原は、パリ講和会議で日本はドイツが持っていた山東省の権益を譲渡されることになったし、三月一日に独立運動が起こった朝鮮もやや落ち着いてきたので、天皇が京都に行くのは差し支えないと答えている。

ところが実際には、天皇の行幸は中止となる。その原因が講和問題と天皇の体調のどちらにあったのかは不明だが、翌日に当たる五月四日には、北京で講和会議の結果に反発する「五四運動」が起こっていることから、前者の可能性が大きいと思われる。

五月十三日、皇后は単独で京都に向かった。節子が京都に向かったのは、皇后になってからの七年間で、実に六回目であった。そのうち三回は、単独ないしそれに近い行啓である。京都市民にとって、皇后は天皇よりもなじみ深い存在になっていたのがわかろう。

同日の午後七時五分に京都駅に着くと、皇后は馬車に乗り、京都御所の建春門から迎春《こうしゅん》殿に入った。「各皇族殿下は相次いで御参内あり。宜秋門には御機嫌奉伺の文武百官の参集する者ひきも切らず」(『大阪朝日新聞』一九一九年五月十四日。原文は句点なし)。「文武百官」の中には、京都帝国大学教授の西田幾多郎がいた。西田はこの日の日記に、「夜　皇后陛下を奉迎」と記している(『西田幾多郎全集』第十七巻、岩波書店、一九六六年)。

当時、東京の宮城には電気が入っていたが、京都御所はまだ蠟燭《ろうそく》の火を用いていた。皇后は二十四日まで京都に滞在し、伏見桃山陵、同東陵、泉涌寺、東福寺、賀茂別雷神社、賀茂御祖神社、吉田神社、万福寺、平等院、北野神社(現・北野天満宮)、仁和寺、金閣寺などを参拝したほか、十八日には時代祭や祇園祭の行列を見物した(吉田鞆子《ともこ》『みゆきの跡』、吉田鞆子、一九五五年)。

また十六日午前には、皇后は御所内で文武官や有資格者に面会している。「午前　皇后陛下に拝謁」と日記に書いた西田もその一人であった(前掲『西田幾多郎全集』第十七巻)。二十三日には、京都に来た皇太子とともに、御所内の聴雪亭で夕食をとっている。

前掲主婦の友社版『貞明皇后』は、この京都行啓での参拝の模様を次のように記している。

皇后が神前に礼拝されるときは、通り一遍のご拝礼ではなく、実にうやうやしく最敬礼なさるのが常であった。供奉の人がごいっしょに拝礼して、しずかに頭を上げてみると、皇后はまだ敬虔に頭を下げていられるので、あわててまた頭を下げ、もうよかろうと、そっと顔を上げてみると、皇后はまだうやうやしく最敬礼をつづけていられて、何事か小さなお声で語っていられた。多分、ご祈願のお気持を、言葉に出して、神仏に告げていられたのであろうと、供奉の人は拝察していた。

同書では、皇后は天皇の病気回復を祈願していたとしている。もちろんそれもあろうが、米騒動や普選運動に代表される社会不安を解消し、皇室と臣民の正しい関係が回復することを祈っていたようにも見える。本来、天皇がなすべき役割を、皇后が引き受けたのだ。西田幾多郎が皇后に拝謁したことは、この時期の皇室が誰によって主導されていたかを象徴していよう。

天皇嘉仁の体調は、その後も悪くなるばかりであった。侍従武官の四竈孝輔は、一九年八月六日の日記に「聖上御気色は何時もに変り給はざるも、御体力は何処と言ふに非ざるも稍〻御減退あらせられたるには非ずやと拝察し奉る点なきに非ず。時々御言葉の明瞭を欠くことあるが如きは、近来漸く其の度を御増進あらせられたるには非ずやと拝し奉るも畏れ多き極みなり」と書き、同年九月二十六日の日記にも「御陪食の節、玉座に臨御あらせ玉ひしも、多少御気色勝れさせ玉はざるものあり。御咳これに伴ひ、御姿勢等思はしからざるを拝し奉れりとは畏き極みにこそ」と書いている（前掲『侍従武官日記』）。

天皇は、同年十一月二十三日の新嘗祭に出られなかった。本来ならば、成年式を済ませた皇太子は新嘗祭の行われる神嘉殿の隔殿に着座し、天皇同様、長時間にわたって正座しなければならなかったが、天皇が出なかったため隔殿には着座せず、神嘉殿南庇の正面で拝礼するだけで終わった（『昭和天皇実録』大正八年十一月二十三日条）。これは二〇年、二一年の新嘗祭も同様だった。

一九二〇年になると、宮中では天皇の病気と並ぶもう一つの重大問題が起こる。皇太子妃に内定していた久邇宮良子の母方の血統に色覚異常の遺伝があることが発覚したのだ。いわゆる宮中某重大事件の発生である。

この事件の詳細については前掲『闘う皇族』に譲るとして、本書との関連で重要なのは、良子の父に当たる久邇宮邦彦王と皇后節子が対立したことである。良子自身にはいい印象をもっていたはずの皇后が、色覚異常の発覚後もなお婚約に固執するばかりか、皇太子の岳父として権力を振るおうとする政治的野心まで見せる邦彦王の態度に立腹し、婚約遂行に消極的な態度をとった。平たくいえば、皇太子裕仁は久邇宮良子とは結婚してほしくないと考えるようになったのである。

後のことであるが、一九三八（昭和十三）年三月十二日付で駐日英国大使館から外務大臣のエドワード・ハリファックス卿に届けられた機密文書には、「日本の皇室における水面下の分裂とその内政外交上の影響」と題して、次のような驚くべき文章が書き綴られていた。

> 昭憲（節子の誤り——引用者注）皇太后は常々、現天皇を嫌っている。彼女は弟の秩父宮を愛しており、慈禧太后（西太后）が溥儁《ふしゅん》、すなわち大阿哥（皇太子）を愛し、光緒《こうしょ》帝を嫌った歴史を繰り返している。皇太后は慈禧太后に劣らず権力を愛しているので、日本の皇室の内部には、天皇を

支持する「天皇派」と、皇太后が好むもうひとりの息子を支持する「秩父宮派」、より正確にいえば「皇太后派」が形成されている。

一九一八年、二つの派閥の間に抗争が起こった。天皇派は皇太子（現天皇）の結婚相手として有力な皇族を望んだのに対して、秩父宮派はただの無力な少女を望んだ。しかし、牧野伯爵が有力な海軍の薩摩閥の娘である良子を皇太子妃にすることによって、天皇派が勝利をおさめた。

（英国ナショナルアーカイブス所蔵文書FO３７１／２２１７８所収。原文は英語）

すでに明らかなように、この文章にはいくつかの重大な誤りがある。一九一八年というのは裕仁と良子の婚約内定が発表された年だが、これを機に二つの派閥の間に抗争が起こったわけではない。いやそもそも、皇后が皇太子に対抗して、宮中で秩父宮を支持する派閥をつくったとすること自体が間違っている。付言すれば、雍仁が秩父宮を名乗るのは、二二年からであった。

けれども、皇后が裕仁よりも雍仁に愛情を注ぎ、裕仁と良子との結婚を快く思っていなかったのは確かである。二一年二月十一日、駐日英国大使館は英国外務省に、「日本皇太子の結婚」と題する電報を送った。そこには、「皇太子と久邇宮の娘の婚約を嫌ったのは、山県公爵と、おそらくは京都の公家出身の皇后であった」という一文が記されていた（同、FO３７１／６６９４所収。原文は英語）[注1]。

それだけではない。後述するように、皇太子は三月三日に横浜を発ち、海路でヨーロッパに向かったが、その直後の三月二十二日に英国外務省に送られた極秘レポートには、次のような文章があった。

皇太子が日本を離れると、これまで抑えられていた謀略が復活し、良子女王に代わるべき皇太子妃すら選ばれるともある筋では断言されている。その妃とは、京都で未亡人の母と一緒に暮らしている賀陽宮邦憲王《かやのみやくにのり》の娘だといわれている。（同）

賀陽宮邦憲王の娘というのは、良子と同じく一九〇三（明治三十六）年に生まれた佐紀子《さきこ》女王のことだろう。前掲「日本の皇室における水面下の分裂とその内政外交上の影響」に出てくる「ただの無力な少女」は、賀陽宮佐紀子を指していると思われる。ちなみに、賀陽宮邦憲王は久邇宮邦彦王の兄であり、佐紀子と良子は従姉妹の関係に当たる。ここでは皇后にこそ言及していないが、良子に代わるべき具体的人物の名前まで挙げられているのだ。

実際にこうした噂があったことは、前掲『倉富勇三郎日記』第二巻から確認できる。倉富は二一年二月十日、宮内省内匠頭の小原駩吉から、「右の如き〔小原が婚約解消の運動をしているという〕風説があるのは、「賀陽宮に女王〔賀陽宮佐紀子女王、賀陽宮邦憲王二女〕ある為めのことなるへし」と聞いた。小原は自らの関与を否定し、佐紀子が皇太子妃になるという噂を流したのは主殿頭《とのものかみ》の市来政方《いちきまさかた》ではないかとしている。

以上に引用した駐日英国大使館の外務省あて機密文書からは、英国が皇太子の婚約内定の時点で、早くも皇后節子の独自の動きに着目していたことがわかる。その情報収集能力は、前述のような明らかな誤りもあるとはいえ、思いのほか正確である。

皇后節子が清末の西太后に匹敵する宮中の権力者になりはしないかという危惧は、自刃直前の乃木希典も抱いていた。実はもう一人、駐日英国大使館が宮中某重大事件の黒幕として名指しした山県有朋もまたそうであった。一九二〇年十二月八日に山県に会った原敬は、山県の次の言葉を日記に書き留めている。

……兎に角近来何もかも皇后陛下に申上ぐる様になり、斯くては或は将来意外の弊を生ぜずとも限らず甚だ憂慮し居れりと。（前掲『原敬日記』第五巻。傍点引用者）

この事態を打開するための方策として、政府の間に急遽浮上してきたのが、東宮御学問所で学んでいた皇太子裕仁をヨーロッパに外遊させ、帰国後に摂政にする代わりに、天皇を引退させるというシナリオであった（前掲『大正天皇』）。若くて健康な皇太子を前面に押し出すことで、皇太子に天皇の権限を集中させ、増大しつつある皇后の力を抑えようとしたのである。

一九二〇年三月から、政府は少しずつ国民に向けて、天皇の病状を発表するようになる。

その一方で、皇后節子の光明皇后に対する思いは、自らもまたハンセン病患者を手厚く保護しなければならないという使命感を抱かせた。皇后は同年六月四日に東京から御召列車に乗り、東海道本線を経由して御用邸のある沼津に行く途中、御殿場にハンセン病療養所の神山《こうやま》復生病院があることに気づいた[注2]（写真参照）。当時の宮内次官、関屋貞三郎はこう回想している。

丁度大正九年、先帝と御同列にて沼津へ行幸啓遊ばされた事がありました。其の時に仏蘭西《フランス》人の

神山復生病院事務所棟（現・復生記念館）

経営で御殿場にある癩病院、是は神山復生病院と申しまして、此病院の院長はカトリックの宣教師でリゼーと云ふ人でありました。（中略）其の時に皇太后陛下、当時の皇后陛下には沼津の御用邸から大森〔鐘一〕皇〔后〕宮大夫を復生病院に御遣しになり、患者を御慰問になられ同時に若干の御下賜金があつたのであります。（『皇太后陛下の御仁慈と癩予防事業』、癩予防協会、一九三四年）

正確にいえば、皇后は天皇と「御同列にて」沼津に行ったのではない。『大正天皇実録』によれば、天皇が沼津に行ったのは五月二十六日、皇后が行ったのは六月四日である。またリゼーというのは、一八年に院長に就任したドルワル・ド・レゼーであろう。いずれにせよ、皇后とハンセン病の関係はこのときから始まり、皇太后になる昭和期には一層強まってゆく。

蚕糸業に対する関心も続いていた。二〇年十月十五日、皇后は日帰りで東北本線を走る御召列車に乗り、埼玉県北足立郡大宮町（現・さいたま市大宮区）を訪れた。皇后は官幣大社の氷川神社に参拝してから、片倉製糸紡績（現・片倉工業）の工場を見学した（『皇后陛下行啓記念誌』、埼玉県、一九二二年）。この行啓は、一七年十一月に綾部町の郡是製糸を訪れたのに次ぐ、製糸工場への単独訪問であった。

二〇年十一月一日には、明治神宮が創建されている。皇后は、明治天皇と昭憲皇太后をまつる新たな官幣大社ができる直前に、武蔵国で最も社格の高い官幣大社でありながら、アマテラスではなく、スサノオ、クシイナダヒメ、オオクニヌシをまつる出雲系の古社に参拝したわけだ。この参拝もまた天皇の病気回復と人心の安定を祈願することが目的であったと思われるが、もともと皇后が赤坂氷川神社の氏子であり、皇室に入る前から氷川神社に参拝していたことも関係していたに違いない。

前述のように、このころになると皇太子の訪欧問題が浮上してきた。皇后は信頼する下田歌子を通して、歌子と同郷で、大日本精神団なる教団を設立した飯野吉三郎から「霊旨」を聞き出そうとした。

松本清張の「政治の妖雲・穏田の行者」（前掲）によれば、飯野は下田歌子と愛人関係にあり、豊多摩郡千駄ケ谷町字穏田（現・渋谷区神宮前）に広壮な邸宅を構え、奥の間にアマテラスをまつる神の間を設けていた。「彼はそこで御神言を受けたと称し『予言』で人を煙に巻いた」。児玉源太郎の依頼に対して日本海海戦の勝利を正確に当ててみせてから、飯野の評判はとみに高まった。政治家や実業家は飯野に自分の将来を占ってもらい、一喜一憂したという。

だが、飯野には前科があり、一四年にも恐喝事件を起こしていた。新聞は飯野を、「怪行者」「和製ラスプーチン」などと書き立てていた。にもかかわらず皇后は飯野に、皇太子の訪欧を占ってもらおうとした。それほどまでに下田歌子を信頼していたわけだ。飯野はアマテラスからの神託を「霊旨」と称したので、「神ながらの道」にも矛盾しないと考えたのかもしれない。

飯野の「霊旨」は、「洋行不可」と出たようだ。それは皇后自身の意向とも一致していた。二〇年六月四日、飯野は首相の原敬を訪ね、下田歌子から「霊旨」を伝えられた皇后が歌子にあてた手紙を見せつつ、原に皇太子の訪欧をやめるよう圧力をかけようとした。

飯野吉三郎先達来訪の時皇后陛下より下田歌子への御内信持参内示せしが、今夜又々来訪之を内示し且つ其御状には下田より霊旨を申上げたるに因り御礼の意味並に皇太子殿下御洋行の可否に付陛下は御長子の事にて何分御案じありて外国に赴るゝ事を好せられざる御趣旨あり、乍去洋行は国民一般の希望なれば之を容るる事国の為めなり、其辺不明にて御案じあり又霊旨をも聞きたしとの意味御記載あり（以下略）（前掲『原敬日記』第五巻）

皇后は、皇太子の訪欧に反対しつつも、国民が訪欧を望んでいるならその希望を受け入れることも国のためになるとして、「又霊旨をも聞きたし」と述べたという。もう少し様子を見たいとしたわけだ。「霊旨」に対しては、いささかの疑念もさしはさんでいない。

飯野は同年十月十一日、皇后が歌子に送った手紙を持参して原を再訪した。その手紙には、「皇太子殿下御洋行の事に付〔皇后〕陛下は御心配の事多く御渡欧を好ませられざるも、元老等切に申上ぐる事に付一概に御断りも難相成色々御心配にて下田に意見を求められたる由」が書かれていたが、もはや「霊旨」云々はなかった。

その五日後に訪れた下田歌子とのやりとりから、原は皇后が心配しているのは天皇の健康問題であって、皇太子の洋行問題ではないと見抜いた。最終的には、皇后から「結局政事上必要とあれば、政事上の事は干渉せざる積なり」という妥協を引き出したことで、二一年三月からの半年間にわたる英国、フランス、ベルギー、オランダ、イタリアへの皇太子裕仁の外遊が実現する。軍艦香取に乗った皇太子は、三月三日に横浜を出港して五月九日に英国ポーツマスに上陸、帰路は七月十八日にナポリを出港し、九月三日に横浜に上陸した。つまり皇太子は、全日程の半分以上を海上で過ごしたことになる。

皇太子裕仁の訪欧は、皇后節子をして光明皇后と並ぶもう一人の皇后の存在を大きくクローズアップさせることになる。三韓征伐を行うため、船に乗って海を渡った神功皇后である。

皇后は、皇太子の出発前に神功皇后にゆかりの深い香椎宮と住吉神社（現・住吉大社）に皇后宮主事の三条公輝《きんてる》を遣わして航海の平安無事を祈らせ、皇太子の帰国後にも両神社に再び三条を遣わし、御礼の代拝をさせている（前掲『香椎宮御由緒』および『住吉大社史』下巻、住吉大社奉賛会、一九八三年）。「時に飛廉《かぜのかみ》は風を起し、陽侯《うみのかみ》は浪を挙げて、海の中の大魚《おおいお》、悉《ふつく》に浮びて船《みふね》を扶《たす》く。則ち大きなる風順《おいかぜ》に吹きて、帆船《ほつむ》波に随ふ。櫨楫《かじかい》を労《いたつ》かずして、便ち新羅に到る」という『日本書紀』巻第九（神功皇后紀）の記述や、「軍《いくさ》を整へ船双《な》めて度《わた》り幸《い》てまし時、海原の魚、大き小さきを問はず、悉に御船を負ひて渡りき。爾に順風《おいかぜ》大《いた》く起りて、御船浪の従《まにま》にゆきき」という『古事記』中巻（仲哀天皇記）の記述が、このとき初めて皇后にありありとよみがえってきたのではないか。

皇太子裕仁が直接会ったジョージ5世をはじめとする英国王室から多大な影響を受けたことは、後年の裕仁自身がしばしば語っている。とりわけ印象深かったのは、その簡素さであったようだ。

宮中の女官制度を改めようと思いつかせたのは、こうした王侯、貴族の「生活の簡素なこと」だった。大正天皇の学友で大正、昭和二代の天皇に侍従として仕えた甘露寺受長は「このご巡遊が殿下のいろいろな面に、また宮廷の生活に、そして間接的に日本の国のなりゆきに影響したことは、測りしれぬものがあると思うが、すぐ形のうえに現われたのは、女官制度の改革であろう」(『背広の天皇』一九五七年、東西文明社)と述べている。(高橋紘「昭和天皇の女官改革」、高橋紘他編『昭和初期の天皇と宮中』第二巻、岩波書店、一九九三年所収)

言うまでもなく、当時の英国王室には後宮に当たるものがなかった。裕仁は、ジョージ5世と王妃のメアリー・オブ・テックの配慮のもと、あたかも王太子のエドワード(後のエドワード8世)、第二王子のヨーク公ジョージ(後のジョージ6世)、第三王子のヘンリー、第四王子のケント公ジョージら王子や王女たちと同様に扱われることで、日本の皇室がいかに時代遅れの制度を温存させているかを実感したに違いない。

ちなみに、エドワードは七歳、ヨーク公ジョージは六歳、ヘンリーは一歳、それぞれ裕仁よりも年上、ケント公ジョージは裕仁よりも一歳年下であった。七九年の記者会見で、裕仁は「[当時の]イギリスの王室はちょうど私の年頃の前後の人が多くって、じつに私の第二の家庭とでもいうべきような状況であったせいもあって、イギリスのキング・ジョージ5世が、ご親切に私に話をした」と回想している(前掲『人間 昭和天皇』上)。

女官制度の改革というのは、天皇嘉仁がしばしば後宮の女官に興味を示し、庶子を生ませた可能性すらあったことから、一夫多妻制(正確には一夫一婦多妾制)時代の残滓である後宮を廃止し、名実ともに一夫一婦制を確立させることを意味する。皇太子裕仁は、ジョージ5世と王妃メアリー・オブ・テックの仲睦まじい夫婦関係や子供たちとの団欒を目のあたりにし、天皇、皇后もかくあるべきと考えたのではないか。

しかし実際には、たとえ後宮がなくても、英国王室で一夫一婦制が完全に確立されていたわけではなかった。例えば、一九一〇年に死去したジョージ5世の父、エドワード7世には、愛人が少なくとも三人いた。とりわけ、三番目の愛人となるアリス・ケッペルを、エドワード7世は死去するまで愛し続けた。

もっともその事実は、表向きにはずっと伏せられたままであった。女性史研究家のエリナー・ヘルマンは、こう述べている。

ヴィクトリア女王の長男、エドワード7世（一八四一〜一九一〇）はあまりにも巧みに情事を行ったので、多くの国民は女性たちがただのよき友人であって、ほかにいろいろと詮索するのは国王を中傷することになると思い込んでいた。エドワードはアフタヌーン・ティーを名目に女性のもとを訪れたが、そのとき夫たちは仕事に出ていて——あるいは彼らは彼らで愛人のもとを訪れていて——、都合悪く家に戻ってくるなどとは決して思われていなかった。

一方でヴィクトリア朝の伝統に執着し、他方で王権にしがみついていたヨーロッパの王室は、二十世紀の「性の革命」についていけなかった。幸運にも民主主義の高まりに抵抗することができた王朝は、一つの例外を除いて、しっかりと愛人を目立たぬ所に退かせた。（『Sex with Kings』Harper Perennial、二〇〇五年。原文は英語）

ヘルマンの言う「一つの例外」とは、英国を訪れた皇太子裕仁をポーツマスまで出迎えたエドワード王太子、すなわち後のエドワード8世である。米国人の平民で、離婚歴のある人妻、ウォーリス・シンプソンとの恋愛が、王室ばかりか国民の反発までも引き起こし、王の退位をもたらしたのはよく知られている。

国民の関心は、なぜエドワード8世は退位してまでウォーリスと一緒になりたかったのかに集中した。ウォーリスは最初の夫と別れてから、その夫が滞在していた中国で性の奥義を学び、エドワードを参らせたのだと考える者もいれば、逆にエドワードは不能でウォーリスは不感症だったため、二人はセックスを忌避することで一緒になったのだと主張する者もいた（同）。

実はジョージ5世その人にも、隠れた女房と子供がいるという噂があった。その噂は、一八九三年にメアリー・オブ・テックと結婚したときから、執拗にささやかれ続けたという。英国の政治史に詳しい政治学者の水谷三公《みつひろ》は、こう述べている。

……一九一〇年に即位してジョージ五世となった後も、噂は消えるどころか逆に勢いを盛り返してくる。「正妻」のメアリー王妃によれば、噂を「信じる人が多すぎた」のである。これに追い討ちをかけるように、パリで発行されていた英文の共和主義新聞『解放者（リベレイター）』紙が、重婚はやはり事実だったとする記事を掲げた。

発行部数も少なく、ほとんど無名の「アカ新聞」を相手どって訴訟騒ぎを起こすのはかえってことを有名にしてしまう愚を懸念しないわけではなかったが、国内の配付先には下院議員まで含まれていたという事情もあって、チャーチルら自由党政府の一部閣僚は、記事の筆者を名誉毀損罪で逮捕し、裁判にかける方針を貫く。翌年開かれた裁判によって、重婚は事実無根で、国王は不当に名誉を毀損されたことが確認され、国民の同情も国王に集まった。（『イギリス王室とメディ

（ア　エドワード大衆王とその時代』、筑摩書房、一九九五年）

もちろん裕仁は、英国王室のこうした過去について知らなかったに違いない。ジョージ5世は、水谷三公が指摘するように、メアリー王妃に対しおおむね貞節を保ったのであり――あるいはヘルマンが指摘するように、愛人を目立たぬ所に退かせたのであり――、裕仁は一夫一婦制が完全に確立された（ように見える）英国王室に深い印象を受けたのである。

二一年の裕仁の訪欧でもう一つ重要なのは、最後にイタリアのローマに立ち寄り、ローマ法王のベネディクト15世と会っていることである。ベネディクト15世は、ジョージ5世に匹敵する、あるいはそれ以上のインパクトを裕仁に与えたのではないか。なぜなら彼は裕仁にこう話したからである。

法王は、（中略）朝鮮総督斎藤実が最近京城においてカトリック教会の二司教の叙階式に招かれて卓上演説を行い、カトリック教徒が朝鮮で起った独立運動に全く関係しなかった態度に賛辞を述べたことを引用し、カトリックの教理は確立した国体・政体の変更を許さないことによりこの結果を見たのであり、従って教徒の国家観念に対しては何ら懸念の必要はないことを述べ、更にカトリック教会は世界の平和維持・秩序維持のため各般の過激思想に対し奮闘しつつある最大の有力団体であり、将来日本帝国とカトリック教会と提携して進むこともたびたびあるべし等と述べられる。（『昭和天皇実録』大正十年七月十五日条）

文中の「朝鮮で起った独立運動」は三・一独立運動、「過激思想」は社会主義や共産主義を指していると思われる。要するにベネディクト15世は、たとえ日本がカトリック国になっても、天皇制そのものは微動だにしないと言っているわけだ。後に触れるように、裕仁は占領期、カトリックに急接近することになるが、脳裏にはローマ法王から直々に聞いたこの言葉が、あたかも予言のように響いていたのではなかろうか。

帰国後の裕仁は、国民の熱狂的な歓迎を受けた。大正天皇に代わって摂政になるための準備は、着々と進められた（前掲『大正天皇』）。その一方で裕仁は、帰国して早々に英国王室をモデルとした簡素な皇室のあり方を追求するようになる。改革のポイントとなるべきは、江戸時代の大奥さながらの、住み込みの女官が大勢暮らしていた後宮の改革であった。それはヨーロッパから見ればかつてのオスマン・トルコのハレムに匹敵するものであり、後進性の象徴と見なされかねなかった。

ところが、裕仁の結婚や訪欧に消極的な態度をとっていた皇后節子は、完全な一夫一婦制をもたらすはずのこの改革に対しても、難色を示すのだ。皇太子裕仁の訪欧は、節子と裕仁の母子に一層ぎくしゃくした関係をもたらすことになるのである。

［注］

1　この文書は、工藤美代子『香淳皇后と激動の昭和』（中公文庫、二〇〇六年）でも取り上げられている。

2　この当時の東海道本線は、国府津《こうづ》から御殿場を経由して沼津へと至る、現在の御殿場線のルートがとられていた。熱海―函南《かんなみ》間に丹那《たんな》トンネルが開通して現ルートに変わるのは、一九三四（昭和九）年になってからである。

第13章　九州へ（1）

一九二一（大正十）年十一月二十五日、皇太子裕仁は、「朕久キニ亙《わた》ルノ疾患ニ由《よ》リ大政ヲ親《みずか》ラスルコト能ハサルヲ以テ皇族会議及枢密顧問ノ議ヲ経テ皇太子裕仁親王摂政ニ任ス茲《ここ》ニ之ヲ宣布ス」という詔書に天皇に代わって署名することで、摂政に就任した（『昭和天皇実録』大正十年十一月二十五日条）。天皇嘉仁は、天皇としての権限を完全に失い、静養に専念することになった。

皇后宮御用掛の吉田鞆子は、この日の宮中の空気を歌に詠んでいる。

喜しきかはた悲しきかいひ知らぬ　涙にしめる大宮の内（『栄ゆる御代』、吉田鞆子、一九五五年）

旧皇室典範の第二十一条によれば、神功皇后が応神天皇の摂政になったように、皇后節子も摂政になる可能性がないわけではなかった。しかしその順位は、皇太子、皇太孫、親王、王に次ぐもので、現実的には不可能であった。皇后は、たとえ不本意であろうが、皇太子裕仁に摂政を任さざるを得なかった。

皇太子が摂政になる二日前の十一月二十三日に皇后に会った宮内大臣の牧野伸顕は、皇后の言葉をこう記している。

〔皇后〕陛下は稍々《やや》御落附き遊ばされたる後、皇太子殿下の尚大に御修得を要せさせらるゝ事共を御話しあり。今後十分御助け申上ぐべき事の多々ある事を御指摘あり。宜しく頼むとの御仰せあり。（前掲『牧野伸顕日記』）

皇后節子は、裕仁がまだいかに未熟かをよく知っていた。何しろ、天皇の祭祀のなかで最も重要な新嘗祭も自ら行ったことがないのである。それなのに裕仁は、ヨーロッパから帰国するや、日常の生活を完全に洋風に改めようとしている。十二月六日には、日本間の多い高輪東宮御所から、コンドルが設計した霞関《かすみがせき》離宮に移り、ここを東宮仮御所にして当分住もうとしている（『昭和天皇実録』大正十年十二月六日条）。このままでは、天皇の代役は到底つとまらないではないか――。

十一月二十五日には、天皇の具体的な病状についても宮内省から発表があった。この発表では「御脳力の衰退」が強調され、天皇の病気は幼少期の脳病に由来するとされた（前掲『大正天皇』）。

これは政府が、皇太子の摂政就任を正当化するため、天皇の病状がいかに深刻であるかを強調する必要があったからだが、侍従武官の四竈孝輔は、天皇のイメージがそれまでと逆転することを恐れ、「嗚呼《ああ》、何たる発表ぞ。昨日までは叡慮文武の聖上と其の御聖徳を頌しつゝ、今日俄然此の発表あり」と嘆いた（前掲『侍従武官日記』）。

四竈の危惧は的中する。中野重治の自伝的小説「五勺の酒」には、次のような記述がある。

天皇が病気になって皇太子が摂政になったことがあった。僕らはいろんな噂を聞いた。クラスにいた或る代議士のせがれが、天皇発狂時の模様を手まね入りで自慢たらしく吹聴したりした。（『五勺の酒・萩のもんかきや』、講談社文芸文庫、一九九二年）

中野重治が覚えているのは、これだけではなかった。そのときたまたま読んでいた新聞（『東京日日新聞』と思われる）の記事に、中野の目はとまった。

午前十時頃の事である、東京駅三等待合室に軍艦香取の水兵二名が此の日の新聞を拡げて熱心に読んで居る。「皇后様の之れまでの御心痛の程は何うあつた事であらう」と一人がいふ。「畏れ多い次第だ」と一人が答える。たゞそれだけの会話ではあるが、陛下の軍人としての彼等が、思ひを其処に致すのも一しほの事であるに違ひない。（『東京日日新聞』一九二一年十一月二十六日）

中野は、この水兵の言葉に強い印象を受けたことを、「五勺の酒」のなかで述べている。

そのとき水兵がこういって記者に語ったのだった。「皇后さまがお気の毒です。」この言葉が実は僕にはよくわからなかった。記者が感動して書いていただけよけいそれがわからなかった。ただ何となし、政治権力にからまれた、あるいはそれにからんだ、そして法皇とか院とか、お家騒動、押しこめ隠居、陰謀とか毒殺とか、大名、貴族、王室など、外国でも日本でもあるそういうもの、それが森のように繋っているなかでの不幸な中年の女主人、そんなものを、多少陰気に、ただぼんやりと感じることができただけだ。それは水兵が、主人が病気になった――何とかいうだろう。法律に言葉がある。それを気の毒がっているのでなくて、摂政が立って生じた女主人の身分の変動、おもにそれを指して、実の母親がわが子を子とよべぬ仕組みのなかでの女主人というものを気の毒がっていたからだ。（前掲『五勺の酒・萩のもんかきや』）

小説では「僕」の記憶として語られているので、細部こそ異なってはいるものの、状況的に見て先の『東京日日新聞』の記事内容とほぼ一致する。

この記事を読んだ中野は、天皇や皇太子ばかりが注目されるなかで、皇后に着目する水兵の視点に思わずはっとさせられたのだ。「お家騒動、押しこめ隠居、陰謀とか毒殺とか、大名、貴族、王室など、外国でも日本でもあるそういうもの」の犠牲者としての「不幸な中年の女主人」という見方は、天皇制をシステムとしてではなく、個人として見る視点を確立させることになる。

中野重治は、皇太子の摂政就任の背後に「政治権力」の生々しい匂いを嗅ぎ取っていた。果たして天皇は、宮内省が発表したように、完全に判断能力を失ってしまったのか。もし天皇に少しでも回復の可能性が残されていたならば、「押しこめ隠居」という中野の言葉は、ますます現実味を帯びてくるはずである。

例えば、摂政就任から三ヵ月近くがたった二二年二月十五日、枢密顧問官の倉富勇三郎は、葉山御用邸で静養中の天皇嘉仁に会った枢密院議長、清浦奎吾から聞いた話を書き留めている。

陛下の御元気は大分御宜しき方にて、種々御話を承はり、御辞も明了なり。最初に自分（清浦）に対し、何歳になりたりやとの御問あり。自分（清浦）より七十三歳になりました。但平常徒歩運動を為す故、至極壮健なり。運動は極めて必要なる旨を奏上せり。陛下は洋服の下股衣の下端を折り遊はされ居りたるを以て、自分（清浦）より之を指し、御運動游はされたりやと伺ひたる処、運動せり。金子堅太郎の別邸の途まで行きたりと云ふ様なる御話ありたり（以下略）（前掲『倉富勇三郎日記』第二巻）

この記述を見る限り、天皇の体調は引退する前とそれほど変わらない。清浦とのやりとりは至って正常だし、判断能力もしっかりしている。

さらに一ヵ月あまり後の同年三月二十八日には、天皇は葉山から油壺に出掛け、東京帝国大学附属臨海実験所（現・東大三崎臨海実験所）を訪れている（『大正天皇実録』大正十一年三月二十八日条）。同行した四竈孝輔は、「正午波地に御着。旧城址なる広場に設けられたる御野立所（テント）に入らせる。其の附近卓上には、臨海実験所長古沢（谷津の誤りか――引用者注）理学士の心配にて、同所採集の海中棲息の下等生物にして珍奇なる数種の生きたる標本を陳列して天覧に供し奉るあり」（前掲『侍従武官日記』）と記している。これもまた、引退前の行幸と変わらない。女官の梨木止女子によれば、天皇は引退後もなお、夜中でも奏上物があがっているから着替えると発言するなど、政務を気にすることがあった（前掲『椿の局の記』）。

侍従たちも決して一枚岩だったわけではない。短命でもいいからずっと天皇のまま在位すべきだとする派と、引退してゆっくり静養すべきだとする派に分かれ、皇太子の摂政就任後も対立は続いていたという。「摂政様にお成り遊ばされてからは、あちらの侍従がばかに権威をふるってね、お上のお自動車も自由に廻さんような事したりね、したんですよ。それでこんなことならお命短うても御代でならしゃて頂いたら良かったっていうことをね、御代を主張したお方さんがたは良く嘆いてござったです。良い御隠居さんみたい押しこめたてまつって」（同）。

梨木止女子もまた中野重治と同じように、「押しこめ」という言葉を使っている。いや正確にいえば、この言葉を実際に使っていた侍従がいたというのだ。逆にいえば、天皇はまだまだ在位できたはずだと考えていた侍従がいたことになる。

実は、中野重治から「不幸な中年の女主人」と言われた皇后自身も、まだ希望を捨ててはいなかった。

皇太子裕仁が摂政となり、良子と結婚し、久邇宮邦彦王のような皇族が外戚として権力を握るよりは、たとえ天皇自身の行動に問題があったとしても、天皇の病状が回復して権威を取り戻すほうがよいに決まっている。そう考えていた皇后は、依然として天皇の「復帰」の可能性にこだわっていた。二一年十月十一日に牧野伸顕に「御上は内閣の伺ひものを御楽みに御思召すに付、何とか取扱上急に此種の御仕事の無くならざる工夫はなきか。要するに全く御仕事の無くならざる便法はなきや」（前掲『牧野伸顕日記』）と話したのも、その可能性がなくなっていないと考えていたからだろう。

前述のように、皇太子の訪欧をきっかけとして、神功皇后に対する皇后節子の関心は高まっていた。節子は、神功皇后の加護によって、往復の航行の安全が保たれたと信じていたからである。

加えて皇太子の摂政就任は、応神天皇の摂政となった神功皇后の存在を浮上させた。歴史学者で東京帝大教授の和田英松と辻善之助は、それぞれ新聞でこう述べている。

日本歴史に於ける摂政は之れを皇族と臣下との二つに分ける事が出来るが、皇族の摂政に就いて見ると、国史に明文のあるものは先づ神功皇后がその最初で、即ち仲哀天皇の崩御後皇太子（応仁《ママ》天皇になられた）がまだ御幼少だつたので、時の皇太后である神功皇后が万機の政事を聴召された理であるが、元来我国の上代に於ては御成年に達しない皇太子が帝位に即かせられると云ふやうな事は無かつたので、御成年に達せられるまで皇太后が皇太子に代つて政務を御総攬遊ばされたのである（『読売新聞』一九二一年十一月二十四日。原文は読点なし）

神功皇后が仲哀天皇崩御の後未だ幼年の応神天皇のために代つて政を行はれたこと、之が我が国で性質上摂政とも言ふべきものゝ最初で、特に年号を此時摂政元年と定められた（『東京朝日新聞』同年十一月二十五日）

摂政という言葉は、一般にはなじみがなかった。「せっしょう」と読むか「せっせい」と読むかすら、確定していなかった。宮内省が「せっしょう」と読むべきと発表するのは、二一年十二月十五日になってからである（『昭和天皇実録』大正十年十二月十五日条）。新聞は、摂政とは何かをきちんと解説してくれる東京帝大教授の権威を求めた。

それに応じた彼らは、いずれも神功皇后が実在の人物であるという前提に立ちながら、神功皇后こそ「最初」の摂政だと説明した。なるほど、「御成年に達せられるまで皇太后が皇太子に代つて政務を御総攬遊ばされた」という和田の説明や、「神功皇后が（中略）未だ幼年の応神天皇のために代つて政を行はれた」という辻の説明は、神功皇后が六十九年間にわたって応神天皇の摂政であったという『日本書紀』の記述と矛盾している。しかしこうした説明を通して、皇太子ではなく、皇后が最初の摂政であったという「事実」が浮かび上がったことだけは確かであった。

和田英松も辻善之助も、一二四年三月七日に宮内省に設置された臨時御歴代史実考査委員会の委員になること、この委員会で「神功皇后ヲ皇代ニ列スヘキヤ否〔ヤ〕」が第一の諮問事項になることは、1章ですでに触れた。皇太子の摂政就任は、神功皇后に対する社会的関心を高めたばかりか、明治初期からずっとくすぶってきた問題に再び火をつける役割をも果たしたのである。

そうしたなかで、皇后節子はさらに積極的な行動に打って出る。大正天皇の平癒を祈願するため、しかし表向きには皇太子の無事帰朝を感謝するため、福岡県糟屋郡香椎村（現・福岡市東区）にある官幣大社香椎宮に参拝することを考えるのだ。

皇后が具体的にいつから香椎宮への参拝を目的とする九州行啓を考えるようになったのかは明らかでない。けれども皇后が参拝した翌日には、「皇后陛下香椎宮御参拝は一朝一夕の御思ひ立ちにあらず。既に両三年前よりの御心願にて、早晩御参拝の折御手づから奉献なし給ふべく、予て宮中にて御親ら御養蚕遊ばされ、其繭を紡がせ紅白二疋の絹織物とし給ひて御準備を整へられ今日あるを御待ちあらせられし趣」（『福岡日日新聞』一九二二年三月二十二日。原文は句読点なし）と報じる地元紙があった。

これが事実だとすれば、皇后は一九一九年か二〇年には香椎宮への参拝を考えていたことになる。このころから天皇の体調が目立って悪くなったのを踏まえれば（皇太子の訪欧はまだ決まっていなかった）、前掲主婦の友社版『貞明皇后』が記すように、天皇の平癒祈願こそが当初からの参拝の目的であったことがはっきりする。

2章で触れたように、香椎宮は神功皇后の夫である仲哀天皇が急死した場所であるとともに、神功皇后が仲哀天皇の神霊をまつった場所であるともされている。一五年十一月の即位大礼と時を同じくして、摂社の古宮にまつられていた仲哀天皇の霊代を本宮に移し、祭神に加えるまでは、神功皇后だけをまつっていた。

皇后がはるばる九州を訪問するのも、神功皇后以来とされた。皇后節子が天皇嘉仁とともに葉山御用邸に滞在していた二二年一月には、三月九日に出発することが決まった（吉田鞆子『筑紫行啓供奉之記』、吉田鞆子、一九二三年）。そして二月になると、新聞でもこの行啓が大々的に報じられるようになる。

聖上陛下の御不例御平癒の為め近く国母陛下の参拝ある事となつた福岡県香椎神宮は官幣大社で最も皇室と由緒深き神社として知られ、曩《さき》に東宮殿下が欧州御巡遊に際しても国母陛下から万里御平安の意味を以て三条皇后宮主事を代理として参拝せしめられた程である。福岡県には未だ正式に通牒を受けて無いが、畏くも皇后陛下が九州の地に行啓し給ふは神功皇后以来の事であるから未曾有の御事として各般の用意に努める事となり御日程の発表を待つて居る（『読売新聞』一九二二年二月三日）

神功皇后以来とされる行啓が正式に決まった福岡県の反応はどうだったのか。

福岡市出身の枢密顧問官、金子堅太郎が帰郷してみると、予想に反して「全く打沈んで居る」（「皇后宮の九州行啓を迎へ奉りて」、『太陽増刊　皇室之光輝』、第二十八巻第八号、一九二二年所収）。金子は不審に思い、関係者に尋ねてみた。

今度は誠に陛下の行啓を迎へることになつて有難い仕合であると思ふが、東京の新聞を見ると、皇后陛下今回の行啓は普通の行啓と異なり、今上陛下の御病気御平癒の為め香椎宮に御祈願をかけさせられる為めの行啓であると承はつて居る。して見ると今上陛下の御悩は余程御重態のことゝ拝察する。故に奉迎はいたすが、一切謹慎静粛を旨とし、煙火を揚げたり、提灯行列をしたり、また停車場御着発の際に万歳を三唱したりすることは一切差控へたがよからう。（同）

関係者からこう言われた金子は、「それは大変な考へ違である」と反論した。行啓の目的は天皇の平癒祈願ではなく、皇太子の無事帰朝に対する御礼にあるのだから、「寧ろ大に目出度いことゝして誠意を尽して奉迎申すべきである」と主張したのだ（同）。

このやりとりを見る限り、すでに皇后宮主事の三条公輝を遣わして御礼の代拝をさせたにもかかわらず、行啓の目的は皇太子の無事帰朝に対する御礼にあるとしたのは、天皇がいよいよ重態に陥っているのだから派手な奉迎は自粛すべきだという誤解を与えないように配慮したからと思われる。結果として煙火や提灯行列、万歳三唱は通常の行啓と同じように行われることになったものの、新聞は行啓の目的が天皇の平癒祈願にあることを報じなくなったわけではなかった。

当初、香椎宮への参拝だけを目的としたこの行啓は、筥崎宮《はこざき》、太宰府神社（現・太宰府天満宮）への参拝や、福岡県庁、九州帝国大学（現・九州大学）、東公園などへの訪問が付加され、九州からの帰途にも住吉神社や厳島神社への参拝、高松宮が通っていた江田島の海軍兵学校への訪問が加わることになった。江田島で高松宮に再会することは、皇后自身のたっての希望でもあった（『高松宮宣仁親王』、朝日新聞社、一九九一年）。皇后節子にとっては、これまでで最大規模の行啓となるのである。

随行した人数も百人を超え、「皇后宮行啓としては実に前例を拝せぬ盛儀」（『九州日報』一九二二年三月九日）となった。皇后は三月九日、葉山御用邸に近い逗子から御召列車に乗り、東海道本線を経由して途中静岡で一泊し、十日に山陽本線の須磨で下車して武庫《むこ》離宮（現・須磨離宮公園）に入ったが、風邪をひいたために出発が延期された。[注1]しかし十六日には全快し、十七日には離宮で生母の浄操院（野間幾子）と妹の篷子に会っている（前掲主婦の友社版『貞明皇后』）。

三月十八日、皇后はようやく須磨から再び山陽本線を走る御召列車に乗った。途中、同線の三田尻（現・防府《ほうふ》）で下車して公爵毛利元昭《もとあきら》邸（現・毛利博物館）に一泊し、十九日には三田尻から山陽本線と鹿児島本線を乗り継ぎ、博多へと向かった。

皇后は洋装姿で通した。典侍の千種任子、権典侍の竹屋津根子《つねこ》、御用掛の吉田鞆子ら、同行する女官も洋装であったが、雑仕《ぞうし》の若い女性五名だけは和装であった（『福岡日日新聞』一九二二年三月十九日）。

沿線の各駅では天皇の行幸と変わらない奉迎風景が見られたが、違いもあった。

午後三時から有資格者のホーム入場を許す。勅任官奏任官の有位有勲者が我先きにと入場口に押掛けたが、行啓事務係と駅員とが入場口に突立つて「御婦人方を先に入場させて頂きます」と云つて婦人の有資格者を真先にドシ〳〵入場させる。今日ばかりは婦人の天下である。（『福岡日日新聞』一九二二年三月二十日）

これは、皇后が乗る列車が入線する直前の博多駅ホームの模様を伝える地元紙の記事である。当時、成人女性のほとんどはまだ和服を着ていた。民俗学者の今和次郎は、一九二五年初夏に銀座の街頭で女性の服装を調べたところ、何度繰り返しても洋装は全体の約一パーセントにすぎなかったと述べている（「東京銀座街風俗記録」、『考現学　今和次郎集』第1巻、ドメス出版、一九七一年所収）。おそらく、博多駅のホームに並んだ女性の多くも和装姿であったろう。そのなかで、洋装姿の皇后や女官の一団は、ひときわ目立ったに違いない。

皇后は博多駅で列車から自動車に乗り換え、博多湾に面した黒田長成《ながしげ》侯爵別邸（現在は石碑だけが残る。写真参照）に入った。ここを宿泊場所とし、三月二十三日まで福岡に滞在することになる。

三月二十日、皇后はまず県庁を訪れ、田川郡彦山村《ひこさん》（現・添田町）の英彦山《ひこさん》神社（現・英彦山神宮）に所蔵されている神功皇后の二面兜を見学した。次に福岡県商品陳列所を見学。昼食後は九州帝国大学医学部と工学部を訪れた。医学部では、産婦人科の病床を回り、分娩室では日本式の分娩法を施していることを聞くと、「日本人には日本式のものよろしかるべく未だ他の病院にて此の設けあるは知れる事なし」と語っている（『福岡日日新聞』一九二二年三月二十一日）。

三月二十一日、春季皇霊祭の日である。午前九時、皇后は藤色の洋服にダチョウの羽根の帽子を着用して自動車に乗り、香椎宮に向かった。

自動車は一の鳥居を過ぎ、皇室の勅使が通ったことから勅使道と呼ばれる参道を進み、境内一の橋の手前で停まった。皇后は下車すると、歩いて一の橋を渡った（絵葉書参照）。次いで二の橋を渡り、石段を昇り、楼門をくぐり、また石段を昇り、中門をくぐった。

ここで手水をし、宮司の先導により拝殿に昇り、玉串を手にとったまま、「敬虔なる御黙禱実に十五分の久しい間、畏くも御頭を垂れさせられて御静かに御祈念あらせられ」（『九州日報』一九二二年三月二十二日夕刊）た。それから宮司に玉串を渡し、宮司が神前に捧げる三、四分の間にも、「再び御拝礼遊ばされ」（同）た。

つまり、皇后節子が神功皇后に祈った時間は、あわせて二十分近くに達したのだ。

同行した吉田鞆子は、こう感激している。

福岡市・黒田長成侯爵別邸跡

絵葉書「大正十一年の春 皇后陛下香椎宮行啓の砌神苑内一の橋御通過之光景」

神功皇后此に凱旋あらせ給ひしより、千七百二十一年を経たる今日、外には西欧の大戦漸く終りをつげしも、思想の混乱、経済の乱調、止まる所を知らず。内には皇太子殿下、初めて御渡欧の事あらせ給ひて後、摂政に立たせ給ひ、或は米国華府会議に列せし全権委員の帰朝、軍備縮少問題等、内外の形勢、愈々多難なる時に当り、我が雄々しき后の宮が、神功皇后の御雄図なりし以来、遥々とまたも此地に下らせ給ひ、この神の御前に、ぬかづかせ給ふを仰ぎ奉るも、そゞろに、会心のざわめき、禁ずること能はざりき。（前掲『筑紫行啓供奉之記』）

同じころ、東京の宮城では皇太子裕仁が、宮中三殿の皇霊殿と神殿で春季皇霊祭と春季神殿祭を行っていた。つまり皇太子が、歴代の天皇や皇族の霊に、あるいは天神地祇八百万の神に拝礼したのに対して、「我が雄々しき后の宮」はただ神功皇后に対してのみ（あるいはせいぜい仲哀天皇に対して）拝礼したわけだ。

このときの心境を、皇后は「香椎宮を拝《お》ろがみて」と題する和歌二首に詠んでいる。

神々をたふとみ給ふ御心の　み光あふぎ唯かしこみぬ
大みたま吾が身に下り宿りまし　尽すまことをおしひろめませ

この二首は前掲『貞明皇后御集』には見られず、前掲『大正の皇后宮御歌謹釈』のみに収められ、編者の筧克彦が注釈を加えている。

それによると、一番目の歌は「〔皇后節子が〕神功皇后様の御拘泥なく正しき生きたる神神の御信仰心の御光を御余念もなく有り難く懐かしく仰がれた」ものであり、二番目の歌は「神功皇后様の御霊が現在の吾が身に生き輝き給ひて、古の御体験を以てわが信仰心をいよいよ徹底せしめわが努力に御力添へ給はるやうに、即ち我がまことを小さく形式化することなく、生きませる神に生きて奉仕し、拘泥なく之を世界に拡張出来ますする様にと願ひ給うた」ものである。神功皇后との一体化を求める皇后節子の心境は、二番目の歌によく現れている。

ここで注目すべきは、筧も指摘するように、皇后節子が「皇后霊」という概念を提示していることである。たとえ神功皇后と血のつながりがなくても、皇后霊が「現在の吾が身に生き輝」くことで、皇后節子は神功皇后と同格になるのだ。さらにいえば、節子はこの目的を果たすために、わざわざ香椎宮までやって来たことになる。

もちろん天皇ならば、こんな面倒なことはしない。過去に実在する（と信じた）天皇を理想化し、その天皇をまつる神社やその天皇にゆかりのある旧跡を訪れ、自らに重ね合わそうとする発想は、夫の天武天皇を慕って吉野を三十一回訪れた持統天皇のような例外を除き、大正までの天皇にはない。神武天皇すら理想の天皇として意識されたことはない。3章で触れたように、天皇睦仁の侍講となった元田永孚も、中国古代の聖人とされる堯や舜に比定することによってしか、つまり神道ではなく、儒教の思想を通してしか神武天皇を理想化することができなかった。

一方、朝鮮王朝では、中国古代の聖人を強烈に意識し、自らの治世がその一人である周の文《ぶん》王の世に近づきつつあると自負した国王が、十八世紀後半に現れた。第二十二代国王、正祖《チョンジョ》である（詳しくは拙著『直訴と王権　朝鮮・日本の「一君万民」思想史』、朝日新聞社、一九九六年を参照）。この点に関する限り、神功皇后を強く意識していた皇后節子は、歴代の天皇よりはむしろ、朝鮮の正祖に近いといえるかもしれない。

しかも2章で触れたように、神功皇后と神武天皇では、伝説の及ぶ範囲がまるで違う。皇后節子が香椎宮に参拝することで、忘れられていた西日本一帯の神功皇后伝説がよみがえる。それは当時の教科書に書かれた神武東征よりも、はるかに広がりをもっていたのだ。

皇后節子の行啓に際して、『福岡日日新聞』は「奉迎の辞」に、「九州は吾皇室御発祥の地にして、一山一水悉く王業御経綸の跡を印せざるはな〔し〕」（一九二二年三月十九日）と述べた。だが、ここでいう「吾皇室御発祥の地」は、天孫降臨の地である高千穂や、神武東征の出発地である日向を指している。

節子にとっての九州とは、南部九州の高千穂や日向ではなく、北部九州の香椎であった。そこは「吾皇室御発祥の地」ではなく、第十四代仲哀天皇の妃であり、第十五代天皇として認めるべきか否かが問題となる神功皇后の霊魂がまつられ、「香椎廟」と呼ばれてきた場所なのだ。

天皇嘉仁の平癒を祈願するための究極の方法こそ、皇后節子自身が神功皇后から皇后霊を受け継ぐことにほかならなかった。神功皇后がアマテラスや住吉三神から神託を受けて三韓を屈服させたように、節子もまた理想の皇后である神功皇后から皇后霊を受け継ぐことで、天皇よりも強い霊力をもち、その力を天皇嘉仁に分け与えようとしたのではなかったか。


ここで一人の人物が浮かび上がる。皇后節子（一八八四〜一九五一）とほぼ同じ時代を生きた折口信夫（一八八七〜一九五三）である。

皇后霊という考え方は、昭和天皇の大嘗祭が行われた一九二八（昭和三）年の講演筆記とされる折口信夫の「大嘗祭の本義」を先取りするものである。折口の思想を研究する安藤礼二によれば、「大嘗祭の本義」のポイントは大きく分けて二つある。「天皇霊」と「真床襲衾《まどこおふすま》」だ（『折口信夫』、講談社、二〇一四年）。安藤は天皇霊をこう説明する。

折口信夫が確立することを目指した「民族論理」としての神道もまた、それが完全に実現された暁には、現実の天皇を限りなく相対化してしまうものであった。「憑依」を根幹に据えた理論である以上、「天皇霊」がとり憑いて王として即位する可能性をもつ者は、現実の天皇の血を引く一族に限られないからだ。〈血と肉〉は皇位継承にほとんど意味をもたない。ただ強力な〈霊〉の憑依とその継承だけが最も重要な意味をもっている。

安藤も指摘するように、折口の天皇論はラディカルなものであった。それは〈血と肉〉に基づく「万世一系」の皇位継承を否定し、〈霊〉による継承を説いていたからである。

この説明は、はじめから万世一系などあり得ない皇后について一層よく当てはまる。皇后霊が継承されることで、節子は神功皇后と初めて一体になれるのだ。確かに「真床襲衾」に当たるものはないが、天皇にとっての大嘗宮に当たる場所こそ、香椎宮であったという見方もできよう。つまり皇后節子の香椎宮参拝は、京都の仙洞御所で大嘗祭を行うことができなかった皇后にとって、それに代わる意味をもっていたのである。

それだけではない。折口は「大嘗祭の本義」で、「天子様と、神との中間に在るものを、中天皇《ナカツスメラミコト》といふ。万葉集には、中皇命と出してある。此中皇命の役に立つものは、多くは、皇女或は后などである」（『折口信夫全集』3、中央公論社、一九九五年）と述べたが、敗戦直後に書かれた「女帝考」ではさらに、「押し詰めたもの言いをすれば、神功皇后も『中つすめらみこと』と申されぬことはない」としている（前掲『折口信夫天皇論集』）。神功皇后は、神と人間である天皇の中間に位置するナカツスメラミコトであったというのだ。

折口の議論を応用すれば、神功皇后の皇后霊を受け継いだ皇后節子もまた、ナカツスメラミコトになったという見方もできる。しかし、神功皇后は応神天皇の摂政として、六十九年間にわたり、天皇の代役を果たしていた。折口自身も、一九二八年に発表された「神道に現れた民族論理」では、「天子が在らせられない場合には、その中天皇が女帝とおなじ意味に居させられる。神功皇后・持統天皇などは、其適例である」と述べている（前掲『折口信夫全集』3）。この点では皇后節子のほうが、より純粋なナカツスメラミコトであったといえよう。

こう考えると、皇后節子と皇太子裕仁の関係は、神功皇后と応神天皇の関係よりはむしろ、古くは『魏志』倭人伝に記された邪馬台国の卑弥呼と男弟の関係、下っては琉球王国の聞得大君と国王の関係、さらには11章で触れた大本（皇道大本）における出口なおと出口王仁三郎の関係に似ている。[注2] 出口なおが綾部を訪れた節子に対して、「時節には何ものも叶はんから、茲へ成る迄に世に出て居れる方の守護神、皆に筆先で細々と能く解るやうに書いて知らせ、口で言はして在るぞよ」（傍点引用者）と神諭に記し、警戒心をあらわにしたのは、けだし当然であった。

皇太子裕仁が摂政になったことで、皇后節子が摂政になる道は確かに断たれた。だが、折口の議論に従うなら、節子はナカツスメラミコトになることで、神（アマテラス）に一層近づき、天皇よりも上位に立つことができるようになったといえる。

折口信夫は、皇太子裕仁が摂政になる直前の一九二一年七月から八月にかけて、沖縄を訪れている。七月十六日に那覇に到着し、本島を中心に久高《くだか》島や津堅《つけん》島を訪れ、国頭《くにがみ》地方に一週間滞在した（『折口信夫全集』36、中央公論新社、二〇〇一年）。

このときの体験をもとに、折口は「琉球の宗教」と題する長い文章を書いている。

事実、〔琉球神道では〕男の神人は極めて少数で、男逸女労といはれる国土でありながら、宗教上では、女が絶対の権利を持つてゐたのである。神人の墓と凡人の墓とを一緒にすると、祟りがあると言ふ。紀に見えた神功皇后の話も此と一つである。

久高・津堅二島は、今尚神の島と自称してゐる土地である。学校あり、区長がゐても、事実上島の方針は、のろたちの意嚮によつてゐる形がある。

神託をきく女君の、酋長であつたのが、進んで妹なる女君の託言によつて、兄なる酋長が、政を行うて行つた時代を、其儘に伝へた説話が、日・琉共に数が多い。（『折口信夫全集』2、中央公論社、一九九五年。傍点引用者）

傍点の箇所は、一九二三年に再び沖縄を訪れてから増補された文章に当たる（同）。

折口は、沖縄での採訪を続けるうちに、聞得大君やノロといった女性が、神功皇后とつながっていることに気づくようになった。そのいずれもが、「神と人との間」に立つナカツスメラミコトに相当した。

折口信夫が『日本書紀』に一ヵ所しか出てこないナカツスメラミコトという用語をキーワードに独自の天皇制論を構築してゆく背景には、一九二一年から始まる南島体験があった。そしてその時期は、もう一人のナカツスメラミコトが大日本帝国の中枢に生まれようとしていた時期と、偶然にも一致していたのだ。

参拝を終えた皇后は、裏手にある小高い丘に続く階段を昇った。仲哀天皇が死去した場所とされ、一九一五年まで仲哀天皇がまつられていた古宮の跡や、仲哀天皇の柩に使われたとされる神木の「棺懸《かんかけ》の椎《しい》」（香椎の地名はここに由来するとされる）、仲哀天皇が熊襲征伐のため設けたとされる大本営跡などが、ここに集まっていた（写真参照）。

棺懸の椎

仲哀天皇大本営跡は、神功皇后の三韓征伐の大本営があったところだともされていた。行啓の直後に香椎宮に参拝した下田歌子は、この大本営跡を見て感激を新たにしている。

先日私は九州へ旅行いたしまして、先般皇后陛下の行啓になつた香椎の宮に参拝いたしましたが、その際今こそあれ、千何百年の昔、かゝる辺鄙にある香椎の地、その行宮の跡と云ふ小山に参つてこんな所に在したことがあつたかと想像して涙を催したのでありますが、それから察しましても未知の外国を御征服になつて、彼の文化を我に御取り入れになる迄の神功皇后が如何に大偉業をなされたか、如何にお豪《つよ》い女性で在はしたかを拝察するに余りある感を禁じ得なかつたのであります。（「歴代皇后宮の御坤徳」、前掲『太陽増刊　皇室之光輝』第二十八巻第八号所収）

さすがに下田歌子の言葉は、皇后自身の心境をよく代弁しているかのようである。

皇后は香椎宮の境内に戻り、神功皇后が帰朝のさい、「とこしへに本朝を鎮め護るべし」と祈りをこめて植えた神木とされる綾杉を「十分近くも」（『九州日報』一九二二年三月二十二日夕刊）仰ぎ見てから、香椎村青年会員による古舞「獅子楽」を見学している。

香椎宮には、一の鳥居近くの丘の上に、頓宮《とんぐう》と呼ばれるもうひとつの神社がある（写真参照）。ここは、二年に一度行われる春季氏子大祭の「神幸式」のさい、神輿が一泊する仮屋に相当する。皇后は一の橋前から自動車に乗って参道を戻り、この頓宮にも参拝した。頓宮からは、すぐ真下に香椎潟が見え、その沖合には志賀島と九州をつなぐ巨大な砂州である海の中道が眺められた。

香椎宮頓宮

〔皇后陛下には〕頓宮左側広場の御休憩所に成らせられ、同所に宮内省より御用意申上たる椅子に召され、知事は御正面の机上に地図を展《のば》し、香椎頓宮を中心として博多湾を隔てゝ海の中道、西戸崎、御島《みしま》、名島附近の名勝史蹟を詳しく御説明申上ぐれば、陛下には親しく地図と実景とを御照覧あらせられ、殊に御島の事蹟に就き、知事より千七百年の往時、神功皇后が三韓征伐の砌《みぎり》、帝国の守護として御鎧其他の武具を召され、大元帥として御男装遊ばしたる史実に関して御説明申上ぐれば、最と御感慨深き御模様にて、御携帯の御眼鏡にて彼方此方を御展望遊ばさ〔る〕。（『福岡日日新聞』一九二二年三月二十二日夕刊）

御島というのは香椎潟にある小さな岩島で、神功皇后が髪を洗って神託をうかがい、男装した場所とされる。さらに神功皇后が七日七夜籠もった斎宮の方向を指さしつつ、福岡県知事の安河内麻吉が「香椎宮に由緒ある小山田の斎宮は此れより東方一里余の処に御座います」と話すと、皇后は立ち上がり、その方を見やったという（同）。安河内は、三韓征伐の船出の模様を話し続けた。皇后の頓宮での滞在時間は、一時間あまりに及んだ。

天気は晴れていたが、「前夜来の寒風猶ほ去りやらず陽春の節には珍らしき肌寒さを覚えしめた」（同）。香椎潟には、さざ波がたっていた。

かしこさに心の浪もさわくなり　香椎の海のかせあらくして（前掲『貞明皇后御集』上）

皇后節子の脳裏には、男装した神功皇后が目の前の海から朝鮮半島を目指して旅立つ光景が浮かんでいたに違いない。この日の参拝に合わせて、香椎宮には皇后から一対の金灯籠や紅白の絹織物などが奉納された。

現在、香椎宮の鳥居や一の橋の近く、参道をはさんでちょうどその反対側には、一九三二（昭和七）年五月十六日の日付が刻まれた行啓記念碑が建っている。行啓を機に参道や神苑が整備され、一九二六（大正十五）年二月十一日には、八百メートルに及ぶ参道の両側に百六十五本ものクスノキの苗木が植えられた（写真参照）。

これらは大木に成長し、あたかも緑のトンネルのようになっている。皇后節子の香椎宮参拝は、香椎宮の景観そのものを大きく変えたのである。

六十九年の夏四月《うづき》の辛酉《かのとのとり》の朔《ついたち》丁丑《ひのとのうしのひ》に、皇太后、稚桜宮《わかさくらのみや》に崩《かむあが》りましぬ。（『日本書紀』巻第九）

この記述によれば、神功皇后は四月十七日に死去したことになる。これは旧暦なので、太陽暦の四月十七日とはズレがあるが、二年に一度、四月十七日に最も近い土日に、香椎宮では春季氏子大祭として、神輿が本宮と頓宮の間を往復する「神幸式」が行われる。その歴史は、遠く天平年間にまでさかのぼるという。

二〇一二年四月十四日の土曜日に行われた神幸式の模様を、私は『群像』編集部の長谷川淳さんとともに見学した。まず午後二時から、「御発輦祭《ごはつれんさい》」として、皇后節子も九十年前に見た獅子楽の舞が披露される。舞は出羽《では》、中《なか》の切《きり》、切舞《きりまい》の三部に分かれており、笛と大小の太鼓が奏でる囃しをバックに、夫婦に見立てた赤の獅子と青の獅子が舞う。[注3]

出羽では、正面を向いて同じ動作を繰り返していた赤の獅子と青の獅

行啓記念碑

香椎宮参道のクスノキ

獅子楽の舞

神幸式の行列

子は、中の切になると向かい合う（写真参照）。そして体をこすりつけるようにして求愛のしぐさを見せ、切舞になるとさらに動きが激しくなる。舞が終わると、獅子は見物客の中を回り、この一年間に生まれた子供の頭をやさしく噛んでやるのだ。これは、仲哀天皇と神功皇后の性交と、応神天皇の出産を表現しているように思われてならなかった。

獅子楽が終わると、煙火の打ち上げを合図に、午後三時からいよいよ神幸式のクライマックスとなる行列に移る。神功皇后の三韓征伐のときの出陣の陣容を模したといわれる約五百人の行列が、獅子楽を先頭に参道を練り歩き、頓宮まで神輿を運ぶのである。

神輿は、全部で三基あった。神功皇后のほか、仲哀天皇や応神天皇の神輿も氏子によって担がれるからだ。神輿の前後には、稚児行列や甲冑を着けた武者の行列も付き従っている。神輿を担ぐのは、烏帽子《えぼし》をかぶり、黄色の祭服を着た氏子たちだが、彼らに交じって平服姿の一般市民も見られるなど、荘厳というよりはむしろなごやかな雰囲気が漂っている（写真参照）。

ここでは神功皇后も仲哀天皇も応神天皇も実在の人物と見なされ、たとえ地元住民がいちいち意識しなくても、地名や祭りや民間伝承のなかに溶け込んでいる。東京で思い浮かべる天皇や皇后に対するおそれ多さのようなものは、全く感じられない。

行列は、約一キロの道のりをゆっくりと一時間かけて、午後四時にようやく頓宮にたどり着いた。しかし頓宮からは、皇后節子が眺めたような香椎潟や海の中道や御島の風景を見ることはできなかった。

いまや沿岸部はすっかり埋め立てられている。埋め立て地では香椎新都心と呼ばれる大規模な開発が進められ、真新しいビルや店舗や高層マンションが建ち並び、高速道路が福岡の中心部へと通じている。それらの建物や道路が、視界を完全に遮っているのだ。

開発と引き換えに、松本清張の『点と線』でも引用された大伴旅人の和歌「いざ子ども香椎の潟に白妙の袖さへぬれて朝菜摘みてむ」（『万葉集』巻六）を彷彿とさせる風景は、永遠に失われたのである。

［注］
1　これは香椎宮の参拝日に生理日が当たるのを避けるため、日程をずらした可能性もある。
2　8章の注で触れたように、神功皇后と応神天皇の関係は、節子と裕仁よりも節子と雍仁の関係の方に一層よく当てはまると言えるかもしれない。
3　獅子楽の舞については、朝日新聞西部本社『九州の祭り200選　春夏篇』（葦書房、一九八三年）を参考にした。

第14章 九州へ(2)

一九二二（大正十一）年三月二十一日、香椎宮参拝という最大の目的を無事終えた皇后節子は、再び自動車に乗り、隣の糟屋郡箱崎町（現・福岡市東区）にある筥崎宮（写真参照）を参拝した。応神天皇を主祭神とし、神功皇后と玉依姫命《たまよりひめのみこと》を配祀神とする官幣大社であり、元寇のさいに亀山《かめやま》上皇が「敵国降伏」を祈願した神社としても知られている。

次に福岡市の東公園を訪れ、元寇を予言したとされる日蓮と亀山上皇の銅像を見学している（写真参照）。二つの像は、日露戦争が始まった一九〇四（明治三十七）年に除幕式が行われた。福岡にとって元寇は、三韓征伐とともに重要な対外戦争として記憶されていた。

午後には、筑紫《ちくし》郡太宰府町（現・太宰府市）にある太宰府神社を参拝した。言わずと知れた菅原道真を祭神とする官幣中社である。ここで皇后は、葉山から持ってきた梅を植えている。

福岡県知事の安河内麻吉は、皇后からかけられた言葉を次のように話している。

太宰府に御献木の梅の鉢は葉山御用邸で陛下御自ら手汐に掛けさせられて大変御愛玩の鉢であつたと承つて居るが「此地に能く合ふたらうか」と御諚があつた（以下略）（『福岡日日新聞』一九二二年三月二十二日）

（右上）筥崎宮
（左上）亀山上皇銅像
（左下）太宰府天満宮の「皇后の梅」

太宰府神社本殿前庭の左右には、菅原道真が京都を去るさいに「東風《こち》吹かば匂ひおこせよ梅の花　主なしとて春を忘るな」と詠んだことに感応して、遠く都から飛び来ったという神木「飛梅《とびうめ》」と、橘が植えられていた。これは、左近の桜、右近の橘を配した京都御所の紫宸殿を模したものであった（『図録太宰府天満宮』分冊1、太宰府天満宮文化研究所、一九七六年）。

ところが、皇后が持ってきた紅梅は、橘が植えられているすぐ近くの、本殿前庭の右側に植えられたため、視覚的に橘を押しのけるようになる。この梅は「皇后の梅」と呼ばれ、飛梅と一対になって本殿前庭の左右に並び、毎年春になると一足早く咲く白梅の飛梅に続いて紅い花を咲かせるようになるのだ（写真参照）。

皇后は「太宰府神社にて御手植の梅を」と題して、次の和歌を詠んでいる。

つくしがたふく春風に神そのの　はやしの梅は香に立ちにけり（前掲『貞明皇后御歌集』）

実際には飛梅をはじめ、境内に植えられた数百株の梅はおおかた散っており、「処々なごりの香をとゞむるのみ」であった（前掲『筑紫行啓供奉之記』）。この和歌は前掲『貞明皇后御集』上では「つくしかたふく春風に神そのゝ梅のはやしは香に匂ふなり」となっており、ほかにも次の和歌が収録されている。

まつられし神のこゝろにかなふらむ　こち吹風ににほふ梅か香

前掲『貞明皇后御歌集』に収録されていないこの歌のほうが、祭神である菅原道真に一層肉迫している。皇后は、この世に怨念を残したまま死んだ道真の御霊を和らげるべく、「神の好める木」（前掲『貞明皇后御集』中）とされた梅をもう一本植えたのだ。

話は飛ぶが、敗戦が間近に迫る一九四五（昭和二十）年一月の歌会始のお題は、「社頭寒梅」であった。このとき新聞に発表された皇太后節子の和歌を掲げてみる。

しつまれる神のこゝろもなこむらむあけゆくとしの梅のはつ花（『朝日新聞』一九四五年一月二十三日）

太宰府神社で詠んだ歌とよく似ているのがわかろう。ただしこの歌もまた、前掲『貞明皇后御歌集』には収録されず、全く違う歌が収められた。この点については、もう一度触れる機会があるだろう。
皇后は太宰府神社でも、祭神の霊と相対している。その霊前に自ら育てた梅を捧げたのだ。「臣として今日はるぐ〳〵と、かしこくも后の宮の御拝を受けらるゝ事、いかに君が霊も、地下に感泣せらるらん。噫《ああ》、永久に、霊は朽ちず。肉は死すとも、霊に生きんかな。現今皮相なる自我実現、個人尊重説の如き、全く小我の肉に生きんとして、大我の霊を失へるものゝみ」（前掲『筑紫行啓供奉之記』）という吉田鞆子の文章は、皇后自身の内面を代弁しているように思われる。

翌三月二十二日、皇后は県立福岡高等女学校（現・県立福岡中央高等学校）、県立女子師範学校（現・福岡教育大学）、私立福岡盲唖学校（現・県立福岡視覚特別支援学校）、西公園を訪れた。そして二十三日には黒田長成侯爵別邸を発ち、博多から門司《もじ》（現・門司港）まで、鹿児島本線を走る御召列車に乗った。

門司からは海路をとり、駆逐艦萩を経て軍艦摂津に乗ろうとしたが、「俄かに空かきくもり、風いよ〳〵はげしく起り、御召艦摂津に近づく頃、見かへれば、供奉のふぢ、つたを初め、あまたの小舟は、皆過半は波間に隠れ、今しもくつがへらんずと見えけり。辛うじて君が代吹奏の中に、摂津に御移乗成らせ給ひしも、余りの寒さと動揺とにて、少しく御恙あらせ給ふ」（同）。風雨はますます激しくなり、艦内にまで容赦なく荒波が押し寄せたため、皇后のために純和風に改造した御座所までが浸水し、「水の御座所」（同）になってしまったという。

このときの模様を、皇后は「かしこけれと神功皇后　御征韓の御航海をしのひまつりて」と題し、歌に詠んでいる。

韓の海わたらし丶日のあらなみも　かくやと思ふ船出なるかな（前掲『貞明皇后御集』上）

皇后が思い出していたのは、「時に随船潮浪《ふななみ》、遠く国の中に逮《みちおよ》ぶ。即ち知る、天神地祇《あまつかみくにつかみ》の悉《ふつく》に助けたまふか。新羅の王《こきし》、是に、戦戦慄慄《おじわなな》きて厝身無所《せんすべなし》」（『日本書紀』巻第九）や、「其の御船の波瀾《なみ》、新羅の国に押し騰《あが》りて、既に国半《くにのなから》に到りき」（『古事記』中巻）であったろう。本来ならば浸水という非常事態に動揺すべきなのに、ここでも皇后節子は記紀に描かれた神功皇后に自らを重ね合わせている。

ちなみに摂津の艦内には、摂津国一宮である住吉神社の模型が安置され、守護神となっていた。これもまた、住吉三神の神託を受けた神功皇后の三韓征伐を想起させるものであった。

三月二十三日から二十八日まで、皇后は瀬戸内海を航行する軍艦摂津に乗り、一部のルートでは軍艦天龍や軍艦長門にも乗りつつ、門司から神戸に向かった。

このルートもまた『日本書紀』巻第九に描かれたような、三韓征伐を終えて九州に戻った翌年に穴門豊浦宮（現・下関市）に移り、さらに穴門豊浦宮から務古水門《むこのみなと》（現・尼崎市、西宮市の武庫川河口付近）まで海路をたどった神功皇后の経路によく似ていた。務古は皇后節子が行啓中に泊まった武庫離宮の武庫と同じ語源であり、神功皇后が兵具をおさめたことに由来するともいわれている。

航行の途上、皇后節子は高松宮が在学する江田島の海軍兵学校、宮島の厳島神社、呉市の鎮守府や海軍工廠、広島市の広島大本営跡などを訪れ、瀬戸内海で海軍の演習や戦闘教練を見学しながら、摂津の艦内や江田島の高松宮御殿で宿泊を重ねている。

皇后が奉納した軍艦摂津の大砲

皇后がこれほど長く軍艦に乗り続けるのは初めてであり、「皇后陛下が軍艦に召し御航海遊ばさるゝ事は神功皇后の三韓征伐を外にしては全く類例なく我国有史以来の最初の御事である」(『東京朝日新聞』一九二二年三月十一日)とされた。摂津の大砲は、二三年五月二十一日に佐世保鎮守府から香椎宮に奉納され、拝殿前にいまも展示されている(写真参照)。

江田島で皇后は、高松宮に久々に再会した。当時、高松宮は日記をつけており、前掲『高松宮日記』第一巻には二一年から三二年までの分が収録されているが、二二年の分はまるごと抜け落ちている。したがって、高松宮が皇后をどういう心境で迎えたのかを知ることはできない。

三月二十八日、皇后は神戸に上陸し、神戸から大阪まで東海道本線、大阪からは自動車を利用し、東成郡墨江村(現・大阪市住吉区)と住吉村(同)にまたがる官幣大社の住吉神社を訪れ、御座所で「琥珀色の御洋装」から「水色の神々しき御礼装」に着替えた(前掲『住吉大社史』下巻)。これはおそらく、香椎宮を参拝したときと同じ服装だったろう。

皇后は住吉三神のうち、底筒男命を祭神とする第一本宮で玉串を持ちながら数分間黙禱し、第二、第三、第四本宮でも本殿階下で祈りを捧げた。このうち第一本宮から第三本宮までは縦に並んでいるのに対して、第四本宮は第三本宮の横に配列されている。神功皇后は、第四本宮にまつられている(写真参照)。

参拝を終えた皇后は、強風のなか、日本最古の灯台とされる住吉高灯籠に昇り、市内や大阪湾の風景を約二十分間にわたって眺めた。それから再び自動車に乗り、大阪駅へと向かったが、「長き沿道、人の山をなせり。四つ辻の所々にては、太き縄をはりて警戒につとむれども、なほ潮の如く人波よせ来つ。制せられては引かへし。誠に恐ろしき迄に見なされぬ。負傷者なども出でやせんと、心に懸る許りなりき」（前掲『筑紫行啓供奉之記』）というほどの熱狂的な光景が見られた。

皇后になってからしばしば訪れた京都とは異なり、節子が大阪を訪れたのは、皇太子妃として皇太子嘉仁とともに第五回内国勧業博覧会を見学した一九〇三（明治三十六）年以来のことであった。

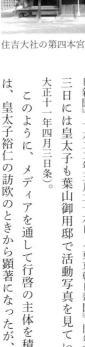

この日は大阪から須磨まで御召列車で移動し、武庫離宮に泊まっている。二十九日は静岡で一泊し、三十日に葉山御用邸に戻っている。三週間におよんだ皇后の九州行啓は、こうして無事終了した。

住吉大社の第四本宮

行啓がまだ終わらないうちから、新聞各社がいっせいに活動写真を上映したり、写真を頒布したたりし始めた。例えば、福岡日日新聞社では三月二十六日、福岡市内の抜天運動場（現・中央区天神二丁目）で福岡行啓の活動写真を公開したほか、東京、大阪の両朝日新聞社では香椎宮、太宰府神社、厳島神社、住吉神社に参拝する皇后の行啓写真を希望者に頒布した（『福岡日日新聞』一九二二年三月二十六日、『東京朝日新聞』同年四月二十一日）。四月三日には皇太子も葉山御用邸で活動写真を見ている（『昭和天皇実録』大正十一年四月三日条）。

このように、メディアを通して行啓の主体を積極的に見せる戦略は、皇太子裕仁の訪欧のときから顕著になったが、皇后がこれほど視覚化されたのは初めてであった。天皇がほぼ完全に視界から消えた「空白」を、皇后は皇太子とともに埋める役割を果たした。

それだけではない。皇后節子が神功皇后に重ね合わされることで、長らく忘れられていた神功皇后の伝説が掘り起こされた。2章で紹介した『飛廉起風』(福岡県、一九二三年)は、「皇后陛下の本県に行啓し給ふこと実に二千年前神功皇后の筑紫に址を垂れさせ給ひし以来の盛事」を記念するため、福岡県内の地名や神社にまつわる神功皇后の伝説を、記紀には収録されなかった民間伝承まで含めて集めたものであった。

これを見ると、福岡県内にいかに広く神功皇后の足跡が伝説として残っているかがわかる。香椎宮や筥崎宮ばかりか、2章で取り上げた宇美八幡宮、鎮懐石八幡宮、小山田斎宮なども収録されている。その活躍ぶりは、あたかも『出雲国風土記』における大穴持命(つまりオオクニヌシ)を彷彿とさせる。同じ九州でも、天孫降臨や神武東征という官製の建国神話とは明らかに異なる民間伝承を、福岡県自体が積極的に発掘しようとしたこと自体、画期的な試みであったといえよう。

しかし、神武天皇同様、神功皇后の実在性も否定された戦後になると、こうした民間伝承は忘却されてゆく。いまや福岡県でも、古代に神功皇后が各地を訪れたと考える県民は皆無といってよいだろう。

卑弥呼を女王とする邪馬台国が北部九州にあると考えた人々も、『日本書紀』で卑弥呼とされた神功皇后には全く関心を示そうとしない。松本清張もそうであった。鎮懐石八幡宮のある糸島市には伊都国歴史博物館があるが、邪馬台国に関する特別展が開かれることはあっても、神功皇后に関する特別展が開かれることはない。太宰府市にある九州国立博物館も同様である。

皇后が九州を訪れた一九二二（大正十一）年三月、第四皇子の崇仁（後の三笠宮）が学習院幼稚園を卒業した。前述のように、皇后が一五年十一月に京都の即位大礼に出られなかったのは、崇仁の出産を控えていたからであった。

幼稚園に通った皇子は、崇仁が初めてであった。崇仁の教育は、女子学習院教授、同幼稚園主事で、一九一〇（明治四十三）年には二葉独立教会（現・日本基督教団東中野教会）を設立したキリスト教徒の野口幽香《ゆか》が担当していた。皇后は野口を厚く信頼し、「野口に澄宮〔崇仁〕までどうしてもみてもらいたい」と話すなど、崇仁が卒業するまで学習院にとどまらせた（貝出寿美子『野口幽香の生涯』、キリスト新聞社、一九七四年）。野口がキリスト教徒であることは、少女時代に讃美歌を歌い、皇太子妃時代にはキリスト教の影響を受けた足立たかを皇孫養育係として厚く信頼していた皇后節子にとって、何らマイナス材料にはならなかった。

崇仁が幼稚園を卒業すると、野口も一八九四（明治二十七）年に華族女学校（一九〇六年に学習院女学部に改称）附属幼稚園設置と同時に助教授になって以来、華族女学校の時代も含めれば二十八年間勤めた学習院を辞めた。そして森島峰とともに一九〇〇年に開設した二葉幼稚園（一六年に二葉保育園と改称。現・社会福祉法人二葉保育園）の経営と、二葉独立教会を拠点とする聖書研究に専念するようになる。

しかし、野口は宮中との間に太いパイプを築いており、学習院を辞めてからも女官の人事にかかわった（前掲『皇后の近代』）。野口を厚く信頼するという点では、皇后節子よりも後に皇后となる良子（香淳皇后）のほうが、さらに上回っていた。昭和になると、地久節（皇后の誕生日）は六月二十五日から三月六日に変わるが、野口は同日、宮中に招かれ、皇后良子に会うようになるからだ。現皇后の美智子にまでつながる宮中とキリスト教との浅からぬ関係は、野口幽香や後述する関屋衣子《きぬこ》らによって早くから築かれていたのである。

皇后節子の九州行啓が終わってからも、天皇嘉仁の体調は悪化こそしなかったが、かといって回復もしなかった。侍従武官の四竈孝輔によれば、二二年四月二十七日から二十八日にかけて、「玉体の傾斜」が「未だ曾て拝したることなき程度に甚しく」なったことすらあった（前掲『侍従武官日記』）。それでもまだ皇后は、天皇が平癒する望みを捨ててはいなかった。

摂政となった皇太子裕仁がまず第一に目指したのは、女官制度の改革であった。同年一月二十八日、裕仁が述べた言葉を宮内大臣の牧野伸顕が記している。

自分の結婚も其内行ふ事とならんが、夫れに付特に話して置き度く考ふるは女官の問題なり、現在の通り、勤務者が奥に住込む事は全部之を廃止し日勤する事に改めたし、今の高等女官は奥にて育ち世間の事は一切之を知らず、実に宇〔迂〕闊なり、現に過日沼津と葉山が何れが東京より遠きかも弁へざる話しを直接聞きたる事あり、今の生活状体にては無理からぬ事なり、一生奉公は人間が愚鈍になるばかりなり、（中略）旁々高等女官は総て日勤制に改め、朝夕の事は所謂女中に用弁させたしと却々御熱心に力を込て仰せあり。（前掲『牧野伸顕日記』）

すでに何度か触れたように、高等女官は皇后の行啓に必ず同行したから、ずっと「奥に住込」んだまま、「世間の事は一切之を知ら」ないわけではない。この点で皇太子の認識は、明らかに間違っている。

皇太子の発言の背景には、12章で述べたような英国での体験があった。ジョージ5世をはじめとする英国の王室メンバーと親しくつきあった皇太子は、一夫一婦制が確立されてもなお多妾制の温床となりかねない「奥」、すなわち後宮を、後進性の象徴と見なしていた。

このときすでに、皇太子裕仁の訪英に対する御礼として、エドワード王太子が来日することが決まっていた。その前に宮中を改革し、誤解を招く恐れのある女官制度を変えておきたいという気負いがあったのではないか。

あるいは皇太子は、父親の天皇嘉仁を意識していたのかもしれない。「自分の結婚も其内行ふ事とならんが」と話す裕仁が、もし高等女官に手をつけた可能性のある嘉仁の素行について知っていたなら、まさに父親を反面教師にしたとも考えられるのだ。

牧野は、皇太子の「少しく極端に御奔り易き御意向」に驚き、「仮令《たと》へば御祭の如き、其他歴史的種々御式事に付通勤にては御用弁上不便の点も可有之」と話した。通勤制に改めてしまうと、早朝や深夜の宮中祭祀に支障をきたすとしたのである。皇太子はそれでも納得しなかった。牧野は、「皇后様の御思召をも篤と伺はざれば済まざる次第」を話し、女官を統括する皇后の許可が必要だと諭した。皇太子はなおも納得せず、「夫れは当然なるが尚ほ考へ置き呉れ」と述べている。

皇太子がここまで強硬な態度を貫いたのは、天皇に親しく接する女官に悩まされてきた皇后節子ならば、一夫一婦制を名実ともに確立させることになる後宮の廃止に賛成するに違いないという読みがあったからではないか。だがその読みは、結果的にはずれることになる。

天皇の体調悪化は、皇后の心境にも影響を及ぼしていた。アマテラスや神功皇后に対する思いが深まるにつれ、皇后は宮中祭祀の重要性を認識するようになり、祭祀に果たす高等女官の役割もまた重要だと考えるようになる。逆にいえば、皇太子は宮中祭祀を軽んじていることが、先の発言によって露呈したわけだ。

皇太子に対する皇后の怒りは、摂政になって初めて天皇の代わりに行うべき二二年十一月二十三日の新嘗祭を、皇太子が四国での陸軍特別大演習と地方視察のために行わないと牧野から聞いた同年九月二十二日、ついに爆発する。

……殿下には御正坐御出来ならざるに付御親祭は事実不可能なり、今後は是非御練習の上正坐に御堪へ相成様致度、昨年来殊に此種の御務め事に御怠慢の御様子あり、今後は何とか自発的に御心懸け相成る様致度し、夫れも御形式になく御心より御務めなさるゝ様御自覚被為度望み居る旨御仰せあり。(同)

成年式以降に出席すべき新嘗祭に本来の形で出たことがなかった上、ヨーロッパから帰国するや、洋館の霞関離宮に住み、ライフスタイルを西洋風に完全に改めてしまった裕仁には、長時間の正座ができないと節子は見ていた。長時間の正座ができないということは、新嘗祭ばかりか、天皇になってから必ず行わなければならない大嘗祭もできないということだ。

この点については、後に三笠宮も、昭和天皇が皇太子時代に外国を回って帰ってきてから「もう洋服一辺倒になりましたね。和服は一切お召しにならなかった」とし、「貞明皇后としては昭和天皇が洋服や女官などの在来の制度を全部改革なさったというようなことには、ご不満があったかもしれませんね」と回想している（前掲『母宮貞明皇后とその時代』）。

実際には摂政になってからも、裕仁は二二年一月三日の元始祭、二月十一日の紀元節祭、三月二十一日の春季皇霊祭・春季神殿祭、四月三日の神武天皇祭などを自ら行っている。決して皇后が言うように、「此種の御務め事に御怠慢の御様子」だったわけではない。

しかし、夕の儀、暁の儀と、それぞれ二時間以上正座し続けなければならない新嘗祭を皇太子ができるはずはないという見方は、皇后ばかりか、宮中関係者の間に広く共有されていた。二二年七月七日には、宮内省参事官の南部光臣が倉富勇三郎にこう述べている。

南部、新嘗祭のときは殿下か代行なさるることとなれは、一度に二時間位端坐なされさるへからす。然るに殿下は平常椅子のみ御倚りなされ居り、二時間も端坐なさることは絶対に出来さる旨、東宮職の職員より自分（南部）に申来り、何とか工夫なきやとのことなるか、如何にすへきやと云ふ。（前掲『倉富勇三郎日記』第二巻）

倉富はこれに対して、「此事は一度、二度のことに非す。是非とも修行なされさるへからさることなる故、漸次御稽古なさるより外致方なからん」と答えている。

けれども皇后に言わせれば、たとえ皇太子が正座の稽古を積み、新嘗祭を行えるようになったとしても、それだけでは十分でない。重要なのは、「御形式になく御心」、つまり心からアマテラスの存在を信じ、全身全霊をもって祈ることができるかどうかにある。それができなければ、祭祀の根本をわきまえていないに等しいのだ。この発言は、香椎宮で二十分近くにわたって祈り、神功皇后の霊との一体化を求めた自らの体験に支えられていよう。

皇后は、良子自身には好感をもちながらも、宮中某重大事件が発覚してもなお良子との結婚に固執する皇太子を、心の奥底では許していなかった。牧野に対しては、その主な原因は良子の父親に当たる久邇宮邦彦王の態度にあると話したが、「不純分子の皇統に混入する事の恐れ多き事」を忘れたわけではなく、それを自覚しない皇太子の態度を槍玉にあげている。


……皇太子殿下も皇統の純潔云々に付ては未だ相当之御心懸なきが如し。此れは今後是非御留意ある様致度し。我々が此位地を汚し奉るは実に恐多き事にて皇統は不窮にて出来る丈け純潔ならざる可からず。其位にあるものは一時其御位地を御預り致す様のものにて、決して我々の私有にあらず、実に大切に考ふべきものなり、何卒皇太子殿下も此の御心懸けは御怠りなき様御修め被遊度御願致度し。(前掲『牧野伸顕日記』)

皇后の言う「皇統の純潔」とは、一体何を意味するのか。単に代々受け継がれる血統に、色覚異常のような「不純」な遺伝子が混入しないようにすることを意味するだけなのか。おそらくそうではあるまい。

皇后は、「皇后霊」と同様、代々の天皇によって継承される「天皇霊」もなければならないと考えていたのではないか。「其位にあるものは一時其御位地を御預り致す様のものにて、決して我々の私有にあらず、実に大切に考ふべきものなり」という皇后の言葉は、天皇の身体をアマテラスから一時的に預かる「魂の容れ物」でしかないと見なし、永続する天皇霊をそれに対比させる折口信夫に通じるものがある。折口同様、〈霊〉は神聖でなければならないという思いが、「皇統の純潔」という言葉に込められていたのではないか。

二二年六月二十日、牧野伸顕は皇太子裕仁に会い、結婚を許可する親書に署名するように求めた。裕仁は、大正天皇の代わりに署名することで、良子との結婚の勅許が下された。牧野は、「茲に於て昨春以来の大問題、乃現職拝命以来常に念頭を離れざる難題の勅裁を得て心身共に解放されたる感あり」（同）と述べている。「納采の儀」は九月二十八日に行われ、成婚式は二三年十一月に行われることが内定した。

だがもちろん、皇后の心配が消えたわけではなかった。後に皇后は、「よの中こぞりて東宮の御慶事をよろこび申あひたるも、われのみはいかにしても其心になりかねて、唯々秋の事のみおもひわづらひぬ」（前掲『貞明皇后御集』中）と回想することになる。

良子は一八年四月からずっと、後閑菊野《ごかんきくの》を教育主任とする御学問所で倫理、物理、憲法、フランス語、習字、歌道、絵画、漢学、体操および茶道といった講義を二人の学友とともに受けていた。後閑は家政教育の先覚者といわれ、明治期から『家事教科書』をはじめとする家政経済学の著作を世に送り出してきた（常見育男「明治期家政教育の先覚　後閑菊野の人と業績と生涯」、『家庭科学』七九号、一九七九年所収）。けれども倉富勇三郎は、二一年三月四日の日記に「頻りに〔良子〕女王のことを話す模様にて、新聞に書き居るか困りたる人なり」と記すなど、新聞記者に教育の内容を話してしまう軽薄な人物という印象をもっていた（前掲『倉富勇三郎日記』第二巻）。

勅許が下されてから五日後の六月二十五日、皇后節子は三十八歳の誕生日を迎えた。この日は第二皇子雍仁親王の二十歳の誕生日でもあり、宮中三殿の賢所で成年式が行われた。これは雍仁にとって初めての宮中祭祀であった。成年となった雍仁は宮家を創立し、「明治天皇ノ奠《さだ》メタマヘル帝都所在ノ武蔵国ノ名山」（前掲『雍仁親王実紀』）に由来する「秩父宮」を名乗ることになった。

皇后は、雍仁の秩父宮家創立と陸軍士官学校卒業、そして見習仕官としての歩兵第三連隊への入隊を祝い、同年九月に次の和歌を詠んでいる。

大宮のちよのまもりのちちぶ山　あふげば高し八重ぐもの上に（前掲『貞明皇后御歌集』および前掲『貞明皇后御集』上）

大宮とは皇居のことだろう。皇后は、帝都から見える秩父の山々に託して、将来の天皇をずっと見守る弟宮の役割の大切さを歌にしたかに見える。

けれども、「八重ぐも」を「八雲」、すなわち出雲にかかる枕詞の「八雲立つ」のことだと解釈すれば、もう少し違った意味になる。

皇后自身が二〇年十月に参拝した大宮町の氷川神社こそは、もともと武蔵国総鎮守にして旧武蔵国で最も社格の高い官幣大社であり、スサノオ、クシイナダヒメ、オオクニヌシをまつる出雲系の古社であった。八雲は、氷川神社の神紋でもある。ところが、皇后が氷川神社に参拝した翌月には明治天皇と昭憲皇太后をまつる新たな官幣大社、明治神宮が創建され、皇后も参拝している。秩父は明治天皇が気に入っていた山でもあった。「あふげば高し八重ぐもの上に」という一節には、明治神宮ができたことで、武蔵国における祭神の「磁場」が変わったことが暗示されていると見ることはできないだろうか。

皇后に対する皇太子と秩父宮の態度は、まさに対照的であった。二二年九月五日、東宮職御用掛の西園寺八郎は、倉富勇三郎にこう語っている。

……皇太子殿下の御性質は実に美なる所あり。然し御年が若き丈けに直情径行の所あり。此事に付ては、先頃北海道行啓中に自分より十分注意し置き、例へは皇后陛下に対しても、大政摂行に関することの外は成るへく柔順にして孝道を御尽く〔し〕なさる様に申上け置きたり。淳宮〔秩父宮〕殿下は、其辺のことにも余程如才なく御振舞なさるる様にて、例へは、皇太子殿下は、皇后陛下より何か欲する物なきやとの御尋かありても、何にも欲するものなしとの御答をなされ、淳宮殿下は、左程欲しくなき物にても是を頂き度と答へらるる様のことある趣なり。（前掲『倉富勇三郎日記』第二巻）

こうした性格の違いが、皇后が注ぐ愛情にも影響を与えたと考えるのは、見当違いではあるまい。外見的にも、小柄で猫背の皇太子に対して、秩父宮は背が高く、スポーツマンらしい体型をしていた。

同年七月三十日に行われた明治天皇十年式年祭で、秩父宮は伏見桃山陵に参拝した皇太子の名代として宮中三殿に向かい、「候所で神々しき御束帯を御着用、笏を把らせ給ひて参進親しく御拝礼遊ばされ入御」（『東京朝日新聞』一九二二年七月三十一日。原文は読点なし）した。皇太子が親祭しなかった同年十一月二十三日の新嘗祭や、麻疹のため皇太子が欠席し、皇后が出席した同年十二月十五日の賢所御神楽にも、秩父宮は出席している(『宮内省省報』第百四十七号および第百四十八号、一九二二年)。

秩父宮は二三年四月から、大日本帝国憲法、日本古典、宗教学、社会思想、漢籍といった科目の個人授業を受けることになる。このうち、日本古典を担当したのが筧克彦で、「神ながらの道」を講義することになる。背景には、「皇后陛下の深い思召」があったとされている(前掲『秩父宮雍仁親王』)。

少なくとも皇后から見て、宮中祭祀に熱心ではなかった皇太子とは異なり、秩父宮は祭祀を重んじているように思えたのかもしれない。けれども、皇族が成年になっていきなり祭祀に出ることの困難さは、高松宮が後年(三六年一月十七日)、日記のなかで書き残している。

……成年になつて始めて宗教的な宮中の祭典に出るのであるが、ソレがまた神事を人事の如くに扱ふ式の参拝で、そこに矛盾を感じても、アセツても何んともならないのである。そして私は御所から離れて別居してゐたから、御奥での宗教的なる(ソコノミハ神事の神事として残姿があった)行事にフレる機会がなかつた。そして傅育に当ツタ人々は少しのそうした注意も払つてゐたとは考へられぬ。而して成年になると、常に急に賢所の御式にも出ることになる。唯物的学校教育ノみをうけた、精神的にはやはり科学的な修身と云ふよりも単なる形式的な道徳教育のみをうけたものにとつて、藪から棒の出来事である。

宮中の現に私達の参列する神事は極めて形式的ナ単なる一時的な敬礼の瞬間にすぎない。そして、皇族たるものが、神道に対する理解、むしろ信仰は動作行為の根底にならなくてはならぬこ

とを顧みるとき、実に残念に思ふのである。（前掲『高松宮日記』第二巻）

これはおそらく、秩父宮にとっても全く同じであったろう。西園寺八郎が指摘したように、秩父宮は宮中祭祀を重んじる皇后の気持ちを第一に考えて積極的に祭祀に出るようにしたのではないか。しかし秩父宮が、「形式」ではなく、母と同じ「信仰」の境地にまで達していたかといえば、決してそうではなかった。

この点に関連して興味深いのは、秩父宮が五三年一月に死去する直前、遺言として「葬儀は、若し許されるならば、如何なる宗教の形式にもならないものとしたい」と記していたことである（前掲『雍仁親王実紀』）。秩父宮は節子のように、「神ながらの道」をきわめることができず、節子が死去したときも、「世の中の移り変りに従って宮中の例を改めるということには、きわめて消極的であった」（「亡き母上を偲ぶ」、前掲『皇族に生まれて』所収）と述べるなど、母に対してつき放したともとれる評価をしていた。秩父宮を溺愛した節子に、この心境は伝わっていなかったに違いない。

二二年十一月三日から、皇后は再び伊勢神宮や伏見桃山陵、同東陵、泉涌寺、東福寺、天智天皇陵、稲荷神社（現・伏見稲荷大社）、東寺、日吉神社（現・日吉大社）、建部神社（現・建部大社）、石山寺、園城寺、松尾神社（現・松尾大社）、大覚寺、大原野神社、光明寺、西本願寺、東本願寺などに参拝し、学校や工場を見学するため、三重県、京都府、滋賀県を訪れる旅に出た。主な目的は明治天皇死去から十年になるのに合わせて伏見桃山陵に参拝することにあったが、神社仏閣に天皇の平癒を祈願するという従来からの目的も伴っていた。

皇后が伊勢神宮に参拝したのは、一六年三月以来であった。前回は和装であったが、今回は純白の菊花模様の洋装姿で外宮（豊受大神宮）、内宮（皇大神宮）の順に参拝している（前掲『みゆきの跡』）。

これはおそらく、三月に香椎宮を参拝したことと関係がある。神功皇后の霊に天皇嘉仁の平癒を祈った皇后節子は、アマテラスに対しても同様の祈りを捧げたのだろう。新聞でも、「女官の捧ぐる御手洗水に手を清めさせられ、参進玉串を捧げ厳かに額づき聖上陛下の御健康を祈らせられた」（『読売新聞』一九二二年十一月六日）とあるように、参拝の目的は公表されていた。

五年前に訪れたときと同様、京都は紅葉のシーズンを迎えていた。例えば十一月八日に訪れた泉涌寺では、皇后は御座所の「玉座の間」から「庭園の秋色を御感賞《ママ》」した（『大阪朝日新聞』一九二二年十一月九日）。続いて訪れた東福寺でも、「紅葉のいと妙なる通天橋を渡御あり屢《る》次《じ》玉歩を駐めて四辺の風色を御覧」になった（同）。東京では決して見ることのできない風景に、皇后は改めて九条家の菩提寺がある「故郷」の素晴らしさを実感したのではないか。

すべての日程を無事終えた皇后は、十八日午前九時半、京都から御召列車に乗り、午後八時に東京に到着した（前掲『みゆきの跡』）。二十三日の新嘗祭に皇后は出ることはなかったものの、当日は他の宮中祭祀で女官を代拝に遣わす場合と同様、潔斎して奥宮殿の皇后宮御座所（皇后宮常御殿）で謹慎するのが恒例であり、それよりも前に帰京したのであった。

二十一日、皇后は長旅の疲れも見せず、赤坂離宮御苑（現・赤坂御用地）で開かれた観菊会に臨み、約三千人の出席者とともに、十七日に来日したばかりのアインシュタイン夫妻に会っている。

私たちは外国の外交官らと共に半円をなすように並ばせられた。ドイツ大使館員に連れられて案内を受けた。日本の皇后がこの半円の内側から歩み出て、大使館関係の男女らと二言三言交わし、私とは二、三の親しい言葉をフランス語で交わした。（金子務『アインシュタイン・ショックⅠ　大正日本を揺がせた四十三日間』、岩波現代文庫、二〇〇五年）

アインシュタインは日記にこう記している。皇太子妃時代以来、ほとんど学習する機会のなかったはずの皇后節子のフランス語は、ノーベル賞を前年に受賞した世界的な物理学者にも通用したのだ。

一方、皇太子は十一月十二日から十二月四日まで、摂政として初めての陸軍特別大演習の統監と地方視察のため、四国四県と兵庫県淡路島、和歌山県を訪れた。これは従来、大正天皇が毎年十月ないし十一月に行ってきた陸軍特別大演習の統監を受け継ぐものであったが、大正天皇は十一月二十三日の新嘗祭を自ら行うため、その前日までには必ず帰京していた。

ところが皇太子裕仁は、二十三日には前日から滞在していた松山市の伯爵久松定謨《さだこと》別邸「萬翠《ばんすい》荘《そう》」に籠もったまま終日過ごしており、摂政になって初めての新嘗祭を行うことができなかった。このために皇后の不興を買ったことは、先に触れた通りである。

一九二三年三月二十六日、駐日英国大使館大使のＣ・エリオットは、英国外務省に送った「一九二二年日本年報」のなかで、こう述べている。

一九二二年には、天皇の健康状態に重大な変化はなかった。日本政府はこの問題について話したがらないが、聞くところによれば、天皇陛下の体調は昨年より悪くはなく、心配はないのに対して、精神状態はむしろ悪化している。それでも大臣たちは依然として陛下がふだん住んでいる葉山御用邸を公式に訪れ、名目上拝謁している。皇后は宮中の組織のような、自ら関心のある問題については強い意志をもっていると言われているが、政治には関心がないように見える。（英国ナショナルアーカイブス所蔵文書FO３７１／９２３３所収。原文は英語）

ここには、英国の皇后節子に対する見方がよく現れている。この約一ヵ月前、二月二十八日に送った「摂政殿下の結婚」と題する私信でも、エリオットは「皇后は政治には関心を示さないが、結婚や宮中儀式のような関心のある事柄については、最も断固とした性格の女性だと言われている」（同）と書いていた。

この日本年報でも「ウェールズ公〔エドワード王太子〕の訪問を別として、一九二二年はあまり印象的な出来事がなかった」と記されていたように、二二年の皇室は六月に東伏見宮依仁《よりひと》親王が死去したのを除けば、表向きには概して平穏なまま、一年が過ぎた。皇后の度重なる行啓を通しての平癒祈願の効果は現れず、天皇の容態はあまり変わらなかった。天皇は視界を遮る形で、引退する前と同様、東京帝国大学附属臨海実験所や赤坂離宮御苑、浜離宮などへの行幸を続けた。

だが、異変の兆候は二二年の年末からすでに現れ始めていた。皇太子は、地方視察から帰京するや体調を崩し、十二月九日からアスピリンを服用していたが、十二日正午には体温が三十九度七分まで上がり、十三日には麻疹と診断された（『昭和天皇実録』大正十一年十二月十二日条および十三日条）。二三年一月になっても病気は治らず、皇太子は全快する一月二十二日まで、光格天皇例祭（十二月十二日）、賢所御神楽（十二月十五日）、歳旦祭（一月一日）、元始祭（一月三日）といった宮中祭祀や、帝国議会の開院式（十二月二十七日）、枢密院会議（十二月二十九日）などを休み、二三年の新年宴会（一月五日）や陸軍始観兵式（一月八日）は取りやめとなった。

一九二三（大正十二）年は亥年であった。皇后は、皇太子の結婚という祝賀を控えていたにもかかわらず、亥年にはともすれば凶事が起こるという古くからの言い伝えを思い起こしていた。そしてその言い伝えは、二月になって早くも現実のものとなる。

第15章

関東大震災

一九二三（大正十二）年一月一日の『大阪朝日新聞』付録には、洋画家の和田英作が描いた皇太子裕仁と久邇宮良子の肖像画「千代の栄え」が掲載された。だが、めでたい年になるはずの一九二三年の年明けは、例年に比べて寂しかった。

天皇と皇后は、葉山御用邸に滞在していた。皇太子は麻疹で静養しており、一月一日の四方拝や歳旦祭は行われなかった。三日の元始祭は掌典長が代拝した。

侍従武官の四竈孝輔は、この元始祭について、「参拝者僅かに百名に過ぎざるべし、殊に寂莫を感ず」と日記に記している（前掲『侍従武官日記』）。一月二十五日からは皇太子も避寒のため沼津御用邸に移り、「東京宮城内愈々ガラ空きの姿」（同）となった。

一月二十一日、侍医を拝命したばかりの山川一郎は、葉山御用邸で初めて天皇に会っている。

陛下は羽織袴を召されて、二三の侍従と、紅色の絨毯を敷きつめた、檜の香が籠もったお廊下にお立ちの時に、黒田侍従からご紹介下さった。陛下はお微笑を浮かべてお頷きになり、御手ずからプリムラ（桜草）の鉢を賜わった。数分間で退下したが、後ろの方で、「山川ゆう侍医だよ」、傍らの侍従にお話しのお声が聞こえた。（前掲『拝命』）

山川が回想する天皇の言動に、特に異常は見られない。天皇の容態は、前年から引き続いて変化がなかったことが伝わってくる。悪くなることもない代わりに、回復する兆しも見られないということだ。

二月になると、皇族の死去が相次いだ。

元命婦の生源寺伊佐雄《しょうげんじいさお》（源氏名は梢）は、一九二三年の日記で、一月二十五日に姉が死去したのに続いて、「〔二月〕四日、伏見大将宮薨去　五日（公式には七日——引用者注）有栖川宮董子《ただこ》殿下薨去（中略）十四日　伏見宮様御国葬ニ附紀の国坂へ参り拝す」と記した（同志社大学人文科学研究所所蔵「生源寺伊佐雄日記」）。

文中の「伏見大将宮」「伏見宮様」とは、元帥陸軍大将の伏見宮貞愛《さだなる》親王のことである。皇太子嘉仁（大正天皇）との婚約を解消された伏見宮禎子女王の父親で、当時最長老の皇族でもあった。また「有栖川宮董子殿下」とは、一八九五（明治二十八）年に死去した有栖川宮熾仁《たるひと》親王の未亡人、董子を指している。

広島県の江田島にいた高松宮は、有栖川宮家最後の親王に当たる威仁（熾仁の弟）が死去した一九一三（大正二）年、八歳で有栖川宮の旧宮号である高松宮を名乗り、有栖川宮家の祭祀を継承した。このため、董子の喪主として上京する準備を始めたが、状況を一変させたのは皇后節子の態度であった。二三年二月十日の日記に、高松宮はこう書いている。

午後帰ツテ私トシテハ喪主ニナツタ以上帰京スルノヲ至当ト思フ旨、山内傅育官ヨリ官長ニ尋ネシム（手紙ト電報デ）。ソレト入レ違ヒニ、私ノ身体異状ナキヤ、ソノ方デ帰京ニ差シツカヘナキヤト電報ガ来タ。コレデ東京ノ寒サヲ少シ気ニシテルナト考ヘラレタ。夜淡近《あわちか》〔澄《きよし》・皇后宮属、御母宮様ノ御親書モテ来島。ソノ御親書ハ帰京スルヤウニトノ仰セト思ヒノ外、意外ノコトニモ帰ラナイヤウニ（ソノ理由ハ寒イカラト云フコトラシク思ヘタガ）ト云フコトデ非常ニ「ヒステリック」ニナツテ書イテオアリニナルノデ、ヨク事ガ私ニハ了解出来ナカツタガ、午後出シタ私ノ考ヘハ一時中止（チト変ダガ）ニスル意味ヲ電報ス。コマツタ事ニナツタ。大臣ハ帰ルヤウニトノ意見ナルモ、御母宮様ハコトゴトク反対ナサルラシ。（前掲『高松宮日記』第一巻。傍点引用者）

ヒステリック――この言葉を、元女官の梨木止女子もまた使っていたことは、11章ですでに触れた。けれども不思議なのは、実際に皇后に会ったわけでもないのに、手紙の文面だけで「非常ニ『ヒステリック』ニナツテ書イテオアリニナル」と判断していることである。

その背景として考えられるのは、前章で触れたように、高松宮が前年の三月に江田島を訪れた皇后に会ったことだろう。二二年の日記がないので正確な事実はわからないが、久しぶりに再会した皇后に、高松宮はそれまでとは違った印象を受けたのではないか。

もっといえば、香椎宮に参拝し、神功皇后の霊と一体化したと信じた皇后節子は、第三皇子の目から見ても神がかった印象を与えたのではないか。その印象が残っていたからこそ、高松宮は文面を見ただけで「ヒステリック」という言葉が浮かんだように思えるのだ。

高松宮が「大臣ハ帰ルヤウニトノ意見」と記した牧野伸顕は、同じく二月十日の日記で「殿下一応《ママ》を御帰京あるを相当と考へ言上したるに、皇后陛下には殿下の御健康を御案じ遊ばし御名代にて済せ度しとの御思召なり」と記している（前掲『牧野伸顕日記』）。「殿下の御健康を御案じ遊ばし」という『牧野伸顕日記』の言葉は、「私ノ身体異状ナキヤ」という前掲『高松宮日記』第一巻の言葉と符合する。しかし、その理由に高松宮が納得していなかったのは、日記からも明らかである。

おそらく真の理由は、当時、高松宮はまだ十八歳で成年式も迎えておらず、[注1]すでに成年式を迎えた秩父宮とは異なり宮中祭祀に出たこともなかったので、喪主は任せられないと皇后が判断したことにあったろう。「信仰」が伴わない「形式」だけの祭祀を皇后が嫌っていたことは、すでに触れた通りである。結局、高松宮の名代として喪主を務めたのは、傅育官長の松浦寅三郎であった（前掲『高松宮宣仁親王』）。

三月三十一日には皇后だけが葉山から一時帰京したが、その二日後の四月二日には、さらに衝撃的なニュースが海外から飛び込んできた。『大正天皇実録』から引用しよう。

> 四月一日、仏蘭西国巴里滞在中ノ〔北白川宮《きたしらかわのみや》〕成久《なるひさ》王・同妃房子《ふさこ》内親王並ビニ〔朝香宮《あさかのみや》〕鳩彦《やすひこ》王、巴里ノ郊外西方百四十基米ノ地ヲ自動車ニテ遊行中、偶々樹木ニ衝突シ、成久王薨ジ、妃房子内親王・鳩彦王重傷ヲ負フ。

パリの郊外で、北白川宮成久王が運転し、房子内親王や朝香宮鳩彦王が同乗していた自動車が、スピードを出し過ぎて道路を逸れ、路傍の大木に激突し、北白川宮がほぼ即死、房子と朝香宮が重傷を負ったのだ。房子は、明治天皇の第七皇女で、第三皇子の嘉仁よりも十一歳年下であった。

このニュースに接した生源寺伊佐雄は「驚き」と四月二日の日記に記し、牧野伸顕も同日の日記に「実に愕然、限りなく痛心の至り也」と記している（前掲「生源寺伊佐雄日記」および『牧野伸顕日記』）。

　皇后は四月六日、葉山に戻った。皇太子が台湾視察に向けて横須賀を出港した四月十二日には久邇宮良子との結婚が正式に発表され、「奉祝」ムードが一気に高まった。五月には、東京市主催の奉祝会を上野公園で開くことも決まった（『東京朝日新聞』一九二三年五月二十七日）。

　天皇と皇后は、五月になってもまだ葉山御用邸にいた。五月四日、皇后は葉山から自動車に乗り、日帰りの小旅行に出掛ける。まず、横須賀市の走水神社に参拝した（前掲主婦の友社版『貞明皇后』）。8章で触れたように、ヤマトタケルと后のオトタチバナヒメをまつるこの神社は、社格でいえば全国に数ある官国幣社はもちろん、県社よりも低い郷社であった。郷社に皇后が参拝すること自体、きわめて異例であったといえる。

　その目的は、オトタチバナヒメに大正天皇の平癒を祈願することにあった。記紀によれば、オトタチバナヒメはヤマトタケルの東征に同行しながら、自ら犠牲となって入水し、海神の怒りを和らげることでヤマトタケルが走水の海を横断することを可能にした。そのため皇后にはなれず、ヤマトタケルも東征からの帰途に死去したために天皇にはなれなかった。

　皇后節子は、神功皇后をまつる香椎宮に参拝したときと同様、走水神社でオトタチバナヒメの霊に自らを重ね合わせようとした。

　わだ神がのぞめることをそのまゝに　はたしたまひし心をしぞ思ふ

君のため浪のほなかにしづみてし　深き心に音もなかれけり

いさぎよくはたをゝしとも忍ばれて　花橘の影をこそしたへ
とこしへに鏡とこそはあふがるれ　弟たちばなの花のすがたを（前掲『貞明皇后御集』中。原文は濁点なし）

2章で触れたように、子供時代、オトタチバナヒメの「いけにえ」の物語に深くひきつけられ、そこに現代にも通じる象徴性があるように感じたと九八年に述べたのは、現皇后の美智子であった（前掲『歩み』）。宮中に入るはるか以前から、オトタチバナヒメは現皇后に最も大きな影響を与えた人物の一人であったのだ。

走水神社を参拝した皇后節子は、再び自動車に乗り、近くの観音崎へと向かった。ここで明治初期に建てられた初めての近代式灯台、観音崎灯台を訪れたことがきっかけとなり、集落から離れた灯台を守る職員や家族に関心をもつようになる（写真参照）。ハンセン病患者同様、社会から最も疎外された「臣民」にこそ最も手厚い仁慈を施さなければならないという、光明皇后を多分に意識した思いが反映していたのは明らかだろう。

皇后節子はこの年（一九二三年）、光明皇后が創建した奈良の法華寺に菊の紋章入りの灯籠一対を奉納している。灯籠一対は、本尊、すなわち光明皇后の姿を模したと伝えられる十一面観世音菩薩像の前に寄進された（『光明皇后と法華寺』、総国分尼寺法華寺門跡、刊行年不明）。

五月十日、天皇は皇后とともに葉山御用邸を発ち、帰京した。御用邸近くの宿舎に滞在していた山川一郎も帰京し、侍医として天皇の側に仕えた。

当直の日の午後十時、「御格子《みこうし》」（天皇が寝所に入ること）の前に電話で呼ばれると、天皇の斜め右側に洋装の皇后が座っている。このとき山川は、皇后から折にふれて感銘するような話も聞くことになるのだが、全く逆の印象をもった侍医もいたようだ。

ある時、先輩の老侍医が、「自分は成るべく早く切り上げる、皇后様はどうも怖くて仕方がない」というのであった。余り不思議なので私は驚いた。（前掲『拝命』）

当時、山川はまだ四十歳で、侍医のなかでは最年少であった。山川は感じなかったが、皇后を「どうも怖くて仕方がない」と感じる侍医がいたわけだ。

この老侍医は、一緒にいるだけで気圧されるほどただならぬ空気を、皇后から感じとったのだろう。それは高松宮が日記に記した「ヒステリック」という言葉と、どこかでつながっていたのかもしれない。

観音崎灯台に立つ「皇后陛下行啓御坐所跡」の石碑

六月二十九日には、有栖川宮威仁親王妃の慰子《やすこ》が湯河原の旅館「天野屋」（現・町立湯河原美術館）で死去した。これにより、有栖川宮家は断絶する。七月一日、喪主を高松宮にするとの勅命があったが、おそらく今回も皇后が反対したのであろう。結局また松浦傅育官長が名代をつとめた。それでも高松宮は七月六日の本葬を前に上京して通夜に出席し、その夜の列車で江田島に戻っている

（『大正天皇実録』大正十二年六月二十九日条および前掲『高松宮宣仁親王』）。

七月十二日、天皇と皇后は避暑のため上野から御召列車に乗り、日光田母沢御用邸に向かった。御用邸に到着するや、政府首脳や側近の死が相次いだ。七月十三日に伏見宮家出身の宮中顧問官、清棲《きよす》家教《いえのり》が、七月二十日には枢密顧問官の細川潤次郎が死去し、八月二十五日には首相の加藤友三郎が大腸ガンのため死去した。後継の首相はすぐには決まらず、外相の内田康哉《こうさい》が臨時の首相代行となった。

九月一日の関東大震災が起こったのは、こうした皇族や首相の死が相次ぐ状況のさなかにおいてであった。長い引用になるが、震災を皇后自身が予期していたことがわかるのが、日光で震災にあった直後に自ら書いたと思われる次の文章である。

大正十二年九月一日、ゆくりなく地震ひて、しかもよにためしなきつよさなりければ、胸ふたがる思ひしけるに、かさねて帝都火のわざわひに半あまりもかゝりて、人の火にやかれ水におぼれたる数しれずとこそきけ、さばかりのいらかをならべし家たかどのも、またゝくまにこと〳〵くはい〔灰〕となりたるよし、遠きこの地にありておもひやる、せなきまゝをふみにうつしおかなむとおもひつ。またつぎ〳〵にきけば、横浜、横須賀、小田原、鎌倉、伊豆と所々おなじきさまとあるは、かへす〴〵いたましき事共言葉につくしがたきこゝちせらるゝも、此時にこゝろのまゝをよみいで、のちのかなしきおもひ出草のつゆわけむたよりにもとかきしるしおくになん。ことしは亥年にあたりければ、いにしへよりともすればあしき事ありとかねてよりきゝをりたるが故にもあらむか、其しるしともはや思れて、年改まる二月の頃より世の中おだやかならず。上は竹の園生をはじめとして、臣たちのしれる限りに多く人のうしなへる、たゞかなしき事のみいでくるを、なげきつ半年をすごしぬ。されど心にまたこれのみにてはすむまじと、下の半期をいと心もとなくのみぞおもひがちなりける。人にいはむはまよひごゝろとあざけらるはしたなかるべしと、一人うちにつゝみ、一日としてやすきこゝろはなかりけり。さればよの中こぞりて東宮の御慶事をよろこび申あひたるも、われのみはいかにしても其心になりかねて、唯々秋の事のみおもひわづらひぬ。かゝる時に此天災異変ふりいでおこりたる、かしこしともかしこきこゝちせられ、心のおのゝきやまざりける（前掲『貞明皇后御集』中。適宜濁点を補い、読点を句点に改めた）

皇后がこれだけまとまった文章を残しているのは、きわめて珍しい。全体的に文章に勢いがあり、断片的な情報が次々に入ってくるだけでまだ震災の実態もつかみ切れない日光で、こみ上げてくる感情を抑えられず、一気に書いたものと思われる。

文中の「竹の園生」は皇室を指している。皇后は、多くの皇族や臣下が死去したことを悲しみつつも、これだけではおさまらず、秋にはもっと大きな災難がやってくるものと思い、一日として安心はできず、世の中は皇太子の結婚で祝賀ムードだったが、とてもそんな気分にはなれなかったと述べている。結果として皇后の予言は、見事に的中したことになる。

柳田國男に言わせれば、これもまた「妹の力」の一例と見なすべきなのかもしれない。「前代の女性が霊界の主要なる事務を管掌して、能くこの世の為に眼に見えぬ障碍を除去し、必ず来るべき厄難を予告することによつて、言はれなき多くの不安を無用とし、乃至男たちの単独では決し難い問題に、色々の暗示を与へる等、隠れて大切な役目を果して居たことは、もう我邦ではわかりきつた歴史である（以下略）」（「玉依彦の問題」、『柳田國男全集』第十一巻、筑摩書房、一九九八年）。

柳田の言う「歴史」は、「前代」ばかりか「現代」にまで受け継がれてきたということになろう。もっとも皇后の場合、「人にいはむはまよひごゝろとあざけらるはしたなかるべしと、一人うちにつゝ」んだため、予知能力が生かされることはなかった。

この点に関連して思い出されるのは、一八年に死去した開祖・出口なおの「筆先」をもとに、皇道大本が終末的な予言である「立替へ立直し」を叫び、二一年に弾圧されたことである（第一次大本事件）。

なおは、「初発の神諭」と呼ばれる一八九二（明治二十五）年旧正月の「筆先」で、早くも「東京は元の薄野《すすきの》に成るぞよ。永久《ながう》は続かんぞよ」と述べていた（『大本神諭』天の巻、平凡社東洋文庫、一九七九年）。大本は、開祖である女性の予言を大々的に宣伝し、弾圧された翌々年に的中させたと見ることもできよう。

政治学者の尾原宏之はこう述べている。

……惨状が全国に伝わるにつれて、人々は大本の予言を思い出した。信者が叫んでいた「天災地変」とはこのことだったのか、と得心した者もいたようである。九月六日に下関駅で出口王仁三郎を見た乗客たちが、口々に「大本勝った、出口さんえらい」と放言したと『大本七十年史』に記されている。大阪でも、大本の予言が的中したと吹聴して検束された者が出た（『大阪朝日新聞』九月九日）。（『大正大震災　忘却された断層』、白水社、二〇一二年）

出口なおが死去し、第一次大本事件が起こった後に大本を再建した出口王仁三郎は、一般市民から震災を的中させた予言者と見られていたのだ[注2]。

さらに尾原は、「知識人の中にも思い出した者がいた」として、「大本教は二三年前大地震を予言して幾分我々を不安に陥れたが、地震に対する防備に着手させるだけの力はなかつた」（「地異印象記」、『思想』一九二三年十一月号所収）と述べた和辻哲郎を挙げている。

もちろん皇后が大本を、ましてや出口なおを思い出すことはなかったに違いない。だが、一九一七年に綾部で「ニアミス」を起こした二人の女性が、公表するかしないかという違いはあれ、ともに「厄難」を予言していたことは銘記されるべきだろう。

実は、同様の予言をしていたのは女性に限られなかった。例えば生田《いくた》長江《ちょうこう》は、「今春以来、懲戒的な天災地変がもう遠からず来るといふこと、恐らくは今年中にも来さうだといふことの予感に伴はれてゐた。だから、九月一日の大地震の、あの最初の一揺れがやつて来た時、私は直ぐに思つた――『到頭来あがつたな?』と。又思つた――『神はつひにその懲らしめの手を挙げたまふた』と」と述べている（「社会的震火災はこれからである」、『生田長江全集』第四巻、大東出版社、一九三六年所収）。

生田は、「『国民的成金』根性になりきつてゐた日本人」に対して「神はつひにその懲らしめの手を挙げたまふた」として、天譴論を唱えた。同様に、キリスト教徒の内村鑑三もまた、九月五日の日記に「東京が潰れたのではない。『芸術と恋愛と』の東京が潰れたのであ〔る〕。我等の説教を以てしては到底行ふこと能はざる大改造を、神は地震と火とを以つて行ひ給うたのである」と記すなど、この年の七月に発覚した有島武郎と波多野秋子の「心中事件」に象徴されるような東京市民の堕落に対して、天罰が下されたと考えた（『内村鑑三全集』34　日記二、岩波書店、一九八三年）。

皇后もまた、震災を「神のいさめ」ととらえていたことは、先に引用した長い文章に続けて、「神のみまへにひれふして　おもはすも」と題する次の和歌を詠んだことからわかる。

大みたから守りの神よいかにして　一時にてもみすてまじけむ
上下もこゝろ一つにつゝしみて　神のいさめをかしこまんかな
つみあらば神いさめませほど〳〵に　かなしきたみのよわるあはれさ（前掲『貞明皇后御集』中。原文は濁点なし）

生田長江や内村鑑三が、堕落した日本人や東京市民に対して天罰が下されたと考えたのとは異なり、皇后は「大みたから」や「かなしきたみ」ばかりに問題があったとは考えていない。二三年になって相次いだ皇族の死に加えて、震災でさらに山階宮《やましなのみや》武彦《たけひこ》王妃佐紀子《さきこ》、閑院宮載仁《ことひと》親王第四王女寛子《ひろこ》、東久邇宮《ひがしくにのみや》稔彦《なるひこ》王第二王子師正《もろまさ》の三人の皇族が犠牲になったことは、そのような考えがいかに間違っているかを教えているからだ。「神のいさめ」は、「神」を最も崇敬すべき皇室に、もっといえば自分自身に対しても向けられていると考えた皇后は、生田や内村のように傍観者的な態度をとることができず、ただただ神をおそれ、「神のみまへにひれふして」許しを乞うている。

ここでいう「神」とは、具体的にどの神を指しているか。

もし二〇年十一月に明治天皇と昭憲皇太后をまつる明治神宮が創建され、武蔵国における祭神の

「磁場」が変動した上、二二年に雍仁が秩父宮を名乗り、皇后が「あふげば高し八重ぐもの上に」と詠んだことに対して氷川神社の祭神であるスサノオやオオクニヌシが「いさめ」たと皇后が考えたならば、「神」はスサノオやオオクニヌシとなる。けれども実際には、皇后は震災から三ヵ月あまり後の二三年十二月七日、再び明治神宮に参拝している。氷川神社には参拝していないのだ。

あるいは、二二年三月に太宰府神社に参拝したさい、菅原道真の御霊を和らげるつもりで植えた紅梅「皇后の梅」が橘を押しのけ、神木の白梅「飛梅」と肩を並べたことに対して、道真が大宰権帥に左遷されて死んだ直後のように、「怨霊」が荒れ狂ったと皇后が考えたならば、「神」は菅原道真となる。しかし皇后は二三年二月十五日に紅梅が開花したと聞いて「まうでつるしるしも梅にあらはれぬ　わがまごゝろを神やうけけむ」（前掲『貞明皇后御集』中。原文は濁点なし）と詠むなど、自らの気持ちに対する疑いの念をいささかも抱いていない。

もはや明らかであろう。皇后の言う「神」とは、アマテラス以外にあり得ない。

確かに歴代の天皇のなかには、奈良時代の聖武天皇のように、度重なる地震に際して「頃者《このころ》、天頻に異《あやしび》を見《あらわ》し、地《ない》数《しばしば》震《ふ》動る。良《まこと》に朕が訓導《おしえ》の明らかならぬに由りて、民多く罪に入れり。責めは予《われ》一人に在り。兆庶《もろもろ》に関《あず》かるに非ず」（『続日本紀』天平六年七月辛未条）と詔を発して、儒教的な天譴論（災異思想）に基づいて地震の原因を自らの不徳に求めようとした天皇もいた。だが、関東大震災の直後に当たる二三年九月十二日に出された詔書では、「朕深ク自ラ戒慎シテ已マサルモ惟フニ天災地変ハ人力ヲ以テ予防シ難ク只速ニ人事ヲ尽シテ民心ヲ安定スルノ一途アルノミ」（『昭和天皇実録』大正十二年九月十二日条）とあるだけで、天譴論的な思想はうかがえない。そもそも、万世一系のイデオロギーでは天皇はアマテラスと血縁的につながっているから、儒教で想定されているような、為政者（天子）が徳を失った場合に革命が起こり、王朝が交代する可能性はあらかじめ排除されている。

一方、皇后はアマテラスと血縁的につながっていない。だからこそ、天皇よりもいっそう「いさめ」る主体としてアマテラスをとらえることができた。この点では生田や内村より皇后節子の方が、儒教本来の意味での天譴論者に近かった。「神ながらの道」をきわめるまでにはなお遠い道程を必要とすることを、皇后は震災で改めて実感したのではないか。

皇后は、震災の実態もつかめない日光で、ただ手をこまねいていたわけではなかった。それどころか、二三年九月二十九日に上京するよりもずっと前から、天皇に代わる政治的主体として動き始めた。

九月十一日、宮内次官の関屋貞三郎は、「今回ノ災害ニ関シ　皇后陛下ニハ特ニ御心痛遊ハサレ、巡回医班ヲ組織シテ普ク罹災者中ノ患者治療ニ当ラシメントノ御思召アルヤニ拝シ奉ルニ、就テハ特ニ各位ノ御参集ヲ請ヒ、之カ組織救療ノ方法等ニ関シ協議ヲ願ハントスル次第ナリ」と述べた（堀口修「関東大震災における宮内省巡回救療班の活動について」一、『大倉山論集』第五十八輯、二〇一二年所収）。こうした皇后の「御思召」に基づいて九月十三日に設けられたのが、宮内省巡回救療班であった。

宮内省ではビラをつくり、最初に五万枚、追加として三万枚を配布した（同）。そこには、皇后の「御心」に由来するメッセージが綴られていた。

今回《こんど》の震災《じしん》に付て、皇后陛下《さま》には日夜御心を労《いためさ》せられお産の前後《まえあと》や小児《こども》の疾患《びようき》等にも此の騒で手当の行届かぬやうなことはありはしないかとの御心から宮内省巡回救療班を設けられることゝなつたのです何分にも急な事で充分な設備は出来ませぬが成るたけ親切にお世話したいと思ひます

一巡回救療班は朝から晩まで自動車で市内を巡回して一切無料《ただ》で診察もしお薬もあげ又簡単な手術もします

二小児科と産科婦人科とを主とし内科や外科の患者《びようにん》も取扱ひます

三入院を要するものは最寄の病院に入院も出来るやうに連絡《つながり》を着けます（宮内庁宮内公文書館所蔵。昭和天皇記念館特別展「摂政宮と関東大震災」に展示された史料より筆写。振り仮名は原文ママ）

当時は九月二日に第二次山本権兵衛内閣が成立したばかりで、内務大臣の後藤新平を総裁とする帝都復興院が設置されたのも、九月二十七日になってからであった。それよりも早く、皇后は罹災者の前に存在感を見せつけた。関東大震災という非常時の到来が、結果的にビラという原始的なメディアを通して、皇后を天皇に代わる「権力」の主体へと浮上させたのである。

もちろん震災当日、東京には摂政・皇太子裕仁がいた。皇太子は九月一日の午後七時に平川門を開き、罹災者を主馬寮《しゆめりよう》広場に収容したほか、宮城前広場や芝離宮、新宿御苑などを罹災者に開放した（『昭和天皇実録』大正十二年九月一日条）。また九月二日には第二次山本内閣の親任式を赤坂離宮内の御座所で行い、十二日には遷都を否定する詔書を渙発した。そして十五日には午前六時に赤坂離宮を出発し、馬に乗って九段や上野など、東京市内の被災地を初めて巡回した（『侍従武官長奈良《なら》

武次《たけじ》日記・回顧録』第一巻、柏書房、二〇〇〇年)。

しかし、宮城前広場などの開放は皇太子が主体的に決断したというよりは、むしろ事後的に承認せざるを得なくなったという方が真相に近かった(原武史『完本　皇居前広場』、文春学藝ライブラリー、二〇一四年)。被災地の巡回も、九月八日に実施されるはずのところ、被災状況の深刻さと治安への憂慮から一週間延期された(加藤陽子『天皇の歴史08　昭和天皇と戦争の世紀』、講談社、二〇一一年)。一方、天皇、皇后とともに日光に滞在していた秩父宮は、皇后の意を体したかのように九月三日に帰京し、五日から九日にかけて、東京市内の被災地を精力的に回っている(前掲『雍仁親王実紀』)。つまり皇太子よりも秩父宮のほうが、一足早く被災地に姿を現したのだ。[注3]

皇太子は被災地を巡回しても、皇后のように具体的な対策を発表することはなかった。その代わりに、巡回の翌日に宮内大臣の牧野伸顕に会い、「今回の大地震に際し其程度範囲も甚大、見聞するに従ひ傷心益々深きを覚ゆ、就ては余の結婚も今秋挙行に決定したるも之を進行するに忍びず、故に延期したしと思ふ」として、十一月に行われるはずであった結婚の儀の延期を願い出ている(前掲『牧野伸顕日記』)。この結果、良子との結婚は二四年一月に延期されることになった。

震災に伴い、宮中祭祀は参列員の範囲が縮小され、服装も略式となった(宮内庁宮内公文書館所蔵「式部職例規録　大正十二―十三年」)。九月二十四日の秋季皇霊祭と秋季神殿祭には、秩父宮が皇族を代表して出席したのに対して、皇太子は掌典長の九条道実《みちざね》に代拝させている(『昭和天皇実録』大正十二年九月二十四日条)。

皇后は、天皇を日光に残して九月二十九日に上京するや、さっそく上野公園から被災地を展望し、東京帝室博物館(現・東京国立博物館)表門前で宮内省巡回救療班の活動を視察している。同班第一班の日誌から引用しよう。

此の日、皇后陛下には日光より御還啓遊ばさる。午前十一時十五分上野駅御着車、直ちに上野公園に成らせられ全市罹災被害の跡を御弔ひあり。博物館正門に於て特に御下車の上、同門内に於て、本班が病者の診療治療の有様に親しく御眼を留められ、無心の小児にまでも一々御慈恵深き御慰問の御言葉を賜ひたるは、今に始めぬ事ながら誠に畏き極みなり。（「巡療日誌　第一班」大正十二年九月二十九日条、宮内庁宮内公文書館所蔵。一部読点を句点に改めるなど改変）

皇后は九月二十九日に泉橋慈善病院（現・三井記念病院）、九月三十日に日本赤十字社病院（現・日本赤十字社医療センター）、聖路加国際病院の避難所にあてられた青山学院、慶應義塾大学病院、東京第一衛戍病院（現・国立国際医療研究センター病院）を、十月二日に東京帝国大学附置伝染病研究所（現・東京大学医科学研究所）、済生会臨時赤羽病院、東京帝国大学医学部附属医院（現・東京大学医学部附属病院）を回るなど、病院や患者を収容する施設を次々に訪れた（堀口修「関東大震災と貞明皇后」、『大正大學研究紀要』第九十七輯、二〇一二年所収）。そして三日にいったん日光に戻るが、十月十五日には「東京や横浜、ひいては国民全体の不安を一掃するため」天皇とともに帰京する（前掲主婦の友社版『貞明皇后』）。

このように、皇室がメディアを通してまず被災者向けのメッセージを発してから、実際に被災地を訪れて彼ら彼女らを直接励ますというプロセスは、二〇一一年三月の東日本大震災のときにも見られた。しかし、東日本大震災では天皇がビデオ・メッセージを発し、被災地には天皇と皇后が一緒に訪れたのに対して、関東大震災では皇后がメッセージを発し、皇后が被災地を訪れる場合でも天皇は同行しなかった。一見、いまよりもはるかに天皇の権限が強かった大正期のほうが、かえって皇后の活躍する余地が大きかったわけである。

一九二三年十一月になっても、皇后は横浜や東京の病院、臨時病院、仮救療所、仮救護所などへの訪問を続けた。宮内省巡回救療班の活動も、一貫して続けられた。九月二十九日に上京してから十二月十九日に避寒のため天皇とともに沼津御用邸に行くまで、皇后は同じ夏物の洋装で通している（前掲『栄ゆる御代』）。

十月十七日、皇后は皇太子とともに神嘗祭に出席し、宮中三殿の賢所で拝礼した。9章で触れたように、賢所にはアマテラスをまつる伊勢神宮内宮の神体である八咫鏡の分身が安置されており、皇后はアマテラスに対してひたすら自らの「つみ」をわび、許しを乞うたように思われる。こうした祈りは、皇太子とともに出席した十二月十五日の賢所御神楽でも繰り返されたのではなかろうか。

だが言うまでもなく、最も重要な宮中祭祀は十一月二十三日の新嘗祭であった。七月十一日、皇后は牧野伸顕に女官の人事について注文をつけたさい、女官が関わる宮中祭祀のなかでも新嘗祭と賢所御神楽が最も難しく、このような祭祀は自分が直接女官に教えてもよいと話している（前掲『牧野伸顕日記』）。その背景には、新嘗祭について最も深くその重要性を認識しているのは自分自身だという思いがあったに違いない。

前述のように、震災以降、宮中祭祀は簡略化されていたが、新嘗祭から通常どおりに行われることになった。

大震災以来御祭典ノ参列員ハ其範囲縮少セラレ且服装モ略式ニテ参列仰付ラレタリシモ来廿三日新嘗祭ハ其参列員ノ範囲及服装共従前通リニ御治定アラセラレタルニ依リ自今諸祭典ハ総テ恒例ノ通ニテ行ハセラルヽ事ト心得可然（前掲「式部職例規録　大正十二―十三年」）

宮内省式部職儀式課長が宮内大臣の牧野伸顕から聞いたことを記した覚書の一節である。夕の儀と暁の儀に分かれ、それぞれ二時間程度かかる新嘗祭を、簡略化せずに行うというのである。

そもそも皇后は、牧野伸顕に対して、皇太子の結婚を認める代わりに「新嘗祭を御親祭の後式事御挙行の事」という条件を付けていた（前掲『牧野伸顕日記』）。新嘗祭を通常どおりに行うことは、皇太子がこの条件をクリアできるかどうかを見定めるためにも必要であった。

なぜ皇后は、新嘗祭にこれほどこだわったのか。それは大嘗祭をまだ行わないうちに天皇の代わりとなった裕仁を、心の奥底では認めていなかったからではないか。旧皇室典範の第二十条に規定された「成年ニ達シタル皇太子」という条件を満たすだけで摂政の地位が保障されるわけではない。大嘗祭に相当する新嘗祭をきちんと行い、アマテラスに神饌を供え、自らも米飯、粟飯や白酒黒酒をアマテラスから賜った物として飲食することができて、初めて天皇の代わりを果たすことができる。そう考えていたからではないか。

皇太子は必死になった。

前掲『侍従武官長奈良武次日記・回顧録』第一巻によれば、皇太子は台湾視察から帰国した直後、十一月二十三日の半年あまり前に当たる二三年五月十一日から、新嘗祭の練習を始めている。

十一月に入ってもその練習が続いていたことは、十日に牧野が「入江〔為守《ためもり》〕侍従長官房へ入来。新嘗祭の御予修に関する件に付内報あり。最近被為行たる節は万事御都合好く済せられたる由にて大に安心せり。来二十日今一回御予修の筈なり」と日記に記していたことからわかる（前掲『牧野伸顕日記』）。

新嘗祭には出ないはずの皇后にとっても、この日はアマテラスの霊が最も身近に感じられる日に相当した。皇后は「十一月二十三日御夜深しに付数よみしたるもの」と題して、実に四十四首の和歌を詠んでいる。その中には、次のような歌があった。

ねやの戸のひまもる風のつめたさに　あかつきおきのたへがたきかな
みゝづから仕へまつらす神まつり　あふぎてぞ思ふわがみくにぶり（前掲『貞明皇后御集』中。原文は濁点なし）

皇后は二十四日未明まで起きていて、皇太子が新嘗祭を無事行うことができたかどうかを案じていたのだ。東宮武官長の奈良武次は、「十一月二十三日殿下の御大役たる新嘗祭予め御習礼の上始て御親祭遊ばさる、此親祭は代理を以てする能はざること故、天皇陛下御差閊《おさしつかえ》の場合は御取止めとなるなり」と述べた（前掲『侍従武官長奈良武次日記・回顧録』第四巻）。

皇后が案じた通り、皇太子は軽い風邪にかかり、二十四日の政務はとりやめとなった（『昭和天皇実録』大正十二年十一月二十四日条）。しかし結果として皇太子は、皇后が付けた条件をなんとかクリアした。結婚の儀は、二四年一月に予定どおり行われることになった。

けれども、一九二三年はこれだけで終わらなかった。

十二月二十七日、帝国議会の開院式に向かう途中の皇太子が虎ノ門でアナーキストの難波《なんば》大助に狙撃される「虎ノ門事件」が起こったからである。駐日英国大使館大使のＣ・エリオットは、英国外務省に送った電報で、「日中双方で皇室（帝室）の人物を狙撃した初めての事例だと思う」と述べた（英国ナショナルアーカイブス所蔵文書ＦＯ３７１／９２３６所収。原文は英語）。

難波がステッキ銃から放った弾は外れ、皇太子が無事であったことを知った皇后は、次の歌を詠んだ。

かくありと神の守りはたのみしも　忝《かたじけ》なさにつゆぞこぼるゝ
一時はへだてしきりもきえさりて　あさ日清朗《さや》かにてりかゞやきぬ（前掲『貞明皇后御集』中。原文は濁点なし）

皇后に言わせれば、皇太子が無事だったのは、皇后の期待にこたえて新嘗祭をしっかりと行ったことで、「神の守り」がついたからではなかっただろうか。「あさ日清朗かにてりかゞやきぬ」がアマテラスを意味しているのは言うまでもなかろう。

ところが、この事件の直後から、ある不穏なうわさが全国を瞬く間に駆け巡った。難波が皇太子を狙撃したのは、皇太子が陸軍特別大演習に際して地方を訪れたとき、難波の許婚を寝取ったのを恨んだからだというのが、そのおおよその内容であった。井上章一『狂気と王権』（講談社学術文庫、二〇〇八年）によれば、永井荷風や大岡昇平がこのうわさを日記や回想録に記しているほか、難波の親戚に当たる大塚有章《ゆうしょう》が、大阪や広島、金沢、博多で同様のうわさを確認している。事件から二十年近くがたった四二年（昭和十七）になっても、このうわさ話をした浦和市（現・さいたま市）の新聞記者が不敬罪容疑で逮捕されている。

もちろん、うわさは完全なデマであったろう。大正天皇を反面教師とし、宮中某重大事件であれほど騒がれても、良子に対する一途な思いを貫き、英国王室に学んで後宮をなくそうとした裕仁が、まだ結婚する前だとはいえ、よりによって行啓先で知り合っただけの女を寝取るとは思えないからだ。難波の許婚とされる女性についても、姓名すらわかっていない。

だが、そのわりにはうわさの伝播力が半端でなかったともいえる。ここではあえて、それが事実であったと仮定してみたい。難波は山口県熊毛郡周防村（現・光市）の出身だから、許婚もまた同村に住んでいたと見るべきだろう。実際に中原静子『難波大助・虎ノ門事件　愛を求めたテロリスト』（影書房、二〇〇二年）では、「皇太子が三田尻の毛利邸へおいでになった時に、地元から三人の娘さんが選ばれてお側のご用をしたが、その一人にお手がついて、女官として宮中に召されたゲナ。その娘さんを大旦様《だい》（難波のこと――引用者注）が好いちょっちゃったので鉄砲を向けちゃったゲナ」といううわさがあったことが紹介されている。

しかし、二二年三月に九州を訪問する途上、三田尻の公爵毛利元昭邸に泊まったのは、皇太子ではなく皇后であった。皇太子は三田尻で泊まったことも、三田尻を訪れたこともなかった。この点でうわさはデマだとわかる。

皇后や高等女官に雑仕や針女として仕える女性は、「宮中に勤めている誰かのつてで来る場合が多い」（内田雪江、林桂子「女官は哀しからずや」、『人物往来』一九六四年八月号所収。傍点原文）。したがって、皇后が毛利邸に泊まったときに手伝いをした女性が、皇后ないし皇后に同行していた高等女官に気に入られ、雑仕や針女に採用された可能性はある。その女性を慕っていた難波が、東京に連れて行かれて皇太子の相手をさせられたと思い込んだとしてもおかしくはない。

が、「大助ハ社会主義者ニアラズ摂政宮演習ノ時某処ノ旅館ニテ大助ガ許婚ノ女ヲ枕席ニ侍ラセタルヲ無念ニ思ヒ腹讐《ママ》ヲ思立チシナリト云フ」（永井壮吉「断腸亭日乗　一」、『荷風全集』第二十一巻、岩波書店、一九九三年所収）うわさについて、もう少し考えてみたい。

皇太子は山口県の毛利邸に泊まったことがなくても、瀬戸内海を隔てた対岸に当たる愛媛県なら、二二年十一月に香川県で行われた陸軍特別大演習のあとに訪れている。二三年十一月の大演習は関東大震災で中止されたため、この陸軍特別大演習は虎ノ門事件が起こる最も直前の大演習に相当した。皇太子は松山に滞在し、わざわざ皇太子用の旅館として建てられた伯爵久松定謨別邸（現・萬翠荘）で二十二日、二十三日と連泊している。

フランス生活が長かった久松定謨ばかりか皇太子の洋風好みをも反映してか、久松別邸は純フランス風の建物であった。皇太子の松山訪問に合わせて、完成を急がせたとも伝えられている。二〇一一年には、国の重要文化財に指定されている（萬翠荘ホームページ）。

ここに難波が慕っていた女性が連れて来られたとは考えられないか。地元の女性だと素性がすぐに知れ渡ってしまう。そのためにあえて、少し離れたところから、長旅の無聊を慰めるため、若い女性が送り込まれたのではないか。ちなみに、周防村に近い柳井から松山の三津浜までは、途中宇品乗り換えで船便が出ていた。

久松定謨の夫人、貞子が、皇太子妃となる久邇宮良子の伯母に当たることを考えれば、確かにありえない想像といえるかもしれない。しかしこのような想像をしたくなるのは、久松別邸に皇太子が終日引き籠もり、何の予定も入れなかった一日があったからである。前章で触れたように、十一月二十三日の新嘗祭の日こそ、その日にほかならない。

そもそもなぜ、東京を離れてはならないはずの新嘗祭の日に、皇太子が松山にいたのか。陸軍特別大演習が終わりしだい帰京すれば新嘗祭を行えたにもかかわらず、なぜ帰京せずに松山に向かったのか。なぜ予定を繰り上げ、皇太子の松山訪問に合わせて、純フランス風の立派な別邸が建てられたのか。そこには何か、皇太子を「奉迎」するという以上の、重大な秘密が隠されていたのではなかったか――皇太子が久松別邸に二泊した記憶がまだ色あせていなかった松山では、こんなうわさが虎ノ門事件とともに広がっていたと考えたくなるのだ。

実際に久松別邸では、遊戯施設としてビリヤード台が準備され、皇太子が時間のある限り玉突きに興じていた様子が報道されている（片上雅仁『萬翠荘物語』、アトラス出版、二〇一二年）。『昭和天皇実録』大正十年十一月二十三日条には、「この日は終日御泊所に御滞留になり、〔久邇宮〕朝融《あさあきら》王、元東宮職出仕久松定孝及び供奉員等を御相手に、ビリヤード・将棋等にて過ごされる」とある。新嘗祭の日にもかかわらず、ただ謹慎していたわけではなかったということだ。翌年に皇太子が新嘗祭の半年あまり前から練習を始めたのは、こうした行動が皇后に伝わり、怒りを買ったからではなかったか。

こう考えると、皇后が関東大震災を「神のいさめ」と詠んだ先の和歌が、先程の解釈とはまた違った意味で、俄然生々しさを帯びてくる。

注目すべきは、虎ノ門事件の翌月に当たる二四年一月、第一次大本事件の後に教団を立て直した出口王仁三郎が、本部のある綾部から松山にわざわざやって来たことである。王仁三郎は一月十五日から二十五日まで、道後温泉のホテルや伊予別院として使われたこともある山口恒彦邸に滞在しながら、『大本神諭』と並ぶ教典となる『霊界物語』第六十九巻の口述を行っている。『霊界物語』は全部で八十一巻もあり、すべて王仁三郎の口述を筆録したものだが、その多くは本部の綾部か亀岡でなされており、松山で口述が行われたのはこの巻だけなのである（『霊界物語資料篇』、大本教典刊行会、一九七一年）。ちなみに皇太子の結婚の儀が行われたのは、一月二十六日であった。

このなかで、国依別《くによりわけ》と末子姫《すえこひめ》という男女の神が、国の後継者をめぐって対話する場面がある。

末子「女が後を継ぐとは前代未聞では厶《ござ》いませぬか、養子でもせなくちやなりますまい。さうすれば万代不易の国司家は断絶するぢやありませぬか」

国依「三五教《あななひ》の教にも女の御世継が良いと示されてあるではないか。女の世継としておけば、腹から腹へ伝はつて行くのだから、其血統に少しも間違ひはない。若し男子の世継とすれば、一方の妻の方に於て、夫に知らさず第二の夫を拵《こしら》へてゐた場合、其生れた子は何方の子か分らぬやうになつて来る。それだから却て女の方が確実だ（以下略）」（「聖子」、『霊界物語』第六十九巻、愛善世界社、二〇〇九年所収）

国依別の言う「三五教」とは、大本自身を指している。ここで王仁三郎が、国依別の口を借りながら、男系男子による皇位継承を原則とする「万世一系」の危うさを指摘しているのは明らかだろう。

例えば、皇太子裕仁の相手をした女性に子供が生まれたとする。しかしその女性が、同時並行的に難波大助とも性関係を持っていた場合、生まれた子供が裕仁の子供なのか難波の子供なのかはわからなくなる。反対に女性を皇太子にした場合、たとえほかにどういう男性と性関係をもとうが、生まれた女子に皇位を継がせていけば「其血統に少しも間違ひはない」――国依別が言外にほのめかしているのは、こういうことなのである。

当然それは、皇太子妃になる久邇宮良子についても当てはまる。裕仁と良子が結婚し、良子に子供ができても、ひそかに別の男性と良子の間に性関係があれば、その子供が裕仁の子供かどうかはわからなくなるのだ。実際に虎ノ門事件の後には、難波はいとこが久邇宮家に仕えていた関係で良子と知り合い、恋人どうしになったといううわさまであった（前掲『難波大助・虎ノ門事件』）。

さらに国依別と末子姫は、国の後継者をめぐって次のような対話もしている。

末子「匹夫下郎が俄に高い所へ上つた所で、国民の信用が保てますまい」

国依「国民は汝等の思ふ如く吾々を尊敬しては居ないよ。又吾々の腹から出た娘だと云つて、心の底から敬意を払つてゐるのではない。バラモン的色彩を以て包んでゐるから、止むを得ず、畏敬の念を払つてゐるのだ」（前掲「聖子」）

ここでも、「腹」、すなわち性というきわめてプライベートな問題が大っぴらに議論されている。国民が皇族の性関係をチェックすることができない以上、生まれてくる子供の親が誰なのかは本当はわからない。だから国民は、「心の底から敬意を払つてゐるのではない」――国依別はこう言って、末子姫をたしなめているのだ。

こうしたやりとりのなかに、虎ノ門事件のうわさの残響を見いだすことはたやすい。王仁三郎が、皇太子の結婚の直前に松山で「不敬」きわまる口述を行ったことの意味の大きさを、改めて考えなければならない。あえてうわさを事実だと仮定して推論を進めたゆえんである。

〔注〕

1　天皇や皇太子、皇太孫の成年式は十八歳、その他の皇族の成年式は二十歳である。

2　本論とは直接関係がないが、これと関連して思い出されるのは、オウム真理教の麻原彰晃である。社会学者の大澤真幸は、『夢よりも深い覚醒へ　3・11後の哲学』（岩波新書、二〇一二年）のなかで、「もし麻原が、現在でも健康であったならば、二〇一一年の大震災と原発事故を指して、これこそ自分が予言していた、終末へと至る破局だと語ったのではないか。いくぶんか予想より遅れたが、やはり破局はやってきた、と言ったのではないか」と述べたが、実際に麻原は、「あなた方が二〇〇〇年まで、もし生き続けることができるならば、今の日本をきっと懐かしむであろう。それはこの日本に残るもの、それは焼け野原だからである」と話している（『日出づる国、災い近し　麻原彰晃、戦慄の予言』、オウム、一九九五年）。つまり予想より十一年遅れたが、「やはり破局はやってきた」ということになろう。

注目すべきは、発言があった日付と場所である。麻原はなんと、一九九四年三月十一日、仙台でこう言っているのだ。管見の限り、この日付と場所を指摘した論稿はまだ見たことがない。

3　東日本大震災のさいも、東北沿岸の被災地に一足早く姿を現したのは、皇太子ではなく秋篠宮であった。秋篠宮夫妻は二〇一一年五月十日に青森県、五月二十五日と二十六日に岩手県を訪れたのに対して、皇太子夫妻が宮城県を訪れたのは、六月四日であった。

第16章　大正の終焉

一九二四（大正十三）年一月十九日の歌御会始の御題は「新年言志」であった。御歌所所長の入江為守によれば、これは「新年の感想を云ひあらはす」という意味で、「帝都の復興気分を鼓吹せむも亦可なり」とされた（「御歌所御歌録　大正十三年」、宮内庁宮内公文書館所蔵）。歌御会始としては異例なことに、前年の関東大震災に触れてもよいとしたわけだ。

天皇嘉仁は発表せず、皇太子裕仁は次の和歌を詠んだ。

あらたまの年を迎へていやますは民をあはれむ心なりけり（『昭和天皇実録』大正十三年一月十九日条）

関東大震災という未曾有の大災害に遭遇し、「民をあはれむ心」が一層強まったというのだ。一方、皇后節子は次の和歌を詠んでいる。

あら玉の年のはじめにちかふかな　かむながらなる道をふまむと（前掲『大正の皇后宮御歌謹釈』）

皇太子とは対照的な歌である。「あら玉の年」までは皇太子と同じだが、「民」ではなく「かむながら」、つまり「神」に言及している。関東大震災を具体的にうかがわせる言い回しはない。
この和歌については、皇后自身が説明を加えている。

我日本人を通して此現世に輝けるところの光明の道は神随《かんながら》の道なり、即《すなわち》神の存在をみとめ信仰を主旨として自己を大生命に帰一せしめ、世のあらゆる事実普《あまね》き道理を包容し、真善美愛をして全からしめ、如何なる場合如何なる事にも有難く懐かしみ思ふ心即清明心《あかきこころ》晴々したる心の意気込を以て世に処する所の道なり（同）

この年には「神ながら開けし道の奥遠み　ふみそめしより十年へにけり」という和歌も詠んでいるように、これは筧克彦の著書によりつつ、十年にわたる「神ながらの道」を踏んできた皇后が達した境地であった。その道をこれからも変わらずに踏んでゆくことを、二四年の年頭に改めて誓ったわけである。

筧自身が解説するように、「光明の道」の「光明」とは「実に皇大御神《すめおおみかみ》の霊光に帰する」（同）。「大正の皇后宮は其の光明の御体験を斯く列《つら》ね給うたのである」（同）。皇后はアマテラスの存在を信じ、アマテラスと一体となる体験を重ねることで、「信仰」を確固たるものとしてきた――筧は皇后をこう礼賛している。

けれども、皇后節子はそのように考えてはいなかった。「神ながらの道」をきわめるまでには到底達していない、だからこそ関東大震災という「神のいさめ」が起こったのだと考えていた皇后は、前年の秩父宮と同様、筧克彦から直接講義を受けようと決意する。

皇后の要望を受け入れ、沼津御用邸で講義を受けられるよう取り計らったのは、宮内大臣の牧野伸顕であった（前掲『牧野伸顕日記』）。

二四年一月二十六日、皇太子裕仁と久邇宮良子の結婚の儀が、ようやく宮中三殿の賢所で行われ、良子は晴れて皇太子妃となった。儀式自体は、一九〇〇（明治三十三）年に皇太子嘉仁と九条節子が結婚したときとほぼ同じであったが、天皇と皇后は沼津御用邸に滞在していたため、宮殿にはいなかった。結婚の儀に引き続いて行われるべき饗宴も延期された。

結婚に先立つ同年一月七日、東宮職女官官制が制定された。その構成は、東宮女官長一名、東宮女官五名、東宮女嬬《にょじゅ》六名と、比較的あっさりしたものであり、千年以上も連綿と続いた典侍、掌侍、命婦の制度が廃止された（小田部雄次『ミカドと女官　菊のカーテンの向う側』、恒文社21、二〇〇一年）。

勤務用の服も洋装に一新され、既婚者も可とし、自宅からの通勤もできるようになった。源氏名や御所言葉も使われなくなった。東宮女官長には、島津久光の孫で、良子の母方の親族に当たる島津ハル（治子）が就任した。

これが女官制度の改革をもくろむ裕仁の意志によるものであったのは言うまでもない。皇后宮職の女官たちは、「あれではカフェの女給さんだわ」と陰口をきき、良子の態度も「お上に対してあんまりなれなれしい」と非難した（前掲『国母の気品』）。

皇后が苛立ちを募らせていたのは想像に難くない。それがまた、自分の思うようにならない皇太子より、秩父宮に関心を向かわせる要因にもなった。

しかし作家の野上彌生子は、今回の結婚に前回（嘉仁と節子の結婚）とは違った印象をもった。

とにかく今度の皇太子の結婚はお父様の結婚よりは気もちのよいものだとおもふ。(『野上彌生子全集』第Ⅱ期第一巻、岩波書店、一九八六年)

野上は、こう思った理由を記していない。その理由を推測するに、宮中某重大事件であれだけの反対があった上、関東大震災でまた結婚が延期されたにもかかわらず、裕仁が初心を貫いたこと、それに比べて嘉仁と節子の結婚には政略結婚との批判もあったように、そうした愛情が感じられなかった上、嘉仁が早々と病気になり、夫婦生活が破綻したことが挙げられよう。野上は節子に対して同情的で、天皇嘉仁の死去に伴い節子が皇太后になり、秩父宮が一九二七(昭和二)年一月十七日に留学していた英国から急いで帰国したときにも、「これ等の皇子が実子であることが不幸な皇太后に取つてどんなに慰めであるかは想像される」と述べている(前掲『野上彌生子全集』第Ⅱ期第二巻)。

一月二十七日、裕仁と良子は、列車で東京から沼津に向かい、沼津御用邸で天皇と皇后に面会した。裕仁は、このとき初めて皇太子用に製造された12号御料車に乗っている(『昭和天皇実録』大正十三年一月二十七日条)。皇太子の意向が反映されたのか、12号御料車は皇后用の8号御料車のような蒔絵や螺鈿などの華美な装飾をやめ、簡素な洋風となった(白川淳『御召列車』、マガジンハウス、二〇一〇年)。

さらに二月二十二日と二月二十八日、二十九日にも、裕仁と良子は結婚奉告のため列車で伊勢神宮、神武天皇陵、明治天皇陵(伏見桃山陵)、昭憲皇太后陵(同東陵)に参拝する途上と帰京する途上、沼津御用邸で天皇と皇后に面会している。二月二十二日、二人は天皇に土産を献上したが、天皇は「御喜びの様子を拝せず、御言葉もなく煙草も賜はらず、椅子に御座あらせら」れた（前掲『侍従武官長奈良武次日記・回顧録』第二巻）。

五月末から六月初めにかけては、延期されていた饗宴が宮殿内の豊明殿で四日間にわたって行われ、皇后、皇太子、皇太子妃が出席した。天皇は出席しなかった。

このように、裕仁と良子が結婚してからは、公の場に節子、裕仁、良子の三人が顔をそろえる機会が多くなる。しかしながら、節子と裕仁、良子とでは、振る舞いから受ける印象がまるで違っていた。

饗宴の最終日に当たる六月四日、牧野伸顕は「〔皇后〕陛下の不相換《あいかわらず》の御心遣ひ、側近に席を辱《かたじけな》くしたる重臣の夫人へ一々思遣りある御言葉賜はり、何れも感激限りなき難有味に打たれたる様見受けたり」と述べた（前掲『牧野伸顕日記』）。駐日英国大使館大使のC・エリオットも、「一九二四年日本年報」のなかで、十一月二十日に行われた観菊会に触れている。

皇太子殿下と妃殿下は、結婚してからというもの、公の場にあまり姿を現したことがない。十一月の観菊会のような、外交団が招かれる数少ない場では、殿下と妃殿下がぎこちなくはないにしても、内気で遠慮がちな印象を与えたのとは全く対照的に、皇后は威厳と自信に満ちた態度を見せていた。（英国ナショナルアーカイブス所蔵文書FO371／10965所収。原文は英語）

こうした数々の史料を見る限り、前年とは打って変わって、皇后に不安は感じられない。

その謎を解く鍵となるのが、二月二十六日から五月六日まで、八回にわたって皇后らを相手に沼津御用邸で行われた筧克彦の「神ながらの道」の講義である。この講義録は「近来徒らに外来思想にまどはされる国民に対し我が神道の尊く重んずべき事を示すべく」(『読売新聞』一九二五年二月六日)、皇后自身により編纂が命じられ、『神ながらの道』と題し、皇后宮大夫の大森鍾一《しょういち》を通して女子教育家の山脇房子に下賜された。『神ながらの道』は初め二五年六月に皇后宮職から、二六年一月に内務省神社局から、さらに三四年八月には岩波書店からそれぞれ刊行されるなど、順調に版を重ねてゆく。

おそらく皇后が本当に下賜したかった相手は、山脇房子ではなく、長年にわたって多大な信頼を寄せてきた下田歌子であったろう。しかし下田は、本来他言してはならない「奥」の情報を外部に漏らしていたことが、牧野や宮内次官の関屋貞三郎らの間で問題視されていた。関屋が下田と「穏田の行者」飯野吉三郎との往復書簡を入手し、決定的証拠をつかんだことから、下田は二五年七月以降、宮中への出入りを禁ぜられ、皇后とも会えなくなっていた(前掲『牧野伸顕日記』)。

10章で触れたように、皇后はすでに筧の『古神道大義』や『続古神道大義』などを読んでいたので、「神ながらの道」の講義もすらすらと理解できたようだ。けれども、同席した侍医の山川一郎には、さっぱりわからなかった。

大正十三年春、沼津御用邸で、時々筧克彦博士の「神ながらの道」のご進講があり、側近高等官に陪聴のお許しがあった。「神ながらの道」は、意義が深遠なためか、また、平易に説明が困難なためか、どうも自分らには難解で、断片的には解ったようで、綜合的には全く不可解であった。殊に陽春の暖かさで居眠りを催すが、近くには皇后陛下がご熱心に聞いておられるので、眠っては大変だと、自分でひそかに足をつねった。中には鼾声を挙げた人などもいて、はらはらしたこともしばしばあった。（前掲『拝命』）

1章でも触れたように、皇后は四月九日、牧野伸顕に「覚の進講の件」につき、「厚く礼を述べ度し、進講は実に有益にして予期以上の興味あり、裨益する処多大なり、殊に女子には尤も為になる様感ぜり」と話している（前掲『牧野伸顕日記』）。

皇后が「殊に女子には尤も為になる様感」じたのは、例えば次のような箇所ではなかっただろうか。

日本民族は男が貴いとか、女が貴いとかと、男女間の隔をつけることを好みませぬ、『清明心《あかきこころ》』、有り難く懐かしみ思ふ心にどこまでも力を入れて居りますから、最高の　天照大御神様も女神《ひめがみ》様におはしまし、高天原にては、男神《ひこがみ》様も女神《ひめがみ》様も平等に其の御分担により御行動遊ばすのみならず、建速須佐之男神様は、我心清明《あか》きに因つて弱女《たわやめ》を得たとお喜びになつたのでございます。
（前掲『神ながらの道』。傍○原文）

皇室典範にも規定されているように、女性である皇后は天皇に成り代わることはできない。けれども、「最高の　天照大御神様も女神様」であるのだ。「清明心」を磨き、正しい信仰を持ち続ければ、アマテラスと一体になれることを、皇后は改めて確認したのではないか。

そのさいに、モデルとすべき皇后は神功皇后であることを筧は強調する。

神功皇后様の卓越し給ひしことは、直覚的に信仰心を有し給ひ、特に御油断なき御修養により正しき御信仰に深くいらせられ、従つて御決心固く実行力に富み給ひしことで、是が　応神天皇様の中興の明君たらせ給ふ所以でございます。（同）

神功皇后と応神天皇の関係は、皇后節子と次代の天皇の関係に置き換えてみることができる。節子が「正しき御信仰」をもつことは、次代の天皇が「中興の明君」になるためにも必要であった。

ここでようやく、話は1章の冒頭に触れた臨時御歴代史実考査委員会に戻ってくる。天皇、皇族の戸籍である皇統譜がまだ存在していなかった当時、天皇嘉仁が死去する前に歴代天皇を確定させておくことは、皇統譜を作成する上でも必須の作業となるはずであった。

牧野伸顕が、皇后に会った四日後の四月十三日、同委員会総裁の伊東巳代治に会い、「考査委〔員〕会問題に付相談」したことはすでに触れた。帝室制度審議会総会が四月二十五日の議決を経て牧野に答申した諮問事項は、最も重要な三点にしぼられ、「神功皇后ヲ皇代ニ列スヘキヤ否〔ヤ〕」が、「長慶天皇ヲ皇代ニ列スヘキヤ否〔ヤ〕」を押しのけ、第一の諮問事項とされた。

この不自然な決定の背景には、神功皇后に肩入れする皇后節子の意を体した、牧野の宮内大臣としての政治力が働いていなかっただろうか。

新聞は、さっそくこう伝えている。

委員会の意見は今後どんな風に発展して行くかは一切秘密の帷で想像だに回らせぬが長慶天皇と云ひ神功皇后といひ兎に角近き将来に於て御歴代の代数に御一代か或は御二代か、多分は御二代とも加算する事になるのは事実らしい（『読売新聞』一九二四年五月三十日）

神功皇后は長慶天皇とともに、歴代天皇として加算されるものと見なしている。かつて下田歌子から、「御歴代には如此御方様被為在候」（前掲『佐佐木高行日記』）として神功皇后の話を聞かされて以来、神功皇后を心のよりどころにしてきた節子が記事を読んでいたら、いったいどんな感想を漏らしただろうか。

しかしこの記事が結果的に誤っていたことは、1章冒頭で触れた通りである。委員会がいつ神功皇后を歴代天皇から外す決定をしたかは、公表されなかった。「神功皇后ヲ皇代ニ列スヘキヤ否〔ヤ〕」という諮問事項は、いつの間にか「否」とされ、二六年十月二十一日に公布された詔書からも消えたのである。

筧克彦は、「神ながらの道」に合わせて「神あそび皇国運動《やまとばたらき》」と称する体操を考案した。その動作は、「立て」「みたましづめ」「をろがめ」「抛《な》げ棄《う》て」「吹き棄て」「いざ進め」「いざ漕げ」「参ゐ上《のぼ》れ」「気吹《いぶ》き」「神楽《かんあそ》び」「ひと笑ひ」「出《いで》まし」「天晴れ、おけ」「みことのり」「あまくだり」「いやさか」の順に行われ、全部で十分近くかかって両手を伸ばしたり、体を屈曲させたり、深呼吸をしたり、顔を前後左右に動かしたり、柏手を打ったり、「いやさか」と唱えたりした（筧克彦編『神あそびやまとばたらき』、蘆田書店、一九二四年）。

皇后はこの奇妙な体操を習得し、側近や宮内省の関係者にも勧めた。「神ながらの道とは、その言葉が現はして居るごとく、我が国の神代のまゝの体育法といふ意味で、神代の舞ひのリズムを取り、それを心身の鍛練に充て用ひたもの」と解釈されたのだ（田口章太『皇太后陛下の御坤徳』、社会教育協会、一九二八年）。山川一郎は、「神ながらの道から端を発して、その夏（二四年夏）、日光（田母沢御用邸）では『やまとばたらき』という体操が始められた。軽い体操である。側近者は女官までも熱心にした、そうしてまた万歳の代わりに、『弥栄《いやさか》』ということになった」と回想している（前掲『拝命』）。

「神ながらの道」の講義に深い感銘を受けた皇后は、『法華経』についても筧に質問を重ねた。「観世音菩薩によりて出生せられたるなれば永代毎朝礼拝はさせ申度之はふくみおき下され度古神道に障害とはならずと存じ候」（前掲『大正の皇后宮御歌謹釈』）と筧に述べているように、皇后は「神ながらの道」と法華経信仰とは両立すると考えていたからである。

皇后から「試験」（同）をされていると感じた筧は、命じられるがままに『法華経』の「序品 第一」「方便品 第二」「見宝塔品 第十一」「常不軽菩薩品 第二十」「如来神力品 第二十一」「嘱累品 第二十二」「観世音菩薩普門品 第二十五」につき、講義を行った。例えば、「常不軽菩薩品 第二十」については、「衆生は本来仏性を有す、仏性は遍在せり故に必ず夫を発揚し得るもので、一寸したことによりても他人の徳にても成仏し得ます。否既に成仏して居り乍ら自づから夫を覚らずに居ります」（同）などと述べている。

これに対して、皇后はこう述べた。

常不軽品わかり申候。何とかしてかくの如き類をもて日本婦人を済度いたし度候。来〔大正〕十四年の春は「女子の分担」とでもいふ題にて講義を聞かせてもらひ、然してひろく伝へたならば、幾分か今世の女子のひがみより出たる反抗心、また男子と劣るまじくと申して無理なる運動才智の浪費、家庭をよそにして世事に奔走等、誠に前途憂慮いたさるゝ婦人の行動に付て幾分融和いたされ得るやなど思ひみだれ居候（同。原文は句読点なし）

二四年春の「神ながらの道」に続いて、二五年春には「女子の分担」と題して筧が再び宮中で講義を行い、『神ながらの道』と同様、単行本として刊行すれば、「前途憂慮いたさるゝ婦人の行動」も少しは緩和されるのではないか――皇后はいつしか、筧にこんな本音を打ち明けるまでになっていた。

ここで皇后が念頭に置いているのが、いわゆる大正デモクラシーの高まりに伴う、市川房枝や久《く》布白落実《ぶしろおちみ》を中心とする女性参政権の獲得を目指す運動であったことは明らかである。二三年には各団体が団結して婦人参政同盟が結成されたのに続いて、二四年十二月には婦人参政権獲得期成同盟会が結成されている。

けれども皇后に言わせれば、こうした運動は女性としての本分を忘れ、自らの本分も尽くさずに権利ばかりを要求するのが進歩的だとする誤った思想に由来するものであった。デモクラシーという西洋由来の悪しき思想に対して、日本女性本来の「うるはしい感じ」（前掲『神ながらの道』）をいかにして守るべきかは、皇后にとって重要な課題となるのである。[注1]

昭和になり、皇太后節子に仕えた筧素彦（筧克彦の長男）は、皇后の「御文」を紹介している。

女子尽さずして男子に要求は無理と申すもの　天地を転倒したるものと存じ候　唯々此大正の御代の一部婦人の行動の如何は　われ自らの不徳と存ぜられ常に神前にて戒め給へ悟らしめ給へと祈られ申候（筧素彦『今上陛下と母宮貞明皇后』、日本教文社、一九八七年）

関東大震災同様、「此大正の御代の一部婦人の行動」もまた、皇后にとっては「われ自らの不徳」に帰せられる。皇后はアマテラスに対して、市川房枝や久布白落実のような女性が自らの過ちに気づいて悔い改めることができるよう、祈っていたのだ。

皇太子裕仁と皇太子妃良子は、二四年八月五日から三十日まで、福島県の猪苗代湖畔にある高松宮別邸（現・天鏡閣）に滞在している。この間に二人は、湖上でモーターボートに乗ったり、ベランダや湖上で月見をしたり、皇太子妃がピアノに合わせて「夜の調べ」などを歌ったりした（『昭和天皇実録』大正十三年八月八日条、八月十二日条、八月十四日条など）。同じく結婚直後に日光田母沢御用邸に滞在した嘉仁と節子のように、皇太子が別の女性に会いに行ったり、皇太子妃が東京に戻ったりすることもなかった。「とにかく今度の皇太子の結婚はお父様の結婚よりは気もちのよいものだとおもふ」という野上彌生子の感想は、当たっていたのである。

一方、皇后節子は二四年十一月から十二月にかけて、再び京都府と大阪府を訪れ、京都御所に滞在しつつ、神社や天皇、皇后の陵墓に参拝して天皇の平癒を祈願した。十一月二十九日、皇后宮事務官の三条公輝は、皇后の参拝の様子につき、こう述べている。

桃山御陵《ももやまごりよう》及び泉山《せんざん》各御陵とも御参拝の御鄭重なことは畏れ多い程で、殊に月輪御陵《つきのわのみささぎ》及び後月《のちのつきの》輪御陵《わのみささぎ》では表向の御拝があつて、泉涌寺で御休憩の後再び行啓になつて、三十箇所の御陵を一々御鄭重に御参拝になつた。その御鄭重のことは四十分の予定が倍も時間がかゝつて、還啓が二三十分も遅延したのでも拝察し得やう。（『大阪朝日新聞』一九二四年十一月三十日。読点を補い、原文の読点を句点に改めた）

桃山御陵とは、明治天皇陵と昭憲皇太后陵を指している。この年の四月十一日は昭憲皇太后十年祭に当たっていたため、同陵への参拝は十年祭に伴う参拝を兼ねていた。

泉山各御陵とは、泉涌寺境内にある天皇、皇太后、皇后などの陵を指している。このうち、月輪陵と後月輪陵には、四条天皇および後水尾から仁孝までの各天皇の陵ばかりか、後水尾天皇の皇后和子、霊元《れいげん》天皇の皇后房子、東山天皇の皇后幸子女王、中御門天皇の女御贈皇太后尚子《ひさこ》など、皇后や女御の陵も数多くあった。おそらく皇后節子は、天皇と皇后、女御の間に差別を設けず、同等の時間をかけて参拝したからこそ、「四十分の予定が倍も時間がかゝつて」しまったのだろう。

十一月三十日、皇后は京都から奈良線、関西本線、南海鉄道（現・南海電気鉄道）を経由するお召列車に乗り、堺に向かった。目的は、「百舌鳥耳原《もずのみみはら》三陵」と呼ばれる仁徳《にんとく》、履中《りちゅう》、反正《はんぜい》という三代の天皇、とりわけ世界最大の前方後円墳として知られた仁徳天皇陵への参拝であった（写真参照）。「正面幄舎前ニ入御、玉串ヲ捧ゲ畏クモ斎壇前ニ跪キ給ヒ、頗ル長キ時間ニ渉ラセラレ厳ニ且懇ニ祈念遊バサレヌ」（『皇后陛下行啓誌』、堺市役所、一九二六年。原文は読点なし）。今日では仁徳天皇陵に仁徳天皇が埋葬されていないことは学界の定説になっており、教科書でも仁徳天皇陵ではなく大仙《だいせん》

大仙陵古墳（仁徳天皇陵）

陵《りょう》古墳と記載されるようになっているが、当時は仁徳天皇陵であることは疑いの余地がなかった。最大の天皇陵に参拝することで、皇后は天皇の「不在」を少しでも埋め合わせようとしたのではないか。

十二月三日には、貴船《きふね》神社に参拝してから、鞍馬寺本坊を訪れている。筧克彦から教えられた「神あそび皇国運動」のおかげか、皇后は六キロあまりの険しい坂道を難無く歩き通した。四日の「夜晩餐には又旧女官二、三名を召して、御陪食仰せつけられ、すませ給ひて後、大和働という体操を（之は建国の精神をもととして筧博士のあみ出せしもの）一時間余もたゝせ給ひて御親ら細々と教へたまは」った（前掲『みゆきの跡』）。

十二月六日、皇后は京都御所内の内謁見所で、歴史学者で東京帝大教授の三上参次から最後の女性天皇である後桜町天皇の日記につき、講義を受けた。1章で触れたように、三上は臨時御歴代史実考査委員会の委員の一人であり、神功皇后を歴代天皇に加えるべきではないと考えていた。けれども後桜町天皇については、「非常に御綿密に渡らせられし事、御仁慈深く渡らせられし事、賞罰を重ぜられし事、御学問に御熱心に渡らせられし事」などを高く評価した（同）。皇后は自ら日記を閲覧するなど、最後の女性天皇にただならぬ関心を示している。

十二月七日、皇后は「お中《ちゅう》」と呼ばれる垂れ髪に「御小袿《おんこうちき》・御長袴《おんながばかま》」の儀服姿で京都御所内小御所内東廂の間に現れた。同行した吉田鞆子は、「后の宮の京都にて御袿召されしは今日を始めの御事」（同）と記したが、正確には11章で触れたように、一六年四月五日に仙洞御所内の大嘗宮を訪れたとき、一度袿袴を着用している。東廂の間では「古式に則れる厳かなる和歌の披講式」（同）が行われ、皇后から「社頭冬」というお題が与えられた。

皇后は次の歌を詠んだ。

色あせず残る紅葉をぬさとして　あかき心に神をたのまむ（同）

「ぬさ」は幣のことで、神に祈るときの供物を意味する。一九一七年と二二年に訪れたときとは異なり、京都の紅葉シーズンはほぼ終わっていたが、皇后の眼にはまだ紅葉が「色あせず残」っているように映った。貴船神社に参拝したときに詠んだとされるこの和歌にも、天皇の平癒を依然としてあきらめていなかった皇后の「あかき心」、すなわち清明心がにじみ出ている。

午後にはまず、御学問所と小御所との間の庭で、蹴鞠《けまり》が行われた。そして七時からは、諸大夫の間で雅楽の演奏会が開かれた。二二年十一月の京都行啓でも、十五日に同じ諸大夫の間で雅楽の演奏会があったが、このときの皇后は洋服姿であった。今回は「長く引かせ給へる御袿のみやびやかなる御姿」（同）で現れた。

琵琶、笙《しょう》、笛、箏《こと》、鉦《かね》などの楽器が並び、管弦や舞楽が披露される。後屏風を背景に、御座に着席した小袿長袴姿の皇后が、雅楽を聴いている。夜もしんしんと更けるなか、さまざまな音色が「一時に潮のよせくる如く、ひきては鏡なす大海原の如く、或は春風にさゝやくさゞなみの如く、或はさかまく怒濤の如く」（同）響きわたる。「さながら天上のくしき調べをきくが如し」（同）とは、陪聴した吉田鞆子の感想である。

皇后は、すっかり西洋風の都になってしまった東京に対抗して、京都御所で生涯を過ごした後桜町天皇に思いを馳せつつ、明治以前の古きよき（と皇后が考える）時代の皇室の姿を、京都で再現させようとしたのではなかったか。たとえ一時的にせよ、天皇が大元帥となり、日本が軍事大国となる前の、女性的な皇室の伝統を取り戻そうとしたのではなかったか。その伝統のすばらしさを最もよく認識しているのは自分自身だという思いがあったのではないか。けれども、もしそうだとすれば、神功皇后にあれほど肩入れし、九州行啓の帰途に軍艦にまで乗った自らの行動は、どう説明されるのだろうか。

十二月八日には、同志社女学校（現・同志社女子大学）を訪れた。このときの光景を、歴史学者の片野真佐子は「講堂では掛時計の音だけが響くなか、海老名《えびな》弾正《だんじよう》総長が山上の垂訓の朗読（マタイ伝五章三―九）と祈禱を荘厳な響きをもってはじめると、感泣する者も出はじめ、皇后も頭を垂れた。皇后は、賛美歌の合唱に唇を動かしたという」（前掲『皇后の近代』）と説明している。「充分神道をきはめられて後基教を我日本にあふべく改造せられたならば仏教の如くまた皇国保護の宗教となるべし」（前掲『大正の皇后宮御歌謹釈』）と述べた皇后は、法華経同様キリスト教も、「神ながらの道」と両立し得ると考えていたのである。

一九二五（大正十四）年一月三日、高松宮宣仁親王は満二十歳の誕生日を迎えた。これに伴い、成年式が一月十三日に行われた。

この年の日記は現存していないが、二六年から二七（昭和二）年にかけての日記を見ると、高松宮は皇后宮職や皇太后宮職の女官の好みを、実名を挙げて記している。二六年一月二十三日には「私はよし子（権掌侍の大原慶子――引用者注）が好きだ」と記し、二七年十月六日には「女官の中で私がすきだつた敏子（権掌侍の東坊城《ひがしぼうじょう》敏子――引用者注）」と記した。その三日後には「変態の生活である。理性も意志も働いてゐない。情慾の生活である」と書いていることから、性欲の悩みがあったのかもしれない（前掲『高松宮日記』第一巻）。

しかし高松宮妃喜久子《きくこ》（旧姓徳川）によれば、高松宮は徳川喜久子が二歳のときから、喜久子と結婚することが決まっていたという（高松宮妃喜久子『菊と葵のものがたり』、中央公論社、一九九八年）。

成年となった高松宮は二六年一月十八日、初めて歌御会始に出た。お題は「河水清」で、「神代よりたえず流るゝ河水の清きか国のほこりなりけり」という歌が詠進された。御歌所寄人の千葉胤明が添削、推薦したこの歌を、高松宮自身は「平凡だがよいだろう」と評したが、「歌をよめば御母宮様大層御喜」になった（前掲『高松宮日記』第一巻）。「広き野をなかれゆけとも最上川うみに入るまでにこらさりけり」と詠んだ皇太子の歌とは異なり、「神代」が入っていたからだろう。二五年七月から英国に滞在中の秩父宮は、歌御会始に出られなかった。

一月三十一日、高松宮は東京を八時三十分に出る下関ゆきの特急に乗った。この特急は東海道本線と山陽本線を経由し、翌朝の六時三十分に三田尻に着いた。高松宮は三田尻で降り、公爵毛利元昭の出迎えを受けた。

毛利別邸に入ると、さっそくある女性からお茶の給仕を受けた。

　お茶の給仕したのがどつかのお嬢さんらしかつたが、知らなかつた。

◎お嬢さんかいや女中とも見えざれば何んと言葉をかけてよいやら。（同）

不思議な記述である。なぜ高松宮は、茶の給仕をしただけの女性について、これほどの興味を示しながら、あえて日記に「知らなかつた」と書いたのだろうか。なぜわざわざ◎をつけて、「何んと言葉をかけてよいやら」などと悩んでいるのだろうか。

それは必ずしも、茶の給仕をした女性が高松宮の好みのタイプだったからではないだろう。ここで前章で触れた、二三年十二月の虎ノ門事件にまつわる不穏なうわさを、改めて思い出す必要がある。難波大助は、好意を寄せていた女性を皇太子に寝取られたために犯行に及んだという、あのうわさである。

前章では、うわさを事実だと仮定した上で、二つの可能性について考えてみた。その一つは、皇后が二二年三月に三田尻の毛利本邸に泊まったときに世話をした女性が宮中に召し上げられたという可能性、いま一つは、皇太子が二二年十一月、松山の久松別邸に泊まったときに若い女性が連れて来られた可能性である。前章では永井荷風の日記に基づき、主に後者の可能性について論じてみた。仮にうわさが事実だとすれば、この女性が松山から戻り、毛利邸でなおも手伝いをしていたとは考えられないか（あるいは前者の場合、宮仕えを辞めて毛利邸に戻った可能性もある）。

奥歯にものがはさまったような高松宮の書き方には、何か重大な秘密が隠されているという想像を抑えることができないのである。

二六年五月、皇太子は地方視察を目的として山口県内を回った。五月二十八日には徳山から三田尻まで山陽本線に乗り、三田尻で下車して毛利元昭らの奉迎を受けたが、明治天皇や天皇嘉仁も宿泊したことのある毛利本邸や毛利別邸（現・英雲荘）には立ち寄らず、直ちに自動車で山口町（現・山口市）に向かい、山口県庁で泊まっている（『昭和天皇実録』大正十五年五月二十八日条）。

話を皇后の動向に戻そう。

二五年五月十日、天皇と皇后は結婚二十五周年に当たる銀婚式を迎えた。宮殿内の豊明殿では饗宴が開かれたが、主役の天皇はもちろん、皇后も出席しなかった。その十日後、駐日英国大使館大使のC・エリオットは、「天皇と皇后の銀婚式」と題する文書を英国外務省に送っている。

天皇はいかなる公式の祝典にも現れなかった。饗宴に出席しようとした皇后も、そのような場に夫婦の一方だけが出るのは縁起が悪いと知らされるや、翻意したそうだ。加藤〔高明〕首相の公式声明では、天皇の病気が言及され、天皇が速やかに回復するよう願うとともに、皇后がたゆまずに天皇を看病し続けていることに対して、感謝の意が示された。しかし、二人の目撃者から聞いたところによれば、天皇は列車から降りるさい、一人で歩けず、侍従に両腕を支えられていた。これは天皇の体調悪化を示しているように見える。従来の消息筋も、天皇が公務に出られないことは認めているが、天皇の体力は十分あり、かなりよろめきながらではあるが散歩を好んでいるとも述べた。（英国ナショナルアーカイブス所蔵文書ＭＦＱ１／１０７０／１所収。原文は英語）

皇后の祈りにもかかわらず、天皇は一向に回復しなかった。それどころか、体調は悪くなるばかりであった。皇后に対する国民の同情は高まった。

当時の皇后が、宮中を追放された下田歌子に代わって親しく付き合うようになるのは、宮内次官の関屋貞三郎の妻であり、華族女学校で皇后の一年後輩に当たる関屋衣子であった。衣子は東京の日本聖公会聖アンデレ教会で洗礼を受けたキリスト教徒で、二一年三月に貞三郎が宮内次官になってからは、宮中に頻繁に出入りし、皇后に聖書の話までした（前掲『皇后の近代』）。

関屋夫妻は、キリスト教徒の野口幽香とともに、女官の人事にかかわった。二五年六月には、野口の二葉独立教会に通っていた伊地知ミキ（幹子）を女官に採用するべく、関屋貞三郎と野口が内大臣の牧野伸顕に会っている。「信向〔仰〕に付ては絶対に触れざる事、自己の信向と其位地と両立不可能と見る時は退職を容認する事」（前掲『牧野伸顕日記』）という条件つきながら、伊地知は東宮職御用掛に採用され、昭和になると皇后宮職女官となり、主として皇女たちの養育を担当した。これまでもキリスト教の影響を受けた足立たかが皇孫養育掛になったことはあったが、れっきとしたキリスト教徒が女官に採用されたのは、これが初めてであった。

関屋や野口が牧野に会ったのと同じ日、東宮大夫の珍田捨巳《すてみ》もまた牧野に会っている。珍田は牧野に、「女官中の情実話」を関屋から聞いたと話した（同）。「奥」の情報がまたしても外部に漏れたのだ。牧野は、「女性は時々改めて取締り置かざれば却々徹底的に本分遵守困難なるべし」（同）とこぼしている。

この「情実話」とは、一体何を意味していたのだろうか。天皇嘉仁の体調が悪化してからというもの、天皇が女官に手をつける可能性はなくなったが、後宮そのものは依然として存在していた。東宮職とは異なり、皇后宮職の高等女官は典侍、権典侍、掌侍、権掌侍、命婦、権命婦に分かれ、さらにその下に女嬬、権女嬬といった下級女官がいた。高等女官に仕える針女は「家来」「部屋子」

と呼ばれ、自らが仕える高等女官を「旦那様」と呼んだ。

その名称からして、男子禁制の世界における倒錯した同性愛を生ぜしめる可能性があった。昭和初期に女官長の竹屋志計子《しげこ》に針女として仕えた内田雪江は、「女官さんが老女のことを自分の奥さんみたいに、つまり旦那さま呼ばわりされているわけだから、自分が男になったような気分になるという――。うわさはいろいろあったけど、みんな女官長さんと家来だとか。たとえば、家来の方に縁談があったりしても、お嫁に行くのを断ったりして」と述べている（前掲「女官は哀しからずや」）。前掲『神々の乱心』上では、掌侍と針女の同性愛が描かれ、その「愛」に破局が訪れたことが、針女の自殺を引き起こしたと主人公が推理している。「情実話」という言葉には、このような絶対に外に漏れてはならない私情が絡んだ話というニュアンスがある。

皇太子裕仁が後宮を嫌い、結婚に合わせて女官制度の改革を断行したのも、後宮が一夫一婦多妾制の温床となるばかりか、皇太子から見て不健全な愛情を育む温床にもなっていたからではなかったか。裕仁は良子とともに、皇后節子に対抗しながら、近代化された新たな皇室の姿を演出する必要があったのだ。

二五年十二月六日、裕仁と良子の間に、第一子で第一皇女の成子《しげこ》が誕生した。ジェンダー学者の北原恵によれば、新聞で皇后や皇太子妃の妊娠や出産の報道が急増するのは、成子の誕生からであった（「皇室の出産・生殖をめぐる表象分析」、田中真砂子他編『国民国家と家族・個人』、早稲田大学出版部、二〇〇五年所収）。

十二月八日の『東京朝日新聞』は、一面に「御乳も豊かな妃殿下」という大きな見出しを掲げ、「御母宮のお乳は極めて豊かであらせられる」と述べている。「これは、女性の胸がセクシュアルな眼差しを抜きにしては見られなくなった今日からすると、少しぎょっとさせられる見出しである」（前掲「皇室の出産・生殖をめぐる表象分析」）。従来のように乳人《めのと》は選ばれたものの、良子はできるだけ自ら授乳し、他家には預けず手元で育てた（『昭和天皇実録』大正十四年十二月六日条）。そしてこれ以降も、出産するたびに「母」として報じられるようになる。

このころから、天皇の体調が急速に悪化する。『大正天皇実録』によれば、十二月十九日に脳貧血で倒れ、二六年五月八日には再び脳貧血で倒れた。同月、皇后節子が持っていた祈願仏を奈良の法華寺に移したのは、光明皇后の力を借りようとしたからだと思われる（前掲『光明皇后と法華寺』）。八月十日、天皇は皇后とともに御召列車で前年九月に完成した皇室専用の原宿宮廷駅から葉山御用邸に向かったが、九月十一日にはまたも脳貧血の発作を起こした。大正という時代の終わりが、いよいよ眼前に迫っていた。

ここでもう一度、1章冒頭に戻ろう。十月二十日の枢密院会議における決定に基づき、二十一日、官報号外を通して詔書が公布された。

朕惟フニ長慶天皇在位ノ事蹟ハ史乗ノ紀述審ナラサルモノアリ今ヤ在廷ノ臣僚ニ命シ深究精覈セシメ其ノ事蹟明瞭ナルニ至レリ乃チ大統中同天皇ヲ後村上天皇ノ次ニ列ス茲ニ之ヲ宣示ス

朕は天皇の一人称だが、実際には摂政である皇太子裕仁が署名していた。裕仁の署名のもと、長慶天皇が歴代天皇に加えられ、神功皇后は外された。神武から大正まで、百二十三代にわたる天皇が確定したのである。皇太子は十月二十日、決定を下した臨時御歴代史実考査委員会総裁の伊東巳代治や委員の平沼騏一郎らを宮殿の豊明殿に招き、午餐をともにしてから、千種の間でコーヒーをもてなしている（『昭和天皇実録』大正十五年十月二十日条）。また宮内次官の関屋貞三郎は二十一日、葉山に滞在していた天皇と皇后に面会し、皇后に詔書について言上している（国立国会図書館憲政資料室所蔵「関屋貞三郎日記」）。

詔書が公表された十月二十二日は、臨時の休日となった。野上彌生子は日記に、「今日は長慶天皇が後村上天皇の第一の皇子として正式に皇統に列せられることゝなつたので、諸官省も学校も皆休日となつた。子供たちは大悦びでこんなよい天皇様はめつたにないと云つて長慶天皇様の御評判さく〳〵たり」と記した（前掲『野上彌生子全集』第Ⅱ期第一巻）。

この日、皇太子は宮中三殿の皇霊殿で「親告の儀」を行った。内大臣秘書官長の河井弥八は、「長慶天皇御登列奉告祭。頗盛儀なり。出席者三百余人」（前掲『昭和初期の天皇と宮中』第一巻）と日記に書いたが、「三百余人」のなかに天皇と皇后の姿はなかった。

同じ日、皇后節子は葉山で、ひそかに遺書を書いている。遺書は、節子が死去してから約一ヵ月が経過した五一（昭和二十六）年六月十四日、節子が住んでいた大宮御所（現・東宮御所）で発見された。

遺書の内容について、高松宮はこう述べている。

当時大正天皇ノ御病気等デ精神的ニモ不安ト違和ヲ身体ニ感ジラレタラシイ、神社等ニ参拝ノコト、カタミワケニハ秩父宮、三笠宮ハ新家ダカラソレヲ考ヘルコト、筧博士ノ書物ヲ秩父宮ニアヅケルコト等別紙ニ皆ノモノガヨクツクシテクレタコトノ感謝ト霊界ヲ異ニシテモ皆ノ幸福ヲイノルト云フコトアリ（前掲『高松宮宣仁親王』。傍点引用者）

第四皇子の崇仁親王は当時十歳であり、まだ三笠宮家を創立していない。この点で高松宮の記述は間違っている（将来新しい宮家を創立するという意味かもしれないが）。また当時、秩父宮は英国に留学しており、八日前の十月十四日にオックスフォード大学に仮入学したばかりであった（前掲『雍仁親王実紀』）。

皇后が、筧克彦の『神ながらの道』や『神あそびやまとばたらき』を形見分けとして秩父宮に預けるように書いたのは、おそらく事実だったろう。皇后の本音は、皇太子裕仁ではなく秩父宮雍仁が天皇になり、天皇自身が「神ながらの道」を広めることにあったのではないか。けれども秩父宮自身が、皇后とは全く異なる考えをもっていたことは、14章で触れた通りである。

皇后が霊魂の不滅を信じていたのは、「霊界ヲ異ニシテモ皆ノ幸福ヲイノル」という言葉からわかる。香椎宮で神功皇后の霊と一体化する体験を味わった皇后節子は、自らの霊もまた生き続け、後代に受け継がれるはずだと考えていたのかもしれない。

それにしても、皇后は自ら「神あそび皇国運動」を実践するなど身体を鍛えていたのに、なぜ十月二十二日になって突然遺書を書いたのだろうか。

一番考えられる理由としては、高松宮も述べているように、長年にわたる天皇の看病で、「精神的ニモ不安ト違和ヲ身体ニ感ジ」たことが挙げられよう。この点については侍医の西川義方も、「西川、どうも残念です。素より懸命に力を竭《つ》くして御看護をさせていたゞく固い決心で、日夜努め尽してゐるつもりでありますが、かよわい稟質の然らしむるところでもありませうか、修養の到らぬためでもありませうか、堪えきはめ、忍びとほすその力の弱さのためでせうか、たまに、この控室へ下つて椅子によりますと、畏多いことですが、ほつと溜息が出るのです」という皇后の言葉を聞いている（『侍医三十年』、大日本雄弁会講談社、一九五二年）。

各地の神社や天皇、皇后陵に赴き、天皇の平癒をずっと祈ってきたにもかかわらず、ついにその効果が現れなかったことに対して、皇后は自らを責め、死をもって償うしかないと考えたのではないか。あるいは、天皇の死期が近づいたことを悟った皇后の、裕仁が天皇となる時代が遠からず来ることに対する峻拒の感情が、こうした行動に駆り立てたのかもしれない。

もうひとつ考えられるのは、十月二十二日という日付である。神功皇后が第十五代天皇として認められることをひそかに期待していた皇后節子は、十月二十一日に関屋貞三郎から正式に言上を受け、その期待が幻に終わったことを知った。これもまた皇后にとっては大きな衝撃だったのではないか。

1章で触れたように、『日本書紀』によれば、皇太后となった神功皇后は、六十九年間にわたって応神天皇の摂政の地位にあった。もし神功皇后が天皇として認められれば、この六十九年間が天皇の在位期間として認められることになったはずである。それは、やがて皇太后となる節子が、たとえ旧皇室典範の規定に基づいて裕仁が天皇になっても、神功皇后の霊を受け継ぐ「真の天皇」として認められる可能性を切り開くものであった。その可能性が絶たれた以上、節子は裕仁が名実ともに天皇になることを認めなければならなくなる。

節子にとって、それは耐え難いことだったのではないか。だからこそ節子は、秩父宮が天皇となることに最後の望みをかけようとしたのではなかったか。

大正末期になると、天皇の平癒を祈る皇后に同情が集まる反面、天皇のイメージは下降の一途をたどった。天皇が女官を追い回すといううわさは、例の「遠眼鏡事件」のうわさなどとともに全国に広まりつつあった。天皇が重体に陥った一九二六（大正十五）年十二月、キリスト教思想家である柏木義円《ぎえん》の五男で、札幌に住んでいた柏木寛吾は、「俺の家は元来皇室に対しては冷淡なのである。さればさなきだに不忠になり易いところへ今度の聖上陛下の噂さが悪かつた。帝大へ行幸のとき勅語を巻いてそれを遠眼鏡のつもりで覗いて見たといふ。同じことが衆議院の開院式のときにも行われたといふ。女官を見ると追ひ回すといふ。梅毒第三期から来る精神病患者だといふ。肺が半分ないと云ふ」と述べた上で、「薬にし度い程の善い噂さは聞かないのだ」と総括している（片野真佐子編・解説『柏木義円史料集』、行路社、二〇一四年）。

（右）「葉山町史跡大正天皇崩御・昭和天皇皇位継承之地」の石碑
（上）葉山御用邸附属邸御車寄せ。現・葉山しおさい博物館

十二月二十五日、天皇は皇后や皇太子、皇太子妃らに見守られながら、葉山御用邸附属邸で死去する（写真参照）。享年満四十七歳であった。天皇の容態悪

化を知らされた秩父宮は、英国から米国を経由して帰国する途上にあり、間に合わなかった。

葉山では、三種の神器のうちの宝剣と神璽を継承する「剣璽《けんじ》渡御の儀」が直ちに行われ、裕仁が天皇となった。それは良子が皇后となったということでもある。

節子は皇太后となった。

侍医頭として天皇の臨終を見取った入沢達吉は、翌日の日記にこう書いている。


皇〔太〕后宮の御自身の御所願にて「南無妙法蓮華経」の文字を一枚の紙に四十八個認めたるもの（或は木印にて捺したるもの）多数を造る。予も一枚を書きたり。（「大正天皇御臨終記――初めて世に出る侍医頭の日記」、『文藝春秋』一九五三年一月号所収）

天皇睦仁の死後、皇太后美子が法華経に帰依し、天皇の冥福を祈るために法華経巻第八「観世音菩薩普門品　第二十五」の書写をしたことは、5章ですでに触れた。同じく皇太后となった節子も、美子を意識していたのかもしれない。いやそうではなく、あくまでも「神ながらの道」と両立すると考えた自らの法華経信仰そのものに根差していたのかもしれない。

宮中では十二月二十五日から一年間、服喪期間に入ったが、皇太后は喪が明けても喪服を着用し続けた。一九四一（昭和十六）年に三笠宮崇仁と結婚した百合子によれば、「皇太后陛下におなりあそばしてからでしょうけれども。絶対に紫か黒以外の色は召されませんでした」という（前掲『母宮貞明皇后とその時代』）。

一九二七年十一月十八日、皇太后は住み慣れた宮城内の宮殿から青山東御所（現・明治記念館）に移った。典侍の正親町鐘子《しょうこ》、竹屋津根子や権典侍の清水谷英子《しみずだに》、山口正子をはじめとする皇后宮職の女官も青山東御所に移り、皇太后宮職の女官となったが、「はなやかであった宮中から遠ざかった寂しさに耐えかねて、退職していった女官も出た」（前掲『秩父宮雍仁親王』）。具体的にいえば、正親町鐘子や権命婦の梨木止女子、そして高松宮がひそかに好意を寄せていた権掌侍の東坊城敏子らが、二七年から二八年にかけて辞めていった。

嘉仁は、大正天皇と追謚された。青山東御所内には、大正天皇の神霊に拝礼する「御拝の間」が設けられた（『東京朝日新聞』一九二七年十一月十一日夕刊）。さらに三〇年五月、皇太后の新しい御殿である大宮御所ができると、「御影殿《みえでん》」が造営され、皇太后宮大夫の入江為守が描いた大正天皇の大和絵が納められた（前掲主婦の友社版『貞明皇后』）。

御所の名称にちなんで「大宮様」と呼ばれた皇太后は、毎日決まって、午前中と夕方の時間を御影殿で過ごすようになる。

近年の日常御生活の主体は、大正天皇の御影（大和絵の御肖像）にお仕えになることの一事であった。午前中の大部分は、御影を祭った室にすごされるので、特別の場合の外はこの時間には絶対に人にはお会いにならないのである。また夕方にも、その一時を御影の前にすごされるのであった。「生ける人に仕えるように――」という表現がよく使われるが、母上の場合、この言葉には少しの誇張も感ぜられないのであった。（前掲「亡き母上を偲ぶ」）

皇太后が五一年五月十七日に死去した直後に秩父宮が皇太后を回想した文章の一節である。5章で触れたように、明治天皇の御真影を拝み、時に御真影に向かって報告すること自体は、皇太后美子も行っていた。けれども、皇太后になって二年足らずで死去した美子とは異なり、節子は二十年以上にわたって、喪服姿で御影に礼拝し、読経し、語りかける生活を続けたのである。

　節子は皇后時代、しばしば京都を訪れるなど、地方行啓を繰り返したが、皇太后になってからはめっきりその回数が減った。最も頻繁に訪れたのは、東京府南多摩郡横山村（現・東京都八王子市）に造営された大正天皇の陵、多摩陵《たまのみささぎ》であった。御用邸に関しては、一九〇〇（明治三十三）年の結婚以来、大正天皇とともに何度も滞在した日光田母沢に行くことはなく、天皇の臨終を見取った葉山も「再びこの悲［し］みの地を踏むまいと思い定められた」（前掲大日本蚕糸会版『貞明皇后』）。実際には四一年六月三日から十四日にかけて滞在したことがあったが、葉山に行ったのはこのときしかなかった。

沼津御用邸西附属邸の「御日拝室」

　皇太后節子が最もよく利用した御用邸は、皇后時代から皇太后時代にかけての美子と同様、沼津御用邸であった。沼津御用邸では大宮御所の「御影殿」に当たる「御日拝室」が、西附属邸に設けられた（写真参照）。ここでも皇太后は、滞在している間に毎日祈りを捧げたという。

　節子が二六年十月二十二日に遺書を書いたのは、決して一時の気の迷いからではなかった。その証拠に、節子は五一年五月十七日に死去するまで、ずっと遺書を保管し、遺書とともに過ごした。少なくとも主観的には、遺書を書いた時点で死んだと考えていたのだ。それは肉体を有しながら、皇后霊そのものになったということである。折口信夫にならっていえば、一層純粋なナカツスメラミコトになったといえるかもしれない。

大正天皇に寄り添うもう一人の「死者」として振る舞う皇太后の存在は、新たに天皇と皇后となった裕仁と良子にとって、大きな脅威となる。

〔注〕

1　この点は現皇后の美智子と全く異なる。二〇一三年十月二十日、七十九歳の誕生日に現皇后は、宮内記者会からの質問に答える形で、家族生活における個人の尊厳と両性の平等を規定する日本国憲法第二十四条の草案を執筆したベアテ・シロタ・ゴードンに触れ、「日本における女性の人権の尊重を新憲法に反映させた」として、前年の死去に際して「改めてその御生涯と、生き抜かれた時代を思っています」と述べた。

第17章

必ズ神罰アルベシ

天皇嘉仁が死去し、皇太子裕仁が天皇になったのに伴い、秩父宮雍仁は旧皇室典範第三条により、皇位継承権第一位となった。その四日後の一九二六（昭和元）年十二月二十九日、秩父宮は留学先の英国から帰国する途上、米国のワシントンに立ち寄った。

このとき秩父宮は、一人の女性に会っている。後に秩父宮妃となる松平節子である。「秩父宮は、これが駐米大使松平恒雄の長女である節子との見合いの場であることをはっきりとは知らなかった。節子もまた知らなかった」（前掲『秩父宮』）。

秩父宮と松平節子は、二五（大正十四）年二月に初めて会った。松平節子に目をつけていたのは、皇后節子であった。久邇宮家の振る舞いに反発し、皇太子裕仁と久邇宮良子との結婚に必ずしも乗り気でなかった皇后節子は、自分が主導権をとることで、秩父宮には同じ轍を踏ませないようにしたのかもしれない。

皇后のもくろみは、成功したようである。その証拠に、二人の間には愛情が芽生えた。ワシントンでの会見を機に、秩父宮は松平節子に心を動かされ、将来の伴侶として考えるようになる（同）。

秩父宮が海路経由で横浜に上陸したのは、二七年一月十七日であった。同じ横浜を出港し、英国に向かったのが二五年五月二十四日であったから、一年八ヵ月ぶりの帰国ということになる。

皇太后となった節子は、秩父宮の帰国をずっと待っていた。高松宮はこの前日、日記に「おたゝ様〔お母様〕も秩父宮様をお待ち兼ねなり。お気の毒にてお会ひするのがいやになるとも仰せあり、又云ふ事多くて何にから云つてよいやら云ひ様なしとも仰せらる」と記している（前掲『高松宮日記』第一巻）。「云ふ事多くて」のなかには、松平節子に関することも含まれていたに違いない。

秩父宮は参内し、天皇嘉仁の遺体が安置された殯宮《ひんきゅう》で遺体に向かって拝礼するとともに、皇太后と再会した。「秩父宮は長い時間いつまでも父大正天皇に自らの英国での生活を報告するかのように祈りつづけていた。皇太后となった皇后（貞明皇后）は、そういう皇子をじっと見つめていた」（前掲『秩父宮』）。一月二十日には、服喪中の天皇裕仁の名代として再び殯宮に赴き、皇太后が見ている前で大正天皇の諡号が決まったことを報告する「追号奉告祭」を行っている。

秩父宮はオックスフォード大学に戻るつもりであったが、高松宮には「さて帰ると御母宮様の御心中を思ふと再び出発する気が、弛む。理性と感情との衝突が非常に苦しい」と話した（前掲『高松宮日記』第一巻）。結局、秩父宮が英国に戻ることはなかった。

昭和になり、皇太后が青山東御所に移っても、天皇裕仁と皇后良子は相変わらず赤坂離宮（現・迎賓館赤坂離宮）で暮らしていた。那須御用邸から帰京した二八年九月十四日、ようやく二人は宮城内の宮殿へと移り住んだ。

これに伴い、裕仁は従来の慣例を改め、良子と寝室を共同にした。良子が病気になった場合には、裕仁が別の寝室に移った。枢密院議長の倉富勇三郎は、天皇の地位が軽んじられる上、寝室に隣接する「剣璽の間」（宝剣と神璽を安置する間）からも隔てられるとして、裕仁の態度に疑問を抱い

た（永井和『青年君主昭和天皇と元老西園寺』、京都大学学術出版会、二〇〇三年）。

女官制度は、従来の皇后宮職が皇太后宮職、東宮職が皇后宮職となっただけで、多少の異動があったほかには基本的に変わらなかったが、皇后宮職女官長心得となった島津ハル（治子）が夫の急死に伴い辞職したため、竹屋志計子が後任となった。皇太后宮職典侍であった竹屋津根子の妹である。宮殿（皇后）と青山東御所ないし大宮御所（皇太后）に分裂した女官制度は、皇太后が死去する一九五一年までずっと続くことになる。

二七年九月十日、天皇と皇后の間に、第二子に当たる第二皇女の祐子《さちこ》内親王が生まれた。この知らせを聞いた高松宮は、日記にこう書いている。


今朝四時四十二分内親王御出産。ア丶イヤニナツチマフ。男子ハ出来ヌカナ。又秩父宮様ノ妃殿下面倒ナリカ。（前掲『高松宮日記』第一巻）

秩父宮が帰国してからというもの、高松宮は秩父宮と行動をともにする機会が多かった。そして秩父宮と語り合うなかで、松平節子が「秩父宮様ノ妃殿下」となることを確信したのではないか。実際にこの翌月には、皇太后の使者として、伯爵の樺山愛輔がワシントンの松平家を訪れている（雍仁親王妃勢津子《せつこ》『銀のボンボニエール』、主婦の友社、一九九一年）。

高松宮の日記からは、皇后から生まれたのがまたしても女子であったことに対する失望が綴られる反面、新たに秩父宮妃となる松平節子ならば、男子を生んでくれるだろうという期待が高まる事態が予想され、その事態を「面倒ナリカ」ととらえていたのがわかる。

ここで高松宮は、ある重大な危惧を表明している。それは、もし皇后にずっと男子が生まれず、秩父宮妃に男子が生まれれば、天皇家はいずれ断絶し、皇位は秩父宮家に継承されるということである。[注1]もちろんこのことは、松平節子に肩入れする皇太后も認識していたはずだ。

二八年一月十八日、秩父宮と松平節子の結婚の勅許があり、二人は正式に婚約する。九月二十八日には宮中三殿の賢所で結婚の儀を挙げている。結婚に先立ち、節子は皇太后の名と漢字が同じであったことから、皇太后自身の選定により、伊勢と松平家の出身地である会津にちなむ「勢津子」に改名している。

結婚の翌日、勢津子は皇太后から、「なるべくたびたび来るように」「それも和服を着てくるように」と言われている（同）。もめにもめた皇后良子とは、はじめから熱の入れ方が違っていたのだ。

慶事がある一方で、凶事もあった。

祐子内親王は、成子同様、皇后自身が授乳して育てていたが、敗血症のため同年三月八日に死去した。わずか半年の生涯であった。

その後も皇后は、二九年九月三十日に第三子で第三皇女の和子《かずこ》内親王、三一年三月七日に第四子で第四皇女の厚子《あつこ》内親王を生むが、男子はなかなか生まれなかった。さらに三二年十月二十三日には、女子を流産している（前掲『人間　昭和天皇』上および河原敏明『良子皇太后　美智子皇后のお姑さまが歩んだ道』、文春文庫、二〇〇〇年）。

厚子内親王が生まれた直後の三一年三月二十六日には、宮内大臣の一木喜徳郎が天皇から「此際皇室典範を改正して養子の制度を認むるの可否」について、元老西園寺公望《さいおんじきんもち》の意見を聞くよう依頼されたと内大臣の牧野伸顕に話している（前掲『牧野伸顕日記』）。

天皇は男子が生まれない場合、養子を迎えることまで考えていたわけだ。だが西園寺は、現状のままで様子を見るのがよかろうと答えている（同）。

和子内親王が生まれる半月あまり前の二九年九月十四日、宮中では皇后の安産を願う「着帯の儀」が行われた。「両陛下にはこの日午前九時三十分御使として津軽〔理喜子〕女官を青山東御所に差遣はされ皇太后陛下に御着帯の趣を言上、鮮鯛一台を御贈進遊ばされた、同じく十一時五分皇太后陛下にも竹屋〔津根子〕典侍を使として宮中に参内せしめられ御祝詞を言上、御同様鮮鯛を贈られた」（『東京朝日新聞』一九二九年九月十五日夕刊）。

その二週間後の九月二十八日は、秩父宮夫妻の結婚一周年に当たっていた。皇太后はそれに合わせて、「秩父宮御慶事の一めぐりを祝ひて綿にてつくれる鶴のひなともなひたるが松のもとにあそび楽しむさまなる」を贈った（前掲『貞明皇后御歌集』）。つまり天皇と皇后には鯛を贈る一方で、秩父宮夫妻にも一刻も早く子供が生まれるよう、手作りのプレゼントを贈ったのである。

ここでいう松は、秩父宮雍仁の「お印」である若松にちなんでいただろう。お印というのは、天皇や皇族が身の回りの品などに用いる徽章のことである。秩父宮妃勢津子のお印は菊であった。鶴は、会津の鶴ヶ城、つまり勢津子を指していると見られる。

皇太后は、秩父宮と勢津子、そして「鶴のひな」、すなわち勢津子の子供が仲睦まじく暮らすことを願い、自ら育てた蚕から真綿をつくり、松に身を寄せる親子の鶴にして贈ったのである。

むつまじくつばさならべてあしたづは　楽しかる世を松にすむらむ
ひなづるのたかねまちつゝわたつ海の　ふかきなさけを　親はかぐらむ（前掲『貞明皇后御集』中）。

原文は濁点なし）
一首目の「あしたづ」は「葦田鶴」のことで、鶴を意味する。二首目の「たかねまちつゝ」は、「うぶこゑまちて」とも詠んでいる。同じ意味である。どちらの和歌にも、皇太后の熱い期待がにじみ出ている。
そもそも皇太后が、秩父宮の結婚相手として、平民の松平節子に早くから目をつけていたのは、家柄よりも子供が生める健康な身体を優先させたからであった（前掲『秩父宮』）。そこには、皇族でなかったにもかかわらず、身分よりは健康が重視されて伏見宮禎子の代わりに皇太子妃となり、男子を四人も生んだ自らの体験が反映していたのかもしれない。高松宮が危惧したように、もし勢津子に男子が生まれれば皇位が秩父宮家に継承される可能性が出てくることを百も承知の上で、皇太后は「ひなづる」を贈ったのではなかろうか。
和子内親王が生まれたのは、秩父宮の結婚一周年からわずか二日後のことであった。誕生に際して、内親王なら一回、親王なら二回、サイレンが鳴り響くことになっていたため、サイレンは一回しか鳴らなかった。しかしラジオでは誤って親王出産と放送したため、人々は歓声をあげた。すぐに訂正のニュースが流されたものの、落胆はかえって大きくなった（前掲『香淳皇后と激動の昭和』）。この日、野上彌生子は日記に、「内親王つゞきで宮内省では屹度がつかりしてゐるだらうし、若い皇后さんも少し心配しながら産褥についてゐるだらうとおもふとちよつと気の毒におもはれる。是非男の子を生まなければならない責任をしよはされると云ふのはこつけいである」と記した（前掲『野上彌生子全集』第Ⅱ期第二巻）。

男子が生まれなかった天皇と皇后にとって、秩父宮夫妻との結び付きを強めつつあった皇太后の存在は、ますます不気味に映ったに違いない。

秩父宮が結婚した一九二八年という年には、もうひとつの慶事があった。十一月に京都で行われた大礼（即位礼および大嘗祭）である。

一五（大正四）年十一月に京都で行われた大礼では、皇后節子が妊娠していて即位礼に出ることはできなかった。正式な即位をしなかった節子が大礼にこだわっていたことは、11章で触れた通りである。一方、二八年十一月当時の皇后良子は妊娠しておらず、東京から京都に向かう御召列車には、天皇が乗る12号御料車に続いて皇后が乗る8号御料車が併結された。即位礼のクライマックスである「紫宸殿の儀」では、皇后は天皇が立つ高御座の横に設けられた御帳台《みちょうだい》に立ち、天皇の即位とともに皇后の即位を告げることになる。

大礼に先立ち、十月十七日に宮中三殿の賢所で天皇が行う神嘗祭に、皇太后節子と、結婚したばかりの秩父宮夫妻が出席した。もちろん勢津子にとっては初めての宮中祭祀であったが、皇太后が定例の宮中祭祀に出席するのも、昭和になって初めてであった。

これ以降も皇太后は、三六年まで年に一回ないし二回のペースで宮中祭祀に出るが、そのときには必ず「御五衣・御小袿・御長袴」の儀服に着替えた。歴史学者の片野真佐子によれば、別掲の皇太后の写真は三一年に撮られたものであり、同年の宮中祭祀で唯一出席した九月八日の宇多《うだ》天皇一千年祭のときに撮られたと推察される。

秩父宮夫妻は二八年十月十七日の神嘗祭が終わるや、その日のうちに三重、奈良、京都の一府二

皇太后節子

県を回る旅に出ている。伊勢神宮や神武天皇陵、伏見桃山陵などに結婚を奉告するためであった。

神嘗祭の三日後の十月二十日、倉富勇三郎は静岡県庵《い》原《はら》郡興津町（現・静岡市清水区）の坐《ざ》漁《ぎょ》荘で元老西園寺公望に会った。倉富は枢密院議長の在任中、ほぼ年に一回の割合で坐漁荘を訪れた（前掲『青年君主昭和天皇と元老西園寺』）。このとき倉富は、西園寺から皇太后に関する次のような発言を聞いている。

> 皇太后陛下敬神ノ念熱烈ニテ、天皇陛下ノ御体〔態〕度ニ御満足アラセラレズ。天皇陛下ハ、明治天皇大正天皇ノ御時代トハ異ナリ、賢所ノ御祭典等ハ大概御親祭ニテ、自分（西園寺）等ノ様ナルコトハナキモ、皇太后陛下ハ右ノ如キ形式的ノ敬神ニテハ不可ナリ、真実神ヲ敬セザレバ必ズ神罰アルベシト云ハレ居リ。此考ハ到底之ヲ教育（教育ト云ヒテハ語弊アルコト、云フ）スルコトハ不可能ナリ。此コトガ度々加フレバ、其ノ為御母子間ノ御親和ニ影響スルヤモ計リ難ク、夫レ等ノ点ニ付テハ十分ニ注意スベキコト、思フト云フ。
> （国立国会図書館憲政資料室所蔵「倉富勇三郎日記」。原文は濁点なし。傍点引用者）

天皇裕仁は、宮中祭祀にしばしば出なかった明治天皇や大正天皇とは異なり、大概自らこれを行っている。しかし皇太后節子は、天皇の態度は「形式的ノ敬神」にとどまっているとして満足せず、「真実神ヲ敬セザレバ必ズ神罰アルベシ」と警告している。こうした皇太后の考え方は恐るべきものだが、いまさら教育して矯正させることもできない。しかし同じことが繰り返されれば、「御母子間ノ御親和」に重大な影響を及ぼす可能性もある――西園寺はこう言って憂慮しているのだ。

西園寺の発言からは、関東大震災を「神のいさめ」ととらえた節子が、皇太后になってもアマテラスによる神罰の可能性を信じていたことが伝わってくる。もし天皇が心からアマテラスの存在を信じることができなければ、必ず罰が当たるという考え方は、天皇個人の資質ではなく血統の連続性を重視する「万世一系」とは根本的に相いれない。すでに二三年以来、裕仁は四回にわたって新嘗祭を行ってきたにもかかわらず、皇太后は依然として、裕仁が真に天皇としてふさわしいかどうか、疑念を抱いていたようにも見える。

同じころ、折口信夫もまた「大嘗祭の本義」で、「万世一系」による皇位継承を原理的に否定し、「天皇霊」の憑依による継承を説いていた（前掲「折口信夫の天皇」）。そして裕仁自身に対して「ゴルフや、山登りや、スキー遊びに於いてのみ、若い聖儒のおんふるまひを窺ひあげて居るに止《とど》まるのでは、どうしても寂しまずには居られません」（『東京朝日新聞』一九二四年十月二十二日）と新聞紙上で述べるなど、時に皇室に対する激しい批判を公言することも辞さなかった（岡野弘彦『折口信夫伝　その思想と学問』、中央公論新社、二〇〇〇年）。皇室への言及を慎重に避けた柳田國男とは、この点が違っていたのである。

二八年十一月の大礼は、京都で大過なく行われた。天皇は大嘗祭も予定通りにこなした。秩父宮夫妻や高松宮も大礼に参列した。しかし、皇太后は東京にとどまり、京都には行かなかった。大礼に際しては、「菊盛　御大典に付て」と題する和歌を八首詠んでいるが、その中には次のような和歌が含まれていた。

天照す日はのぼるなり万世の　秋をしめたる菊のそのふに
さかりなるみかきの菊の花かげに　末たのもしきつぼみみえたる（前掲『貞明皇后御集』中。原文は濁点なし）

通常、皇室を意味するのは「菊のそのふ（園生）」ではなく「竹の園生」である。15章で引用した皇后自身の文章にもそのように書かれていた。それを菊に変えたのは、菊が皇室の紋章だからだろう。そう考えれば、どちらの歌にも皇室の末長き繁栄を願う皇太后の気持ちが素直に表れていると見ることができる。

だが前述のように、秩父宮妃勢津子のお印もまた菊であったことに注意する必要がある。もし二つの歌の「菊」が秩父宮妃を指すとすれば、その途端に不穏な響きを伴ってくる。まだ結婚から二ヵ月もたたない大礼の時点で、皇太后が秩父宮家への皇位継承と、秩父宮家に「末たのもしきつぼみ」、すなわち親王が生まれることを期待していたようにもとれるからだ。

十二月二十二日、大礼が無事に終わったことを祝う内宴が宮殿で行われ、皇太后も出席した。皇太后は、「皇后陛下には殊に御打融けたる御談話」があったのに、「聖上陛下には御談話なかりし趣」であった。侍従次長の河井弥八は、十二月三十一日の日記に「之は心配なり」と記している（前掲『昭和初期の天皇と宮中』第二巻）。皇太后の脳裏からは、天皇は果たして「真実神ヲ敬」しつつ大嘗祭を行うことができたのかという疑念が離れなかったのではなかろうか。

西園寺公望が皇太后と並んで危惧の念を抱いていたのが、皇位継承権第一位の秩父宮であった。当時の秩父宮は、「スポーツの宮様」として人気が高まっていた。北原白秋作詞、山田耕筰作曲による「秩父の宮さま」という歌までつくられた。一九二八年十二月には陸軍大学校に入学し、三一年十一月に卒業すると、第一師団歩兵第三連隊の中隊長となった。三二年九月からは、歩兵第三連隊附のまま参謀本部に勤めている。

西園寺は二七年十月五日、倉富勇三郎に「御兄弟ノ宮様方ハ陰ニナリ陽ニナリテ天皇陛下ヲ衷心ヨリ御助ナサレザルベカラズ。此コトハ今後宮様方御輔導ノ最モ必要ナルコトト思フ」「殊ニ秩父宮様抔《など》ハ、万一ノ場合ニハ皇統モ御継ギナサルベキ方ナル故、誠実ニ天皇陛下ヲ御助ケナサルル必要アリ」と話した。また二九年六月二十日にも倉富に、「御兄弟宮トノ御親情ハ当然ノコトナルモ御兄弟デモ皇后デモ臣下ナル故其御心得ハナカルベカラズ。然ルニ平素御弟親王方ノ御行動ガ単ニ御兄弟ト云フ方ノ御振合ニテ、君臣ト云フ方ノ御振合ハ欠ケテハ居ラザルヤ如何」と述べるなど、秩父宮らの態度を槍玉にあげている（前掲「倉富勇三郎日記」および前掲『青年君主昭和天皇と元老西園寺』。原文は濁点なし）。

その一方で、秩父宮がまだ結婚する前の二七年十月五日には「万一ノ場合ヲ予想スルハ不可ナル様ニモアレドモ秩父宮様ノ妃ヲ選ブニシテモ其途ノコウエイ〔後裔〕マデ考フル必要アル訳ナリ」（前掲「倉富勇三郎日記」。同）と話しているように、天皇と皇后に男子が生まれず、秩父宮が皇位を継承する「万一ノ場合」に備えて、秩父宮妃となる女性を選ぶさいには男子が生めるか否かまで考える必要があるとしている。

この点に関する限り、西園寺は養子を迎え入れる可能性を考えていた天皇よりはむしろ、皇太后のほうに認識が近かったことになる。

ノンフィクション作家の工藤美代子によれば、三一年三月七日に生まれたのが皇子ではなく、またしても皇女（厚子内親王）であったことに対する危機感は大きく、秩父宮に皇位を継承させるという噂まで広がっていた。「皇太后にお気に入りの秩父宮を皇位に就けたいという意向があり、重臣たちが案じているという噂はかなり信憑性があった」（前掲『香淳皇后と激動の昭和』）。西園寺の言う「万一ノ場合」が現実味を帯びつつあったのだ。

海軍大将の加藤寛治は、同年十月十七日の日記に「関屋〔貞三郎〕、秩父宮様帝位簒奪の可恐評判を立つ。不可恕」と記している（伊藤隆他編『続・現代史資料5　海軍　加藤寛治日記』、みすず書房、一九九四年）。この発言が、妻の衣子とともに皇太后の信頼が厚かった宮内次官の関屋から発せられていることに注意する必要がある。

関屋は同年七月二十六日に葉山で秩父宮夫妻に会って二時間ほど話したとき、「従来ニ如此御打チトケタル御態度ヲ拝シタルコトナシ。実ニ難有《ママ》キ次第ナリ」（前掲「関屋貞三郎日記」）と感激しているように、秩父宮に親近感を抱くようになっていた。その感情が「可恐評判を立つ」という行動へとつながったのではないか。

12章で言及した一九三八年三月十二日付の英国の機密文書「日本の皇室における水面下の分裂とその内政外交上の影響」では、昭和初期における「天皇派」と「秩父宮派」の対立が、次のように記されている。

天皇派は勝利をおさめたが、秩父宮派が落胆することはなかった。皇太后はしばしば宮殿にやって来て、政治上の「助言」をしたが、それは天皇にとってかなり不快なことであった。秩父宮を即位させることを目的として、いくつかの団体が結成された。（英国ナショナルアーカイブス所蔵文書FO371／22178所収。原文は英語）

その団体としては、秘密結社の桜会と小桜会、三三年に神兵隊事件を起こした大日本神兵隊、そして三一年に参謀総長となった閑院宮載仁親王の一派が挙げられている。ほかにも「秩父宮派」に属する人物として、伯爵の田中光顕、侯爵の徳川義親《よしちか》、陸軍大将の真崎甚三郎、立憲政友会の久原《くはら》房之助、民間右翼の北一輝《いっき》などの名前が挙げられている。田中は男子がなかなか生まれなかった天皇に側室復活をすすめたと言われているが、この機密文書では皇太后と不倫の関係があったとされている。

田中光顕は天保十四（一八四三）年の生まれで、皇太后より四十一歳も年上であったから、密通していたとは考えにくい。皇太后がしばしば宮殿にやって来たという事実もない。ここで挙げられた団体や人物が「秩父宮派」に属していたという明確な証拠もない。日本人名のローマ字表記も間違いが目立つなど、全体として信憑性に欠ける記述が多くを占めている。

けれども、天皇が皇太后と田中の関係を快く思っていなかったのは事実である。一九三四年九月二十一日に内大臣秘書官長の木戸幸一が西園寺の私設秘書の原田熊雄に語ったところによれば、天皇は皇太后宮大夫の入江為守に、「大宮御所に田中が拝謁に出たら、どんなことを申上げるかよく注意してくれ。さうして自分の参考にその内容をきかせてもらひたい」と話したという（原田熊雄述『西園寺公と政局』第四巻、岩波書店、一九五一年）。

天皇が秩父宮の動きに神経をとがらせていたこともまた、まぎれもない事実であった。侍従武官長の奈良武次は、三二年五月二十八日の日記に「午后二時頃御召に依り拝謁、朝香宮、秩父宮両殿下の御話に依れば青年将校の言動意外に過激なるやに感ぜらる、秩父宮殿下を他に転補の必要なきや陸軍大臣にも相談せよとの御思召なりし」と記している（前掲『侍従武官長奈良武次日記・回顧録』第三巻）。奈良は後に「五月二十八日予に（秩父宮）殿下を歩兵第三聯隊附より他に転補するやうとの御内意を洩らされたり」と回想している。秩父宮が三三年十二月に参謀本部附となり、三五年八月には歩兵第三十一連隊大隊長となって青森県の弘前に流された背景には、天皇自身の意向があった。

秩父宮が陸軍軍人となったのに対して、高松宮は海軍軍人となった。そして二七年から三三年にかけて、戦艦比叡や榛名《はるな》の乗組、次いで巡洋艦高雄や戦艦扶桑の分隊長に任じられた（前掲『高松宮宣仁親王』）。

皇太后は、秩父宮に続いて高松宮の結婚を考えていた。前章で触れたように、高松宮と徳川喜久子の結婚は早くから決まっていたというが、そこには皇太后の意向もあった。高松宮妃喜久子は、「私たちの結婚は、貞明皇后様（大正天皇皇后）がお決めになったような気がする」と述べている（前掲『菊と葵のものがたり』）。

二九年四月十二日、二人は正式に婚約している。結婚の儀は三〇年二月四日に賢所で行われた。

四月二十一日からは、天皇の名代として一年二ヵ月にわたり、海路経由で欧米二十六ヵ国を歴訪する旅に出ている。

この間に喜久子は、ほぼ毎日皇太后に手紙を書いた。その数は数百通に及んだという。皇太后もまた喜久子に手紙を送った（榊原喜佐子、戸張裕子構成『大宮様と妃殿下のお手紙　古きよき貞明皇后の時代』、草思社、二〇一〇年）。

皇太后は、喜久子が欧米の文化に感化されず、日本の文化を大切にする心を保つように期待していたことが、次の手紙からもわかる。

絵葉書は早々アルバムにはさみ日々くりかへし見候て　御旅行先を遥かにおしはかりつゝ自分もそこにあるかの如く楽しみ〳〵にいたし居候　全く之も喜久さん御かげと存じ喜び居候　唯《ただ》三十《みそ》一文字《ひと》のなかりしを残念に思ひ候て　此の御便りに御催促をいたさむと存じ居候ところ瑞西《スイス》よりの御便りにはじめてよみえられし事　御記事《おきじ》以上によろこばしく存じ候　之にてまづやまと心も御すて　なきかと存じ候（同）

喜久子の手紙に和歌がなかったことを残念に思い、催促しようとしたら、スイスからの手紙で初めて詠んでいたことを知った。これで、「やまと心」を捨てていないことがわかったというのである。

三一年六月十一日に帰国してからも、皇太后と高松宮妃喜久子との手紙のやりとりは続いた。三三年四月十一日には喜久子の実母である徳川実枝子《みえこ》が緊急入院したが、その四日後には、沼津御用邸に滞在していた皇太后が喜久子に手紙を書いている。

……何よりの御土産どころか香椎の筆も　御とどけいただき候よし東京より申参り不日　受納いたすべくあはせてあつく御あいさつ申入候（同。尚々書は省略）

文中の御土産とは、佐世保の土産を指している。喜久子は四月六日から、佐世保に寄港していた高松宮に呼び出され、一緒に滞在していた。おそらく、実母の入院の知らせはその間に届いたのだろう。喜久子は佐世保からの帰途に香椎に立ち寄り、香椎宮に参拝して実母の平癒を祈るとともに、皇太后が二二（大正十一）年三月に同じく香椎宮に参拝したことを思い起こさせる「香椎の筆」を東京の大宮御所に届けている。この筆が何を意味するかはわからないが、13章で掲げた「香椎宮を拝ろがみて」と題する和歌を記した筆だった可能性もある。

さらに皇太后は、動揺する喜久子に対して具体的なアドバイスをしている。

神仏による外は無之と存じ候　今までに御題目御唱への事あり候や　少しにても喜久様の心も楽に相成りて母御の御身も苦痛の中に幾分やすらぎ候べく　人まへにては御若き故御噂も申すべく唯御口のなかに御唱へか　又一人御居間に御いでの時なれば　少々御声高くとも耳はそばだてますまい（同）

喜久子の心が楽になり、実母の身体も安らぐための方法は、「神ながらの道」ではなかった。それはあくまでも、誰もがすぐに唱えられる法華経でなければならなかった。皇太后は、兄の九条道実の見舞いに行ったときも、病床のそばで目をつぶり、口の中で御題目と法華経巻第六「如来寿量品　第十六」の略経を唱えていたと、自らの体験まで告白している。

しかし徳川実枝子は、三三年四月二十五日に死去した。この日の日記に、高松宮は意味深長な記述をする。

かへらぬくりごとながら、もうせめて三四年キク子に子どもで〔も〕つくつてオバーサマにしてから今日のことにしてあげたかつた。私にして見れば、それが最上のことであり、たゞ実枝子様に対してでなく、おもう様に対しての私のつとめであり、そのニュースをたづさえて（有栖川宮――引用者注）威仁親王なり（有栖川宮妃の――引用者注）慰君《やすぎみ》様なりのもとにゆかれるのだつたら、あきらめもつくのだがとつくぐ〱思ふ。（前掲『高松宮日記』第二巻）

文中の「おもう様」は御所言葉で父を指し、大正天皇を意味する。高松宮は断絶した有栖川宮家の祭祀を継承していたから、後継者をつくることはその祭祀を絶やさないためにも必要であった。注目すべきは、高松宮自身に子供をつくる意志がはっきりとあったことである。

当時はまだ、天皇と皇后の間に男子が生まれていなかった。もしこのまま男子が生まれなければ、秩父宮夫妻同様、自分たちが男子をつくることが大正天皇、さらには皇太后に対する「つとめ」と考えていたのではないか。もちろんそれは、天皇家から高松宮家に皇位が継承されることを意味する。それを覚悟した上での決意だったろう。

だが、この年（三三年）の十二月二十三日午前六時三十九分、ついに第五子にして待望の第一皇子が生まれた。明仁親王（現天皇）である。「まだ起きいでぬ朝、サイレン二回なりわた」（前掲『梨本宮伊都子妃の日記』）ったことで、東京市民は親王の誕生を知った。

牧野伸顕は、「是迄皇位継承問題に付ては万一の場合を慮ぱかり種々の臆測被行、政治的には別して兎角の横議抔も提出せられ、人心不安の一大原因をなしつゝありたるに、今はすべての此種の禍根は解決せられたる分けにて、御上御一人の御慰安拝察に余りあり」と胸をなでおろしている（前掲『牧野伸顕日記』）。

高松宮の覚悟も無駄となった。「まことに私も重荷のおりた様なうれしさを、考へて見ればおかしな話ながら、感じてやまず」（前掲『高松宮日記』第二巻）。親王誕生の知らせを聞いた高松宮の言葉である。

明仁は生まれながらにして皇太子となり、幼名を「継宮《つぐのみや》」と名付けられた。その名称には、皇位を次に継ぐのは誰かという天皇裕仁の強い思いが込められている。

もちろん、皇太后節子が明仁の誕生をどう思っていたかは定かでない。しかし、三四年二月二十三日に皇太子誕生を祝して宮殿内の豊明殿で行われた内宴に出席しようと、大宮御所から車に乗ろうとした皇太后は、「御手から扇をパタと地面にお落としになった」（前掲『拝命』）。これを見た侍医の山川一郎は、「あの平素お注意深い大宮様が、このお目出度いお日柄に、末広をお落しと〔お落とし〕になったことは、何かの兆しではないかしらと、不安の感が電撃のようにひらめいた」（同）という。山川の直感は当たっていたと言ってよいのだが、それについては次章で詳しく述べることにしたい。

海軍の演習のため大分県の佐伯にいた高松宮も、内宴に合わせて「かへるようにした方がよい」と言われたが、「その気になれずやめた」（前掲『高松宮日記』第二巻）。皇太子の誕生に対して感じたのは、「重荷のおりた様なうれしさ」ばかりではなかったのだ。

節子は皇太后になると、ハンセン病に対する関心を従来にもまして深めてゆくことになる。そのきっかけとなったのは、内務省からの働きかけであった。片野真佐子は、一九二九年七月から三一年四月まで、浜口雄幸内閣の内務大臣となった安達謙蔵のもとで地方局長に在任した次田大三郎《つぎただいさぶろう》に注目している（前掲『皇后の近代』）。

次田は後年、「救癩《きゅうらい》」のプロパガンダとして皇太后を引っ張り出した経緯につき回想している。

……プロパガンダの一つの方法として、私の気づいたことを申し上げてみれば、一つ、皇室のお力を借りられたらいいのでないか。大臣が〔貞明〕皇后に拝謁されて、あの光明皇后——奈良時代の光明皇后の先例にもあるから、〔貞明〕皇后が、そういう哀れなるらい患者のために大御心《おおみこころ》をわずらわすということにされたらいいと思う。そういうことをお願いなすつて、〔貞明〕皇后がそれをやつてくださるということであれば、それはもう皇室中心の日本で、きゆう然として世論がそれにしたがっ《ママ》てくるだろうと思う。（「地方局の思い出を語る」上、『自治時報』一九五九年五月号所収。傍点原文）

次田は皇太后節子（貞明皇后）に会い、援助を願い出たところ、皇太后は「やりましょう」「どうか骨をおつてもらいたい」「自分たちもできるだけの手伝いをする」（同）ということですぐに引き受けたという。もっとも、皇后時代から光明皇后を意識し、ハンセン病患者に対する関心を持ち続けてきた皇太后にとって、それはしごく当然のことであったに違いない。

一九三〇年夏、安達謙蔵内相から渋沢栄一に、ハンセン病患者の隔離政策に対して皇太后の「御手許金を御下賜になり御援助あるやの御内意」が伝えられた。その「御手許金」二十四万八千円は、同年十一月に下賜され、そのうちの十万円を使って三一年一月、「癩予防協会」が設立された。これ以降、皇太后は毎年一万円を協会に下賜し続けることになる（荒井裕樹「御歌《おんか》と〈救癩〉――貞明皇后神格化と御歌の社会機能を巡って」、『文学』二〇〇六年十一・十二月号所収）。

三一年から、皇太后の誕生日である六月二十五日は「救癩の日」「癩予防デー」となり、前後一週間は「癩予防週間」となった（同および光田健輔『愛生園日記　ライとたたかった六十年の記録』、毎日新聞社、一九五八年）。三二年十一月、皇太后は「癩患者を慰めて」と題する和歌を二十一首も詠んでいる（前掲『貞明皇后御集』下）。その最後の歌を次に掲げる。

つれ〴〵の友ともなりてなぐさめよ　ゆくことかたきわれにかはりて（原文は濁点なし）

三〇年十一月には、初めての国立療養所である長島愛生園が岡山県に開園し、三一年三月には光田健輔が園長に着任した。この歌は光田をはじめとするハンセン病患者の隔離政策施政者に対して、皇太后が自分の代わりに患者の友となって慰めるよう求めた歌であった。

皇太后は三三年六月七日、沼津御用邸から帰京する途中、東海道本線（現・JR御殿場線）の裾野一御殿場間で、御召列車に乗ったまま、車窓から神山復生病院のハンセン病患者三十余名に目をとめた（『復生病院70年の歩み』、神山復生病院、一九五九年および『神山復生病院120年の歩み』、神山復生病院復生記念館、二〇〇九年）。三五年には、同病院内で「つれ〴〵の〜」の歌碑の除幕式が行われた（写真参照）。

このころから皇太后は、光明皇后の再来であるという言説が頻出するようになる。それは隔離政策施政者ばかりか、ハンセン病患者自身によっても実感されるのだ。三二年十一月に長島愛生園に入り、三九年六月に死去した歌人、明石海人《あかしかいじん》は、「皇太后陛下の御仁徳を偲び奉りて」と題する次の和歌を詠んでいる。

（左）神山復生病院の歌碑
（下）光明皇后陵（佐保山東陵）

そのかみの悲田施薬《ひでんせやく》のおん后　いまを坐《ま》すがにをろがみ奉《まつ》る（『明石海人全集』上巻、改造社、一九四一年）

「悲田施薬のおん后」、すなわち光明皇后はいまの世によみがえったというわけだ。

けれども、両者には決定的な違いがある。

中世に伝説化される光明皇后は、

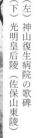

女性であるが故の〈穢《けがれ》〉を負っている一方、ハンセン病患者の体を清め、全身の膿を自ら吸うという極限的な身体接触を通して〈聖〉なる存在にもなった。「このように光明皇后は、その身の内に〈聖／穢〉を混在させた、極めて両義的で境界的な存在であった」（前掲「御歌と〈救癩〉」）。これに対して皇太后節子とハンセン病患者の関係は、一方が〈聖〉、他方が〈穢〉に一元化され、皇太后は患者に触れることもなく、一方的に「仁慈」を注ぐだけの存在となる。病が進行して失明することになる明石海人は、皇太后を「をろがみ奉る」と詠みながら、実際に会ったことすら一度もなかった。

もちろん当の皇太后自身も、光明皇后にただならぬ思いを抱いていた。四〇年十月、皇太后は「光明皇后」「法華寺御本尊に寄りて」「そのころに」と題して、光明皇后に関する和歌を十七首詠んでいる。

たゝへまつる言の葉もなしやめる身に　御手をおろしてみとりしませる
御光をあふぎまつりて願ふかな　いたらぬこゝろをしへ給へと（前掲『貞明皇后御集』下。原文は濁点なし）

たとえ皇太后が、神功皇后と同様、光明皇后との一体化を目指そうとしても、自らが光明皇后の再来でないことは、皇太后自身が一番よくわかっていた。曰く、自分は光明皇后には遠く及ばない。なぜなら光明皇后は「御本尊」、すなわち仏になった特別な皇后だからである——。

皇太后は三七年六月、奈良を訪れたとき、聖武天皇陵（佐保山南陵）とともに光明皇后陵（佐保山東陵）に参拝したが（写真参照）、法華寺を訪れることはなかった。香椎宮に参拝して神功皇后の「皇后霊」と一体化するような体験をすることはなかったのだ。

一九三三年十二月二十三日に明仁親王が生まれたことで、皇太后が期待したように秩父宮が天皇になり、「神ながらの道」を広める可能性はなくなった。高松宮家に皇位が継承される可能性もなくなった。

けれども皇太后は、まだあきらめてはいなかった。三四（康徳元）年三月に「満洲国」皇帝となり、三五年四月六日に日本を訪れた溥儀《ふぎ》に、「神ながらの道」を広める可能性を感じるようになるからだ。

溥儀は四月七日、明治神宮に参拝してから大宮御所を訪れ、皇太后に会った。ノンフィクション作家の中田整一は、「このとき、皇太后のあたたかいもてなしに、幼少より肉親の愛情から隔離されて育った溥儀は、初めて実母に接したような感動を覚えた」と記している（『満州国皇帝の秘録　ラストエンペラーと「厳秘会見録」の謎』、幻戯書房、二〇〇五年）。

四月十三日、皇太后は溥儀を赤坂離宮の茶室、洗心亭に招いて接待した。

皇太后が「日本式の庭園はお珍しいでしょう」と誘い、広い庭内を散歩した。坂や飛び石があると、溥儀は中国語で「お気をつけください」と言って、さっと皇太后の手をとった。歓談は一時間半以上にも及んだ。（前掲『人間　昭和天皇』上）

皇太后が「皇帝陛下が満洲へ御帰りの後は毎日、日の西に没するのを見る毎に、陛下の御ことを考へます」と述べたのに対して、溥儀は「毎朝、朝日の上るのを見る毎に東天に向ひ、両陛下および皇太后陛下を憶ひ起します」と答えたという（林出賢次郎『扈従訪日恭紀』、満州帝国国務院総務庁情報処、一九三六年）。虚飾に包まれた溥儀の人生において、皇太后のもてなしから受けたぬくもりは後々まで心の中に残ることになる。

その後、溥儀は京都、奈良を見物し、離日する前々日に当たる四月二十二日、神戸の武庫離宮に滞在していたとき、皇太后から使者が遣わされ、「満洲国皇帝に会見の折に読める」「御会見後の御感想を伝へききて」と題する二首の歌が届けられた。

若松の一本そへる心地して　末たのもしき春の庭かな

われをしもみはははのごとくおほしつる　その御心にしたしまれつつ（前掲『扈従訪日恭紀』）

前述のように、「若松」は秩父宮のお印である。一九〇六年生まれの溥儀は、天皇より五歳、秩父宮より四歳、高松宮より一歳若かった。皇太后は、自らを母親のように慕う溥儀に、もう一人の秩父宮を見たのである。

皇太后の和歌に感激し、「満洲国」の祭祀府に赴任する決意を固めた人物がいた。一九一八（大正七）年から宮内省式部職（三九年より掌典職）で祭祀をつかさどる掌典となり、十月十七日の神嘗祭では伊勢神宮に勅使として参向した八束《やつか》清貫である。

四〇年七月、「満洲国」の首都新京（現・長春）にアマテラスをまつる建国神廟が建てられた。その一ヵ月前、建国神廟における祭祀の責任者として、宮中祭祀に通じている八束に白羽の矢が立った。

八束は建国神廟を検分するために空路で「満洲国」に向かう直前、皇太后に拝謁を命じられた。

……大宮様は、平生から御敬神の念に厚く、特に「神ながらの道」の普及宣揚には深い御関心をよせられてゐたので、今回満洲国に神廟が出来て、其の奉仕の為めに「八束が行く」といふので、もともとからの深い御関心に基き斯る恩〔思〕召になったことと拝察される。（「建国神廟創建の思ひ出」、小笠原省三編述『海外神社史』上巻、海外神社史編纂会、一九五三年所収）

皇太后から「こちらと、同じやうに、元気でお勤めなさい」（同）と声をかけられた八束は、大いなる使命を託されたと感じた。そして「建国神廟創立以後は、一意専心、神廟に於ける祭祀を厳粛斎行して神威の昂揚を計ると共に、衆庶一般、殊に満人に対して、あらゆる機会を通じて『惟神《かんながら》の道』の普及宣揚に努め」（同）ることになる。

八束が「満洲国」の祭祀府に赴任した直後の四〇年六月二十六日、溥儀は再び日本を訪れた。翌二十七日には大宮御所を訪れて皇太后に再会し、二十九日にも大宮御所で開かれた午餐会に招かれ、皇太后、秩父宮妃、高松宮夫妻、三笠宮と食事をともにしている（秩父宮は二十一日に発熱したため、出席できなかった）。

午餐の懐石料理が終わると、皇太后自身が溥儀を相手に抹茶（表千家）のお点前をした。

満洲国皇帝陛下には二十九日皇太后陛下の御招きにより大宮御所を御訪問遊ばされたが、御母君ともお慕ひ遊ばす皇太后陛下の御許で御団欒実に六時間、心ゆくばかり、深き御情愛を味はせられたのであつた。（中略）坂道にさしかゝられた際は皇帝陛下には御母君を助けまゐらせるが如く御腕を御進めになり皇太后陛下にも御快く皇帝陛下の御肱をとらせられて御睦まじく歩ませ給うた。（『東京朝日新聞』一九四〇年六月三十日。原文は句点なし）

一回目の訪日のときと似たような光景が見られたわけだ。しかし皇太后と溥儀の間の親密度は、一回目に比べてはるかに増していた。新聞もまるで実の母子のような両者の親密ぶりを詳しく報道している。

8章で触れたように、皇太后節子は一九〇三年八月に一度流産したことがあった。高松宮妃喜久子は、皇太后が溥儀をかわいがった理由として、「大宮様は、秩父宮と高松宮の間に御一方流産遊ばしたお子様がおありになり（豊島岡に小さな御墓がある）、その皇子が生き返って来たような気持をお抱きになっていたのではないかと思う」と推測している（前掲『菊と葵のものがたり』）。

一九四〇年七月二日、溥儀が離日するに当たり、高松宮は見送りに出向いた東京駅で、皇太后からの伝言を述べた。

この度は折角おいで遊ばしていたゞきましたのに何のおもてなしも御心半ばで御つくし遊ばされませんでした。御対面も度ゝ遊ばされましたし、御話も遊ばされ、御申入もおきゝ遊ばされまして御満足様に思召されました。梅雨中《ウチ》とは申しながら、御天気の御都合およろしく、御参拝も

おすらくとおすまし遊ばされました事は陛下の御徳であらしやりまする。（前掲『高松宮日記』第三巻）

皇太后の言う「御参拝」とは、六月二十七日に行われた溥儀の明治神宮、靖国神社への参拝を指している。皇太后に参拝をほめられたことで、溥儀の建国神廟に対する思いはますます深まった。溥儀は、皇室から建国神廟の御霊代である神鏡と、神宝としての刀剣を与えられ、首都新京に持ち帰った。そして帰国するや、「満州国」のいしずえを「惟神の道」に定めるという「国本奠定詔書」を渙発したのである。

侍従の岡部長章《ながあきら》によれば、天皇自身は建国神廟の造営に反対していた（『ある侍従の回想記　激動時代の昭和天皇』、朝日ソノラマ、一九九〇年）。けれども七月十五日に建国神廟ができると、溥儀は毎月一日に必ず参拝するようになる。八束清貫は、その態度を「実に正直正銘であつたと思ふ。別に今更弁明する訳でも何でもないが、其の敬神の態度といつたら実に真摯なものであつた《ママ》」と回想している（前掲「建国神廟創建の思ひ出」）。

溥儀と八束があたかも一体となり、建国神廟を拠点として「神ながらの道」（「惟神の道」）の普及や宣伝に努めた背後には、皇太后という存在があった。天皇が建国神廟の造営に反対したのは、皇太后の影響が「満洲国」にまで及ぶことを恐れたからかもしれない。

［注］

1　天皇家を継ぐべき長男（第一皇子）の家系が断絶し、次男（第二皇子）の家系に皇位が継承されるという事態は、二〇〇六年九月六日に秋篠宮夫妻に悠仁《ひさひと》親王が生まれたことで、にわかに現実味を増した。

第18章

元女官長の乱心

内大臣秘書官長の木戸幸一は、皇太子明仁が生まれる五ヵ月あまり前に当たる一九三三（昭和八）年七月十七日、宮内大臣の湯浅倉平《くらへい》から聞いた皇室典範改正の話を日記に書き留めている。

皇室典範の改正―胎中天皇の問題に就ては空位摂政説と法定禅譲の二説あり、目下研究せしめつつあるが、一番頭を悩まして居る問題だとの御話あり。（『木戸幸一日記』上巻、東京大学出版会、一九六六年）

前章で触れたように、皇室典範改正の話題自体は、三一年三月に天皇自身も持ち出していた。このときは、男子が生まれない場合に備えて養子の制度を認めるべきか否かをめぐるものであった。しかし今回は、それとは全く異なる話題が持ち出されている。

ここでいう「胎中天皇」とは、応神天皇のことだ。神功皇后が応神天皇を懐妊したまま朝鮮半島に出兵したことから、この名がついた。

三三年七月一日の新聞夕刊がいっせいに報じたように、懐妊が発表された皇后良子は、すでに妊娠四ヵ月目に入っていた。もちろん男子かどうかは不確定であったが、胎中天皇という言葉から、もうすぐ生まれてくる可能性のある皇太子が応神天皇に重ね合わされていたのがわかる。

同じ七月一日には、天皇が午前十一時過ぎに大宮御所を訪れ、「大正天皇御霊殿」、すなわち御影殿を拝礼している（『昭和天皇実録』昭和八年七月一日条）。皇太后が、何人たりとも入れることはなかった御影殿に天皇を入れること自体、きわめて異例であった。天皇裕仁は、四人の皇子の父となった大正天皇に、皇太子の誕生を強く願ったに違いない。[注1] 木戸は、天皇のこうした動きを知っていたのではないか。

では、木戸の言う空位摂政説と法定禅譲説とは何を意味するのか。何度も触れたように、大正末期に神功皇后は天皇ではないとされた。仲哀天皇が死去してから応神天皇が即位するまでの六十九年間は、天皇がいない「大空位時代」とされたのである。この間は皇太后となった神功皇后が（本来天皇になるべき）皇太子（後の応神天皇）の単なる摂政であったと見なすべきか、それとも三韓征伐の功績を認められ、天皇になる資格があったと見なすべきかで説が分かれていた。空位摂政説は前者、法定禅譲説は後者を指すと見られる。

とすれば、「胎中天皇の問題」＝〈神功皇后の問題〉は完全に決着してはいなかったことになる。歴史学者で京都帝大教授の三浦周行が、一九二四（大正十三）年五月十三日に「神功皇后ヲ皇代ニ列スベキヤ否ヤニツキテノ意見」を提出し、神功皇后の「偉業」を踏まえれば、将来的には天皇に格上げすべきだとしていたことを思い出さなければならない。折口信夫もまた四六（昭和二十一）年に発表した「女帝考」で、「神功皇后は、世間では一往、〔天皇ではないと〕決定しているが、正史〔『日本書紀』〕の皇太后とある記載によって、然見るべきか、或は尚他の考え方から、〔天皇の〕御資格の所在を考えてよいか、尚十分に問題はある訣である」と述べていた（前掲『折口信夫天皇論集』）。

この「胎中天皇の問題」が、なぜ皇室典範の改正に結びつくのだろうか。
旧皇室典範の第十条に「天皇崩スルトキハ皇嗣即チ践祚シ祖宗ノ神器ヲ承ク」とある通り、天皇裕仁が死去した場合、もはや空位は許されない。皇太子は直ちに次の天皇になり、応神天皇と同様に摂政が立てられる。けれども、神功皇后のように女性皇族が摂政となるのであれば、摂政の順番を「第一　親王及王」「第二　皇后」「第三　皇太后」と定めた第二十一条を改正し、その順番を入れ替える必要があった。ましてや、皇位継承権を認められていない女性皇族が天皇になるのであれば、第一条「大日本国皇位ハ祖宗ノ皇統ニシテ男系ノ男子之ヲ継承ス」をはじめとして、さらなる改正をしなくてはならなかった。

三三年十二月二十三日に皇太子明仁が生まれてからも、この問題は依然として論じられた。三四年一月二十六日、木戸は興津の坐漁荘で元老の西園寺公望に会ったさい、「胎中王子問題」について言及している（前掲『木戸幸一日記』上巻）。

この問題は、『木戸幸一日記』にしか出てこない。同日記を丹念に読み解いた岡田昭三が指摘するように、「湯浅宮内大臣の語る皇室典範改正問題は、木戸日記の中でも目立って謎めいた部分」といえる（『木戸日記私註　昭和のはじまり再探検』、思想の科学社、二〇〇二年）。天皇が健康であったにもかかわらず、天皇が死去した場合の皇位継承について、皇室典範の改正まで視野に入れて論じられていること自体が異様である。

岡田は天皇から指示があったとしているが、果たしてそうだろうか。むしろ、これまでの議論から明らかなように、神功皇后に肩入れする皇太后節子から指示があったと見るほうが妥当ではなかろうか。

皇太子が生まれれば、皇位継承権第一位は秩父宮から皇太子に移り、秩父宮が天皇になる可能性はまずなくなる。だが、皇室典範を改正することで、皇太子が応神天皇のようになり、皇太后が神功皇后のようになる可能性は依然として残されていた。この点で、侍医の山川一郎が皇太子誕生を祝う内宴の日に皇太后に対して抱いた不吉な予感は、当たっていたのである。

木戸幸一は三三年二月十八日、宮内大臣に就任したばかりの湯浅倉平に対して、「殊に大宮御所〔皇太后〕と御奥〔天皇〕の関係」につき「特に留意を希望して置いた」（前掲『木戸幸一日記』上巻）。したがって湯浅から「胎中天皇の問題」が持ち出された背景にも、皇太后と天皇の確執が絡んでいると見ていたのではないか。

しかしこの問題は、三四年一月二十六日以降、『木戸幸一日記』から消えている。西園寺公望は、皇太后節子が政治力をもつことを非常に恐れていた。西園寺に言わせれば、たとえ秩父宮や高松宮が摂政や天皇になることはあり得ても、皇太后が摂政や天皇になることなど、絶対にあり得なかったのだ。

木戸は西園寺に会ったさい、「胎中王子問題」などとともに皇后良子の体調についても話している。

皇后陛下の御肥立も殊外よく、御目方も従来よりも御増加なり。（前掲『木戸幸一日記』上巻）

皇后は、明仁親王を生んだ安心感からか、ふくよかになった。だが、その安心感は長くは続かなかった。天皇、皇后が皇太子を直接育ててしまっては、どうしても躾が甘くなる。嘉仁や裕仁と同様、他家に預けるべきだという意見が有力になったからだ。

その反面教師として挙げられたのは、第一皇女の成子内親王であった。

成子は天皇、皇后の手もとで育ち、女子学習院に入学する三二年四月になってから宮城内に建てられた呉竹寮で暮らすことになったが、結果として天皇、皇后は成子を甘やかしてしまった。高松宮は三四年一月七日の日記で、この点を痛烈に批判している。

両陛下は共に極めて御やさしい。おそらくほんとに御叱りになることはあるまい。〔略〕しかも二方とも大して御強壮な身体の方でない場合、そこに生れるお子は気丈な方でない方が普通であらう。してその上に育て方が弱々しくされることによつては男さんについてはたしてどうであらうか。
照宮《てるのみや》〔成子〕様ですら、魚屋とか何屋とか、はてはお寺と云ふやうなものについての概念をもつてゐられないで、国語読本等に関する興趣もおわきにならず、困るやうな話である。まして御成身《ママ》后はいよ〳〵下情に遠〔ざ〕かられる立場の方が、自由なるべき小学時代までをそんなことでは甚だこまりものである。（中略）
これらのことを考慮して根本の御教育方針はきまると考へられる。陛下の御子は、ことに男子については、私情を以て御誤りになつた愛育をおさせすることは出来ぬと思ふ。（前掲『高松宮日記』第二巻）

成子は小学校に当たる女子学習院に入学するまで甘やかされて育ったので世間知らずになり、学校の授業にも興味を示さなくなったと嘆いているわけだ。

ゆえに高松宮は、天皇と皇后が直接明仁を育てることに反対している。この点については、皇太后も同じ意見であった。三五年になると、皇太子の傅育官《ふいくかん》を誰にするかという問題が出てくるが、そのさいも皇太后の満足を得ることが第一に優先されたことが、内大臣の牧野伸顕がつけていた日記などからも伝わってくる。ノンフィクション作家の工藤美代子の指摘を引こう。


皇太子の養育問題に触れた牧野の記述には、常に「大宮様」が登場し、けっして良子皇后の名前は出てこない。

それだけ、自分の実の子供の養育に関して、皇后は非力であったということだ。（前掲『香淳皇后と激動の昭和』）

皇太子明仁は満三歳三ヵ月となった三七年三月二十九日、天皇、皇后の手もとから、赤坂離宮内の東宮仮御所へと移ることになった。「わが子を自分の手で育てるという喜びが、皇后から奪われたのはまぎれもない事実だった」（同）。当初の約束では、皇太子は週に一回参内して皇后に会えるはずだったのに、それすら守られなくなっていった。

ただし、天皇の家族がそろった昭和初期の写真はかなり残っている。元日の新聞でも、家族全員の写真や親王、内親王がそろった写真が、三七年から四三年までほぼ毎年掲載される。しかし皇太后の写真は常に単独で、その中に含まれることはなかった（加納実紀代『天皇制とジェンダー』、インパクト出版会、二〇〇二年）。

なお三四年十月二十日には、後に皇太子の妃となる正田美智子（現皇后）が、日清製粉勤務の正田英三郎、冨美（後に富美子と改名）夫妻の長女として、東京帝国大学医学部附属医院（現・東大病院）で生まれている。

島津ハル（治子）は、夫の長丸《ながまる》の急死に伴い、二七年三月に任じられたばかりの皇后宮職女官長を辞職した。しかし、三〇年十二月二十三日に出された文部省訓令「家庭教育振興ニ関スル件」をきっかけに六千あまりの婦人団体が集まり、同日、「大日本連合婦人会」が結成されると、理事長に就任した。

大日本連合婦人会は、三月六日の地久節《ちきゆうせつ》（皇后誕生日）を「母の日」とした。島津は三二年三月五日午後七時半、「母の日について」と題してＮＨＫラジオに出演したほか、二・二六事件直後の地久節に当たる三六年三月六日午後二時からも、「母としての修養について」と題してＮＨＫラジオに出演している。

大日本連合婦人会創立からちょうど三年後の十二月二十三日は、奇しくも皇太子が生まれる日となった。一週間後の十二月三十日、島津は「皇太子殿下の御誕生を寿ぎ奉りて」と題して午後六時二十五分からＮＨＫラジオに出演した。そのときの内容は、同会が刊行する機関誌『家庭』に掲載された。

私共国民は、御皇室の御繁栄を祝福し奉り、皇子様の御健やかなる御成長を御祈り申上ると共に、しつくりと建国の御精神を味ひ、御歴代の聖恩を思ひ、又我々の祖先が為し来りし跡を考へ、喜びにをどり立つ心を引き締めて、内に深く自己を顧りみ、各其分にはづれぬやう、内外相侵さず正しく立つやうにし度いと存じます。（『家庭』第四巻第二号、一九三四年所収）

では、「内に深く自己を顧りみ」ることの大切さを説く島津自身の生活とは、具体的にどういうものであったのだろうか。彼女は言う。「私は、もと禅の修業をしてある悟りを得たのでありましたが、現在では神の信仰によつてある深い自信を獲て居ります。朝夕二度の神への礼拝、それを眺めてゐるだけで、私の子供達も何か大きな感化をうけてゐるやうです」（「体験したまゝを」、『家庭』第二巻第六号、一九三二年所収）。

このような生活は、16章で引用したように、秩父宮が回想する皇太后の生活によく似ている。実際に歴史学者のねずまさしによれば、「〔島津〕女官長は貞明皇后の信任のあつい人であった」（『大日本帝国の崩壊　天皇昭和紀』上、至誠堂、一九六一年）。ただし皇太后が礼拝の対象としたのは大正天皇だったのに対して、島津は「御歴代」のなかでも、とりわけ明治天皇を崇拝していた。

三二年の春頃、島津は明治天皇真筆の鑑定を霊感で行おうとして、立憲政友会所属で、長野四区選出の衆議院議員、高橋保の妻、高橋むつ子（ムツ）を知人の紹介で訪ねている。同年暮か翌三三年一月頃には、祈禱師の角田つね（ツネ）が島津の家を突然訪れた（前掲『木戸幸一日記』上巻）。後に不敬事件で連座する高橋や角田との付き合いが、こうして始まったのである。

三三年を迎えるに当たり、島津は次の二首の歌を詠んだ。

長閑にも年をむかへて誰もみな　おもふは君がみいづなりけり
万民国の栄えを祈るらん　代々木の宮に神詣でして（「かゞやく希望に悔なき日を―」、『家庭』第三巻第一号、一九三三年所収）

一首目では「神の御末の御皇室を上に戴く、我々国民の有難さを今更の如く感ぜずに居られませうか」と解説しながら、二首目に至って「新年早々国民として第一に参詣して、国家の隆盛をお祈り致すのは、明治神宮様だろうと存じます」と述べている。「代々木の宮」というのは、明治天皇と昭憲皇太后を祭神とする明治神宮のことだ。やはり島津にとって、明治天皇は歴代天皇のなかでも特別な存在であったのである。

島津は正月の明治神宮に参拝する心境につき、「民をみそなわす事子の如く、常に御いつくしみ下された御方様《おんかたさま》が、神に成らせられし今日よきにつけ悪しきにつけ、御まゐりしておすがり申上げ御慕ひ申上ぐるのでございますが、殊に年頭に際し皆の者の真心もて捧ぐる願事はいかに御満足さまで御受け在らせられる事かと存じ奉ります」（同）と述べている。さながら明治天皇の霊と会話しているかのような境地であったろう。

三五年一月九日、島津は「明治天皇御製謹話」と題してＮＨＫラジオに出演し、「千万のたみのこゝろをさむるも　いつくしみこそもとゐなりけれ」という明治天皇の和歌につき解説した。「乍恐《おそれながら》明治天皇様の御心は皇祖皇宗の御心であらせられ、其御行動は神様の御行動であらせられました」（「御製謹話」、『家庭』第五巻第三号、一九三五年所収）と述べているように、ここでも島津は明治天皇を最大限褒めたたえている。

島津は大日本連合婦人会理事長として、ＮＨＫラジオにしばしば出演し、家庭における女性の役割について解説した。三三年二月十日の午後二時からは、「家庭教育と婦人の責務」と題する婦人講座番組に出演し、「婦人の能力が男子に劣るものでないことは、歴史上の事実を見てもうなづくことが出来ます」と話している（『東京朝日新聞』一九三三年二月十日）。

こうした認識は、大日本連合女子青年団理事長、大日本連合婦人会理事で、皇太后から『神ながらの道』を下賜された山脇房子にも共有されていた。

我が日本の基礎をお定めになつた、天照大神は、貴い御身分であらせられながら、養蚕機織の業をお興しになり、農耕の事をもみそなはせられたのみならず、女性の御身を以て御親ら弓矢を御執りになつて、国を御護りになつたのであります。

私共の祖先である女性は心も体も剛健であり、又賢明であり、武将の妻の如きは、多く狩はおろか、戦場にさへも夫に従ひ、遠く外国にまで行つたものでありました。之は唯臣下の場合のみならず、皇室におかせられても、其の例は少くないのであります。神功皇后は申す迄もなく、雄《ゆう》略《りやく》天皇の皇后草香幡梭姫《くさかはたひひめ》が天皇と共に葛城山の狩に御出かけになつた事もあります。（中略）

又私共として感歎するのは、日本上古の歴史の大きな出来事は大抵女性の手から始まつてゐる事であります。倭姫命《やまとひめのみこと》が皇祖天照大神の祭祀にお当りになつて、その御一生を大神の奉仕にお捧げになつた事を始め、新羅を御征伐になつたのは神功皇后であり、唐へ国使を送つて交通の路をお開きになつたのは女帝推古《すいこ》天皇でありました。我が国史の出来たのも女帝元明《げんみよう》天皇の御世であり、奠都の御計画は女帝持統《じとう》天皇の御宇であり、奈良の都をお定めになつたのは女帝元正《げんしよう》

天皇の御時であります。（『若き女性に贈る』、大日本聯合婦人会・大日本聯合女子青年団、一九三四年）

山脇に言わせれば、「我が日本の基礎をお定めになつた」のは、神武天皇ではない。記紀神話に示された通り、高天原で機織りを始め、田で耕作を行ったアマテラスなのである。アマテラスは高天原に昇ってきたスサノオに弓矢をもって身構えたように、「心も体も剛健」であった。この点では「新羅を御征伐になつた」神功皇后も、アマテラスと同様だとする。

山脇の文章には、明らかに筧克彦の『神ながらの道』からの影響が見られる。三五年十二月八日には第二次大本事件が起こり、出口王仁三郎や妻のすみ子をはじめとする幹部が一斉検挙されたが、その二日後に筧は高松宮に会い、「帝大、それも東京帝大は教学の中心である、こゝに皇学神ながらの教を講座として（学部となれば猶よし）おくことが最もよし」「信仰をかくが故に大本教あり天理教あり。口実はつけたりつけなかつたり要するに不敬になる」などと述べた（前掲『高松宮日記』第二巻）。

東京帝大教授でもあった筧は、第二次大本事件のような不敬事件を二度と起こさないようにするためにも、東京帝大を拠点として「神ながらの道」を全国に広めなければならないと考えていたわけだ。

秩父宮が第八師団歩兵第三十一連隊の第三大隊長として上野から弘前に向かったのは、三五年八月九日であった（前掲『雍仁親王実紀』）。その三日後、陸軍における皇道派と統制派の対立が極点に達したことを暗示する事件が起こった。皇道派に属する陸軍中佐の相沢三郎が、統制派の中心人物であった軍務局長の永田鉄山を、白昼堂々と斬殺したのである。

二・二六事件への導火線となる相沢事件の発生である。

以下、相沢事件と二・二六事件については、前掲『昭和天皇』に依拠しながら話を進めることにしたい。

相沢は事件を起こす前、伊勢神宮に参拝して胸中の覚悟を祈願している。事件当日に行われた憲兵隊の取り調べに対して、相沢は「伊勢神宮の神示によつて天誅が下つたのだ。おれの知つたことではない」と述べたという(『東京朝日新聞』一九三六年一月二十八日号外)。三六年一月二十八日に開かれた第一回公判でも、相沢はなぜ永田を殺したのかという問いに対して、「私が〔永田〕閣下に斬り付ける時叫んだ『天誅』といふ言葉が最もよくその気持を表して居ります」(同)と答えている。

新聞は、事件の発生直後から当局の発表以外の報道を禁じられていたが、公判の開廷と同時に五ヵ月半ぶりに記事を解禁した。

おそらくこの新聞を読んだのであろう。裁判のゆくえに、皇太后は並々ならぬ関心を示していた。第三回の公判が開かれた三六年二月一日、高松宮は大宮御所で皇太后に会っている。


軍縮条約なくなりて如何になるべきかなど御案じにてお話あり、相沢中佐もあれだけかたき信念をもつものを惜しきことなど仰せあり。(前掲『高松宮日記』第二巻)

皇太后は、一月に日本がロンドン海軍軍縮条約を脱退したことを案じるとともに相沢事件に触れ、相沢の「信念」を高く評価しながら、法廷に立たされ、刑事被告人になったことを「惜しきこと」と話している。事件当日に「陸軍に如此《かくのごとき》珍事ありしは誠に遺憾なり」（本庄繁『本庄日記』、原書房、一九八九年）と述べた天皇とは対照的に、皇太后は相沢に同情的であったのだ。

それは皇太后が、皇道派に親近感をもっていたということでもある。作家の半藤一利によれば、秩父宮もまた皇道派の有能な将校と見られていた（「解説」、前掲『秩父宮』所収）。皇太后が秩父宮を溺愛していたことを踏まえれば、皇太后が相沢に同情的であったのは秩父宮に対する愛情と無縁ではないように見える。

こうした前史を念頭におくと、三六年二月二十六日に起こった二・二六事件における天皇の有名な激怒も、従来とはいささか違った角度から見えてくる。事件に際して、皇道派に近い侍従武官長の本庄繁が、「其精神ニ至リテハ、君国ヲ思フニ出デタルモノニシテ、必ズシモ咎ムベキニアラズ」と述べたのに対して、天皇が「朕ガ股肱ノ老臣ヲ殺戮ス、此ノ如キ兇暴ノ将校等、其精神ニ於テモ何ノ恕スベキモノアリヤ」と答えたという、あの激怒である（前掲『本庄日記』）。このときの天皇の脳裏には、永田鉄山を斬殺した相沢三郎の「信念」を評価する皇太后と、「朕ガ股肱ノ老臣」を襲撃した青年将校の「精神」を評価する本庄とが、二重写しになっていたのではないか。

天皇にさらなる不安を与えたのは、自らの意志で弘前に流した秩父宮の動きであった。高松宮から電話で事件の知らせを受けた秩父宮は上京を決意するが、「宮中関係の意向として、秩父宮の上京を最も強く希望されたのも貞明皇后であった」（芦澤紀之『秩父宮と二・二六』、原書房、一九七三年）。秩父宮は二月二十六日の深夜に弘前を発ち、奥羽、羽越、信越、上越、高崎各線を経由し、翌日夕刻に上野に到着する。

しかし、秩父宮の上京を宮中関係者は必ずしも歓迎していなかった。高松宮から宮内省の意向を聞かれた木戸幸一は、「御見舞の為に御帰京の思召と云ふことであれば、吾々としてそれを御止め申すべき筋合ではありませんが、高松宮は東京の現在の状況は御承知のこと故、可然御判断を御願ひする外ないと存じます」(前掲『木戸幸一日記』上巻)と答えているが、この言葉は当時の宮中の空気を代弁しているように見える。

実際に当時の東京では、事件を起こした青年将校が、「秩父宮殿下が御帰京になったので、愈々我々の頭目として戴き、我々の立場は好転して、昭和維新の成功も近い」というような演説を堂々とやっていた(前掲『雍仁親王実紀』)。上京した秩父宮は、直ちに参内してから、皇太后のいる大宮御所に向かっている。

山川一郎は、女官から聞いた話とした上で、皇太后が「秩父宮を召され、反乱軍の親達の身にもなって、余り極端な措置をせぬようにとのご希望を述べられ」たと記している(前掲『拝命』)。松本清張は、「二・二六事件発生後、弘前より急いで上京参内した秩父宮に対し天皇が大いに不機嫌だったこと、宮中からまっすぐ大宮御所に入った秩父宮が皇太后のもとにかなり長い時間とどまっていたということ、また、天皇が『叛徒の撃滅』に異常なほど熱心だったこと」に注意を促している(『昭和史発掘』8、文春文庫、二〇〇五年)。

三六年三月四日、高橋むつ子は島津ハルに電話をかけ、「事件の根本原因は秩父宮擁立運動なり云〻」と話した(前掲『木戸幸一日記』上巻)。同様の話は同年八月に島津ハルが逮捕されたさい、外務省情報部長の天羽《あもう》英二が内務省警保局保安課長の宮野省三からも聞いている。宮野は天羽に事件の「真相」を語ったが、そのさいに「秩父宮ガ正嫡、二・二六事件ハ天皇、秩父宮ノ争云々」と話したからだ(『天羽英二日記・資料集』第三巻、天羽英二日記・資料集刊行会、一九九〇年)。

一方、天皇は事件が終息した三月一日、本庄繁にこう述べている。

己〔已《すで》〕ニ、軍法会議ノ構成モ定マリタルコトナルガ、相沢中佐ニ対スル裁判ノ如ク、優柔ノ態度ハ、却テ累ヲ多クス、此度ノ軍法会議ノ裁判長、及ビ判士ニハ、正シク強キ将校ヲ任ズルヲ要ス（以下略）（前掲『本庄日記』）

天皇は、相沢三郎を被告とする常設軍法会議の公判が、相沢の「信念」を十分に聞き入れる形で進んでいるように見えることに苦言を呈するとともに、今度はそうならないよう、クギを刺したのである。

二・二六事件の公判は特設軍法会議で行われ、非公開、一審のみで弁護人もなく、多くの青年将校に死刑の判決が下されることになる。「反乱軍の親達の身にもなって、余り極端な措置をせぬように」という皇太后の願いは、聞き入れられなかったのだ。

三月九日、広田弘毅内閣が成立した。その翌日、広田内閣の十一人の閣僚は、そろって大宮御所を訪れ、一人ずつ皇太后に拝謁した。「これまでの例によると、親任式後各閣僚は大宮御所に伺候御礼を記帳する事になつてゐたが、今回のやうに単独拝謁を許され、閣僚の御礼言上に対し親しく御言葉を賜はつたのは空前の事と承る」（『東京朝日新聞』一九三六年三月十一日。原文は読点なし）。

こうした前例のない皇太后の振る舞いが、各閣僚にとってどれほど大きな感激を呼び起こしたか。例えば、鉄道大臣になった前田米蔵は、西園寺に会うや「いきなり眼鏡をはづして声を出して泣いてゐる」（前掲『西園寺公と政局』第五巻）。驚いた西園寺が訳を聞くと、前田はこう話したという。

実はいま、大宮御所に出たところ、各閣僚が皇太后様から単独拝謁を賜はつたが、自分には「このたびはお上も非常な御苦労であつた。今度お前が鉄道大臣に就任したといふことだが、時局重大の時に一層身体を大切にして、お国のために尽してくれ」といふお言葉があつた。非常に有難くて、感激に堪へない。みんなにお言葉があつたので、みんながおんなじやうに感激して、期せずして一生懸命にやらうといふ気持になつた。（同）

まるで皇太后が天皇になったかのような錯覚を覚える記述である。このときすでに、「胎中天皇の問題」「胎中王子問題」は少なくとも『木戸幸一日記』からは消えている。しかし、前田の話を聞いた西園寺の心境は穏やかではなかったはずだ。西園寺は同年六月二十七日、次のように語っている。

……皇太后様を非常に偉い方のやうに思つてあんまり信じ過ぎて……といふか賢い方と思ひ過ぎてをるといふか、賢い方だらうがとにかくやはり婦人のことであるから、よほどその点は考へて接しないと、陛下との間で或は憂慮するやうなことが起りはせんか。自分は心配してをる。（同）

「賢い方だらうがとにかくやはり婦人のことであるから」という西園寺の脳裏にあったのは、皇位継承を「男系ノ男子」に限定した旧皇室典範を尊重し、女子には皇位継承権を与えないようにするべきだという、従来と変わらぬ信念であったに違いない。

だが、西園寺すら関知しないところで、女性を主体として天皇裕仁の在位を否定するもうひとつの動きが、徐々に進んでいたのである。

その動きをいち早く察知した人物の一人に、六月十三日から宮内省宗秩寮《そうちつりょう》総裁専任となった木戸幸一がいた。六月二十九日に「島津治子の行動につき、注意を要する点あり」と日記に書いてから、木戸の日記には島津がしばしば登場するようになる。

島津ハルは、女官長を辞めてからも、少なくとも年に一度は参内し、他の元女官とともに天皇、皇后に会っていた。ところが三六年一月六日には、単独で参内し、奥内謁見所で天皇、皇后に面会している（『昭和天皇実録』昭和十一年一月六日条）。島津が天皇裕仁に会ったのは、これが最後となる。

同じ月に島津は、「昭和十一年をむかへて」と題する次の和歌を発表している。

我まことといたらぬ事のなかれとぞ　まつとしいのれ年をむかへて（「巻頭言」、『家庭』第六巻第一号、一九三六年所収。原文は崩し字）

前掲「かゞやく希望に悔なき日を――」で掲げられた二首の和歌に比べると、活字に直されてもいなければ、島津自身による解説文もない。したがって、一体どういう心境で島津がこの和歌を詠んだのかは全くわからない。ただ、自らの誠が至らぬことのないよう、神に向かってひたすら祈る姿勢だけがひしひしと伝わってくる。

しかし、後に島津自身が明らかにしたところによれば、信仰には「表」と「裏」がある。

私達の信仰と云ふ言葉は、表と裏があるので御座います。表の場合は、兎に角神様を拝めば其の守護があって救はれると云ふ立て前であり、裏の方面には、信仰とは国体を明徴にし、維〔惟〕神《ママ》の道を樹立する為めに働いて呉れと云ふ意図を含むのであります。

普通の人には、表を説き、段ゝ信用の置ける大丈夫の人には、裏を云ふのであります。（前掲『木戸幸一日記』上巻）

そうすると、「昭和十一年をむかへて」と題する先の和歌は、あくまで「表」の信仰について詠んだものと解釈することができるだろう。

では「裏」の信仰とは、具体的に何を意味するのか。「国体を明徴にし、維神の道を樹立する」というのは、一体どういうことなのか。

以下、前掲『木戸幸一日記』上巻に収録された「島津治子聴取書」によりつつ、その驚くべき内容をかいつまんで紹介してみたい。

島津の霊位は、アメノミナカヌシ、アマテラス、オオヤマクイの三神とされた。アメノミナカヌシは『古事記』の冒頭に登場する神で、平田篤胤《あつたね》の神学では「造化三神」の一柱として「幽冥界」を主宰するオオクニヌシとともに重視された。オオヤマクイは別名を山王といい、宮城の鎮守とされる赤坂日枝神社の祭神でもある。アマテラスのほかにこの二神が加わることで、島津は天皇よりも高い霊位を獲得することになる。

三五年三月か四月頃から、島津の周りには「裏」の信仰を聞きに来る人々が集まるようになった。さらに三六年三月十一日には「昭憲皇〔太后〕様の会」と呼ばれる相談会が開かれる。これ以降、島津のほか、高橋むつ子、角田つねらが毎月十日に集まるようになる。

毎月十日の会合を通して、「国体明徴維神の道」の具体的内容が固まっていった。木戸によれば、島津は大本から派生した神政龍神会の矢野祐太郎とも接触していたというが、この点ははっきりしない。

おそらくは八月十日の会合ではなかったろうか。三六年七月十七日に世界の神々が集まり、クニノトコタチとアメノトコタチという、『古事記』に登場する二柱の神が要求して天皇の魂を預かったことが報告された。明治天皇と昭憲皇太后の働きによって天皇裕仁はまだ生きているが、因果律により死去した大正天皇と同様、「前世に御因縁あり、国体明徴維神の道は立て得させられず、早晩御崩御は免れ」ない運命にあるという。

その根拠としてであろう。「秩父宮の生霊」や「高松宮の生霊」などに交じって、「難波大助の死霊」が呼び出される。裕仁が「嫁許《ママ》の処女を奪」ったことが、ここで再び槍玉に挙げられているのだ。

天皇裕仁が死去したあとには、明治天皇の魂をもつ皇太子明仁が天皇になり、高松宮が摂政となる。一方、秩父宮は引退する。島津、高橋、角田らの霊感によれば、惟神の世の神政は皇太子が七歳のときに始まり、一九四五（昭和二十）年に完成する。

高松宮は皇太后節子の実子ではなく、大正天皇の女官の子である。一方、節子もまた「八郎氏」と不倫関係にある。この「八郎氏」とは、西園寺公望の婿養子に当たり、節子より三歳年長の西園寺八郎のことだろう。八郎の旧姓は毛利で、山口県の三田尻にいた毛利元昭の弟でもあった。なお前掲『天羽英二日記・資料集』第三巻によれば、天皇裕仁も節子の実子ではなく、「松方〔正義〕老公娘ノ子」とされた。

神政が実現されると、高松宮の霊が皇太子に移され、皇太子はアメノミナカヌシの直霊として「霊体一致に依り神人合体の完全なる地上統治者」となる。けれども、真の中心人物は、島津ハルである。島津の出身地の鹿児島は「加護島」と書くのが正しい。

以上が「国体明徴維神の道」の主な内容である。一見してわかるように、惟神の世ではアマテラスも皇太后節子も秩父宮も出てこない。おそらく、その理由は昭和維新を目指した二・二六事件が失敗したことにあっただろう。島津らにとって二・二六事件とは、唯一の正嫡である秩父宮を天皇に擁立し、惟神の世を実現させるための運動にほかならなかった。その思考様式は皇太后に通じるものがあったが、事件が失敗に終わった以上、彼女らは別の道を模索しなくてはならなかった。

八月になると、角田、高橋が検挙されたのに続いて、二十六日には島津も不敬罪で検挙されるが、その二日後には牧野伸顕が、日記に検挙までのいきさつを記している。

高松宮家侍女見習の為め某女（推薦するものあり）奉仕中の処、其某女に対し聞き捨てならぬ密告者あり。其関係より警察を介し取り調べたるところ意外の事実発見、段々内偵を進めたる結果、島津治子、高橋〔保〕（代議士）夫人〔むつ子〕、角田〔つね〕女等一団に絡まる極はめて不穏の邪教迷信の裏に行動しつゝあるまでの事実暴露するに至り、警察に於ても容易ならざる事実の端緒を摑みたる以上、更に徹底的に角田女等に就き糾弾に及びたるところ、不敬の言語迄も臆面なく口外する意気込にて、到底穏便の取計らひを許さず、断然検挙するの止むを得ざるに至れり。（前掲『牧野伸顕日記』）

ここでいう「某女」が誰を指すのかは明らかでないが、島津ハルの周りに集まっていた人々の一人であったと見てよいだろう。なお高松宮自身は、島津らについては日記に何も書き残していない。

八月二十九日、新聞はいっせいに島津の検挙を報道した。皇后良子と姻戚関係にある島津が逮捕されたことは、大きな衝撃を呼び起こした。

けれども、先に言及したような「聴取書」の内容が公表されることは、決してなかった。「島津〔長丸〕夫人は曾つて宮中の要職にありし事とて、今後宮中の事に付文書若しくは口述の及ぶ事あらば、一切之を記録せざる事に打合済み」であったからである（同）。

結局、島津、高橋、角田は精神異常者とされ、不起訴となった。九月二十四日に釈放された島津は、東京の松沢病院に入院する。十一月十二日、皇太后は大宮御所を訪れた木戸に、「島津治子の件」について尋ねている（前掲『木戸幸一日記』上巻）。

木戸が大宮御所を訪れたのは、六月二十五日の皇太后の誕生日以来であった。皇太后節子にとっては、自分に近いと思っていたはずの島津が、いつの間にか野心をもち、天皇裕仁の在位を否定するばかりか、皇太后の在位までも否定して、みずから皇太后に代わる地位に就こうとしたように映ったのではないか。

三六年十二月、秩父宮は参謀本部附となり、東京に戻ってきた。三七年三月十八日には、離婚歴のある平民の米国人人妻、ウォリス・シンプソンと結婚するために退位したエドワード8世の後を継いで国王となったジョージ6世の戴冠式に出席するため、妃の勢津子とともに横浜を出港し、カナダ、米国経由で英国へと向かった。英国には四月十三日午前八時五十分に上陸し、同日ロンドンに到着している。

一方、皇太后節子は三七年六月から七月にかけて、皇太后になって初めて三重、京都、大阪、奈良、愛知、静岡各府県を訪れる大規模な行啓を行った。目的は社寺参拝と産業奨励であったが、皇太后にとってはこれが最後の伊勢神宮参拝や京都行啓となった。

節子の皇后時代からずっと行啓に同行してきた吉田鞆子は、こう述べている。

今迄后の宮におはしましゝ御時の行啓には国民が様々の催物に御旅情を慰め奉らんと願ひ出づるも、いと深き思召しのおはしまして大方は許させ給はざりしも、此度は各所に旗、提灯行列、煙火など何れも許させ給ひしにより、皆真心の限りを尽して花やかに迎へ奉る事を得しは国民もいかばかり有難かりけんと、推しはかるだにも胸とどろくばかりなり。(前掲『みゆきの跡』)

一ヵ月あまりにわたる皇太后の行啓は、行く先々で皇后時代にもなかったほど大規模な「奉迎」を受けることになった。日中戦争の勃発に伴い、天皇は三六年十一月の北海道行幸を最後に、四六年二月から始まる戦後巡幸まで地方視察を目的とする行幸ができなくなったので、この行啓は事実上天皇の行幸に匹敵した。

六月五日午前八時十分、御召列車が東京駅を出発した。皇太后が乗ったのは、三六年三月に製造された3号御料車（2代）であった。この御料車の全長は、三二年に天皇乗車用として製造された1号御料車（2代）や、三三年に皇后乗車用として製造された2号御料車（2代）と同じ二十メートルであったが、幅や高さは1号御料車や2号御料車よりもわずかに大きかった上、皇后用の8号御料車にならった和風の華美な内装が復活した（前掲『御召列車』）。

御召列車は東海道本線、関西本線、参宮線（現・紀勢本線および参宮線）を経由し、山田（現・伊勢市）に午後四時三十五分に着いた。直ちに自動車に乗り換え、宿泊施設となる神宮司庁に入ったのは四時五十五分であった。

午後七時すぎ、皇太后は潔斎所に行き、大きなタライに湯を入れ、腰までつかって湯を上から掛けた。翌日の伊勢神宮参拝を控えて潔斎を行ったのだ（前掲『みゆきの跡』）。翌六日の午前八時、皇太后は再び潔斎を行っている。

天気は、あいにくの雨模様であった。皇太后は、白楊柳《はくようりゅう》を用いてつくられた夏の拝服を着用してまず外宮（豊受大神宮）に参拝し、午前十時十八分に神宮司庁に戻ってくると、三度目の潔斎を行った。そして午後一時に出発し、今度はアマテラスをまつる内宮（皇大神宮）に参拝した。三笠宮百合子が回想するように、「絶対に紫か黒以外の色は召され」（前掲『母宮貞明皇后とその時代』）なかった皇太后が純白の拝服を着ること自体、伊勢神宮に対する特別の思いを表していたといえる。

皇太后は午後二時八分にまた神宮司庁に戻り、服を着替えると、最後に第十一代垂仁《すいにん》天皇の皇女、倭姫命をまつる別宮の倭姫宮に参拝した。前述のように倭姫命は、山脇房子も古代日本の代表的な女性の一人として、アマテラスや神功皇后とともに挙げていた。

度重なる厳重な潔斎は、皇太后がいかにアマテラスを畏れているかを意味していた。けれども、六月二十五日で満五十三歳を迎えようとしていたことを踏まえれば、3章で触れたような血の「穢れ」からはすでに解放されていた可能性が大きかった。

伊勢神宮の参拝に随行した宮内次官の白根松介《しらねまつすけ》は、玉串を渡すため、背後から皇太后の参拝の様子をじっとうかがっていた。

大神宮の内陣で、大宮さまがご礼拝なさるとき、私はそのうしろに侍立していて、玉串を大宮さまに差しあげる役目でした。

大宮さまはその玉串を神前に捧げて、うやうやしく最敬礼をなさいますので、私もそれにならって最敬礼をいたしました。そして、もうそろそろよかろうと思って、そっと頭を上げましたら、大宮さまはまだ熱心に最敬礼をつづけていられました。それで私は、またあわてて頭を下げました。

しばらくして、もうよかろうと頭を上げたが、大宮さまのご礼拝はまだつづいていました。しずまり返った雰囲気の中で、大宮さまは神前で、なにごとかお物語りになっていられました。あるいはなにごとかを、神霊にご報告していられたのかもしれません。（前掲主婦の友社版『貞明皇后』）

白根が間近で見た皇太后の参拝のスタイルは、皇后時代と少しも変わっていなかった。皇太后は、島津ハルのような「不敬の輩」が宮中から出てきたことを、アマテラスに謝罪したのであろうか。

16章で触れた「神あそび皇国運動」をまだ続けていたせいだろうか。皇太后は相変わらず健脚であった。六月十三日に京都郊外の男山山頂にある石清水《いわしみず》八幡宮に参拝したときには、ケーブルカーを使わず、歩いて登った。宮内省総務課長の加藤進は、「そのときの大宮さまのご身辺には、女性らしい弱々しさはまるで感じられず、たいへんきびしいお姿のように拝せられました。登山路の右や左にお目をふれられることもなく、あたかも剣客が真剣勝負にのぞむときのような、凛然とした気迫をお備えになっていられるように拝しました」と回想する（同）。脇目もふらずに山を登り、長い時間をかけて参拝すると、皇太后の表情はまるで別人のように、穏やかなものに変わったという。

元名古屋離宮（現・名古屋城）に滞在していた七月二日と四日の午後八時からは、名古屋市主催の奉迎花火が北練兵場（現・名城公園）で打ち上げられた。

豪華を誇る仕掛煙火の数々の内に奉迎門に万歳の文字あざやかなる数百の菊花壇、御国の輝は一個二万燭光の煙火三十玉を一時に発火し、昼をあざむく光明の中に菊花を咲きほこらし、彗星乱舞は二千本の筒より一斉に一万四千の星の空中に乱れ舞ひ、天壌無窮は長さ五町に亘りて高さ数間の火の壁を作り、其上に百余輪の菊花を咲かせ、最後に菊花空中五段返しは緑黄青等の五段に亘り華麗なる花園を繰り広げたる、たゞ感嘆の外なかりき。（前掲『みゆきの跡』。読点を補った）

8章で触れた一九〇三（明治三十六）年五月の大阪・内国勧業博覧会会場での花火をはるかに上回

る規模の仕掛けに、果たして皇太后は何を思ったであろうか。

さらに注目すべきは、二七（昭和二）年から三六年にかけて毎年行われた天皇の陸軍特別大演習統監と地方視察を目的とする行幸で見られたような「君民一体」の空間が、各地で再現されたことである。

皇太后は六月八日、伊勢離宮地（現・離宮院公園）で三重県内の女子中等学校、女子青年学校、女子青年団三千人あまりによる連合体操を見学した。六月十五日には、京都御所の春興殿前広場で小学校生徒三万五千人の旗行列を見学した（同）。また六月十八日には大典記念京都植物園（現・京都府立植物園）附属運動場で京都市内の公私立女学校生徒一万六千人の唱歌斉唱および合同体操を、七月五日には名古屋市の鶴舞《つるま》公園で愛知県内の女子中等学校生徒および女子青年団代表八千人あまりの合同体操を、それぞれ見学している（三重県編『皇太后陛下行啓記』、三重県、一九三八年、『大阪朝日新聞』一九三七年六月十九日夕刊、愛知県編『皇太后陛下関西地方行啓愛知県記録』、愛知県、一九三八年）。

六月十五日の旗行列を除けば、いずれも「君民一体」の「君」が皇太后、「民」が女性のみという点が、天皇の場合とは異なる。分列行進ではなく体操という点も同様である。しかし、「御座所に向つて一糸みだれぬ鮮やかさで五十列に整列、最敬礼の後ち奏せられる楽の音に、整然見事なマスゲームは開始せられ、その律動的な運動は乙女の健康色に立体美と躍動美を一際軽快ならしめた」（前掲『皇太后陛下関西地方行啓愛知県記録』）という描写からは、まるで儒教で理想の統治とされる「礼楽」（儀礼と音楽）が、二十世紀の日本で大々的に復活したかのような印象を受ける。いや、『論語』八佾《はちいつ》第三にあるように、中国周代の天子の前でしか許されなかった祖先祭祀の舞楽「八佾の舞」ですら八列なのだから、五十列の体操は天子の権威をはるかに上回るものといえよう。

沿道で「奉迎」に動員された小学生のなかには、皇太后を「神」と感じた者もいた。

……先生が「きをつけ、だつぼう」と おつしやいました。私は その前から、しらないまに きをつけをしてゐました。おぼうしを取つて、神さまの おとほりを をがむやうな きもちがして、じつと きをつけしてゐると、こんどは「れい、なほれ」と ごうれいが かかりました。私は そのとほりしました。すると くわうたいこうへいか〔皇太后陛下〕の おのりになつた じどうしやが、私の前を おとほりになりました。くわうたいこうへいかは、くろのおようふくに、くろの おぼうしを おめしになつた とても とても おりつぱな おすがたで、神さまのやうでした。（前掲『皇太后陛下行啓記』）

宇治山田市第四尋常小学校（現・伊勢市立早修小学校）二年、上田裕子の作文である。天皇制イデオロギーをまだたたき込まれていなかったこの幼い少女にとっては、皇太后こそ現人神であったろう。いや、たとえイデオロギーをたたき込まれた「臣民」であっても、天皇に勝るとも劣らない「奉迎」の光景を目のあたりにして、錯覚を抱いたのではないか。

二六年十月二十二日に遺書を書いたはずの皇太后は、無論死んではいなかった。それどころか、大正天皇の死去から十年あまりが経過し、「大正」が日一日と遠ざかるなかで、皇太后は日々寄り添っていた「死者」をよみがえらせ、大正天皇の行幸を再現させようとしたのではなかったか。それは同時に、現実の天皇である昭和天皇への対抗意識を伴っていたはずである。

だがもちろん、錯覚は長くは続かなかった。皇太后が名古屋を発ち、御召列車で沼津に向かった三七年七月七日、北京郊外で盧溝橋事件が勃発したからである。言うまでもなく、四五年八月まで続く日中戦争の開始を告げる軍事衝突であった。

［注］

1　この点に関連して思い出されるのは、前掲『神々の乱心』上の冒頭で、月辰会が一九三三年十月十日に皇后宮職職員の北村幸子を通して掌侍の萩園彰子に送ろうとした「御霊示」である。小説が未完に終わったため、その内容は最後まで明らかにされないが、日本文学者の小森陽一は、「やがて生まれてくるであろう昭和天皇の子どもが、男子なのか女子なのかということをめぐる神示ではなかったのか」と推論している（「『天皇制』の歴史的深層へ―『神々の乱心』を読む―」、『松本清張研究』第十一号、二〇一〇年所収）。

第19章

戦争と皇太后節子・皇后良子(1)

天皇の、億兆に限りなき愛撫を垂れさせ給ふ御事蹟は、国史を通じて常にうかがはれる。畏《かしこ》くも天皇は、臣民を「おほみたから」とし、赤子と思召されて愛護し給ひ、その協翼に倚藉《いしゃ》して皇猷を恢弘せんと思召されるのである。この大御心を以て歴代の天皇は、臣民の慶福のために御心を注がせ給ひ、ひとり正しきを勧め給ふのみならず、悪しく枉《まが》れるものをも慈しみ改めしめられるのである。

これは、内閣印刷局が一九三七（昭和十二）年に発行した文部省編『国体の本義』の一節である。女性史学者の加納実紀代は、この一節を引用しながら、そこに天皇を「慈母」と見なす母性的な天皇像が反映していることを指摘している。数多く出版された『国体の本義』解説本のなかには、はっきりと天皇を「母」とするものもあった（「母性天皇制とファシズム」、網野善彦他編『岩波講座　天皇と王権を考える』第７巻、岩波書店、二〇〇二年所収）。

天皇は「大元帥陛下」であるとともに「慈母」でもある。両性具有としての天皇を強調する言説は、日中戦争以降、母性尊重が強調されるとともに増えてゆく。例えば、四一年三月に文部省教学局が刊行した『臣民の道』にも、「天皇は皇祖皇宗の御心のまにまに、親の子を慈しむにもまして国民を慈しみ給ひ、国民は天皇を大御親と仰ぎ奉り、ひたすら随順のまことを致すのである。これ国即家の我が国体の精華である」という一節がある。

その一方で、皇后の役割は『国体の本義』においても、全くといってよいほど言及されていない。わずかに「上は乾霊授国の御徳に応へ、下は国土の安寧と愛民の大業をすゝめ、四海に御稜威を輝かし給はんとの大御心」が現れた一例として、「神功皇后が新羅に出兵し給ひ」という一文が挿入されるだけである。注1

しかし「序」で記したように、皇后もまた両性具有になり得た。『国体の本義』でわずかに触れられた神功皇后の新羅出兵が、ヤマトタケルの熊襲・蝦夷平定や坂上田村麻呂の奥羽鎮定、日清戦争、日露戦争、韓国併合、満州事変などと同列に扱われているのは、皇后もまた大元帥としての役割を果たせることを図らずも意味している。そして『国体の本義』では全く触れられていないが、もう一人の皇后、光明皇后こそは、最も「慈母」と呼ばれるにふさわしい皇后であった。

『国体の本義』は、天皇を両性具有化することで、皇后や皇太后の存在をあえて黙殺しようとした。けれどもこの時期に、神功皇后や光明皇后の存在が忘却されたわけでは決してなかった。神功皇后を高く評価した筧克彦の『神ながらの道』は、引き続き刊行され、版を重ねていた。加えて「紀元二千六百年」に当たる一九四〇年一月には、『東京朝日新聞』が「皇紀二千六百年日本女性史」、『読売新聞』が「皇国女性二千六百年史」と題する連載のなかで、それぞれ神功皇后や光明皇后を取り上げ、その「偉業」や「仁徳」を称えている。同年二月には女性史家の高群逸枝が『女性二千六百年史』(厚生閣)を刊行し、やはり神功皇后や光明皇后に触れている。日中戦争とともに高まった母性尊重の声は、天皇とともに歴代皇后の存在をも、かつてないほどに浮かび上がらせたのである。

こうした下からの皇后を評価する言説は、政府が『国体の本義』で言説化しようとした国体イデオロギーとの齟齬をきたすものであった。いや、言説だけではない。日中戦争や太平洋戦争の最中に植民地を含む全国各地に赴いて傷病兵を慰問したり、地方民の活動状況を視察したりするのは主に皇族妃や王公族妃（日本に併合された旧大韓帝国の皇族妃）であり、慰問や視察を命じたのは皇后良子にほかならなかった。5章で触れたように、皇后が病院を回り、傷病兵を慰問すること自体は日清戦争のときからあったが、戦争の長期化は、かつてないほどに皇后が「慈母」として強力なリーダーシップを発揮しなければならない局面を招いたのである。

筧の唱える「神ながらの道」にのめり込み、神功皇后と光明皇后を強く意識していた皇太后節子もまた、官製のイデオロギーを信奉するはずはなかった。戦争の長期化とともに齟齬はしだいに拡大し、やがて宮中を揺るがす大問題になってゆく。

三七年七月七日の盧溝橋事件をきっかけに、日中両国は戦争状態に入った。

その五日後、沼津御用邸に滞在していた皇太后が帰京した。大宮御所では元宮内次官で貴族院議員の関屋貞三郎が皇太后を迎えたが、そこで関屋は筧克彦にばったり会った。筧は「満洲国」の首都新京で開校する建国大学の準備打ち合わせのために出張する前日、皇太后に会っていたのだ。関屋は筧に、「皇道精神ニ干シ意見ヲ問」うている（前掲「関屋貞三郎日記」）。

八月、皇太后節子は現地の兵士に氷砂糖を支給する旨を明らかにしたが、高松宮は「皇后様より負傷病兵に『ホータイ』等賜はる恒例に対し、『氷砂糖』はもつと広範囲になり、つり合ヒ上如何なものか」と述べている（前掲『高松宮日記』第二巻）。確かに戦地で支給される側としては、皇太后からか皇后からかをいちいち気にすることはないものの、これでは皇后よりも皇太后のほうが目立ってしまうと苦言を表明したわけだ。

しかし、一層大きな問題として高松宮に映ったのは、皇太后に対する天皇裕仁の態度であった。九月四日、高松宮は参内して天皇に会い、中国に戦場を視察しに行く件につき話し合ったが、もし高松宮が負傷した場合、「大宮様の御機嫌をわるくすることが御コマリ」と天皇が考えていることに、高松宮は違和感を抱いた。

天皇が気にしていたのは、高松宮が戦地で負傷することよりも、それがもとで皇太后の機嫌が悪くなることとの方だったのだ。高松宮はこう記している。「大宮様に対する御考へがまるで、御孝心と云ふよりも非常に『さはらぬ』様な御考へであると思ふ」（同）。

十月二十一日、大宮御所で皇太后に会った新任の駐日英国大使のロバート・クレーギーも、過去の思い出で余生を送る女性としか思っていなかった皇太后が、宮中内外の情報に精通し、英国の政治情勢にも強い関心をもっていることに驚いている（徳本栄一郎『英国機密ファイルの昭和天皇』、新潮社、二〇〇七年）。

日中戦争は上海に飛び火し、十一月十六日に国民政府は重慶への遷都を宣言していた。十二月になると、南京が陥落する。こうした日本軍の進撃に対して、皇太后は「露営馬」と題する和歌を十二首詠んでいる。そのうちの一首を次に掲げる。

こだまする野べにいく夜かねぶるらむ　進みにすゝむみ軍のこま（前掲『貞明皇后御集』下。原文は

濁点なし）

この和歌には、「皇軍の連勝は正に奮闘のたまものにこそ」という頭注が付いている。8章で触れたように、節子は皇太子妃時代に初めて軍事演習を見学したときから、戦争に何の違和感ももっていなかった。

三八年二月二十八日、皇太后は大宮御所で、中国から帰還した中支那方面軍司令官の松井石根《いわね》、上海派遣軍司令官の朝香宮鳩彦王、第十軍司令官の柳川平助の三人と会っている。松井は南京大虐殺を行ったとして、敗戦後にA級戦犯に指名され、絞首刑となった人物である。「陛下には三将軍の輝かしい凱旋に対し御慰労の御言葉を賜ひ、又御紋章付銀莨函等を賜はり親しくその功を犒《ねぎら》はせられた」（『東京朝日新聞』一九三八年三月一日）。

日中戦争は、皇后良子の役割にも少なからぬ影響を及ぼした。皇后は過去にも三二年四月、三三年四月、三七年四月と、靖国神社で行われた臨時大祭に合わせて天皇とともに、あるいは天皇に続けて参拝したが、日中戦争の勃発以降、合祀される戦死者の数が急増するのに伴い、天皇とともに毎年四月と十月の二回、臨時大祭に合わせて靖国神社に参拝することが多くなる。参拝ができないときには、天皇が参拝するのと同じ午前十時十五分に、宮殿で神社に向かって黙禱するようになる。

それだけではない。皇后は、三八年四月十日から五月二十日にかけて、皇族妃や王公族妃をまず各地の病院に派遣し、傷病兵を慰問させた。

この度御差遣あらせられる妃殿下は、御差支なき限りの妃殿下の御全員実に御十一方で、御十二組に分れさせられ、朝鮮、台湾、樺太並に沖縄県を除く一道、三府、四十二県に亙つて御一方約十日間の御予定で都合百九十ケ所の陸、海軍病院、同分院、赤十字病院、転地療養所等へ御成り、親しく傷病将兵を御慰問あらせられる趣である。国母陛下がかく全国的に各宮妃殿下方を御差遣あらせられることは未曾有の御事の由で、御仁愛のほどまことに有難き極みである。（同、一九三八年四月二日。原文は句点なし）

「御十一方」とは、賀陽宮恒憲《つねのり》王妃敏子《としこ》、李王垠《りおうぎん》妃方子、北白川宮成久《きたしらかわのみやなるひさ》王妃房子《ふさこ》、東久邇宮稔彦王妃聡子《としこ》、伏見宮博義《ひろよし》王妃朝子《ときこ》、竹田宮恒徳《たけだのみやつねよし》王妃光子《みつこ》、東伏見宮依仁親王妃周子、竹田宮恒久《つねひさ》王妃昌子《まさこ》、閑院宮春仁《はるひと》王妃直子《なおこ》、梨本宮守正王妃伊都子、久邇宮邦彦王妃俔子を指す。つまり直宮妃を除くほとんどの皇族妃と、王公族妃で梨本宮妃伊都子の長女に当たる李王妃方子が、沖縄県を除くすべての道府県の病院や療養所に派遣されたわけだ。

次に四月二十七日から五月二十六日にかけて、皇后は秩父宮妃勢津子、高松宮妃喜久子ら直宮妃を含む六人の皇族妃を、東京、神奈川、千葉、埼玉各府県の十八の陸海軍病院に派遣した（同、一九三八年四月二十二日夕刊）。さらに六月には、朝鮮に東久邇宮妃聡子を、台湾に竹田宮妃昌子を、関東州に梨本宮妃伊都子をそれぞれ派遣している（同、一九三八年六月五日夕刊）。

男性の皇族や王公族は軍人としてしばしば戦場に赴いたため、地方視察を十分行えなかったのに対して、女性の皇族妃や王公族妃は皇后の名代として、植民地を含む全国の病院や療養所を回り、「臣民」に生身の身体をさらしたのである。それが天皇ではなく、皇后の「仁慈」によることは、再三にわたり強調された。皇后は皇族妃や王公族妃に、「皇国の為とは云ひながら、皆、気の毒な者につき、此上とも十分労はり遣はす様に」と指示を与えている（前掲『梨本宮伊都子妃の日記』）。かつてない規模の戦争は皇后の役割を拡大させ、皇后は分身に当たる皇族妃や王公族妃の身体を通して、慈愛を注ぐ「国母」として具体的に認識されるようになる。

三八年十月二十七日、日本軍は武漢三鎮を占領した。その翌日、天皇は上海占領や南京陥落のときにはなかった振る舞いを見せる。まず昼間には、白馬「白雪」に乗って二重橋（正門鉄橋）に現れた。天皇裕仁が白馬に乗ることはそれまでにもあったが、白馬に乗って二重橋に現れたのは、このときが初めてであった。

そして夜には皇后を伴い、提灯を持って同じ二重橋に現れた。集まった人々には天皇と皇后の身体そのものは見えなかったものの、二つの提灯の光によって、立っている位置は確認できた。天皇裕仁と皇后良子がそろって二重橋に現れたのも、このときが初めてであった（前掲『完本　皇居前広場』）。

この前例のない二度の振る舞いは、日中戦争に勝ったという幻想を「臣民」に与えるに十分であった。皇后はその幻想を与えるのに一役買ったわけだ。

皇后は、必ず天皇に付き従っていて、天皇の前に出ることはない。その意味では、『国体の本義』に現れたイデオロギーを忠実に守っているようにも見える。だが、皇太后はそうではなかった。靖国神社にも、三三年十月、四一年三月と単独で参拝している。

三八年十一月十三日、皇太后は大宮御所で、首相の近衛文麿に会った。このときの模様を、近衛は西園寺公望の私設秘書であった原田熊雄に語っている。

……皇太后陛下に拝謁仰せつけられた。その際皇太后様からしきりに、どうか難局をぜひ一つ充分切抜けてもらふやうに頼む、まことに陛下もお並々ならぬ御心配であるから、どうか陛下を輔けて……と、涙ながらにお話があつたので、実に弱つちやつた。（前掲『西園寺公と政局』第七巻）

皇太后の言う「難局」とは、もちろん日中戦争を指している。近衛は十一月三日、戦争の目的は「東亜永遠ノ安定ヲ確保スヘキ新秩序ノ建設」にあり、国民政府も改組して「新秩序ノ建設」に加わるのであれば拒否しないとする「東亜新秩序声明」（第二次近衛声明）を出し、一月に出した「国民政府ヲ対手《あいて》トセス」声明（第一次近衛声明）を修正していた。

十一月十八日、原田は西園寺に皇太后の話を伝えた。さらに、皇太后は近衛を「どうか国家のために大いに自重するやうに」と激励し、「辞めないやうに」と言ったという話を付け加えた（同）。「大いに自重するやうに」というのは、たとえ辞めたくても、その気持ちを抑えて国家のために働くようにという意味だろう。

話を聞いた西園寺はたちまち不機嫌になり、こう話したという。

近衛はなぜどういふ御用でお召しか、といふことを伺つて、さうしてもしそれが政治上のことならば『伺へない』と言つてお断りしなかつたか。（同）

実は西園寺は、近衛が訪米する直前の三四年五月十五日、皇太后に会っている。このとき、西園寺は皇太后が「近衛に相当に期待してをられるやうな御様子」を感じとっていた（前掲『西園寺公と政局』第三巻）。だからこそ、皇太后には余計に注意しなければならないと考えていたはずだ。

西園寺は原田に「だいぶ喧しく」言い立てた。皇太后が権力をもち、政治に介入することを極端に恐れていた西園寺は、皇太后に呼ばれて舞い上がる近衛に落胆するとともに、一見天皇を心配するような素振りを見せながら、その実天皇にとって代わろうとする皇太后の振る舞いに、我慢がならなかったのだろう。


三三年十二月二十三日に皇太子明仁が生まれてからも、皇后は三五年十一月二十八日に第六子で第二皇子の正仁《まさひと》親王（現・常陸宮）を、三九年三月二日に第七子で第五皇女の貴子内親王（現・島津貴子）を出産した。四〇年当時、天皇と皇后には夭折した祐子内親王を除いて、二人の親王（明仁、正仁）と四人の内親王（成子、和子、厚子、貴子）がいた。

しかし、皇太子明仁は東宮仮御所、貴子を除く内親王は呉竹寮に住んでおり、正仁も満四歳になった直後の三九年十二月、青山御所の一角に移居した。天皇はさまざまな理由をあげて正仁の移居に反対したが、「青山御所ハ大宮御所、秩父宮御殿ニ近カ過ル。ソチラニオナジミニナリハセヌカ」（「小倉庫次《くらじ》侍従日記」一九三九年十二月五日。原文は句点なし）というのもその一つであった。

天皇は、皇太子に次ぐ皇位継承権をもつ正仁が親元を離れ、青山御所の一角に移ることで、距離的に近い皇太后や秩父宮と親しくなるのを警戒したのだ。だが結局、天皇の反対が聞き入れられることはなかった。

こうして、天皇、皇后の手元に残ったのは、生まれたばかりの貴子内親王だけとなった。けれども貴子もまた、他の内親王と同様、やがて呉竹寮に移居する運命にあることは明らかであった。8章で触れたように、たとえ裕仁、雍仁、宣仁と別々に暮らしていても、歩いて行き来ができる上、週に二回は夕食をともにし、一家団欒の時間をもつことができた皇太子妃時代の節子に比べて、二人の親王も三人の内親王も離れたところに住んでいた良子の孤独感は、より深かった。「紀元二千六百年」で沸き返る世の中とは対照的に、四〇年の正月を、とりわけ皇后は寂しい思いで迎えたに違いない。

しかも皇后良子は、二八年の大礼に天皇に同行して京都、三重、奈良の各府県を訪れて以来というもの、御用邸への行啓を除いて地方を訪れたことがなかった。この点でも、大正期に京都をしばしば訪れ、天皇の平癒祈願を理由に伊勢神宮をはじめとする西日本各地の主要な神社にも参拝した皇太后節子とは対照的であった。

四〇年という年は、「紀元二千六百年」を報告するための伊勢神宮などへの行幸が予定されていた。この行幸に皇后も同行してはどうかという意見が侍従長の百武《ひゃくたけ》三郎から出されたが、宮内大臣の松平恒雄は明治、大正期にそうした前例はなかったことを理由に反対している(同、一九四〇年二月六日)。

何事も前例を踏襲することを尊重する宮中にあって、「前例」を体現する皇太后の存在はまことに大きかった。皇后が同行すべきか否かについても、皇太后の判断を仰ぐ必要があった。

侍従の小倉庫次に対して、皇太后はこう答えた。

ドツチデモ良イデハナイカ。自分ハ前例ニナラヌカモ知レヌガ橿原神宮ハ同列参拝シタコトガア

ル。其ノ時ノ情勢デ定メタライイデハナイカ。（同、一九四〇年二月十二日）

11章で触れたように、節子は一六年四月、嘉仁とともに橿原神宮に参拝していた。この前例を持ち出して「ドツチデモ良イデハナイカ」としたわけだ。しかし結局、四〇年六月に伊勢神宮、神武天皇陵、橿原神宮などを参拝した天皇に、皇后が同行することはなかった。

「満洲国」皇帝溥儀が、同年六月二十六日に二度目の訪日を果たしたこと、その際にアマテラスをまつる建国神廟の御霊代である神鏡を皇室から与えられたこと、しかし天皇自身は建国神廟の造営に反対していたこと、帰国後の溥儀は皇太后に影響され、「神ながらの道」の普及や宣伝に努めたことなども、17章で触れた。

歴史学者の山田勝芳は、溥儀と皇后婉容《えんよう》との間に男子がなければ、「天皇の叡慮」によって帝位を決めることに溥儀がすでに同意しており、四〇年当時、婉容との間に男子ができないことはほぼ確実であったことから、溥儀は次代の皇帝が天皇家から出てもよいと考えていたのではないかと推測している。溥儀は、北京に帰って再度中国皇帝の座に就きたいと念願しており、その夢を実現させるためには「満洲国」を全く日本任せにすることも厭わなかったのではないかというのだ（『溥儀の忠臣・工藤忠　忘れられた日本人の満洲国』、朝日選書、二〇一〇年）。

日本側だけでなく中国側の史料にも精通する山田ならではの魅力的な説である。次代の皇帝を天皇家の親王のなかから選ぶとすると、おそらく年齢的に言って正仁しかいない。一九〇一年生まれの裕仁を継ぐ天皇が三三年生まれの明仁だとすれば、一九〇六年生まれの溥儀を継ぐ皇帝が三五年生まれの正仁になるのは、ごく自然な選択のように見えるからである。

こう考えると、正仁が親元を離れ、皇太后や秩父宮の近くに移ることに天皇が反対していたのも、単に寂しくなるというだけにとどまらない理由があるように見えてくる。ただ、正仁が帝位を継承する可能性があるのは、あくまでも溥儀が「満洲国」皇帝としての生涯をまっとうして死去する場合であり、もし中国皇帝になれば生前に譲位することになる。その場合には秩父宮が帝位を継承する可能性もあったのではないか。

もちろん、こうした推測が全く現実的でないことは、四五年八月に「満洲国」がわずか一代で滅亡したことからも明白である。加えて、溥儀が四〇年六月に再訪日したときには、秩父宮はすでに結核を発病していて会えなかった。これ以降、秩父宮は箱根、葉山と転地を繰り返し、四一年九月からは御殿場の別邸に妃の勢津子とともに移り、療養に専念することになる。

四〇年十一月十日と十一日、宮城前広場で「紀元二千六百年式典」と「紀元二千六百年奉祝会」が行われた。皇后は、天皇とともに、広場に造営された仮宮殿に座った。天皇に付き従い、別個の行動はとらない皇后のスタイルは、ここでも維持された。皇太后は、式典にも奉祝会にも出席しなかった。

ところが、奉祝会が行われた十一月十一日の夜になって、皇后は正仁と成子、和子、厚子を伴い、提灯を持って二重橋の上に現れ、広場を埋めた人々の万歳にこたえた。天皇と皇太子は一緒でなかった。

このとき、皇后は宮城前で初めて、多くの人々を前に天皇とは異なる主体として振る舞おうとした。実際には正仁は青山御所、三人の内親王は呉竹寮にいて、ふだん別々に暮らしていたにもかかわらず、あたかも仲睦まじく同居しているかのような家族を演出することで、皇后は「母」として振る舞おうとしたのだ。

けれども、皇后をはじめ、四人の子供たちの姿を肉眼でとらえることはできなかった。広場から実際に見えたのは、皇后の持つ提灯だけであった。

夜の闇が、「家族」の存在を覆い隠したのだ。

紀元二千六百年式典が行われた十一月十日、興津の坐漁荘にいた西園寺公望は祝膳を囲んだ夕食のあと、気分がすぐれないと訴えた。天皇、皇后からはスープと牛乳が届けられたが、二十四日に死去した。満九十歳であった。

四一年一月十二日、東久邇宮稔彦王は原田熊雄に会い、「故西園寺公爵の美点」について聞いたところ、原田は一九二一（大正十）年の皇太子裕仁の訪欧を振り返り、こう述べたという。

皇太子殿下御洋行の件に就き、皇后陛下は絶対に反対にして、だれの言をも聞かれざりし時、一日公爵は皇后陛下の御前に出で、皇后陛下がお怒りになりてお泣きになりしにかかわらず、皇太子殿下の御洋行の件が閣議にて決定したる今日、この事は皇室の一私事にあらずして、国家の重大事件なり、若し皇太子殿下に万一の事が有りても日本帝国のためにお尽しになりたる事にてその御功績は偉大なるものなり、皇后陛下がただ母子の情よりして反対せらる可き事にあらずと順々として諌言申し上げたる由なり。（防衛省防衛研究所所蔵「東久邇宮日誌」）

このときはまさか皇太后が、「母子の情」どころか、天皇と対立する一大勢力の中心になろうとは、西園寺も予想できなかったに違いない。

すでに触れたように、西園寺は政治力を強めつつあった皇太后に対する最大の「防波堤」となっていた。皇太后の一言で舞い上がる近衛を厳しく叱りつけることができたのは、西園寺しかいなかった。その防波堤がなくなったことは、皇太后がさらに政治力を強める可能性が大きくなったことを意味していた。

四一年になると、戦争は「対岸の火事」とは見なされなくなる。相手が中国だけなら空襲の心配はまずないが、米国や英国とも戦わなければならない可能性が真剣に検討されるようになったからだ。三月二十二日、天皇は吹上御苑内に防空施設を建設することを認めている（「小倉庫次侍従日記」一九四一年三月二十二日）。四月十二日から建設が始まったこの防空施設は、吹上御文庫と呼ばれるようになる（前掲『人間　昭和天皇』上）。

だが、空襲を受ければ天皇の住まいが都心にあること自体があぶないという見方もあった。このため、小田急電鉄本線（現・小田急小田原線）沿線の柿生《かきお》付近に皇居を移す「柿生離宮案」が持ち上がり、四月十六日には宮内大臣の松平恒雄らがひそかに東京府南多摩郡鶴川村（現・東京都町田市）を視察したこともあった。しかしこの計画は、松平の判断により、結局中止となる（読売新聞社編『昭和史の天皇』2、中公文庫、二〇一一年）。

同じころ、皇族妃や王公族妃を日光田母沢御用邸か日光御用邸、あるいは塩原御用邸に疎開させることも検討されていた。梨本宮妃伊都子は四月二日の日記に記している。

宮内省から事務官が聞てきた事だが、此事変、ます〳〵むつかしくなってくるもやう故、各宮家にても一個づゝ防空壕をつくれ、費用は出すからといふ事。又、妃殿下方は日光か塩原御用邸に避難する様、御供は一人などゝ、たわけた事をいふ。（前掲『梨本宮伊都子妃の日記』）

梨本宮妃は、「われ〱がにげたところで、どうなるだろう」として、この疎開案を一蹴している。いや、梨本宮妃だけではない。四五年八月の敗戦まで、御用邸に疎開した皇族妃や王公族妃は誰もいなかった。

皇族妃や王公族妃とともに皇太后を疎開させることも検討されるようになる。高松宮は、大宮御所を訪れた四一年八月六日にこのことを知った。

大宮様、防空の御避難所、初め日光の予定なりし処、大宮様お気に入らず（寒いのはいやと云ふ思召もあり）、先日御参内の時にお上と御話あり。例の調子にて、大宮様オヒネクレからか、お上もおこまりにて、防衛司令部の考へにては日光第一なるも、〔箱根〕宮ノ下でもよく、沼津でもまづよろしとのことにて、その後沼津ならばよろしと〔の〕ことになる。何にかあると、語気の具合で変になり、お上また余計に御心配になる。（前掲『高松宮日記』第三巻）

ここでいう「先日御参内」とは、七月二十一日に皇太后が宮城を訪れたことを意味している。その十九日前、天皇が出席した七月二日の御前会議では、南部仏印への進駐が裁可されたが、この会議では日本が仏印に進駐した場合に米国が参戦する可能性について、意見が交わされていた。天皇は七月二十五日に内大臣の木戸幸一に会ったさい、「対米関係につき御心配被遊《あそばされ》、種〻御話」をしている（前掲『木戸幸一日記』下巻）。おそらく皇太后に会ったさいにも、米国との戦争の可能性について言及しながら、そうなった場合の空襲に備えて、疎開を強く勧めたはずである。

しかし、別の見方もできる。天皇が直々に皇太后に向かって疎開を勧めたのは、皇太后を東京からできるだけ離しておくことで、宮中における天皇の主導権を確立させようという意図があったのではないか。

皇太后は「例の調子にて」「オヒネクレ」を起こし、素直には従わなかった。だが結局、「沼津ならばよろし」ということになった。

なぜ皇太后は、皇族妃や王公族妃が誰一人として疎開しなかったにもかかわらず、「沼津ならばよろし」という条件を付けて沼津御用邸に疎開することを承諾したのか。最大の理由は、秩父宮が療養している御殿場に沼津が近いという位置関係にあったと思われる。

御殿場―沼津間は二四・七キロしかなく、当時御殿場線の下りで三十三分、上りで四十六分で行き来できた（下りと上りの時間が違うのは、勾配がきついため）[注2]。たとえ自ら御殿場に行けなくても、皇太后とともに沼津御用邸に滞在することになる女官や侍医や事務官を派遣して秩父宮の様子をうかがわせるには都合がよかったのだ。

天皇の懸念は、やがて現実のものとなった。十二月八日には、米国および英国に対する宣戦の詔書が渙発された。九日には宮中三殿で宣戦親告の儀が行われ、天皇は「海に陸に空に射向ふ敵等を速に伐平らげ皇御国《すめらみくに》の大御稜威《おおみいつ》を四表八方に伊照り徹らしめ給ひて無窮に天下を調はしめ給へ」という御告文を奏上した（『昭和天皇実録』昭和十六年十二月九日条）。十日には大本営政府連絡会議が開かれ、日中戦争（支那事変）を含めた戦争の名称を「大東亜戦争」とすることが決まった。

十二月十七日午後零時四十分、皇太后は大宮御所を出て、東京駅に向かった。東京駅からは、午後一時に神戸ゆきの特急「鷗《かもめ》」が発車したが、もちろん皇太后は乗らず、その十分後に発車する御召列車に乗った（国立公文書館所蔵「皇太后陛下沼津行啓ノ件」）。

東京駅には、天皇、皇后の代わりに侍従の牧野貞亮と入江相政、それに高松宮が見送りに来ていた（「小倉庫次侍従日記」および前掲『高松宮日記』第三巻）。しかしこの行啓は「一般ニ発表セズ極秘扱トス」（前掲「皇太后陛下沼津行啓ノ件」）とされたため、通常の行啓のような奉送迎は全くなかった。列車は十分前に出た「鷗」と全く同じダイヤで走り、東海道本線を経由して沼津に午後三時十分に着いた。

天皇や皇族の行幸啓を公式に記録する『宮内省省報』にも、この行啓は記されなかった。新聞は皇太后が沼津御用邸に移ってからも、依然として東京の大宮御所にいるかのような報道を続けている。

皇太后は沼津御用邸でも大宮御所と同様、午前中は西附属邸の「御日拝室」に一人籠もり、大正天皇に向かって祈りを捧げる日々を送ることになる。宮中祭祀はすべて代拝となった。

十二月二十八日、高松宮は沼津御用邸に立ち寄ってから、御殿場の秩父宮別邸を訪れて一泊し、二十九日に帰京した。この日の日記に、高松宮は「沼津ニテ大宮様オ落付ノ様ナリシモ、少シハ御淋シイ様デモアツタ。オ庭ノ防空壕ガ人ニ御見セニナル御ナグサミニナツテヰタ」と記している（前掲『高松宮日記』第三巻）。

しかし、皇太后を沼津に疎開させてからも、天皇の危惧はなくならなかったようである。四二年三月十日には木戸幸一に「摂政の問題」について触れ、「秩父宮が長く御病気御静養中である為め、万一摂政を立つる必要が生じたる場合、高松宮が軍務の関係で海外に居らるる様なことがあっては重大な支障となると思ふから、之等の点は予め陸海軍当局とも充分打合せて置く必要があるだらう」と述べたほか、三月十六日にも摂政順位の関係から同様の発言をしている（前掲『木戸幸一関係文書』）。

皇太子はまだ幼少のため、天皇に万一の事態があった場合には摂政を立てなければならない。その場合、もし高松宮がいなければ皇太后が摂政になるかもしれないという強迫観念に駆られていたからこそ、高松宮が海外に出ることに反対したのではないか。皇太子が生まれる前に木戸自身が記した「胎中天皇の問題」＝〈神功皇后の問題〉は、まだ消えてはいなかったのだ。

皇后は、天皇とともに奥宮殿に住んでいた。四〇年六月の行幸には同行しなかったが、四一年五月には単独で三重、奈良、京都の各府県を訪れ、伊勢神宮、神武天皇陵、橿原神宮、伏見桃山陵（明治天皇陵）、同東陵（昭憲皇太后陵）などに参拝する。

三七年六月から七月にかけて、一ヵ月あまりにわたって三重、京都、大阪、奈良、愛知、静岡各府県を訪れ、神社や天皇陵以外にも幅広く視察した皇太后節子とは異なり、皇后が訪れたのは神社や天皇陵ばかりで、あとは京都陸軍病院（現・京都医療センター）と修学院離宮に立ち寄っただけであった。唯一の視察先となった京都陸軍病院への行啓は、皇后自身の強い希望により、「一部の日程を変更し御出門の時間を繰り上げなどして」ようやく実現された（国立国会図書館憲政資料室所蔵「関屋貞三郎関係文書　皇后陛下の御日常」）。行啓の日程も五月十五日から二十日までの六日間しかなく、京都御所にしか泊まらなかった。

したがって皇太后の行啓のように、天皇の行幸に匹敵する「君民一体」の空間が各地で再現されることもなかった。それが再現されたのは、五月十八日に京都御所の建礼門前広場で、京都市内の女子専門学校、女子中等学校、女子青年学校、国民学校高等科女生徒ら約三万人を集めて行われた「奉迎式」だけであった（『朝日新聞』一九四一年五月十九日）。政治学者の伊藤之雄が指摘するように、建礼門前広場は日中戦争以降、「聖域」としての性格を強めていた（前掲『京都の近代と天皇』）。

この奉迎式は、あくまでも例外であった。皇后が訪れた地方の有力者や、女子青年教養所、高等女学校、実業女学校、国民学校などの生徒の多くは、御召列車が通る駅のホームや御召自動車の通る沿道で所定の位置につき、皇后を迎えたのである。

常識的に考えれば、動く列車や自動車に乗っている皇后の姿をとらえることは難しい。しかし自動車の場合、速度が遅かったせいか、多くの女子生徒が至近距離から生身の皇后をとらえていた。

宇治山田市内の沿道に整列した三重県立河芸《かわげ》高等女学校（現・白子《しろこ》高校）三年の中村瑛子と津市立高等女学校二年の田中さだは、それぞれこう述べている。

……あのお優しい御慈眼―少し御微笑を含ませられたかの様に拝したあのお優しくも気高いお眸、国母陛下として常に有難き御心を一億万民の上に注がせ給ふ御仁慈そのまゝのあのお眸――を拝した時の感激は一生涯忘れ得ないものとなつた。（『皇后陛下行啓奉迎感想録』、三重県、一九四二年）

ふつくらと丸みを帯びさせ給うた御顔、御眉は丸く三日月形に、御目と御口許にはほのかな御微笑さへ浮かべていらせられました。「現つ神様と申し上げませうか、何の憂きこともない、女神の御顔そつくりでいらせられる。」と畏れ多い事ながら、ふと思つた事でした。（同）

中村は皇后の瞳を、田中は皇后の顔全体を、それぞれしっかりと見つめていた。おそらく天皇ならば、ここまで接近して生身の身体を見つめること自体が憚られたであろう。天皇よりも皇后のほうが、イデオロギーに拘束されない実像をとらえやすかったのだ。

こうした実像に、日中戦争以降強まった皇后の「慈母」としての役割が重ね合わせられた。三重県立津高等女学校（現・津高校）五年の粂内ひさ子は、「この事変が始つてより国の為、傷つきし人々に深く御心を垂れさせ給ひ、或は国民の上に等しく垂れさせ給ふ御慈愛、何と畏れ多い事であらうか」と述べている（同）。『国体の本義』で強調されたような両性具有としての天皇像は放棄され、天皇とは異なる皇后の役割がはっきりと意識されているのがわかろう。

しかし、皇后良子が単独で地方を回ったのは、これが唯一であった。葉山や日光田母沢、沼津の各御用邸での避暑や避寒、あるいは皇太后との面会を目的とする滞在を除けば、戦中期の大半を、皇后は疎開もせず、天皇とともに宮城内の宮殿や、防空施設としてつくられた吹上御文庫で過ごすことになる。

四一年三月二十九日、宮内省は大正天皇の第四皇子である三笠宮崇仁親王と、子爵高木正得《まさなり》の次女、百合子の婚約を発表した。百合子によれば、大宮御所で開かれた映画会で初めて崇仁に会ってから二日ほどで決まったという。「私には青天の霹靂でした。でも、絶対私には勤まりませんって申しまして。何と申し上げても貞明皇后様から、いや、若いのだからこれから勉強すればいいって仰せられまして。何を申し上げても駄目でした」（前掲『母宮貞明皇后とその時代』）。秩父宮、高松宮に続いて、またしても皇太后が妃を決めたのだ。

十月二十二日、二人は結婚する。崇仁は二十五歳、百合子は十八歳であった。東条英機内閣が成立したのは、その四日前である。

十一月四日、霞関離宮で皇族妃の親睦会が開かれ、東京、神奈川、千葉、静岡各府県の療養所で加療中の傷痍軍人を手分けして慰問することが申し合わされた。この決定に伴い、三笠宮妃百合子は秩父宮妃勢津子、高松宮妃喜久子とともに、十一月三十日に東京府北多摩郡清瀬村（現・東京都清瀬市）の傷痍軍人東京療養所（現・国立病院機構東京病院）を訪れている（『朝日新聞』一九四一年十二月一日）。御前会議で米英およびオランダとの開戦が最終的に決定されたのは、翌十二月一日であった。

十二月八日の開戦以来、日本軍は破竹の勢いで進撃し、四二年二月十五日には英国の東洋支配の拠点であるシンガポールを陥落させた。

その三日後の午後一時五十五分、天皇は戦勝第一次祝賀式に際して、再び二重橋に白馬「白雪」に乗って現れ、宮城前広場を埋めつくした十数万の人々の歓呼にこたえた。その十五分後には、皇后が皇太子明仁と成子、和子、厚子の各内親王を同伴して橋上に立った。四〇年十一月の「紀元二千六百年奉祝会」のときとは異なり、皇后は正仁の代わりに明仁を同伴している。しかも現れたのが昼間だったので、広場からは皇后の姿も、皇太子や内親王の姿も、はっきりととらえられた。

天皇とともに馬に乗り、二重橋に現れた侍従の入江相政が日記に記している。

午后一時四十五分御発。白雪に乗御。二重橋鉄橋にお出まし。予も光風で御供。民草の感激云はむ方なし。引続皇后宮、東宮、呉竹寮三内親王も御出まし。お上の御供して御守衛隊のあたりまで来た時又万歳が聞える。皇后様が御出ましになつたからであらう。母上、君子、子供二人も丁度この頃行つてゐて非常に難有泣いて了つたとの事。（前掲『入江相政日記』第二巻）

広場にいた入江の母や妻、そして子供たちは、皇后や皇太子、内親王が二重橋に現れたのを見て、「非常に難有泣いて了つた」。もし武漢三鎮占領のときと同じように、昼間に天皇が白馬に乗って現れただけであれば、これほどの感激はなかったに違いない。戦勝第一次祝賀式は、皇后が初めて昼間に十数万もの人々の前に現れ、天皇とは異なる「慈母」の役割を果たすことで、これまでにない存在感を誇示する儀式となったのである。

沼津御用邸にいた皇太后もまた、四二年一月から二月にかけて、日本軍の戦勝をたたえる歌を数多く詠んでいる。一月の歌会始のお題「連峯雲」と、二月の紀元節のお題「社頭春風」から、それぞれ一首を引く。

みねつゞき朝ゐるくものゆくへさへ　南の海をさすかとぞ思ふ
かちつゞくわが御軍を聞しめす　神のひろまへ春風ぞ吹く（前掲『貞明皇后御集』上。原文は濁点なし）

前掲『貞明皇后御歌集』では、「みねつゞき朝ゐるくものゆくへさへ」が「みねごとに朝たつくものゆくへさへ」になっている。いずれにせよ、向かうところ敵なしの日本軍を、雲すらも南の海に向かって追いかけてゆくように見えるというのだ。

続いて、これもまた二月に詠まれた皇太后の和歌である。お題は「光」。

天照すひるめの神の御ひかりを　いまこそあふげ千万のくに
かしこしや八咫のかゞみのみひかりを　亜細亜のひともあふぐ御代かな（前掲『貞明皇后御集』下。原文は濁点なし）

言うまでもなく、「天照すひるめの神」はアマテラス、「八咫のかゞみ」はアマテラスの御霊代である八咫鏡を意味する。皇太后は、日本が戦争に勝ち、日本を中心とする「大東亜共栄圏」が完成することで、アマテラスを最高神とする「神ながらの道」がアジアに行き渡ることを信じて疑わなかったのだ。

沼津御用邸でひそかに皇太后と会っていたのは、高松宮だけではなかった。二月一日には、関屋貞三郎が東京から日帰りで訪れ、「御前ニテ一時間余拝謁」（前掲「関屋貞三郎日記」）したほか、四月五日には、高松宮が三笠宮夫妻を同伴し、やはり日帰りで訪れている（前掲『高松宮日記』第四巻）。四月十七日には、木戸幸一が沼津を訪れ、皇太后に会った。

十二時半、皇太后陛下に拝謁、御機嫌を奉伺す。引続き御陪食被仰付、御食後三時頃迄、大東亜戦に至る迄の事情、其後の情勢を言上す。

三時十五分より守衛隊の演習を海岸にて御覧あり、陪覧す。演習後、御用邸内の御散策に御供し、松露狩りをなし、陛下御手づから防風を御採り被遊、賜はる。（前掲『木戸幸一日記』下巻）

木戸は皇太后に、戦争は日本軍が有利に展開しているので、心配する必要はないと説いたはずである。皇太后と木戸がともに御用邸内を散策し、キノコ（松露）や薬草（防風）を採っている様子からは、戦時下の緊張感がまるで伝わってこない。

ところがその翌朝、木戸は沼津で警戒警報が発令されたことを知る。米軍機のノースアメリカンB25十六機が飛来し、東京、横浜、横須賀、名古屋、四日市、神戸などで初めての空襲を行ったのだ。正午過ぎには空襲警報が発令され、天皇、皇后が宮内省第二期庁舎御金庫室に移ったほか、皇太后も沼津御用邸の特別防空壕に移った（『昭和天皇実録』昭和十七年四月十八日条）。

もっとも各地の被害は大きくはなく、沼津では空襲もなかった。特別防空壕は再び「人ニ御見セニナル御ナグサミ」と化したはずである。

五月二十八日、皇太后は御用邸を歩いて出て、鷲頭山《わしず》の中腹まで登った。鷲頭山は沼津市にある標高三百九十二メートルの山で、中腹からは駿河湾を望むことができた（写真参照）。登山に同行した侍医の山川一郎は、こう記している。

五月二十八日に鷲頭山へ行啓があった。この山麓から中腹までは、沢山の桜樹があり、それを植えた保養館の安藤〔正胤〕翁のために、佐佐木信綱先生の歌碑がある。それを更に登ると、曾て大正天皇が、東宮ご時代に、お手植えになった松があるので、それをご覧になるためである。相当な急坂だが、杖もお用いにならずにご登攀になり、途中、象山〔徳倉山〕寄りの尾根に設けられたテントのご休憩所でご展望なさった。そこには供奉将校の一色大尉が、水彩画で巧みに説明した案内図があって、たやすく周囲の地理がお分かりになった。蕨なども簇出していたので、お摘み草もなさった。更に僅かに登ると、俗に中将姫の窟というのがあり、その前に、周囲二尺位のお手植えの松がある。隣に梅の古木も二三本あった。しばらくご覧になり、元の道を還御になった。（前掲『拝命』）

おそらく、沼津御用邸でも「神あそび皇国運動」を続けていたのだろう。満五十八歳を目前にした皇太后は、杖もつかずに急峻な登山道を登った。皇太后は、休憩所から駿河湾を眺めながら、太平洋を戦場とする日本軍の相次ぐ進撃に思いを馳せていたのだろうか。

鷲頭山登山道から見える駿河湾と旧・沼津御用邸の森

だが、六月五日のミッドウェー海戦で、日本軍は四隻の主力航空母艦と多くの航空機、熟練搭乗員を失う大敗北を喫した。これを機に、戦況は大きく転回する。

日記に被害状況を細かく記録した高松宮は、二日後の六月七日に三笠宮とともに日帰りで沼津御用邸を訪れたが、この情報を皇太后に伝えることはなかった（前掲『高松宮日記』第四巻）。

皇太后は、日本軍がなおも勝ち続けていると信じ込んでいた。

沼津では、四月十八日の朝に一度警戒警報が発令されただけで、戦時中とは思えぬ平穏な日々が続いていた。[注3] このとき、皇太后の脳裏には次のような疑問が浮かび上がってきたのではなかろうか。

戦争は勝ち続け、天皇、皇后、皇太子、正仁親王、四人の内親王、皇族、王公族、皇族妃、王公族妃のうち、誰一人として疎開する気配はない。なぜ自分だけが沼津にずっととどまり続けなければならないのか。空襲は一向にないし、心配していた秩父宮の容態も安定しているようだ。そろそろ、東京に戻ってもよいのではないか――。

天皇が「摂政の問題」に触れる四日前の四二年三月六日、皇后良子は三十九歳の誕生日を迎えた。この日の午前七時三十分から放送されたNHKラジオ「国民の誓」で、関屋貞三郎は「皇后陛下の御日常」につき、こう話している。

> 親王内親王様方の御養育には、特に御心を注がせられまして、皇太子殿下を始め奉り、義宮《よしのみや》〔正仁〕、照宮〔成子〕、孝宮《たかのみや》〔和子〕、順宮《よりのみや》〔厚子〕、清宮《すがのみや》〔貴子〕各殿下の御母君として、御慈育の上に、御教育の上に、御母性としての範を示させ給ふことは、誠に難有い極みで御座います。（前掲「関屋貞三郎関係文書　皇后陛下の御日常」）

ここでも『国体の本義』とは異なり、「慈母」としての皇后の役割が強調されている。実際には貴子を除く「各殿下」と皇后とがバラバラに暮らしていることは、全く触れられなかった。

同じ日、皇后はキリスト教徒で、皇太后節子からも信頼されていた野口幽香を宮中に招いている。毎年、三月六日に皇后は野口を招き、親しく歓談することを楽しみにしていたが、この日は特別であった。「皇后様は幽香にことのほか親愛感をお持ちになられた御様子で、幽香のやわらかな心のぬくもりを感じるような話をぜひ聞いてみたいとの思召しと、戦争で御心労の多い皇后様を、すこしでもおなぐさめしたいという純粋な気持ちが一致したのか、公式的な拝謁を離れて、親しくお話をする機会を持つこととなった」（前掲『野口幽香の生涯』）。

具体的にいえば、皇后は野口に、聖書を用いつつキリスト教の講義をするように求めたのだ。女官長の保科武子や女官の伊地知幹子らが強力に支持したというが、天皇がこれを知らなかったはずはない。いやおそらく、最大の理解者は天皇だったのではないか。

こうして四二年四月十七日、皇太后が沼津で木戸幸一に会っていたころ、宮城内の宮殿において野口幽香による第一回の講義が、皇后や保科のほか女官七名を交えて行われた。このときはまだ初回ということもあり、神という言葉は出てこない。その代わりに野口は、「生活ノ革新ト云フコトヲ申上ゲテ見タイト思フ」と話し、「日常生活ハ真ニ満足ノアリヤナシヤ」と問いかける。そして「各自ノ生活」を古屋根にたとえた上で、「各自ノ生活振リハドノ程度カ自己ヲ知ラズ」とする。

古屋根から雨が漏れてくる。真面目な多くの人は、雨漏りを知ってどうしたらよいか戸惑う。けれども自己を知らなければ、屋根はどの程度の直しを必要としているか、修繕だけで済むのか、それとも根本からやり直さなければならないのか、わからないではないかと言うのだ。「内省生活ガ一歩」「雨ノ漏ハ警告」「問題ハ人ジヤナイ自分ダ」「死ヌ迄完全ニハナリ得ナイ」といった警句が、次々と発せられてゆく（東京女子大学比較文化研究所所蔵「野口文書Ⅲ雑稿　御進講草稿」）。

第二回の講義は、五月二十一日に行われた。テーマは、「自己中心カラ神中心へ」であった。野口はいきなり、「神ハ存在シ切ニ求ムル者ニ報ヲ与ヘ給フ」と話し、その根拠として新約聖書の「マタイによる福音書」第七章に出てくる「求メヨ去〔然〕ラバ与ヘラレン」を挙げた。第一回の講義は、この核心に近づくための前置きにすぎなかったのだ。続いて六月十八日に行われた第三回の講義でも、野口は聖書を引用しつつ、「最重ナル自己反省」「結局自己ノ罪人ナルコト」について話し、神は「汝ノ罪赦セシナリ」と説いた。そして、「人ニ使〔仕〕ヘルト思ハナイデ神ニ使〔仕〕ヘル」と思うべきだと訴えた（同）。

ミッドウェー海戦で戦局が大きく転回するさなか、宮中でこのような、時局とは全く関係のないキリスト教の講義が連続して行われていたこと自体、驚きに値する。天皇は戦争指導に忙殺され、子供たちとは別々に暮らし、皇太后も戻ってこない宮中で、皇后は週に一、二度天皇や子供たち、あるいは弟夫婦とともに食事をしたり、映画を見たり、吹上御苑を散歩したりするほかは、基本的に奥宮殿に閉じ込もり、一人静かに神と向かい合おうとした。しかしその神とは、皇太后が信仰したアマテラスでは断じてなかったのだ。

皇后は四一年から四二年にかけて、宣戦親告の儀（十二月九日）、大正天皇祭（十二月二十五日）、元始祭（一月三日）、孝明天皇例祭（一月三十日）、仁孝天皇例祭（二月二十一日）、春季皇霊祭・春季神殿祭（三月二十一日）に天皇とともに出席するなど、宮中祭祀を重んじ、皇祖皇宗への拝礼を欠かさなかった。だが、皇太后がアマテラスを最高神とするアジアの統一を夢想したのとは対照的に、皇后はひそかに、野口の説くキリスト教に引かれていった。皇太后が沼津に疎開したことは、天皇ばかりか皇后にとっても、皇太后という呪縛から解放される大きな契機となるはずであった。

しかし、第三回講義から八日後の四二年六月二十六日には、旧ホーリネス系三教会（旧日本聖教会、旧きよめ教会、東洋宣教会きよめ教会）の教職者九十六人が、キリストの再臨信仰を説いたとして、治安維持法違反の容疑で逮捕された。これらの教会には、呉竹寮の傅育掛であった名取はなも関係していた（「小倉庫次侍従日記」。具体的にどの教会であったかは不明）。

旧日本聖教会と旧きよめ教会は、四一年六月二十四日にプロテスタント三十三教派が「合同」して生まれた日本基督教団に属していた。日本基督教団は、文部省から保護を受けて社会的承認を得ることを目的としており、「大東亜戦争」には当初から協力的姿勢をとっていた。にもかかわらずこうした事件が起こったことは、キリスト教がなおも危険視されていたことを物語っていた（小川原正道『日本の戦争と宗教　１８９９―１９４５』、講談社選書メチエ、二〇一四年）。

皇后良子が宮中に野口幽香を招き、定期的にキリスト教の講義を受けていたことは、侍従の小倉庫次も入江相政も、日記に全く書き残していない。その「空白」はかえって、このことがいかに重大な秘密保持を必要としたかを意味しているように思われる。

［注］

1　「大御心」とは天皇の心のことであり、この文章だと神功皇后を天皇として認めていることになるが、ここでは措く。

2　一九三四（昭和九）年に丹那トンネルが開通して東海道本線のルートが変わってから、御殿場経由の旧線区間（国府津―沼津間）は御殿場線と呼ばれるようになった。

3　沼津市内に最初の空襲があったのは四五年一月九日で、同年八月三日までに計八回の空襲を受けた。中でも、七月十七日の空襲は全市に及び、沼津御用邸も本邸が焼失した。

第20章 戦争と皇太后節子・皇后良子 (2)

一九四二（昭和十七）年六月七日の午後、皇太后節子は沼津御用邸で、日帰りで訪れた高松宮、三笠宮とともに、四月に公開されたばかりの小津安二郎監督の映画「父ありき」を見ていた。笠智衆《りゅうちしゅう》演じる父親と佐野周二演じる息子の親子関係を描いた作品であった。

日常生活が厳しく制限された戦時下の日本にあって、映画は数少ない娯楽の一つであった。皇太后はこの前日にも御用邸で「父ありき」を見ていたから、二日連続で同じ映画を見たことになる（前掲『高松宮日記』第四巻）。このこと自体、皇太后が沼津でいかに単調な日々を過ごしていたかを象徴していよう。

おそらく皇太后は、ミッドウェー海戦の敗北を知らせなかった高松宮に、東京に戻りたいという思いをぶちまけたのではないか。六月十六日、高松宮は同妃、秩父宮妃、三笠宮夫妻とともに参内し、海軍が持ち帰った米国のカラー映画「青い鳥」などを天皇、皇后とともに見ている（『昭和天皇実録』昭和十七年六月十六日条）。このとき天皇に、皇太后の意向を伝えたのではないかと思われるのだ。

六月二十四日、侍従の入江相政は日記に「大宮様の沼津より還啓の事に付両陛下の思召がよく沼津へ伝へられてゐないやうだといふので奥へ行き保科〔武子〕さんに確かめると果してをかしい」

と記している（前掲『入江相政日記』第二巻）。できるだけ長く皇太后を沼津に遠ざけておきたかった天皇、皇后としては、沼津にとどまるよう皇太后に伝えたつもりが、うまく伝わっていなかったということだろう。六月二十八日には、皇后良子自身が七月九日に沼津御用邸を訪れ、天皇の意向を直接伝えることが決まった（「小倉庫次侍従日記」）。

七月八日、宮内大臣の松平恒雄は、内大臣の木戸幸一に「日光行幸と関聯し大宮様御還啓云〻」につき話した（前掲『木戸幸一日記』下巻）。十六日から予定された天皇の日光田母沢御用邸への行幸に関連し、皇太后の帰京について話が交わされたのがわかる。

皇后が風邪をひいたため、七月九日に沼津御用邸を訪れたのは皇后でなく、女官長の保科武子であった。その翌日、入江は保科と電話で話し、「大宮様、両陛下のお篤い思召をお聞き遊ばして非常に御満足と聞いて大安心」している（前掲『入江相政日記』第二巻）。皇太后は、保科から伝えられた天皇、皇后の、表向きには皇太后を気遣う言葉に満足し、東京に戻りたいという意向を翻して沼津にとどまることにしたというのだ。

しかし天皇はなおも不安であった。七月十一日に木戸に会ったさいには、「此際大宮様へ沼津より御還啓を御勧め被遊べきや否や等の件」について述懐した（前掲『木戸幸一日記』下巻）。八月二十九日にも木戸に「大宮様沼津より御帰京の件」につき話したが、「宮相の意向云〻については其中確むることに言上す」《（ママ）》と木戸が記しているのを踏まえると、松平恒雄は皇太后を早く東京に戻すべきだと主張していたようにも見える（同）。

九月六日に高松宮が日帰りで沼津を訪れたのに続いて、九月十七日には皇后が日帰りで沼津に行き、皇太后に会った（前掲『高松宮日記』第四巻および「小倉庫次侍従日記」）。皇后は天皇の代わりに、

「皇太后陛下の東京へ還啓の思召」（前掲『木戸幸一日記』下巻）を確認しに行ったのだ。その結果、「差当り大宮様より御願ひ被遊ざる御思召なること」（同）がわかったという。保科が入江に言い伝えたように、皇太后は皇后にまだ東京に戻らなくてもよいと話したのである。

このとき、皇太后の念頭にあったのは結核で療養中の秩父宮であったと思われる。秩父宮の体調を気にかけていた皇太后は、事務官や女官の報告だけでは満足できず、一度御殿場に行き、秩父宮に直接会っておきたいと思っていたのではないか。そしてもし秩父宮の体調がよくなければ、もう少し沼津にとどまろうと考えていたのではないか。

九月二十八日、皇太后は日帰りで御殿場の秩父宮別邸を訪れた。秩父宮は皇太后の好む羽織に袴を着け、玄関前で皇太后を迎えた。このときの二人のやりとりを、秩父宮妃勢津子はこう回想している。

「お身体の具合は、いかがですか」
とお尋ねのお言葉にお喜びのご様子が拝されました。
「はい。元気に療養をいたしております」
お嬉しそうにおっしゃって、かかえるようにして母宮さまをお玄関にご案内になる宮さまは、お心では母宮さまにいだかれておいでになるようなお気持ちだったかもしれません。（前掲『銀のボンボニエール』）

皇太后は秩父宮が思いのほか元気で、体調も安定していることに満足したに違いない。これ以降、皇太后は本心を鮮明にするが、実際には十月中旬以降、秩父宮は三十七度程度の熱が続くようになる（前掲『雍仁親王実紀』）。

天皇には、皇太后が沼津にとどまりたいと考えた理由もわかっていただろう。いずれは東京に戻ってくることになる。その場合、皇太后に戦況の悪化を伝えるべきかどうか――九月二十一日と二十三日に天皇に会った木戸は、日記にこう記している（前掲『木戸幸一日記』下巻）。

大宮様の沼津より御帰還の問題に関連して、最近の米国の反攻態勢、今後の見透等を一度内大臣より言上し置く方宜しからんか等の思召あり、一応篤と考慮致すべき旨奉答す。（九月二十一日）

大宮様への言上は諸般の観点より研究の結果、今少し時期を見てのことに致度き旨、言上す。（九月二十三日）

天皇はいっそ、「最近の米国の反攻態勢、今後の見透等」を木戸を通してはっきりと皇太后に話してしまったほうが、皇太后も納得して沼津に滞在し続けると考えたのかもしれない。しかし木戸は、それはかえって皇太后の機嫌を損ねることになると判断した。皇太后の「オヒネクレ」（前掲『高松宮日記』第三巻）を最も恐れていた天皇は、結局木戸に同意した。

十一月十四日、松平は沼津を訪れ、「大宮様の御還啓に関する御意向」を確認する。これを受けて、十一月十九日には皇太后が十二月五日に帰京することが決まった（前掲『木戸幸一日記』下巻）。「此問題も一応落着す」という木戸の一文からは、宮中で皇太后を東京に戻すべきか否かがいかに大きな問題となっていたかがわかる。

しかし、いみじくも木戸が記したように、それはあくまでも「一応」の「落着」にすぎなかった。天皇と皇后にとって、皇太后が戻ってくることは、いったん解放されたはずの呪縛にまたとらわれることを意味するからだ。

皇太后の帰京が決まるとともに浮上してきたのが、「大東亜戦争一周年」に当たる十二月八日に戦勝祈願を目的として天皇が伊勢神宮に参拝するという案であった。同じく十一月十九日には、木戸が首相の東条英機から話があった「来月八日に伊勢へ行幸云々の件」につき、侍従長の百武三郎に意見を求めている（同）。これ以降、木戸の日記には皇太后の帰京と並んで、天皇の伊勢行幸に関する話題が連日のように記される。

推察するに、皇太后の帰京を十二月五日にしたのも、天皇が伊勢神宮に参拝する前に皇太后に再会しておいたほうがよいという政治的判断があったからではないか。帰京したばかりの皇太后を安心させるためにも、天皇は皇太后に参拝の目的を伝えた上で、自ら伊勢神宮に行かなければならなかったのだ。

十二月五日午後一時四十五分、皇太后は自動車に乗り、沼津御用邸を出て沼津駅に向かった。皇太后を乗せた御召列車は二時に沼津を発車し、三十分あまり前に出た特急「富士」とほぼ同じダイヤで走り、東海道本線を経由して四時に東京駅に着いている（国立公文書館所蔵「皇太后陛下静岡県沼津ヨリ還御仰出御発着割宮内大臣通牒」）。往路同様に復路も「極秘扱」であったために奉送迎はなかったが、侍従の牧野貞亮と入江相政と高松宮が東京駅で皇太后を出迎えた（前掲『高松宮日記』第五巻）。

約一年間におよぶ皇太后の沼津滞在をいっさい報じなかった新聞は、十二月十日に皇太后が宮城に行き、「御久方振りに」天皇、皇后と会ったと報道した（『朝日新聞』一九四二年十二月十一日夕刊）。正確にいえば、皇太后が天皇に再会したのは前年の十二月十六日以来、皇后に再会したのは九月十七日以来であった。皇太后は午前十一時十五分に参内し、天皇、皇后と昼食をともにしたが、天皇は午後二時に中座した。それから皇太后は、皇后に案内され、初めて吹上御文庫を見学している（「小倉庫次侍従日記」）。

前章で触れたように、吹上御文庫というのは吹上御苑に建設された防空施設のことで、天皇と皇后が日光田母沢御用邸から帰ってきた八月十二日に初めて見学し、十月三日から十二月六日にかけて、毎週土曜日と日曜日に試験的に泊まっていた（同および前掲『人間　昭和天皇』上）。

天皇は、皇太后に再会した翌日の十二月十一日、東京駅から「極秘扱」で御召列車に乗り、京都に向かった。その翌日、天皇は京都から日帰りで山田に向かい、伊勢神宮に参拝した（国立公文書館所蔵「天皇陛下神宮御参拝ノ為三重県下へ行幸、還幸可被為在旨被仰出御日程宮内大臣通牒」）。皇太后と再会したのが予定より遅れたので、参拝も十二月八日でなく、十二日にずれ込んだ。

天皇は、まず外宮斎館《さいかん》で潔斎を行ってから豊受大神宮（外宮）に参拝し、次いで内宮斎館でもう一度潔斎を行ってから皇大神宮（内宮）に参拝している（「小倉庫次侍従日記」）。

豊受大神宮でも皇大神宮でも、天皇は「速《すむや》けく敵等を事向けしめ給ひ天壌の共隆ゆる皇国の大御《み》稜威《いつ》を八紘に伊照り輝かしめ給ひて無窮に天下を調はしめ給へ」という一節が含まれた御告文を奏上している（『昭和天皇実録』昭和十七年十二月十二日条。原文は宣命書き）。トヨウケビメ（豊受大御神）やアマテラス（天照坐皇大御神）に、速やかな戦争の勝利を祈ったのだ。[注1]

天皇は十三日に帰京した。参拝の模様は、十四日になって大きく新聞に報道された。皇太后に対するパフォーマンスとも思えるこの伊勢行幸を、後に天皇は悔いることになる。四六（昭和二十一）年一月十三日、天皇は侍従次長の木下道雄にこう述べた。

戦時後半天候常に我れに幸いせざりしは、非科学的の考え方ながら、伊勢神宮の御援けなかりしが故なりと思う。神宮は軍の神にはあらず平和の神なり。しかるに戦勝祈願をしたり何かしたので御怒りになったのではないか。（『側近日誌』、文藝春秋、一九九〇年）

十二月十五日の賢所御神楽でも、天皇は事前に潔斎を行った。冬場の度重なる潔斎がたたったのか、あるいは皇太后に再会し、意に反して伊勢神宮に戦勝を祈願したことが影響を与えたのか、天皇は十二月十七日から風邪をひき、十九日には熱が三十八度一分まで上がった（『昭和天皇実録』昭和十七年十二月十九日条および「小倉庫次侍従日記」）。大正天皇祭の前日に当たる二十四日は、皇后とともに多摩陵（大正天皇陵）に参拝する予定であったが、天皇はこれを取りやめた。潔斎ができなかったからだと思われる。

十二月二十五日、皇太后は大正天皇祭に出た。数えで六十歳になる一週間前のことであった。天皇は風邪で出られず、皇后も欠席したため、皇霊殿で拝礼したのは皇太后だけであった。戦勝を祈るために宮中三殿を訪れた皇太后は、そこに瑞兆を見たように思われるのだが、それについては後で触れよう。

天皇に続いて、皇后もこの年末からまた風邪にかかり、四三年の元日には熱も出た。天皇と皇后は一月八日から吹上御文庫を継続的に使い始めるが、皇后は一月二十三日から天皇を東京に残したまま沼津御用邸で静養し、二月十九日に帰京した。しかし三月三日には再び発熱し、ジフテリアと診断された。天皇に全快の挨拶をしたのは、三月二十九日であった（『昭和天皇実録』昭和十八年三月二十九日条）。四月一日からは、吹上御文庫の工事が完了したのに伴い、天皇と皇后は宮殿でなく、御文庫で起居するようになる（「小倉庫次侍従日記」）。

四月二十七日には、内務大臣の安藤紀三郎が次のような「謹話」を発表している。

今般　畏クモ皇族、王公族各妃殿下ニハ皇后陛下ノ内旨ヲ奉ジ　大東亜戦争下ニ於ケル地方民ノ活動状況特ニ戦力増強ニ協力奉公スル婦人ノ活動状況並ニ其ノ施設ヲ視察セラルル為諸地方ニ御旅行アラセラルル御旨ヲ拝シ恐懼感激シテ居ル次第デアリマス。（中略）皇后陛下ノ銃後国民特ニ婦人ノ上ニ深キ御仁慈ヲ垂レサセ給フ御旨ヲ拝シ洵ニ畏キ極ミデアリマス。（『皇族、王公族各妃殿下地方御視察ト銃後国民ノ感激ノ状況　昭和十八年』、内務省、一九四四年）

皇后は三八年に続いて、秩父宮妃、高松宮妃をはじめとする十五人の皇族妃や王公族妃を、沖縄県を除く全道府県に派遣し、「地方民ノ活動状況特ニ戦力増強ニ協力奉公スル婦人ノ活動状況並ニ其ノ施設」、具体的にいえば病院、療養所、授産場、保健所、託児所、保育所、会社、工場、国民学校、高等女学校などを、四三年五月二十日から十一月十三日にかけて視察させた。

梨本宮妃伊都子は、六月十四日から十八日まで兵庫県と鳥取県を、十一月四日から十日まで滋賀県と京都府をそれぞれ視察し、「此戦時下、いたる所にて、男子にかはり、女性のはたらきぶり、いかにもめざましく、何事にても、なしとげられぬ事はなきものと、うれしく」（前掲『梨本宮伊都子妃の日記』）と感想を綴っている。総力戦体制は、天皇、皇族、王公族に代わって皇后、皇族妃、王公族妃の存在を浮上させたばかりか、一般女性の社会参加までも拡大させる結果をもたらしたのである。時の東条英機内閣が家族制度を破壊するとして女性の動員に消極的な姿勢をとり続けたことを踏まえれば、皇室の女性たちが果たした政治的役割がどれほど大きかったかがわかろう。[注2]

一方、キリスト教徒に対する弾圧はまだ続いていた。同年四月には、前年六月に続いて旧ホーリネス系の教会が弾圧された。これに伴い、教会に関係していた呉竹寮傅育掛の名取はなが辞表を提出した。五月十七日には、この件が天皇、皇后に報告されている。「両陛下トモ何ウモ止ムヲ得ナイトノ仰セ」であった（「小倉庫次侍従日記」）。

しかし、その四日前には野口幽香の講義が再開されていたのである。五月十三日、皇后は前年の六月十八日以来、ほぼ十一ヵ月ぶりに野口を宮城内の宮殿に招いた。たとえ宮中にまでキリスト教迫害の影響が及ぼうが、皇后の野口に対する信頼感は揺るがなかった。

この第四回講義のテーマは、「個々ノ使命」であった。まず野口は、「神ハ陶工ノ如ク人ヲ作リ給フ」と述べる。陶工というのは、陶芸家のことだ。旧約聖書の「エレミヤ書」第十八章に、神が自らを陶工に重ね、粘土で作られる器である人間を壊したり滅ぼしたりすることもできるとエレミヤに言う箇所があるが、この箇所を踏まえての発言だと思われる。その上で野口は、「各個人ガ独立シテ神ヘノ奉仕ノ覚悟」が必要だと説いている（前掲「野口文書Ⅲ雑稿　御進講草稿」）。

家庭ニ於テモ団体ニ於テモ、信仰ヲ立チテ相対スル中ニ問題ハ解決シテ和気アイアイタル団体ガ出来上ル。ココヲ目ザシテ各個人ガ独立シテ互ニ奉仕シ合フ中浮世ガ天国ニ変化スル。（同）

ここでいう「家庭」には、皇室が含まれている。皇后は野口から、個人として何をなすべきか、大いなる示唆を受けたのではないか。

そのせいだろうか。皇后は皇族妃や王公族妃を全国各地に派遣させるばかりか、自らも東京市内を視察した。五月十九日には東京市特別衛生地区保健館（現・中央区保健所）、東京府授産協会豊島授産場、東京第一陸軍造兵廠、凸版印刷板橋工場を巡覧し、「銃後婦人の精励を台覧」している（『日本婦人』第一巻第九号、一九四三年）。侍従の小倉庫次は、「御服装モ極メテ御地味、御簡素ナルモノヲ御調ヘサセラレ、ブローチサヘモ遊バサレザリキ」（「小倉庫次侍従日記」。原文は濁点なし）と記した。

変わったのは外見だけではなかった。歴史学者の片野真佐子は、このとき表れた皇后の態度の変化につき、次のように述べている。

口数の少ないはずの良子皇后が、次々に声をかけてまわった。保健館では、乳児の群に幾度となく慈しみの微笑を浮かべ、「母乳の分泌状態はどうか」、「戦時下の学童は保健衛生上心配はないか」とたずねた。凸版印刷板橋工場では、「この女学生らの就業時間はどのくらゐか」、「健康状況は心配ないか」、「わが家から通つてゐるのか」と細かな質問をした。（中略）

皇后は、「作業にはすぐ慣れるか」と重ねて質問をした。とくに機械が内地製であるかどうかと説明を求め、すべて内地製であると答えが返ってきたときには満足そうであったと報じられている。（前掲『皇后の近代』）

東京市内の小規模な行啓ではあったが、天皇の行幸との違いは明らかである。「互ニ奉仕シ合フ中浮世ガ天国ニ変化スル」という野口の言葉が、こうした振る舞いに影響を与えていたのではないか。

第四回講義から約一ヵ月後の六月十八日には、第五回講義が行われた。テーマは、新約聖書の「ヨハネによる福音書」第十五章に出てくる、「人其友ノ為メ命ヲ捨ツコレヨリ大ナル愛ハナシ」であった。

この言葉を文字どおり実践した人物として、野口はベルギー出身の宣教師、ダミアン神父（一八四〇～八九）の名前を挙げ、ハンセン病患者のために捧げたその生涯について解説した。ダミアン神父に関連して、野口は北多摩郡東村山町（現・東村山市）にあるハンセン病の国立療養所、多磨全生園を参観したことを話し、光明皇后に言及した。岡山県の国立療養所、長島愛生園には、光明皇后をまつる神社まである。野口は、皇太后節子のように仏教的な見地からではなくキリスト教的な見地から、ダミアン神父に相当する人物として光明皇后を挙げている。

この日はよほど皇后と打ち解けたのか、野口は講義終了後の雑談で本音を漏らした。

三千年ノ宮中ノ伝統変更スルコトノ出来ルノハ今程自由ナ時ハナイ。歴史上残サルベキ種々御改革モアラセラルベキコトト考ヘル。国民ノ食物不足ニヨル子供ノ状態。万事御質素トノ御発表ハ国民ヲドレダケ引キ締ルカ、市中尚振袖ハ盛ンニ行ハレテ居ル。（前掲「野口文書Ⅲ雑稿　御進講草稿）

おそらく野口は、戦争が宮中の華美な伝統を改めさせ、皇后自身が率先して質素倹約を心掛けるようになるのは、むしろキリスト教の観点から言って望ましいと考えていたのであろう。

この講義の三日後に当たる六月二十一日、皇后は多摩陵に参拝してから、南多摩郡七生村（現・日野市）の農村を視察している。

陛下には、御召車も通はぬほどの狭き村道に入らせられ、京王電車百草《もぐさ》駅前にてこの日特に選ばれて御姿を咫尺《しせき》に拝する光栄に浴した府下の善行者遺家族高野あきさんほか二名の奉拝を受けさせられ、軌道を越えさせ給へば、御前の麦畑には麦刈、水田には乙女らの牛耕、馬耕、苗代には国民学校児童の蠕虫《ぜんちゆう》駆除作業が〝戦ふ農村〟の勤労絵巻を繰り展げ、畏くも　陛下には、村長の御説明に一々御うなづき遊ばされつつ、いと御満足げに台覧あらせられたのであつた（『朝日新聞』一九四三年六月二十二日）

文中の「京王電車百草駅」とは、現在の京王線百草園駅のことだ。いまではすっかり東京のベッドタウンと化したこのあたりにも、当時はのどかな田園風景が広がっていた。皇后は五月十九日と同様、地元の住民に声をかけ、「戦ふ農村」の実情を見学した。その模様は、皇后の写真とともに新聞に大きく報道された。

地方視察を行わなくなった天皇とは異なり、皇后の姿は全国各地を視察する皇族妃や王公族妃とともに、戦中期にかえって視覚化された。そしてその皇后は、野口を通してキリスト教の影響を受け、質素倹約を心掛けて「臣民」の模範となろうとしていた。

七月三十一日には、野口による第六回講義が行われた。テーマは、「登山教訓」であった。野口は人生を登山にたとえ、岩手山の登山道で出会った高山植物を念頭に、「終生ノ慰ノ至ナルモノハ植物」と述べた。頭上に見える「雲ノ動キ」が「神ノ義」だとすれば、足元に見える高山植物の「コマ草」は「神ノ愛」に相当すると言うのだ（前掲「野口文書Ⅲ雑稿　御進講草稿」）。

しかし野口は、これまでのように聖書に直接言及することはしなかった。それは女官のほかに、東久邇宮盛厚《もりひろ》王との結婚を十月に控えた成子内親王が出席していたからだろう。皇后は常々、成子が呉竹寮を離れる前に、野口の講義を一度受けさせたいと考えていたのではないか。けれども、五月に呉竹寮傅育掛の名取はなが辞表を出していたことを考え合わせるなら、皇后が成子を同席させたのはあまりにも大胆な行動といえた。

この日の夕方、成子は吹上御文庫を訪れ、天皇、皇后と夕食をともにした。三人の間でどういう会話が交わされたかはわかっていない。夕食後に三人は、ドイツ映画「世界に告ぐ」を見ている（『昭和天皇実録』昭和十八年七月三十一日条）。

十二月二日には、第七回講義が行われた。この日の野口の日記が残っている。

九時廿分迎来。十時前着ケバ平常ト変リ迎フル人モナク職人ガ居ル。待ツ事暫シ。武様見ニ来ラレ漸ク火鉢ノ小室ニ迎ヘラル。宮中ニハ火ノ気ナク、御進講ノ為出タ火鉢ヲ御内儀ニ廻ハサレタトノ事。御進講室ハ火ノ気ナシ。日当ノ方ヘ椅子ヲ移サレ鼻出シ乍ラ十一時廿分迄トノ御注文ニ添フ事ガ出来タ。（前掲「野口文書Ⅰ　野口幽香日記」。濁点と句読点を補った。「野口文書」に関しては以下同じ）

野口は自宅に迎えに来た車に乗り、宮殿の玄関に着いてしばらく待っていると、「武様」、つまり女官長の保科武子に案内され、「火鉢ノ小室」に通された。しかしこの火鉢は「御内儀」、つまり奥宮殿に回されたため、表宮殿内の「御進講室」[注3]には火の気がなく、寒かった。野口の講義を受けるため、吹上御文庫から宮殿に来た皇后は「御進講室」に入り、室内の日の当たるところに椅子を移したが、それでも寒いことに変わりはなく、野口は鼻水を垂らしながら午前十一時二十分まで講義を行ったというのだ。

講義終了後、皇后は天皇とともに吹上御文庫に戻り、結婚したばかりの成子や、まだ親元に残っていた貴子と昼食をともにした（前掲『入江相政日記』第二巻）。しかし貴子もまた、和子や厚子に続いて、翌年三月には呉竹寮に移ることになる。

この日の講義で野口は、これまでになく切迫した口調で、「前回七月卅一日以来満四ケ月、其間ノ世ノ変遷、ワケテモ日ニ日ニ迫ツテ来ル戦況ノ熾烈サ。従ツテ個々生活ノ逼迫」（前掲「野口文書Ⅲ雑稿　御進講草稿」）について述べた。つまり戦況の悪化を認めた上で、再び神について語り始めた。

神ハ賢イ。先ノ先迄考ヘテ徹底シタ取扱ヒヲナサルカラ一面恐ロシイ。併シ堪ヘラレナイ難義ハ与ヘ給ハナイ。必ズソレニ添ヘテ逃ルベキ道ヲ与ヘ給フ。（中略）

第一線モ銃後モナイ、一人一人ガ個人ニ立脚シテ神ノ命ジ給フ此戦争ニ従ガハネバナラナイ。

（同）

戦争は神が命じた試練である。戦況が悪化しているのも神が困難を与えているからだ。けれども各個人が神を信じていれば、神は決して「堪ヘラレナイ難義」を与えず、「逃ルベキ道」を与えると野口は説いた。まだ一縷の望みはあるというわけである。

光明皇后に言及した野口は、神功皇后には触れなかった。だが前掲『国体の本義』をはじめとして、戦時体制が強まるこの時期に言及されるようになるのは、光明皇后よりも神功皇后であった。

戦争に協力したキリスト教徒も例外ではなかった。例えば日本基督教会杉並教会牧師の藤原藤男は、三九年に出された『日本精神と基督教』（ともしび社）のなかで、「神功皇后の三韓征伐は、逆ける九州の熊襲の背後にある力を挫ぐ為でありまして、全く止むを得ず戦はれた遠征でありました。止むを得ず戦つた事に於て、日清戦争も、日露戦争も、満洲事変も、今度の支那事変も、神功皇后に於ける三韓征伐の延長に外ならないのであります」と述べている。一九四一年六月に日本基督教団が誕生すると、日本基督教会は最大教派になった。

官製の女性団体である大日本婦人会の機関誌『日本婦人』一九四三年八月号には、女性史家の高群逸枝が「尊し神功皇后」と題する文章を寄稿している。

神功皇后のおんことは、古文献にたゝへられ、伝説口碑もたくさん残つてゐて、皇后の御徳がいかに洪大にあらせられたかが拝されて畏い。

御事蹟の中で御征韓のことはもつとも大きい。それは現下の聖戦と対照しても深い意義をもつものであらう。今次の聖戦を　神武御肇国の八紘為宇の聖戦となすときに、皇后の御征韓も全くこれに同じい。

たゞ今次の聖戦がはなればなれになつてゐる東亜民族を一体化せんとするものであれば、皇后の征韓はもと一体であつたものが漸く離れようとする頃、それを防ぎ且つ惟神の秩序を附与せんとせられた聖戦であるともいへる。


高群は、聖戦としての「大東亜戦争」を、神功皇后の三韓征伐と結び付けている。神功皇后が新羅、百済、高句麗を征服して東アジアに「惟神の秩序」をもたらしたように、「大東亜戦争」もまた勝つことを通して「東亜民族」の「一体化」がもたらされると言うのだ。ここでは日本の勝利が大前提とされている。

皇太后節子もまた、引き続き戦争の勝利を和歌に詠んでいる。「耐寒」と題して四三年二月に詠んだ歌から、二首を掲げる。

たのもしき冬にぞありける寒さにも　勝ちとほさむとはげむ国民
たゝかひに必ずかつのこゝろこそ　寒さをはらふ薬なりけれ（前掲『貞明皇后御集』下。原文は濁点

なし。以下同じ）

侍医の山川一郎によれば、この年の夏の皇太后は「例年よりは目だってお痩せになり、お血圧も一時お高く、眼球結膜の出血もあられた」（前掲『拝命』）。勝利の報道があっても、臣下のように有頂天になって喜ばなくなったという。「その点が自分達には、聊か不審であり、物足りなかった」（同）。

しかし、天皇が戦争の前途に不安の念を抱いたこの年の暮れになっても、皇太后の思いは変わらなかった。

うちくだき仇をよせざるますらをの　ちからたのみておくる年かな
かちいくさいのるしるしの大づゝみ　かしこみきゝてこゆる年かな（前掲『貞明皇后御集』下）

皇太后のこうした思いとは裏腹に、戦局がますます悪化する一九四四年になると、社会の空気にも変化が現れる。永井荷風は四月十日の日記に、「食料品の欠乏日を追うて甚しくなるにつれ軍人に対する反感漸く激しくなり行くが如し。市中到処疎開空襲必至の張札を見る」と記している（『摘録　断腸亭日乗』下、岩波文庫、一九八七年）。学童疎開が始まったのは、この直後であった。

五月十二日には、学習院初等科四年生以上百七十三人が沼津御用邸に隣接する学習院沼津游泳場宿舎に疎開したのに続いて、五月十五日には皇太子が沼津御用邸に移った（前掲『人間　昭和天皇』下）。六月三十日には、政府が学童疎開促進要綱を閣議決定している。

皇太子は七月八日に帰京し、七月十日には日光田母沢御用邸に移った。弟の正仁親王も、七月十二日に塩原御用邸に疎開し、八月二十六日に日光田母沢御用邸附属邸、次いで十一月一日に日光御用邸に移っている（『昭和天皇実録』昭和十九年七月十一日条）。

八月二十三日には、塩原温泉の旅館明賀屋（現・明賀屋本館）を宿舎兼教室として、女子学習院の疎開学園が開校した。和子、厚子、貴子の各内親王は七月二十三日から日光田母沢御用邸附属邸に疎開したが、八月二十六日には明賀屋の近くにあった塩原御用邸に移った（同、昭和十九年七月二十三日条）。

すでに七月にはサイパンが陥落し、東条英機内閣が総辞職していた。十一月一日には米軍機のB29が初めて東京偵察に飛来して空襲警報が発令され、十一月二十四日からは空襲が本格化する。それでも皇太后は、再び東京を離れて疎開するつもりはなかった。

戦況の悪化に反比例するかのように、この年に詠んだ皇太后の和歌には、勝ちにこだわる傾向が一層はなはだしくなっているのが見てとれる。

この月も来らむつきも秋冬も　かちぬくこゝろもちつゞけてむ
皇み民勝つたびごとにかぶとのを　しめなほしつゝみ国まもらむ（前掲『貞明皇后御集』下）

もし一九二二（大正十一）年三月に香椎宮に参拝したときに一体となった（と信じた）神功皇后の霊が自分に受け継がれているならば、戦争に負けるはずはない――皇太后はかたくそう信じていたのではないか。その気持ちは、婦人勤労奉仕を題材とする次の和歌に表れている。

神代より男の子にまさるおこなひも　ありけるものをはげめをみなら（同）

「男の子にまさるおこなひ」のなかには、神功皇后の三韓征伐も当然含まれていよう。だが他方、皇太后は戦争の長期化に伴い、世相が不穏になり、一般国民の間に厭戦気分が広がることに対する懸念も詠んでいる。

ソヴィエトの共産主義か亜米利加の　民主々義ともなるやみ民も
すめろきをたふとむ心うしなはゞ　阿修羅けものにひとしかりけり
いつくしみ深きたふときすめらぎの　大み光をしるや国たみ（同）

この場合の「すめろき」「すめらぎ」は、第一義的には天皇裕仁ではなく、皇祖アマテラスを意味する。皇太后に言わせれば、このままでは一般国民がソ連の共産主義か米国の民主主義に染まり、アマテラスを崇拝する気持ちを失って「阿修羅けもの」のようになってしまいかねない。だからこそ、自分がしっかりと祈り、日本を勝利へと導かなければならないのである。

皇后に対する野口幽香の講義は、四四年になっても続けられた。第八回は四月二十六日、第九回は五月二十四日に行われ、それぞれ神戸地方裁判所判事を辞めて伝道に専念した丹治貫と、救世軍の創始者である山室軍平を育てた吉田清太郎という、二人の知られざるキリスト者について解説している。
六月になり、サイパンの防衛が絶望的になると、天皇と高松宮が激論を闘わせるようになる。七月三日、皇后は小倉庫次に「最近、聖上ト高松宮ト御宜シカラズ、御二人キリニテハ可成リ激シイ御議論ヲ遊バサレテ困ル」と訴えた（「小倉庫次侍従日記」）。そのようななか、第十回講義が七月十二日に行われている。野口は、新約聖書「マタイによる福音書」第二十五章の「イト小サキモノノ一人ニナシタルハ我ニナシタルナリ」に言及しながら、「社会事業ニ捧ゲタル如キ事例」として自ら開設した二葉幼稚園の歩みを振り返った。
第十一回講義は十月二十六日に行われた。すでに皇太子も、正仁も、三人の内親王も、東京にはいなかった。野口は、「爆弾、火事、負傷、死、餓、等々」の運命に対する心構えをこう説いている。

カウシテ恐ロシイ運命ニ向ツテ、タメラハズ、マトモニ向フテ行ク事ノ出来ルノハ只信頼一ツ、絶対ニ信頼シ切ツタ何カヾアレバ出来ル問題デ、人間ノ力デハ容易ニ出来ルモノデハナイ。驚イタリ、アハテタリ、逃ゲマドウタリ、シナイデ、落付イテ鷹揚デ、只神ヲ仰イデ居ル、其姿ヲ想像シタイ。（前掲「野口文書Ⅲ雑稿　御進講草稿」）

ここでも野口は皇后に、困難を与えているのは神であることを強調し、神を信じれば「円満無礙ノ将来」が開かれるとしている。約一年前に行われた第七回講義に比べると、はっきりとは言っていないが、敗戦に向けての覚悟が明らかに見てとれる。その気持ちは、皇后にも伝わっていたのではないか。

第十二回講義は十一月十六日に行われた。この日、野口はこれまでの宮殿とは違う場所に案内されている。日記から引用しよう。

女官一同待ツテ居ラレ、何事カト伺ヘバイイ所ヘ連レテ行クト云ハレル。夢ノ様ナ話。一同車ニ乗リ、道灌堀ノ裏ヘト這入ル。所謂御文庫トヤラ云フ所デ下リル。吹上御苑拝観特別ノ思召ヲ以テ御許シガ出タトノ有リ難イ話。待ツ程ニ后宮陛下ニモ御ヒロヒ、雨中草紅葉ノ中ヲ寒香亭ニ成ラセラレ、見渡ス限リノ大原野ヲ眼前ニ覚束ナイ御進講、辛フジテ終リ。御許シヲ得テ伊地知〔幹子〕東〔貞子〕氏御案内ニテ禁庭自由ニ拝観。又トナキ地上ノ感激。時雨ルル中ヲ、谷ヲ通リ坂ヲ上リ下リ、大和絵ノ中ヲ歩イテルカノ観アリ。千変万化天地開ビヤク以来其儘ノ如キ道ナキ禁園ノ途ヲタドリ、葦原ノ中ニハ橋ヲ見出シタリ。尽クル所ヲ知ラズ。又車ニ乗セラレ元ノ宮殿へ。オ昼頂キ間モナク退下。（前掲「野口文書Ⅰ　野口幽香日記」）

文中の「御ヒロヒ」とは、御文庫で待っていたところ皇后が現れ、皇后も一緒に歩いて寒香亭に向かったという意味だろう。

野口は、待っていた女官らとともに自動車で宮殿から吹上御文庫に移り、皇室関係者以外に入ることができなかった吹上御苑に皇后とともに入ることを許され、御苑内の寒香亭で講義を行ったのだ。いつもとは異なり、「見渡ス限リノ大原野」を目のあたりにして、進講の最中も心の動揺がおさまらなかった様子が伝わってくる。

実はちょうど一週間前の十一月九日、皇后は同じ寒香亭で、宮中御歌所寄人《よりうど》の鳥野幸次《こうじ》の進講を受けていた（『徳川義寛《よしひろ》終戦日記』、朝日新聞社、一九九九年）。すでに翌年の歌会始のお題が「社頭寒梅」になることは決まっていた。皇后は鳥野から、歌会始で公表する和歌の指導を受けていたのだろう。

野口は、皇后と親しいとはいえ、鳥野とは違って純然たる一民間人にすぎなかった。にもかかわらず、なぜ皇后は野口を禁域に招いたのか。

十一月に入ると、東京では一日、五日、七日と空襲警報が発令された。七日には、敵機二機が東京上空に進入した。投弾はなかったものの、防御のために発射された高射砲の弾片などが宮城内に相当数落下した（『昭和天皇実録』昭和十九年十一月八日条）。

入江相政が十一月十六日の日記に「小笠原水域に潜水艦が集まつてゐる由。いよ〳〵本土空襲の用意であらう。困つた事になつたものだ」（前掲『入江相政日記』第二巻）と記したように、本格的な空襲はもはや時間の問題であった。皇后は、これが最後の講義になることを予感し、信頼している野口を特別に招いたのであろう。

この日の講義のテーマは、「勝利ノ生活」であった。題目だけを見ると、勝利にこだわる皇太后と認識が似ているように思えるかもしれない。

けれども野口に言わせれば、真の敵は米国や英国ではなく、自分自身のなかにいる「豚」なのである。「アナタノ豚ハ何デスカ。雑談デスカ。人ノ噂話デスカ。デパート歩キデスカ。ソレ共御馳走ズキデスカ。着物道楽デスカ」と問いかける野口は、「自分ノ豚ハ何デアルカヲ先ヅ考ヘテ反省スル事」が大事であり、「此戦ハナカナカ強敵デ、B29トヤラニモ比スベキ大敵」だとした（前掲

「野口文書Ⅲ雑稿　御進講草稿」）。Ｂ29が空襲のため飛来した米軍の大型爆撃機を指していることは、言うまでもなかろう。

野口の講義は、もはや現実の戦争を超越していた。「戦ニマケルカモ知レナイ。併シ乍ラ完然〔全〕背〔敗〕北ト云フ事ハナイ。ソコニ十字架ノ贖ト云フ恩恵ガアッテ取ナシテ回復シテ頂ク」（同）。たとえ現実の戦争に負けても、信仰の力で「豚」との戦いに勝利をおさめれば、それは敗北ではなく、「勝利ノ生活」になるというのだ。

皇太子の誕生日に当たる十二月二十三日、皇后は全国各地の集団疎開学童に菓子（ビスケット）を授与し、「つきの世を　せおふへき身そ　たくましく　たゝしくのひよ　さとにうつりて」という和歌を詠んで励ました（『朝日新聞』一九四四年十二月二十三日）。長野県小県郡別所村（現・上田市）に疎開していた中田雅子は、こう回想している。

……十二月のある日、寮の全員が一室に集められました。皇后陛下が、疎開学童をあわれんで、みんなにビスケットを賜ったとのことでした。思いもかけないとつぜんの贈物に胸がおどりました。それまでも、おやつがまるでなかったわけではありません。しかし、それはくるみが二個とか、二十センチくらいに切った砂糖きびの茎とか、二人に盃一ぱいの炒った大豆などで、甘いものやお菓子の類は一度もなかったのです。「ビスケット」などという夢のようなことばが、この強面の先生の口から出ることさえ私には信じられない思いがしました。先生は、皇后陛下の御慈悲に感謝しようと言って皆をうしろ斜めに向きを変えさせました。「東京はあっちの方だな?」と宿の人に念をおすと、「最敬礼」と号令をかけ、一同、心の底からの感謝をもって畳に両手をつき、頭を垂れました。（『皇后陛下のビスケット』、クリエイティブ21、一九九八年）

一袋のビスケットが、疎開学童をいかに喜ばせたか、そしてイデオロギーではなく、具体的な食べ物を通して、天皇よりも皇后のほうが、彼ら彼女らにとっていかに大きな存在になっていたかがわかろう。

皇后良子に言わせれば、これもまた野口から教わった信仰の実践なのかもしれない。あるいは光明皇后を意識するがゆえの「御慈悲」なのかもしれない。だがいずれにせよ、神功皇后は念頭になかったに違いない。皇太后節子とは、この点が違っていた。

一九四五年一月十八日、高松宮妃喜久子は大宮御所を訪れ、皇太后に会った。その二日後、彼女は皇太后から聞いた驚くべき発言を高松宮に話している。

一八日、キク子大宮御所ニ上リシ節、時局何ントシテモヨイト思ヘヌ、宮内省ニ人ナク何ニモサセヌカラ歌ニヨンデ神様ニ願ツテバカリオルガ、ドウカシテ予告ナドセズホントニ働イテヰル人々ノ処ニスート行ツテ一言デモ言葉ヲカケタラト思フ、今ナラソレガ効果アルト考ヘルガ、先キニハソレモ意味ナイコトニナルデアラウ。自分ハ此ノ頃ハ特ニ身体ニ気ヲツケテ以前ヨリ早クモネルシ大切ニシテオル。ドンナニ人ガ死ンデモ最後マデ生キテ神様ニ祈ル心デアル云々。（前掲『高松宮日記』第八巻）

皇太后は一方で、「時局何ントトシテモヨイト思ヘヌ」という認識をもっていた。すでに東京でも本格的に空襲が始まっていたから、こうした認識をもつのはきわめて当然であった。他方で皇后のように工場や農村を回り、「ホントニ働イテキル人々」に直接言葉をかけたいとも思っていたのに、何もさせてくれないから「歌ニヨンデ神様ニ願ツテバカリオル」と不満をぶちまけている。

では一体、皇太后は神に何を願っていたのか。言うまでもなく、「大東亜戦争」における日本の勝利である。

前述のように、皇太后の脳裏には新羅との戦争に際して「暫く男《ますらお》の貌《すがた》を仮りて、強《あながち》に雄しき略《はかりこと》を起さむ」（『日本書紀』）と述べた神功皇后があった。神功皇后が応神天皇を妊娠したまま「神祇《みこと》の教を被《う》け、皇祖《おおみおや》の霊《みたまのふゆ》を頼《こうぶ》りて」（同）戦争に勝ったように、神功皇后の霊を受け継ぐ皇太后節子もまたこの戦争に勝たなければならなかった。

身体を大切にしていると話した皇太后は、筧克彦から教わった「神あそび皇国運動」をなおも続けていたのではないか。「ドンナニ人ガ死ンデモ」という最後の一言には、前述の和歌に見られたような一般国民に対する不信感が反映しているかもしれない。どれだけ空襲が激しくなり、人が死のうが、自分だけは最後まで生きて「かちいくさ」を祈り続けると表明したのである。

もちろん高松宮は喜久子の話に衝撃を受け、すぐに宮内大臣や宮内次官らを呼び、皇太后の発言を伝えることにした（前掲『高松宮日記』第八巻）。二月十一日、高松宮自身も久しぶりに大宮御所を訪れて皇太后に会ったが、自邸に戻るや「ドウモ気分ヨクナイノデ、入浴シテスグネテ」しまった（同）。高松宮は、喜久子から聞いた発言の真意を確かめようとして皇太后に会い、それが言葉通りの意味だとわかって身体に変調をきたしたのではないか。

同日の日記に高松宮は、「アマリ御不沙汰シテヰタノデ先日キク子上ツタトキニ少シク御不満ノ様ナオ話ダツタトカ」とも記している（同）。けれども実際には、前年の十一月十二日に大宮御所を訪れているから、三ヵ月ぶりということになる。これで「アマリ御不沙汰シテヰタ」というなら、前年の五月二十六日以来、大宮御所を訪れておらず、十月二日に皇太后が宮城を訪れて以来ずっと会っていない天皇のほうが、よほど皇太后に会っていなかったと言うべきだろう。大宮御所を訪れたのは、多くの場合天皇ではなく皇后であった。「少シク御不満」の対象には、天皇も含まれていたのではないか。

一月二十二日には、宮中で歌会始が行われた。お題は「社頭寒梅」で、四四年十月十三日に公表された（『朝日新聞』一九四四年十月十四日）。皇太后は、二十一首もの和歌を詠んでいる（前掲『貞明皇后御集』下）。その冒頭の歌はこうである。

早ざきのはなこそみつれかちいくさ　いのりてすぎし梅のはやしに（同）

この和歌は、「かちいくさいのるとまゐるみやしろの　はやしの梅は早さきにけり」と修正され、前掲『貞明皇后御歌集』に収録された。

どちらも、戦勝を祈るために詣でた「みやしろ」（この場合、御社《みやしろ》とも宮城《みやしろ》とも読める）の林に早咲きの梅がもう咲いていたことを詠んだもので、梅が戦勝を象徴している。まだ咲くはずもない梅がもう咲いているというこの歌を、果たして皇太后は確たる根拠もないまま詠んだのであろうか。

ここで気になるのは、四二年十二月二十五日の大正天皇祭に皇太后が単独で宮中三殿を訪れ、皇霊殿に向かって拝礼したことである。『皇室』編集部編『御所のお庭』（扶桑社、二〇一〇年）によれば、宮中三殿の賢所のすぐ北側に「梅の島」と呼ばれる梅林があり、ここには十二月下旬から咲き始める早咲き種の八重《やえ》寒紅《かんこう》という梅が植えられている。また生物学御研究所編『皇居の植物』（保育社、一九八九年）によれば、実際に賢所の梅は一九七八年から八八年までの期間中、もっとも早かった年で七八年と八六年がそれぞれ十二月二十八日と十二月二十六日に咲き始めたという記録が残っている。

つまり、十二月二十五日に宮中三殿を訪れたとき、賢所で梅がもう咲き始めたとしても、決して不自然ではないのである。皇太后は、実際に見た梅を勝利の瑞兆と受け取り、和歌に詠んだのではないか。

14章で触れたように、皇太后は二二年三月に太宰府神社を参拝したさい、葉山御用邸から持ってきた紅梅を植えていた。それは梅が、「神の好める木」（前掲『貞明皇后御集』中）とされたからだ。「まつられし神のこゝろにかなふらむ　こち吹風ににほふ梅か香」（同、上）というのが、このときに詠んだ皇太后（当時は皇后）の和歌であった。

皇太后が「社頭寒梅」のお題で詠んだ二十一首のなかには、次の和歌もあった。

しも〔づ〕まれる神のこゝろもなごむらむ　あけゆくとしの梅のはつ花（同、下）

歌会始で公表されたのは、かつて太宰府神社に参拝したときに詠んだのとよく似たこの和歌であった。『貞明皇后御歌集』に収録された歌会始の歌と実際に公表された和歌が全く違っていること自体は、三六年や三八年、三九年、四三年にもあるので、それほど珍しくはない。だが四五年の歌会始では、「かちいくさ」を祈り、その祈りがかなったことを意味する猛々しい歌が、この穏やかな和歌に差し替えられている。

ちなみに天皇は、「風さむき霜夜の月に世をいのる　ひろまへきよく梅かをるなり」と詠んでおり、侍従の岡部長章は「戦争の行く末を案じるお気持ちがよく出ています」と述べている（前掲『ある侍従の回想記』）。「かちいくさ」を詠んだ皇太后の和歌とは好対照である。皇太后の和歌が差し替えられた背景には、ある政治的判断が働いていなかっただろうか。

一月二十九日、木戸は日記にこう記している。

> 午前十時四十分より十一時二十五分迄、御文庫にて拝謁。保科〔武子〕女官長の御使として大宮御所に参向したることに関聯し、戦争に対する大宮様の御心境等につき種ゝ御話あり。右は極めて機微なる問題故、宮相とも相談し篤と考慮すべき旨奉答す。十一時半、宮相を其室に訪ひ、右の件につき相談す。結局、戦争につき綜合的の御話を内大臣より申上るを可とすべしとの結論に達す。（前掲『木戸幸一日記』下巻。傍点引用者）

天皇は木戸に、「戦争に対する大宮様の御心境」について話し、具体的な対応を求めた。木戸はさっそく松平恒雄に会って相談し、「戦争につき綜合的の御話」を木戸から皇太后に伝えるしかないという結論に達した。このやりとりは、皇太后が「時局何ントシテモヨイト思ヘタ」（前掲『高松宮日記』第八巻）という認識をもってはいても、具体的な戦況の推移を全くわかっていなかったことを示している。それどころか、「極めて機微なる問題」という言い回しは、皇太后の心境が日記に書くのもはばかられる状態にあったことを暗示している。

二日後の一月三十一日には、元宮内次官で貴族院議員の関屋貞三郎が大宮御所を訪れ、皇太后に会っている。

午後大宮御所ニ伺候、皇太后陛下ニ拝謁仰付ラル。戦局苛烈、実ニ恐懼ニ堪ヘズ。此間御機嫌麗ハシキ拝シ欣幸ノ至、非常時ノ認識極メテ深ク渡ラセラレ、難局ニ対スル御思召モ拝察スルダニ畏キ思ヲ為セリ。（前掲「関屋貞三郎日記」）

妻の衣子とともに皇太后を敬愛していた関屋は、「難局ニ対スル御思召」について、具体的に記していない。それが「ドンナニ人ガ死ンデモ最後マデ生キテ神様ニ祈ル心デアル」という『高松宮日記』の記述と一致するかどうかは、にわかに判断できない。しかし、「拝察スルダニ畏キ思ヲ為セリ」という文章からは、やはり皇太后の尋常でない覚悟のようなものがうかがえる。

二月二十日、木戸は大宮御所を訪れ、午後三時から四時三十五分まで「戦局の推移、見透、世相等につき委曲奏上」した（前掲『木戸幸一日記』下巻）。四二年九月の時点ではまだ「大宮様への言上は諸般の観点より研究の結果、今少し時期を見てのことに致度」しと判断していた木戸は、ついに皇太后に向かって「戦争につき綜合的の御話」、つまりもはや勝つ見込みの乏しい戦況につき、つぶさに報告しなければならない時機が来たと見なし、覚悟を決めて皇太后に会ったのだろう。

空襲が激しくなるとともに、天皇は大宮御所にいる皇太后の安否が気掛かりとなった。筧克彦の長男で、宮内省に勤めていた筧素彦が回想する。

陛下は、空襲のたびに御母宮貞明皇后さまがもうご避難を完了なさったろうかと大へんお案じになって、何度も何度も御下問がある。これは防空本部の者たちは誰しも熟知しているところである。ところが（中略）大宮御所から坂道を下りたかなり下の方にある茶畑の一角に建てられた、俗にお文庫という防空室までは相当の距離がある。若い者でもちょっとした距離である。ましてやお年を召した大宮さま（皇太后さま）にとっては殊に暗い夜道では一層御難渋である。陛下がいつもお案じになり、早くどこか安全なところへ御疎開いただきたいと思し召すのもごもっともである。（前掲『今上陛下と母宮貞明皇后』）

四月二日と五月十二日には、皇后が大宮御所を訪れている。その目的は、天皇の意を受けて皇太后に再度の疎開をすすめることにあったと思われる。しかし皇太后は、そのすすめを断っている。

五月二十五日深夜の空襲では、参謀本部からの飛び火がもとで宮殿が焼けたほか、大宮御所も全焼した。天皇の懸念が現実のものとなったのである。皇太后は危機一髪のところで防空室に移り、すでに防空室に移しておいた御影（大正天皇の大和絵）も無事であった。

その三日後、高松宮は日記にこう書いた。

大宮様ト御所トノ御仲ヨクスル絶好ノ機会ナレバオ上カラ御見舞ニ行ラッシャルナリ赤坂離宮ニオ住ミニナル様御ス、メナリ遊バシタ〔ラ〕ヨイトノ事カラ、マタ私手紙カイテソノ事申シ上グ。（前掲『高松宮日記』第八巻）

高松宮は、大宮御所の全焼を悲しむどころか、「大宮様ト御所トノ御仲ヨクスル絶好ノ機会」ととらえていた。だが実際には、天皇と皇后がすぐに大宮御所を訪れることも、皇太后が宮城を訪れることも、皇太后が赤坂離宮に移ることもなく、「御親子ノ情ヲ温メヨウト思ツテ申シ上ゲタノニ困ツタコトナリ。悲シイ、眼ノ裏ガニジム心地ス」（同）と嘆かざるを得ない結果に終わった。

六月八日の御前会議では、「飽ク迄戦争ヲ完遂シ以テ国体ヲ護持シ皇土ヲ保衛シ征戦目的ノ達成ヲ期ス」ことが決定された（『昭和天皇実録』昭和二十年六月八日条）。その翌日、高松宮は日記に謎の記述を残している。

陛下ノ時局ニ関スル御判断、楽観ニスギルヲオソル。御性質「大宮御所トノ関係、沼津ヨリ御帰リノ時ノコト、等」。（前掲『高松宮日記』第八巻）

最初の一文が、まだ戦争終結の決断ができない天皇に対する批判を意図しているのは明白である。問題はその次の文である。「御性質」とは、天皇の性格のことだろう。高松宮は、四二年十二月に皇太后が沼津から戻ってきたときの天皇の態度を想起しつつ、皇太后を恐れる天皇の性格について危惧していたのではないか。天皇が皇太后に直接会い、戦争終結につき了解を得ない限り、戦争は続くと考えていたのではないか。

天皇と皇后が大宮御所を訪問したのは、その六日後の六月十四日であった。久しぶりに皇太后に会って重大な発言をしなければならない緊張感からだろうか、天皇は訪問する前から「御気分悪しくならせられ」（「小倉庫次侍従日記」）、「御嘔吐」（同）までしている。同行した侍従の徳川義寛は、日記にこう記した。

大宮様は遷錦閣附近でお出迎え、焼跡を御覧、このとき時鳥《ほととぎす》鳴きわたる、今年もなくと大宮さま仰せられければ例年のことなるべし、三・〇遷［還］御の御予定を三〇分お延ばしの上、赤坂御文庫御発還幸啓（以下略）（前掲『徳川義寛終戦日記』）

遷錦閣というのは大宮御所の庭にあった休所、三・〇は午後三時、赤坂御文庫は防空室を意味する。大宮御所の炎上に伴い、皇太后の住居となった防空室は、天皇と皇后の住居である吹上御文庫同様、赤坂御文庫と呼ばれていた。「今年もなく」と話したホトトギスの鳴き声に、果たして皇太后は何を感じたのだろうか。

このときすでに、皇太后の疎開先として軽井沢の近藤友右衛門別邸が想定されていた。「同所は裏に小山があり、そこに防空壕も掘り、六月のはじめの頃には、いつでもお出ましいただけることになっていたのであった」（前掲『今上陛下と母宮貞明皇后』）。

天皇は皇太后に向かって、軽井沢への疎開を熱心にすすめた。皇太后は相変わらず断ったが、天皇はなおも説得を続けたため、三十分延びたのだろう。

皇太后の意志は覆らなかった。それはどれほど空襲がひどくなろうが、東京にとどまるという意思の表れでもあった。「ドンナニ人ガ死ンデモ最後マデ生キテ神様ニ祈ル心デアル」という皇太后の信念は、天皇に会っても揺るがなかったと思われる。

天皇は吹上御文庫に戻るや、「お疲れの御様子で、御床におつきになり、御允裁は御寝所」（前掲『徳川義寛終戦日記』）でしなければならず、翌六月十五日も終日床を離れることはできなかった。歴史家の半藤一利は、前例のないこの出来事に注目している。

このわずかな二日間、天皇は輾転反側する想いで悩んだと思われる。何を考え何を決意したかは、想像する以外はない。しかし、健康を回復して再び政務室に姿を現したとき、その顔は和平の方へ向けられていた。（『聖断　昭和天皇と鈴木貫太郎』、ＰＨＰ文庫、二〇〇六年）

実に鋭い指摘である。「輾転反側する想いで悩んだ」末、ようやく天皇は戦争終結を決意したというのだ。

天皇にとって皇太后は、アマテラスないしアマテラスから授けられたとされる三種の神器に次いで大事な存在であり、たとえ皇太后自身から了解を得られなくても、敵の侵入や空襲から神器を守り、皇太后を救うには戦争を終わらせるしかないという結論に達したのだ。六月二十日に吹上御文庫で外相の東郷茂徳に「戦争の早期終結を希望する旨の御沙汰」を下したのに続き、六月二十二日に自ら最高戦争指導会議懇談会を開催し、その席上で従来の方針を転換し、「戦争の終結についても速やかに具体的研究を遂げ、その実現に努力することを望む」との意思表示を行ったゆえんであ

る（『昭和天皇実録』昭和二十年六月二十日条、同年六月二十二日条）。

大日本帝国憲法の第一条は、「大日本帝国ハ万世一系ノ天皇之ヲ統治ス」である。「万世一系ノ天皇」というのは、歴代の天皇がアマテラスから連綿と一つの血統でつながっていることを意味する。つまりこの条文に従えば、天皇とは生まれながらにして神の子孫なのだ。加えて昭和初期になると、天皇機関説が否定され、前掲『国体の本義』や『臣民の道』を通して「国体」のイデオロギー化が図られ、「大東亜戦争」では戦勝に際して天皇が白馬に乗って二重橋に現れるなど、天皇の神格化が一層強まったこともまた事実である。

けれども、丸山眞男が「政事《まつりごと》の構造」（『丸山眞男集』第十二巻、岩波書店、一九九六年所収）で明らかにしたように、天皇は究極の主体たりえなかった。丸山によれば、日本の政治には「臣民」が上級者である天皇に奉仕するように、天皇もまたより上級者であるアマテラスに奉仕するという構造が「執拗低音」としてある。

さらに昭和初期には、アマテラスと天皇の中間に、折口信夫が前掲「女帝考」で明らかにしたようなナカツスメラミコトとしての神功皇后に傾倒し、自らもナカツスメラミコトたらんとした皇太后がいた。つまり皇太后は、天皇にとってただの母親ではなく、アマテラスにより近い上級者に当たっていたのだ。

皇太后節子は、万世一系のイデオロギーを原理的に否定していた。天皇裕仁とどれだけ敵対的になっても妥協しなかったのは、まさにこのためである。いやそれどころか、自分自身こそ神功皇后と一体になり、「皇后霊」を受け継いだと考えていた。

したがって、天皇が皇太后を恐れたのは、単なる個人的な感情からだけではなかった。その背景には、丸山と折口が明らかにしたような構造の問題があった。昭和になり、皇太后はあたかも死者のように大正天皇に寄り添い続け、多摩陵にもしばしば参拝したが、それは皇太后が現実の生きた天皇よりも、死者として宮中三殿にまつられる皇霊（歴代天皇や皇族の霊）に近づいたことを意味した。皇霊のなかには、神功皇后や光明皇后も当然含まれていた。

戦争の長期化は、皇太后を一層神功皇后に近づけた。皇太后が勝ちにこだわり続けたのは、神功皇后という前例があったからだ。憲法や政治制度だけでは見えてこない「政事の構造」を読み解かなければ、近代天皇制を理解したことにはならない。その鍵となるのは、天皇ではなく皇后であり、皇太后なのである。

明治四（一八七一）年八月一日、「大奥」を一掃し、「女官総免職」の言い渡しを決行した宮内大丞の吉井友実は、「是迄女房の奉書なと諸大名へ出せし数百年来の女権唯一日ニ打消し愉快極まりなし」と述べた（前掲『御一新とジェンダー』）。だが実際には、「数百年来の女権」が「唯一日」で消え去ったわけではなかった。それどころか、多くの女官からなる「大奥」は事実上なお残存し、「女権」はいっそう強化されたのだ。

天皇は、四五年六月になって皇太后と衝突しながらも、ようやく主体的な行動をとることができたかに見えた。しかしすでに東京では一晩のうちに最大で十万人を超える市民が亡くなる空襲が頻発し、硫黄島や沖縄では悲惨な地上戦が繰り広げられていた。

決断はあまりにも遅すぎたのだ。しかも、真の戦争終結までには、なお二ヵ月もの時間を要したのである。

［注］

1　ただし、外宮と内宮での御告文が全く同じだったわけではない。外宮では、戦果を挙げたのは「専ら広き厚き恩頼《みたまのふゆ》」として、祭神に言及しなかったのに対して、内宮では「専ら皇大御神の阿奈々比《あななひ》給ひ扶け給ふ恩頼」として、アマテラスに言及している（『昭和天皇実録』昭和十七年十二月十二日条。原文は宣命書き）。

2　進藤久美子『市川房枝と「大東亜戦争」　フェミニストは戦争をどう生きたか』（法政大学出版局、二〇一四年）によれば、市川房枝はこうした東条の姿勢と真っ向から対峙した。同書には言及がないが、それなら全国各地を回り、勤労動員された女性を励ました皇后や皇族妃らを市川がどう思っていたのかが気になるところである。

3　野口の言う「御進講室」が、天皇への進講の場所として使われていた表宮殿御学問所二階を指すのか、それとも表宮殿内のどこかの間を指すのかははっきりしない。

第21章　天皇裕仁の退位問題と皇太后節子

一九四五（昭和二十）年八月十五日午前五時二十三分、高松宮は妃の喜久子とともに自邸を出て、自動車で御殿場の秩父宮別邸に向かった（前掲『高松宮宣仁親王』）。

八時四十分に秩父宮別邸に着いた高松宮夫妻は、秩父宮夫妻とともに正午からラジオの前で玉音放送を聴いた。同じ時間に皇太后もまた大宮御所の防空室で玉音放送を聴き、「いろいろ大正天皇の御影様にご報告をされた」という（前掲『母宮貞明皇后とその時代』）。高松宮夫妻は午後二時に別邸を発ち、途中宮内省に立ち寄ってから五時二十八分に帰邸している（前掲『高松宮日記』第八巻および前掲『高松宮宣仁親王』）。

なぜ高松宮は、妃を同伴して八月十五日にわざわざ御殿場に行ったのか。秩父宮と高松宮だけでなく、秩父宮妃と高松宮妃を交えた四人で会わなければならない理由とは、一体何だったのか。

おそらく、二人でなく四人で緊急に話し合うべき重大問題があったのだ。その重大問題とは、敗戦が決まってもなお、皇太后を軽井沢に「疎開」させるべきか否かをめぐる問題であったと思われる。

秩父宮妃勢津子は、前掲『銀のボンボニエール』のなかで、高松宮夫妻が到着した時間を「十一時半ごろ」とし、「ご放送の後、ご兄弟がどんなお話をあそばしたか、その場の雰囲気がどんなであったかは詳しく思い出すことができません」としている。高松宮妃については全く言及していない。到着時間も含めて、不自然さの目立つ回想に終始しているような印象を受ける。

前章で触れたように、皇太后は六月十四日に訪れた天皇に対して、軽井沢の近藤友右衛門別邸に疎開することを断った。しかし六月二十八日には、皇太后が参内し、初めて吹上御文庫で天皇と皇后に会っている。わずか二週間前に会ったにもかかわらず、皇太后は午前十一時二十八分から午後四時十分まで、なんと五時間近くも天皇と時間をともにしている（『昭和天皇実録』昭和二十年六月二十八日条）。これが六月二十二日の最高戦争指導会議懇談会における天皇の戦争終結表明と関係があるかどうかはわかっていない。

七月十九日には皇后が大宮御所の防空室を訪れたが、筧素彦によれば、「このあたりで軽井沢御疎開が具体的に本ぎまりとなったのである」（前掲『今上陛下と母宮貞明皇后』）。皇太后が東京にとどまることが戦争終結の大きな理由となるなら、疎開すれば逆に戦争を継続できることになる。そもそも疎開というのは、戦争の継続を前提としなければ成り立たない考え方であった。

しかし、陸軍の一部はそうは受け取らなかったようだ。七月三十一日、高松宮は御用掛の細川護《もり》貞《さだ》に、「陸軍の者が三笠宮の所へ押しかけて、大宮様が爆撃を御逃げになる様では、面白くないと云つて来た由だ」と話している（『細川日記』下、中公文庫、一九七九年）。

この件は、七月二十三日に三笠宮が高松宮に直接伝えている。「大宮様ノ御思召ナド軽々シク陸軍ノサウシタ人ニモラスベキニアラズト云フコトモアリ」と記した高松宮は、疎開の本当の理由をわかっていない陸軍の関係者には、「大宮様ノ御思召」を漏らすべきでないと判断したのだろう（前掲『高松宮日記』第八巻）。

では、「大宮様ノ御思召」とは具体的にはどういうものだったか。それは疎開をする以上、あくまでも勝つまで戦争を続けることにほかならなかったのではないか。木戸幸一は七月二十五日、天皇に「爰《ここ》に真剣に考へざるべからざるは三種の神器の護持にして、之を全ふし得ざらんか、皇統二千六百有余年の象徴を失ふこととなり、結局、皇室も国体も護持〔し〕得ざることとなるべし」と述べて「難を凌《しの》んで和を媾ずる」ことが急務だと強調したのに続いて、二十六日には大宮御所の防空室で皇太后に会い、午後四時から五時二十分まで「種〻最近の諸情勢につき言上」した（前掲『木戸幸一日記』下巻）。木戸にとって、皇位の象徴である三種の神器を護持すべく、直ちに講和するよう天皇に進言することと、依然として「かちいくさ」にこだわっている皇太后に「最近の諸情勢」を報告することとは、いわばセットになっていたのだ。

しかし七月二十七日には、内務省警保局が「皇太后陛下軽井沢行啓警衛計画要綱」（国立公文書館所蔵）を極秘裡に作成している。この要綱は、本土決戦を前提として、「八月十日ヨリ十五日頃迄ノ間」に皇太后をひそかに原宿宮廷駅から軽井沢まで列車に乗せて疎開させるための警備について記したものであった。

同じ日、東京駅から掌典の清水谷公揖が東海道本線を走る列車に乗り、九州に向かった。清水谷が目指したのは、応神天皇（八幡大神）を一之御殿にまつる宇佐神宮と、大正大礼で仲哀天皇を祭神に加えるまでは神功皇后を主祭神とし、皇太后自身も一九二二（大正十一）年に参拝した香椎宮であった。宇佐神宮と香椎宮はともに勅祭社（天皇から勅使が派遣される特別な神社）であり、一九四五年は十年に一度の勅使参向の年次に当たっていた。しかし、勅使参向は通常ならば十月に行われるはずであった。

連日の空襲で、列車はダイヤ通りに走っていなかった。清水谷自身も二十五日に東京駅を出発しようとしたが、滋賀県内に空襲があり、米原駅が被害を受けたために二日遅れたのだ。結局、清水谷が大分県宇佐郡宇佐町（現・宇佐市）の宇佐神宮に参向したのは七月三十日であり、さらに福岡県糟屋郡香椎町（現・福岡市東区）の香椎宮に参向したのは八月二日であった。

なぜ清水谷は、空襲の危険を顧みず、本来行くはずのないこの時期にわざわざ宇佐と香椎まで行かなければならなかったのか。それは二つの神社で奏上される御祭文に、次のような辞別《ことわけ》が加えられていたことと、おそらく関係がある。

辞別《ことわ》けて白《もう》さく今し例《たぐい》も有らぬ大戦の最中《さなか》勁敵《つよき》倍々《ますます》荒び熾烈《さかんにはげ》しく猖獗《たけりくる》ひて帝都を始め国内の所々を日毎夜毎《ひごとよごと》に襲はるのみか我が島嶼を次々に侵し遂には本土をも寇《あだ》はむとする勢あり当《まさ》に皇国の興廃に繫る甚由々しき戦局にし有れば国内尽《ことごとく》一心に奮起《ふるいた》ち有らむ限りを傾竭《かたむけつく》して敵国を撃破《うちやぶ》り事向けしめむとなも思《お》ぼし食《め》す厳《いつく》しき神霊弥高《いやたか》に降鑑《ふりてら》して神奈我良《かんながら》明験を発顕し給ひ速《すむや》けく神州の禍患を禳除《はらいのぞ》き聖業を成遂げしめ給へと祈請《いのりこい》奉《たてまつ》らせ給ふ大御旨《おおみし》を聞食《きこしめ》せと恐《かしこ》み恐み白す（『昭和天皇実録』昭和二十年七月三十日条。原文は宣命書き）

まさに驚くべき内容である。天皇は、四二年十二月十二日に伊勢神宮を参拝したときよりもはるかに強い調子で、宇佐神宮と香椎宮の祭神に対して、敵国の撃破と「神州の禍患」の祓除を祈ったことになる。

ここで一つの疑問が湧いてくる。すでに早期の戦争終結の方針を明らかにした天皇が、果たして本気でこんなことを祈るだろうかという疑問である。百歩譲って祈るとしても、これまで天皇はアマテラスをまつる伊勢神宮に戦勝を祈ってきた。四二年十二月十二日がそうだったし、四四年二月には祈年祭に合わせて勅使として伊勢神宮に参向させた掌典の本居弥生に、戦勝祈願の辞別を加えた御祭文を託している（同、昭和十九年二月十四日条）。また四五年四月には、高松宮を代拝させている。それがこの土壇場になって、アマテラスではなく、応神天皇と神功皇后に祈ったのだ。このような発想は、神功皇后が応神天皇を懐妊したまま三韓征伐を行ったという、本書の冒頭から何度も言及してきたあの伝説を前提としなければ、決して出てこない。

そうだとすれば、宇佐神宮と香椎宮への勅使参向は天皇の本心ではなく、「かちいくさ」にこだわる皇太后の意向が反映していたことにならないか。本土決戦を前提とする皇太后の軽井沢疎開とこの御祭文は、一対のように見えるのだ。逆にいえば、天皇は終戦直前までずっと、皇太后の意向を無視できなかったということになる。

実は、天皇が勅使に敵国の撃破と「神州の禍患」の祓除を祈らせたのは、宇佐神宮と香椎宮だけではなかった。氷川神社の例祭に当たる八月一日には、掌典の本居弥生を勅使として埼玉県大宮市（現・さいたま市大宮区）の氷川神社に参向させ、御祭文に同様の辞別を加えさせている（同、昭和二十年八月一日条）。氷川神社の毎年の例祭に合わせて勅使が参向すること自体は恒例とはいえ、幼少期以来の皇太后と氷川神社の関係を考えれば、これもまた皇太后の意向が反映しているように見えなくもない。

だが周知のように、八月六日と九日には広島と長崎に原爆が相次いで落とされ、八日にはソ連が日本に宣戦布告した。天皇は十日未明に吹上御文庫附属室で開かれた最高戦争指導会議で、ポツダム宣言を受諾するという「聖断」を下している。これにより、皇太后を疎開させる大義名分はなくなった。

八月十一日、天皇は内大臣の木戸幸一に、「皇太后陛下、軽井沢へ行啓について情勢の変化に伴ひ如何すべきや」と問うた（前掲『木戸幸一日記』下巻）。その翌日には高松宮が木戸に、「今回の件を大宮様に申上ぐることにつき考へ置く様に」と話している（同）。皇太后に降伏という厳然たる事実をどう伝えればよいか、考えておくようにということだ。

無論それは、木戸一人に任せておけばよい問題ではなかった。疎開の大義名分がなくなったいまこそ、皇太后を空襲のなかった軽井沢に「疎開」させ、敗戦という現実から距離をとらせる必要があると考えた点では、木戸も高松宮も、あるいは天皇も同じだったのではないか。この点については、高松宮妃ばかりか、皇太后に最も可愛がられた秩父宮や、皇太后と親しかった秩父宮妃とも意見を交わす必要があると判断したがゆえに、高松宮は八月十五日という「空白の一日」を選び、妃を伴い御殿場に向かったように思われるのだ。

八月十六日午後五時三十分、高松宮は大宮御所の防空室を訪れた。帰邸したのは九時四十分だから、約四時間にわたり皇太后と会っていたことになる（前掲『高松宮日記』第八巻）。目的はもちろん、十五日に四人が御殿場で会ったときに話した結論を伝えることにあったろう。秩父宮や秩父宮妃までが「疎開」を勧めているとなると、皇太后としても従わざるを得ないと考えたのではないか。

八月十七日には皇太后が吹上御文庫を訪問し、天皇、皇后と昼食をともにしつつ、軽井沢にしばらく滞在することを伝えた（前掲『入江相政日記』第二巻）。天皇は御文庫で皇太后と話してから、「聖断」が下された地下の御文庫附属室に皇太后を案内している（『昭和天皇実録』昭和二十年八月十七日条）。

皇室評論家の河原敏明は、このときの天皇と皇太后につき、「思いつめた様子の天皇に比べて皇太后はその人柄のせいか、淡々たる態度であったといわれる」（『昭和天皇とその時代』、文春文庫、二〇〇三年）と記したが、これがもし本当なら、八月十五日に「今後は神の御力のあらんかぎり米英の人々を苦しめなければ、うらみははれぬ。どうしてもこのうらみははらさねばならぬア〻〻ーー」（前掲『梨本宮伊都子妃の日記』）と書いた梨本宮妃伊都子とは、全く心境が異なっていたことになる。

八月二十日、皇太后のために御召列車が用意された。皇太后は大宮御所で秩父宮妃、高松宮夫妻、三笠宮夫妻に見送られ、原宿宮廷駅から3号御料車（2代）に乗って軽井沢に向かい、近藤友右衛門別邸に入った。一方、見送りを終えた秩父宮妃、高松宮夫妻、三笠宮夫妻は、そろって吹上御文庫を訪れ、天皇、皇后から茶菓をもてなされている（『昭和天皇実録』昭和二十年八月二十日条）。

近藤別邸は、皇太后が滞在することで「大宮御殿」と呼ばれるようになる。だが現在、この別邸は存在せず、近くの矢ケ崎川にかかる大宮橋と呼ばれる橋だけが、辛うじて名残をとどめている（写真参照）。

宮内省宗秩寮総裁として近藤別邸を訪れた武者小路公共《きんとも》は、皇太后に会ったときの模様をこう回想する。

いつも慣例であるが、平身低頭して、御顔を拝まず、しずしずと、御座所の御閾まで進んで、

（上）大宮御殿跡
（下）大宮橋と矢ケ崎川

御言葉を待つた。その瞬間の長かつた感じは何とも形容出来なかつた。すると、とても明瞭な、平常と違わぬ、御調子で、

「武者小路、今日は昔の話はよしましよう。将来の話をしましよう」との御沙汰であつた。私は心配した関所が、一度に拓けた感じで始めて御顔を拝んだのである。（「貞明皇后の祖国愛」、『心』第九巻第四号、一九五六年所収）

武者小路は、戦中期の皇太后の態度をよく知っていたからこそ、関所に臨むような緊張感をもって皇太后の言葉を待ったのだろう。しかし皇太后は、まるで憑きものが落ちたかのごとく、「かちいくさ」を祈っていたときとは別人のようになっていた。

武者小路と全く同様の回想を、三笠宮妃百合子もまたしている。「それはもう全然前向きのご姿勢で、過去をどうのこうのということはおっしゃらないの。スパッとお切り替えがおできになる方なのね」（前掲『母宮貞明皇后とその時代』）。「昔の話」や「過去」が戦争を指すのは言うまでもない。

皇太后は、四五年十一月三日の明治節に和歌を詠んだ。お題は「雅楽」。

ましくくし御代のすがたにかへすべく　とくすゝめてむ　いとたけのみち
みいくさもをさまりはてぬ　なごやかにうたひかはさむ　いとたけの道
笛のこゑたかきにあはす琴の音の　むつまじきよを神ものぞまむ（前掲『貞明皇后御集』下。原文は濁点なし）

「いとたけのみち」「いとたけの道」は、糸竹の道、すなわち雅楽を意味する。どの歌も、雅楽の復活を望む皇太后の強い気持ちが表れている。

すでに東京ではGHQが日比谷に本部をおき、天皇に代わってマッカーサーが最高司令官として君臨し、占領政策を次々に実行していた。「亜米利加の　民主々義」（前掲『貞明皇后御集』下）が、日本を大きく変えつつあったのだ。皇太后は、軽井沢でそうした現実を見ることもなく、戦争終結を雅楽復活のチャンスととらえ、神が望むように雅楽をなごやかに奏でれば、「ましくくし御代のすがた」を回復できると信じ込んでいる。

侍医の山川一郎によれば、皇太后は軽井沢に滞在中も相変わらず元気で、登山もしばしば行った。「大宮様は晴天の日は、午後は大概、裏山へお登りになったり、急坂もお元気で登攀なさるので、扈従の者も聊か閉口する位で、しかも遠く見晴らし台までのことも時々あった。山には乳茸や、その他の茸類、木の実などの変わったものが多く、お興味もあられたので、百日のご滞在中、裏山に二十数回、その他、押立山や、離山《はなれ》へも行啓になった」（前掲『拝命』）。見晴らし台は群馬、長野県境にある旧碓氷峠にあり、標高は千二百メートル、押立山と離山の標高はそれぞれ千百八メ

見晴らし台から見た浅間山

ートルと千二百五十六メートルである（写真参照）。たとえ「神ながらの道」を「大東亜」全体に及ぼす夢が破れようが、「神あそび皇国運動」で鍛えた身体は変わらなかった。皇太后はあたかも、「将来」に向けて英気を養っていたかに見える。

他方で山川は、皇太后が軽井沢でひそかに遺書を書いたのではないかと推測している。そこには、「帰依遊ばされた神社仏閣に対する思し召し」や、側近奉仕者に対する次のような文章が記されていた。

大君のためは当然なりといへども何れも身をくだかれ心を尽して御奉公いたされたる事をひたすらよろこび感謝いたし候

己が身のまはりにつけても一切忠誠を尽し申され候事万謝〱、恩に報ずる為霊界をことにするとも必ず〱何れもの幸福をとこしへに守護いたすべくちかひ申候事めで度〱、（同）

山川は皇太后の遺書を、皇太后が死去した後に皇太后宮大夫の坊城俊良《ぼうじょうとしなが》から見せられたという。しかしこの遺書の文章は、皇后時代の節子が二六（大正十五）年十月二十二日に書いた遺書の内容について高松宮が記した「別紙ニ皆ノモノガヨクツクシテクレタコトノ感謝ト霊界ヲ異ニシテモ皆ノ幸福ヲイノルト云フコトアリ」と酷似しており、高松宮が日記で要約した皇太后の文章を、山川はそのまま書き写したように思われる。

そうだとすれば、皇太后が軽井沢で遺書を書いたとする山川の推測は間違っており、山川が実際に見たのは皇太后が死去してから高松宮が見たのと同じ遺書であったことになる。ゆえに文章中の「大君」も、天皇裕仁ではなく大正天皇を指すものと見られる。

大正の終焉に際して遺書を書いてしまった節子は、たとえ戦争に負けようが、改めて遺書を書く必要を感じてはいなかったに違いない。戦中期の言動に対して自ら責任をとるという発想はなかったのである。

『日本書紀』巻第九では、神功皇后が新羅との戦争に際して、「事就《な》らずは、吾独《ひとり》罪有れ」と話している。戦争に負けた場合には、自分ひとりが罪を負うとしたのである。皇太后節子は、二二年三月に香椎宮に参拝して以来、神功皇后の霊と一体になったと信じたにもかかわらず、さらには四五年八月二日に自らの意向で勅使を香椎宮に参向させ、敵国撃破を祈らせたと思われるにもかかわらず、神功皇后にならおうとした形跡は認められない。関東大震災のときのように、敗戦を自分自身に向けられた「神のいさめ」と受け止め、アマテラスにひたすら許しを乞うような態度は見られなかったということだ。

四五年十一月十日、侍従次長の木下道雄が軽井沢に行き、皇太后に面会した。十三日に天皇が終戦奉告のため伊勢神宮を参拝するのに先立ち、「剣璽御取扱いを改められたること」、具体的にいえば一泊以上の行幸で続けられてきた「剣璽動座」（三種の神器のうち草薙剣の分身と八尺（坂）瓊勾（曲）玉を天皇とともに持ち運ぶこと）につき、剣璽を黒い箱ではなく、ふろしきに包んで携行することを皇太后に承認してもらうのが、面会の主な目的であった（前掲『側近日誌』）。

こんな細かい変更ですら、いちいち皇太后に伺いを立てなければならない習慣は変わっていなかった。皇太后は承認し、木下に「安心しました」と述べたが、それはたとえ形式がどうなろうとも、剣璽動座が続けられること自体に皇太后が安心したという意味だろう。けれども剣璽動座は、四六年六月の千葉行幸以降、七四年の伊勢神宮参拝まで中断することになる（前掲『入江相政日記』第三巻）。

東京から遠く離れていても、天皇は依然として皇太后を恐れていた。皇太后からは軽井沢の野草が送られてきたが、天皇は九月二十四日、十月十五日、二十八日、二十九日と四回にわたって吹上御苑に野草を移植した（『昭和天皇実録』昭和二十年九月二十四日条）。新嘗祭を翌日に控えた十一月二十二日、体調を崩していた天皇は、木下に「神に対し大宮様に対し、又国民に対し、是非明日は祭に出る、たとえ少々病気になりても差支えなし」と話している（前掲『側近日誌』）。天皇にとって、「大宮様」はなおも「神」に次ぐ存在であったことがわかろう。

皇太后と入れ替わるようにして、疎開していた天皇の子供たちが次々に帰京してきた。十一月七日に皇太子と正仁親王が日光から帰京したのに続いて、十一月十九日には和子、厚子、貴子の各内親王が塩原から帰京し、天皇と皇后に再会した。皇太子と正仁親王は赤坂離宮に、内親王は呉竹寮に入ったが、たとえ別居状態が続いたにせよ、子供たちを交えて食事をしたり、トランプをしたりする機会は格段に増えた。敗戦が天皇と皇后に家族団欒の時間を与えたのだ（前掲『香淳皇后と激動の昭和』）。

皇后の考えで、呉竹寮主任には四三年に傅育掛を辞めていた名取はなが復帰した。皇后は名取を「母代り」にしたかったらしい（前掲『側近日誌』）。野口幽香を通してキリスト教に接近した皇后にとって、名取が旧ホーリネス教会系のキリスト教徒であることは、かえって都合がよかったのではなかろうか。天皇もまた「ホリネス教会のことは問題なきこと」としている（同）。

皇太后は、冬の軽井沢は寒いという理由で十二月五日にいったん大宮御所の防空室に戻った。十三日には天皇と皇后が、十四日には高松宮と三笠宮が、それぞれ大宮御所を訪れている。もっとも、皇太后が防空室に滞在したのは十日あまりにすぎず、十七日には再び沼津御用邸に移動している。沼津御用邸は近藤別邸とは異なり、四五年七月十七日の空襲で本邸が焼失し、西附属邸と東附属邸だけが残っていた。

天皇は八月二十九日、木戸幸一に「戦争責任者を聯合国に引渡すは真に苦痛にして忍び難きところなるが、自分が一人引受けて退位でもして納める訳には行かないだらうか」と話していた（前掲『木戸幸一日記』下巻）。このように、天皇自身が責任を痛感するあまり、退位の意向を示したという点については、元侍従長の徳川義寛が『侍従長の遺言　昭和天皇との50年』（聞き書き・解説岩井克己、朝日新聞社、一九九七年）で否定しているが、天皇を退位させて皇族を摂政にする動きがあったこと自体は徳川も否定していない。

その場合、旧皇室典範の第二十一条に定められた順序「親王及王、皇后、皇太后、太皇太后、内親王及女王」にしたがい、本来ならば第二皇子の秩父宮が摂政になるべきだが、結核で療養中のため、第三皇子の高松宮が摂政になる可能性が高くなる。

高松宮自身、天皇の退位に言及していた。十二月十七日に高松宮邸を訪れた元海軍少将の高木惣吉に対して、「御上ハ皇祖《ママ》皇宗ニ対シテ此ノ儘デハ御済シニナレヌ。御責任ガアルカラ、コレハドウシテモ御退位ニナラナケレバナラヌ」と話したのだ（『高木惣吉　日記と情報』下、みすず書房、二〇〇〇年）。

その翌日には、宮内大臣の石渡荘太郎《いしわたそうたろう》が来訪し、高松宮に会っている。石渡は、「御退位説ニ関シ私〔高松宮〕ガ摂政ニナルダラウカラ今ノウチニ見テオキタイ」として、高松宮との面会を希望する人物がいることを報告した（前掲『高松宮日記』第八巻）。天皇が退位し、高松宮が摂政になるという噂は、相当に出回っていたわけだ。皇太后が、東京滞在中にこの噂を聞いたかどうかはわからないが、十二月十七日に沼津に移ると、二十一日には御殿場の秩父宮別邸を日帰りで訪れている（前掲『雍仁親王実紀』）。

四六年になると、退位論はますます盛んになり、皇族のなかでも東久邇宮や三笠宮が言及したほか、新聞にも次のような記事が出るようになる。


摂政実現の場合は摂政輔佐のもとに十二歳になられた皇太子殿下が皇位を継承されることになる。規定どほりにゆけば秩父宮殿下が摂政職に就任されるわけだが、病気回復が遅々としてをり、なほ数年は御活動ができないために高松宮殿下がこの職につかれることにならう。（『読売報知』一九四六年二月二十七日。一部読点を句点に改めた）

退位論が盛んになると、逆に天皇は退位をはっきりと否定するようになった。

三月六日、天皇は木下に「退位した方が自分は楽になるであろう。今日の様な苦境を味わわぬですむであろうが、秩父宮は病気であり、高松宮は開戦論者でかつ当時軍の中枢部に居た関係上摂政には不向き。三笠宮は若くて経験に乏しい」と話している（前掲『側近日誌』）。戦中期には万一の事態が起こった場合、高松宮を摂政に考えていたのに、ここではその可能性を否定したわけだ。

ところがその十三日後の三月十九日には、呉竹寮の組織変更につき、皇太后の了解を得るため沼津を訪れた木下に対して、皇太后までもが「御退位のことにつきては、しかるべき時期を見て決行さるることを可とせらるるにあらずやと思わるる御言葉」を述べた（同）。天皇は時期を見て退位したほうがよいと話したのだ。木下はこの日帰京し、皇太后の言葉を天皇に伝えている（『昭和天皇実録』昭和二十一年三月十九日条）。

なぜ皇太后は、天皇の退位を是としたのか。直ちに考えられるのは、最愛の秩父宮を摂政にしたかったのではないかということだろう。だが、そのためには秩父宮の病気回復が絶対の条件となる。

もうひとつ考えられるのは、かく言う皇太后自身が摂政になることである。

四五年十一月二十四日には皇后宮職が廃止され、侍従職に統合されたのに対して、皇太后宮職はそのままであった。木下は、皇后宮職に続いて皇太后宮職の女官制度にも手をつけ、厳格な階級制度や源氏名の残る大宮御所を、一気に改革しようとした。ところが木下は、四六年五月に侍従次長を退任して宮内省御用掛となったため、この改革は失敗に終わった。皇太后の逆鱗に触れたためと言われている。四八年六月に宮内府長官に就任した田島道治もまた侍従職を改革しようとしたが、天皇は「『松平定信は大奥に手をつけようとして失脚したね」と話した（『芦田均日記』第二巻、岩波書店、一九八六年）。もし田島が皇太后宮職の改革まで目論むなら、木下と同じ目にあうぞと警告したのである。天皇ですら侵すことのできない権限をもつ皇太后が摂政になることは、これまでの天皇自身が最も恐れていたことであった。

新しい皇室典範の立案作業は、四六年三月から宮内省内に設置された皇室典範改正準備委員会で始まり、七月からは臨時法制調査会で進められ、九月末には皇室典範改正法案試案要綱としてまとまった。そこでは、男系男子による皇位継承という旧皇室典範の原則が維持され、女性天皇は排除された。天皇は、自らが退位して摂政が立てられた場合、旧皇室典範が改正されて女性天皇が認められる可能性につき危惧していたせいか、「摂政設置期間においては、皇室典範の改正又は皇位継承の順位変更を禁じるか否かにつき検討するよう」（『昭和天皇実録』昭和二十一年二月七日条）命じたこともあったが、四七年一月十六日に皇室典範が制定されたことで、節子が天皇になる可能性は完全になくなった。

新しい皇室典範には、天皇の自発的退位に関する条項も入らなかった。しかし、これで退位問題が消えたわけではなかった。皇太子明仁が天皇になり、皇太后節子が摂政になる可能性は、依然として残されていた。橋本明「封印された天皇の『お詫び』」（『新潮45』、一九八七年一月号所収）によれば、四八年十月に芦田均内閣が倒れたころ、侍従の村井長正の耳に「貞明皇后摂政ご就任案」が飛び込んできた。皇室典範の第十七条では、摂政に就任する成年皇族の順序を「一　皇太子又は皇太孫」「二　親王及び王」「三　皇后」「四　皇太后」と定めてはいたものの、高松宮や三笠宮は軍人であったし、皇后は皇太子の母親で、母親に息子の後見はさせられないというのが、皇太后摂政案の根拠として挙げられていた。この案は、天皇の退位と高松宮の摂政就任が取り沙汰された敗戦直後からあったとしてもおかしくはない。

18章で触れたように、皇室典範を改正して皇太后を神功皇后のように摂政にするという議論は、皇太子が生まれた三三年からあった。たとえ敗戦に伴い、三韓征伐を行った侵略のシンボルとしての神功皇后は否定されても、摂政としての神功皇后はなお有効であった。この点に関連して注目されるのが、本連載冒頭からたびたび引用してきた折口信夫の「女帝考」である。

四六年一月十四日、北多摩郡久留米村（現・東久留米市）の自由学園教師で、学園を創設した羽仁《はに》吉一《よしかず》、もと子夫妻の三女でもある羽仁恵子が参内し、木下道雄に会った。木下は長女の淳子を自由学園に入学させ、父母会の会員となり、三九年四月二十九日の天長節祝賀式では招かれて講演するなど、自由学園と縁が深かった（『自由学園の歴史Ⅱ　女子部の記録（1934―1958年）』、自由学園女子部卒業生会、一九九一年）。

羽仁は木下に案内され、自由学園の生徒が空襲で荒れ果てた宮城で勤労奉仕をするための下見をしたのである。おそらく木下は、前年の十二月八日から十日にかけて、宮城県栗原郡から来た六十人あまりの農村青年男女からなる「みくに奉仕団」が焼け跡の整地をしたことに刺激を受け、なじみの深い自由学園に勤労奉仕を依頼したのだろう（『新編　宮中見聞録　昭和天皇にお仕えして』、日本教文社、一九九八年）。

一月十八日、十九日と、自由学園男子部、女子部の生徒二百人が勤労奉仕に当たった。そして二十日の午前九時には、男子部、女子部、初等科の生徒児童合わせて五百六十人が、羽仁吉一、もと子夫妻に率いられて参内し、作業を続けた。午後二時には天皇、皇后、皇太子、三人の内親王が現れ、羽仁夫妻と言葉を交わしている。

羽仁夫妻はキリスト教を信仰し、東京の日本基督一致教会番町教会（現・日本基督教団富士見町教会）を設立した植村正久を師と仰いでいた。二人はキリスト教を自由学園の教育に反映させる一方、天皇個人にも尊敬の念をもっていた。その念は、敗戦後もなお全く変わっていなかった（斉藤道子『羽仁もと子　生涯と思想』、ドメス出版、一九八八年）。

生徒児童は、旧約聖書「出エジプト記」に材をとった校歌「自由を目指して」や男子部讃歌などを天皇らの前で合唱した。木下は誇らしげに、「恐らく宮城内にて校歌を声高らかに合唱したるは自由学園をもって第一とすべし」と記している（前掲『側近日誌』）。

一月二十三日、羽仁もと子と恵子は高松宮に会った。「二〇日、日曜ニ宮城内焼アト整理ニ行ッタ自由学園生徒作業ヲ御覧アリシニ対スル礼ノタメ」であった（前掲『高松宮日記』第八巻）。

高松宮と自由学園の関係もまた戦前にまでさかのぼることができる。三六年六月四日、高松宮はデンマークの体操学校に留学した自由学園卒業生の立祥子と船尾信子に会い、「デンマーク体操とはどんなものか」「自由学園とはどういう学校か」と尋ねた（前掲『自由学園の歴史Ⅱ』）。四〇年五月十六日、高松宮は妃とともに久留米村の自由学園を訪れ、予定時間を超えて五時間二十分にわたり視察し、日記にその印象を綴っている。

ノビ〴〵と学科をたのしむ様も気もちよく、デンマーク体操がイキ〴〵してゐた。音楽の全校一致の表現も感深いものだつた。生活を考へるゆき方が、私の心持ちにピツタリする。羽仁〔吉一〕校長、ズート案内した。（前掲『高松宮日記』第三巻）

高松宮は自由学園を絶賛している。自由学園が軍や情報局から干渉されず、戦中期も礼拝を続けることができたのは、宮中とのつながりがあったからだ（前掲『羽仁もと子』）。勤労奉仕が実現したのも、木下だけでなく高松宮が動いたせいかもしれない。

　このように、自由学園はキリスト教に基づく各種学校であり、天皇の御真影すらなかったにもかかわらず、宮中との太いパイプをもっていた。それゆえ、一般には知り得ない皇室の情報が自由学園のもとに集まってきたとしても、決して不思議ではなかった。

　羽仁夫妻が宮城で天皇らに会った翌月に当たる二月十一日、折口信夫は満五十九歳の誕生日に自由学園を初めて訪れて講演した。[注1]『折口信夫全集』36（中央公論新社、二〇〇一年）所収の年譜に「以後、ここを訪れることが多い」とあるように、これ以降折口は、ほぼ一ヵ月に一回の割合で訪れては、上代文学や民俗伝承について講演するようになる。折口の弟子で当時、自由学園の教師だった小宮一郎は、「先生がどんなに自由学園がお好きであつたかを、私は多くの初見の人々から聞かされた」と述べている（「折口先生と自由学園と」、『学園新聞』第二十九号、一九五三年所収）。

　六月三日と十日、折口は慶應義塾大学国文学研究会で「女帝考」を特別講義し、加筆して十月に雑誌『思索』に発表した。「静かに、一学究として顧みると、まだ本道《ママ》は、これを書く時期に到達していぬ気もする。私の認識が、まだ十分に熟しているとは言えぬし、何にしても、最、私どもにとって、慎重の上にも慎重を把《と》ってゆかねばならぬ題目である」（前掲『折口信夫天皇論集』）と記したように、折口は少なからぬ躊躇と懸念をもって「女帝考」を書き出している。この時期にナカツスメラミコトとしての皇后について論じることの危うさを自覚していたわけだ。

　にもかかわらず、なぜ折口は「女帝考」を書かなければならなかったのか。折口の弟子である岡野弘彦が注目すべき考察をしている。

敗戦後、アメリカの日本に対する態度、皇室の扱いに対する考えがどう決まるかわからず、新憲法も定まらない時期、昭和天皇の戦争責任と退位をめぐって、さまざまな推測と対策があった。内側からも天皇の退位や、仁和寺に籠っていただくよりほかあるまい、というような考えが出たりもした。当時、そういう皇室の内の情報が、何らかのルートを経てこまやかに折口のところへとどき、その事について心を労することが多かった。「女帝考」が、同様の問題を追求した「水の女」よりも、論文としてののびやかさと論旨の自在さの点で、自在さを欠いたこだわりを感じさせるのは、あの時期の天皇の地位の不安定さ、日本人全体のその問題に対する意識の昏迷の深さ、国の内外からの圧力の緊迫感といったものが影響している。（前掲『折口信夫伝』。傍点引用者）

岡野の言う「何らかのルート」に相当するものこそ、自由学園であったというのが私見である。もっといえば、折口は「皇室の内の情報」を入手するために、自由学園に通っていたようにも思われる。

折口は、自由学園に通いながら、天皇が退位し、皇太后が摂政になるという可能性について考えていたのではなかったか。[注2] それが折口の言う「宮廷政治」からの逸脱ではなく、かえって原則に沿うものであることを弁証しようとしたのが、「女帝考」だったのではないか。その背景にアクチュアルな動機があったからこそ、「慎重の上にも慎重を把ってゆかねばならぬ題目」だと強調しなければならなかったのではないか。

文芸評論家の安藤礼二によれば、折口が同時代人である皇太后節子に関心を寄せたのは、敗戦後からではなかった。二七年から二八年にかけて発表された皇后の起源に関する考察「水の女」や、その原型となった二三（大正十二）年の「琉球の宗教」で、すでに節子が意識されていたという（島薗進、原武史、安藤礼二「折口信夫に出会い直す」、『現代思想』二〇一四年五月臨時増刊号所収）。そうだとすれば、折口はまるで一八年に死去した大本開祖の出口なおを継承するかのように、大正後期から占領期にかけて、節子に並々ならぬ関心を注いできたことになる。そして両者は、五〇年と五一年の歌会始で、ついに相まみえることになるのだ（『昭和天皇実録』昭和二十五年一月三十一日条および昭和二十六年一月二十六日条）。「琉球の宗教」「水の女」から「女帝考」へと受け継がれた折口の思考に、近代天皇制を理解するための鍵が隠されているといっても過言ではあるまい。

四六年の皇太后は、高松宮邸の茶室と高輪御殿の一棟を移築し、これにバラック建ての事務棟を加えた大宮御所に戻る十二月十九日まで、六月二十八日と十月八日に上京して宮城内の花蔭亭に一泊ないし四泊したのを除き、大部分の日々を沼津御用邸で過ごした。五月九日には、皇太后が軽井沢から送った野草が吹上御苑で成長しているのを見た天皇が、皇太后宮職出仕の筧素彦に対して、沼津へ行き、皇太后に伝えるよう命じた（『昭和天皇実録』昭和二十一年五月九日条）。六月十七日には、天皇と皇后が沼津御用邸を訪れ、天皇は一足早く出て静岡県内を巡幸したのに対して、皇后は皇太后が滞在していた西附属邸で一泊している。

秩父宮夫妻は四五年の年末から翌四月半ばまで葉山にいたが、それ以降は御殿場の別邸で暮らしたため、皇太后が沼津、秩父宮夫妻が御殿場にいた四二年と同じような状況になった。いや四二年にもまして、沼津と御殿場の行き来は盛んになった。五月から十二月にかけては、秩父宮妃が毎月沼津を訪れ、十月二日と十二月九日には皇太后が御殿場を訪れた（前掲『雍仁親王実紀』）。

しかし、戦災のため旧沼津海軍工廠第三寄宿舎に移転していた県立沼津高等女学校（現・県立沼津

晩年の皇太后節子（撮影年不明。毎日新聞社提供）

西高校）、同女子工員宿舎などに移転していた沼津女子商業学校（現・私立加藤学園高校）、戦災を免れた沼津学園高等女学校（現・私立飛龍高校）と、昭憲皇太后や皇太子裕仁も訪れたことのある臨済宗妙心寺派の禅寺、大中寺《だいちゅうじ》を十一月二十一日に訪れたほかには、皇太后節子が四六年に視察に出掛けたことを示す一次史料を見いだすことはできない[注3]（『沼津市史』通史編現代、沼津市、二〇〇九年を参考にした）。

大中寺で皇太后を案内した高橋友道は、「御服装は濃紺の紋平風の御洋服に編み上げのお靴を召されていた。度のつよそうな眼鏡をおかけになり、御ぐしは束ねておられたが、その中には白いものが目だって拝見された。質素なご装束だった。ただ胸飾りのみが一きわ気高く拝された」と述べている（『大中寺と沼津御用邸』、大中寺、一九七六年。写真参照）。

四六年一月一日、天皇は「新日本建設ニ関スル詔書」を発表し、「天皇ヲ以テ現《アキツ》御《ミ》神《カミ》トシ、且日本国民ヲ以テ他ノ民族ニ優越セル民族ニシテ、延テ世界ヲ支配スベキ運命ヲ有ストノ架空ナル観念」を否定した[注4]。

二月からは、いわゆる戦後巡幸が始まった。天皇は二月から三月にかけて、神奈川、東京、群馬、埼玉の各都県を相次いで回った。皇后は同伴しなかった。

しかし、皇后もまた単独で行啓を再開する。二月二十二日には芝区（現・港区）の恩賜財団済生会芝病院（現・東京都済生会中央病院）と杉並区の双葉園を訪れている。

　双葉園は、高島巌が園長をつとめる戦災孤児収容施設で、一月二日に高松宮がすでに訪れていたが、定員はわずか三十六人しかなかった（前掲『高松宮日記』第八巻および前掲『杉並区史』）。行啓前日に検分した侍従の入江相政は、「小さな家で従来皇后様の行啓などあり得ないやうな家である」と述べている（前掲『入江相政日記』第三巻）。

　この日の皇后は、「めづらしく和服に紫の綾織りコートといふお姿であつた」（『読売報知』一九四六年二月二十三日）。だが正確にいえば、皇后が着ていたのは和服ではなく、宮中服と呼ばれる服であった。

　宮中服は、皇太后がデザインし、大宮御所の茶室で用いていたお茶席着を転用して四四年八月に制定された。戦時服の延長ではなく、戦後の改革に対応する必要から急遽公服となり、生地も上等なものが選ばれたが、発案者の皇太后自身は着用せず、皇后や皇族妃、女官らが着用した（久保房子「被占領下の女子宮廷公服と貞明皇后」、『風俗　日本風俗史学会会誌』第十五巻第一号、一九七六年所収）。高松宮が四六年一月十九日の日記で「〔一〕昨年制定ノ宮廷服〔宮中服〕ニ皆様文句多ク」（前掲『高松宮日記』第八巻）と記したように、外見よりも機能性を重視したせいか、評判がよいとはいえなかった。皇后自身も、「なぜ陛下はそのような特別な宮中服を召していらつしやるのですか」という新聞記者の質問に対して、「わたしはあまりすかないのですが、しかしこれを着てでないと外出できないことになつていますので…が、当然将来は普通の品のよい洋服に変えられるべきだと思いますネ」と答えている（『時事新報』一九四七年五月二十日）。[注5]

　皇后は、天皇や三人の内親王とともに四六年四月一日から葉山御用邸に滞在していた。天皇、皇后と内親王が完全な共同生活を送るのは、初めてであった。学習院の新学期が始まるのに伴い、三人の内親王は七日に帰京したが、皇后は天皇とともになお葉山に滞在し、同じ七日には女官長の保科武子や女官らと横浜市磯子区（現・金沢区）の引き揚げ者一時援護施設「金沢郷」を訪れた。

　金沢郷は海軍航空技術廠工員宿舎を転用したもので、財団法人鎌倉保育園など神奈川県内の社会事業団体によって四五年十月に開設された。皇后は、「各寮毎に一々歩を止められ引揚同胞を慰問激励」（『読売報知』一九四六年四月八日）したせいか、予定より一時間近くも遅れて葉山に戻っている（前掲『入江相政日記』第三巻）。

　次いで九日には、再び女官長や女官らと藤沢市の聖心愛子会（現・聖心の布教姉妹会）本部を訪れ、キンダーハウス（虚弱児施設）などを見学した（前掲『側近日誌』）。聖心愛子会は、カトリック修道女会「聖霊会」のドイツ人女性テレジア・イラーフース（聖園《みその》テレジア）らによって二〇年に秋田市で創立された邦人修道会であり、三八年に本部を藤沢町（当時）に移した（田代菊雄『日本カトリック社会事業史研究』、法律文化社、一九八九年）。聖園テレジアは、三〇年十一月の観菊会に招待されているように、早くから皇室との関係が深く、四六年一月八日には参内して皇后に会っている（聖園テレジア遺徳顕彰委員会編『聖園テレジア追悼録』、聖園テレジア遺徳顕彰会、一九六九年）。また、三月十九日には侍従の入江相政と戸田康英が聖心愛子会本部に赴き、皇后の手紙を聖園テレジアに渡しているから、皇后が同本部を訪れたのも故なきことではなかった（前掲『入江相政日記』第三巻）。

　19章と20章で触れたように、戦中期には天皇の地方視察が中断する代わりに、皇后の名代として皇族妃や王公族妃が二度にわたって沖縄県を除く全国に派遣され、病院や療養所のほか、会社や工場などを回り、傷病兵を慰労したり、勤労女性を激励したりした。

だが敗戦は、天皇ばかりか皇族や王公族の運命をも大きく変えた。四六年五月二十一日には、GHQが皇族や王公族の財産上の特権剝奪に関する覚書を作成している。もはや皇族や王公族の存立そのものが危うくなっていたのである。[注6]

こうした状況のなかで、天皇は巡幸の途上、かつての地方視察と同様、県庁や学校、工場などを回ったほか、病院や療養所、戦災孤児養護施設などにも足を運んだ。ジェンダー史学者の北原恵によれば、天皇は戦後巡幸全体を通して、約四十ヵ所の病院を慰問している（「『慰問』する天皇とジェンダー　近代天皇制と病院慰問の歴史」、『インパクション』百九十三号、二〇一四年所収）。

つまり天皇は、戦中期における皇族妃や王公族妃の役割を兼ねていたのだ。天皇がこれほど積極的に病院や社会福祉施設を回ったのは、明治以来初めてであった。

天皇に比べると皇后は、行啓の機会がはるかに少なかった。しかし皇后が訪れたのは、天皇が訪れなかった施設ばかりであった。もっぱら戦災孤児や引き揚げ者や虚弱児に面会した皇后良子は、野口幽香から学んだ光明皇后を意識していたのかもしれない。

野口幽香は、四五年八月二十二日から四六年六月三十日まで、食糧不足の東京を離れ、群馬県佐波郡島村（現・伊勢崎市）で暮らしていた。

だが敗戦後の宮中では、四六年一月に自由学園の羽仁夫妻や生徒児童が勤労奉仕を行ったのをはじめとして、戦中期以上にキリスト教が入ってきていた。女官で野口の弟子でもあった伊地知ミキ（幹子）は、五月九日に野口にあてた手紙にこう書いている。

仰せのように基督教が大分理解されて来た様で、旧教新教の御進講が此間から御座居ました。旧教は田中耕太郎氏、新教は斉〔斎〕藤勇《たけし》氏。斉〔斎〕藤氏の御進講は大そうようございました。植村環さんも出発なさる直前に御召が御座居ました。（前掲『野口幽香の生涯』）

東京帝大教授で法学者の田中耕太郎は四月三十日に、同じく東京帝大教授で英文学者の斎藤勇は五月七日に宮中で進講している（前掲『入江相政日記』第三巻）。斎藤は、富士見町教会の会員で、羽仁夫妻ともつながりがあった。「大そうようございました」という斎藤の進講に比べて、田中の進講の評判は悪かった。入江相政も「カソリツク教なるものゝ本質には余り触れず、その周囲をぐる〳〵廻つてゐるやうな気味がある」と記している（同）。

しかし、天皇自身がより強い関心を示したのは、プロテスタントよりもカトリックの方であった。『昭和天皇実録』では、昭和二十一年五月七日条には単に「進講を皇后と共にお聴きになる」とあるだけなのに対して、同年四月三十日条には「ローマカトリック教とギリシャ正教との差異、イタリア国首相ベニト・ムッソリーニがヴァチカン国と条約を結んだ理由、カトリック教が布教に格別熱心な理由につき御下問になる」とある。一九二一（大正十）年七月にローマ法王庁を訪れ、ベネディクト15世に会って以来のカトリックに対する関心を、ここに見いだすことができる。

天皇は特に、カトリックの信者が相対的に多い九州の動向に注意を払っていた。四六年七月二十七日から八月十七日にかけて、宮内省御用掛の木下道雄を九州に派遣させ、九州におけるカトリックの状況を視察させたのは、まさにその現れであった（『昭和天皇実録』昭和二十一年九月七日条）。天皇は前年の七月三十日と八月二日、宇佐神宮と香椎宮に勅使を参向させ敵国撃破を祈願させた直後に長崎に原爆が落ちたことで、九州では人心が動揺し、カトリックの信者が増えていると考えたのではないか。

植村環は植村正久の三女で、カトリックではなく旧日本基督教会の女性牧師であり、日本基督教女子青年会会長を務めていた。また自由学園とも関係が深かった（『私の歩んだ道　植村環著作集3』、新教出版社、一九八五年）。四六年四月二十七日には米国のキリスト教団体に招かれて渡米の旅に出たが、その出発前に天皇に会い、米国国民とトルーマン大統領に対する平和希求についての言葉を託されている（『昭和天皇実録』昭和二十一年四月二十七日条）。

女官長の保科武子は、八月十二日に野口にあてた手紙で、「この頃は基督教の本の献上も公然と御座居ます。カトリックの尼さん達にも拝謁が御座居ます。御帰京になりましたら御参内も御座居ますこと、その折の早々来ります様にと祈上げております」と書いた（前掲『野口幽香の生涯』）。「カトリックの尼さん達」とは、四月九日に訪れた聖心愛子会の聖園テレジアをはじめとする修道女たちを指していると思われる。保科の祈りが通じたのか、野口は十月二十一日、十一月十九日、そして四七年五月二十一日と、三回にわたって参内し、皇后への講義を再開している（前掲「野口文書Ⅲ雑稿　御進講草稿」）。

十月十五日には、皇太子の英語教師となるヴァイニング夫人が米国から来日している。これは天皇自身の決定によるものだと、彼女は強調している（高橋紘『象徴天皇の誕生』、角川文庫、二〇〇二年）。

ヴァイニングが天皇、皇后、皇太子に初めて会ったのは、その二日後であった。宮中服を着た皇后の印象について、彼女は「ゆったりした、母親らしいお体つきの、四十二、三というお年齢《とし》よりはずっと若く見えるお方であった」と記している（『皇太子の窓』新装版、小泉一郎訳、文藝春秋、一九八九年）。

皇太子は、五月二十二日から北多摩郡小金井町（現・小金井市）の東宮御仮寓所（現・江戸東京たてもの園）に住んでいた。皇太子が四月から入学した学習院中等科が小金井に移転していたためである。ヴァイニングは目白の自宅から小金井まで毎週通った。

彼女はクエーカー派のキリスト教徒であった。天皇は、カトリックの動向に注意を払いつつも、表向きはGHQやマッカーサーに忠実に従い、米国に信者の多かったクエーカー派の信者を宮中に受け入れる姿勢を示したのである。戦中期に皇后が野口幽香の講義を受けるのを黙認していた天皇は、狂信的な「神ながらの道」より、キリスト教のほうがまだしも望ましいと考えたのかもしれない。


だが、ヴァイニング自身は「私は何であれある特殊な教義を殿下に吹きこもうとしたことはかつて一度もなかった。宗教というものは、他人から教えこまれる前に、まずみずから把握しなければならぬ、と私は常日頃から信じている」と述べているように、皇太子をキリスト教徒に改宗させるつもりは全くなかった（同）。

十一月三日には、宮城前広場で日本国憲法公布記念祝賀都民大会が開かれ、天皇と皇后が出席した。二人がそろって外出するのは、御用邸や多摩陵（大正天皇陵）への定例の行幸啓を除けば、四六年にはこれが唯一であった。

広場には十万人が集まった。そのうちの一人で、作家で日本共産党員の中野重治は、『アカハタ』文化部長としてこの大会に参加したときの体験を、小説「五勺の酒」に描いている。

散って行く十万人、その姿、足並み、連れとする会話、僕の耳のかぎり誰ひとり憲法のケンの字も口にしてはいなかった。あらゆることがあってそれがなかった。たぶん天皇たちも、あれから帰って憲法のケンの字でも話題にしたかよほど疑わしいと思う。たしかに泣いてた女学生はいたが皇后で泣いたのだ。憲法ではなかった。（前掲『五勺の酒・萩のもんかきや』）

19章で触れたように、四二年二月のシンガポール陥落を祝う戦勝第一次祝賀式では、皇后が皇太子と各内親王を連れて二重橋に現れたのを見て、入江相政の母や妻らが感泣した。それは皇后が、天皇とは異なる「慈母」の役割を果たしていたからだ。

中野が見るところ、日本国憲法公布記念祝賀都民大会で女学生が泣いたのも、新憲法や天皇のせいではなく、皇后のせいであった。戦時体制が崩壊したにもかかわらず、「母」としての皇后像はなお残存していたのである（河西秀哉「敗戦後における皇后イメージ」、『女性学評論』第二十七号、二〇一三年三月号所収）。

しかも、皇后が二重橋という遠い高みに立っていた戦勝第一次祝賀式に比べて、日本国憲法公布記念祝賀都民大会では広場の小さな演壇に立っていたため、宮中服を着た皇后の身体がよく見えた。大会当日の新聞にも、東久邇宮盛厚王と結婚した成子の長男で、初孫に当たる信彦王を膝に抱えた皇后の写真が、大きく掲載された。中野は、「三日の『読売』の写真を見たまえ。皇后は彼女の責任で太っているのではないのだ」と書いている（前掲『五勺の酒・萩のもんかきや』）。

18章で記したように、皇后は三三年に皇太子を産んだ頃から、体型が変わり、ふくよかになった。敗戦直後のこの時代には食料不足がいっそう深刻化したはずなのに、皇后の体型はさほど変わらなかったように見える。

宮中服を着た（正確にいえば、着せられた）皇后の外見は、やがて激しい批判にさらされるようになる。『読売新聞』一九四九年五月二十九日の「編集手帖」は、「失礼ながら皇后様はほどよくおふとりになつていらつしやいますがあなたが日本のキモノをお召しになつたらさぞ堂々としてお立派だろうと思うのです。ああいう戦時中のわびしい宮中服をおやめになることは出来ないものでしょうか」と記している。

皇后は四七年一月から、週に二回のペースでヴァイニングに会い、英語の個人授業を受けるようになった。授業を受ける場所は宮内府であったが、四八年二月からは御文庫でも受けるようになる。ヴァイニングは皇太子に対してと同様、皇后に対してもキリスト教を教えることは基本的になかった（前掲『皇太子の窓』）。

しかし四七年に入っても、宮中におけるキリスト教徒の講義は続いていた。二月七日には、「新日本建設キリスト運動」と称し、全国を伝道して回っていた賀川豊彦が、「日本に於ける社会事業の現在及将来」と題して、天皇と皇后に進講を行っている（『賀川豊彦全集』第二十四巻、キリスト新聞社、一九六四年）。

四月十日には、植村環が米国から帰国し、二十一日に参内して天皇、皇后と面会した。入江は日記に、「午后二時半植村女史、皇后宮に拝謁、バイブルを奉呈、相当長時間復命する。四時より両陛下出御、同女史にお茶を賜はり色々話をおきゝ遊ばす」と記している（前掲『入江相政日記』第三巻）。

植村は九月から呉竹寮で週一回、三人の内親王に聖書の講義を始めたのに続き、野口幽香から引き継ぐようにして皇后にも聖書の講義をするようになるが、そのきっかけはヴァイニングが軽井沢の別荘で内親王や女中を相手に行った講義にあった。ヴァイニング自身の回想が残っている。

内親王さま方は、家の若い女中さんが私たちと同席したという事実に深い感銘を受け、聖書の中の物語にも興味をもつようになられた。そこで、宮内庁（当時は宮内府――引用者注）で協議を重ねた末、日本の著名な婦人伝道者で、日本基督教会派の牧師としてアメリカでもよくその名を知られている植村環女史が、週に一回、三人の内親王さま方に聖書をお教えすることになり、のちには皇后陛下にも週一回聖書講義をするように委嘱を受けたのである。（前掲『皇太子の窓』）

もはや宮中にあって、聖書の講義はタブーではなかった。五月二日に皇室祭祀令が廃止されてからも、宮中祭祀はおおむね踏襲されたが、皇后は宮中祭祀に出席しつつ、引き続き聖書の講義を受けていたのである。

四七年の天皇は、二府二十県を回った。八月には東北六県を巡り、秋田に滞在していた十四日には聖心愛子会秋田支部をわざわざ訪問した。

この日は、日本政府がポツダム宣言を受諾してから、ちょうど二年目に当たっていた。四六年四月九日に皇后が藤沢市の聖心愛子会本部を訪れたのに続いて、天皇もまたこの記念すべき日に同支部を訪れたのだ。

在日二十余年におよぶドイツ婦人、テレジア会長の外語なまりの愛きようある日本語の説明を熱心にきかれ、キリストの像輝やく聖堂では数分間お立ちになつて礼拝された。「……天の御父、おおきみをまもれ、とことわに……」。六人の尼僧がうたう賛美歌が静かに流れ黒衣の修道尼が「あの敬けんなお姿―」とあかく眼を泣きはらしていた。予定時間が十五分ものびた。（『朝日新聞』一九四七年八月十六日。句点を補った）

天皇を先導した元宮内次官の白根松介は、「聖堂では、入口から、内部をご覧願う予定でありましたところ、陛下にはつかつかと聖堂内に、お入りになり、その中央部でお立ちとどまりになって、黙禱遊ばされました。その時母様（聖園テレジア）は、陛下のおそばに侍立されたのでしたが、陛下には、流れ来る聖歌『日出づる国』の終るまで、お立ちつづけになったのでありました。その折の、母様の感激の御様子は、今も目に見えるような気がいたします」と回想している（前掲『聖園テレジア追悼録』）。

聖園テレジアをはじめとする聖心愛子会の修道女たちは、キリストの像を前に祈りを捧げる天皇を目のあたりにして、まるで天皇が敬虔なカトリック信者になったかのような感動を覚えたのかもしれない。こうしたタイプの行幸は、四六年にはなかった。天皇は、同年の皇后の行啓のスタイルを、自らの行幸に取り込んだように思われる。

天皇が聖園テレジアに会ったのは、このときが初めてであった。これ以降、天皇は皇后とともに、宮中でしばしば彼女に会うことになる。「こういう戦争になったのは、宗教心が足りなかったからだ」（徳川義寛『侍従長の遺言　昭和天皇との50年』、朝日新聞社、一九九七年）と述べた天皇と、「日本が戦争に負けたのは、国民に信仰が足りなかったことに原因すると思います」(前掲『聖園テレジア追悼録』)と述べた聖園テレジアとは、基本的な考え方が一致していた。

四七年九月八日、那須御用邸に滞在していた天皇と皇后は、財団法人慈生会那須事業所を訪れ、同会理事長でフランス人カトリック神父のフランシス・ヨゼフ・フロジャックに会っている。二人がフロジャックに会ったのは、前年の十二月十九日に次いで二度目であった。このときも天皇は皇后とともに仮聖堂を訪れ、祭壇に安置された聖母マリアに拝礼した(前掲『英国機密ファイルの昭和天皇』)。

皇太后節子が滞在していた三養荘本館の客室「松風/小督」

皇后は、九月の栃木県内の行幸を除いて、天皇の巡幸に同行しなかった。しかし、東京近郊への行幸では、皇后が同行することが多くなる。その半数以上は、泰西名画展覧会、現代美術展覧会など、美術芸術の展覧会への行幸啓であった(瀬畑源「象徴天皇制における行幸　昭和天皇『戦後巡幸』論」、河西秀哉編『戦後史のなかの象徴天皇制』、吉田書店、二〇一三年所収)。

大宮御所に戻った皇太后も、地方視察を再開している。八月二十八日からは静岡県田方郡伊豆長岡町(現・伊豆の国市)の旅館「三養荘」一号館(現・本館。写真参照)に滞在しながら[注7]、九月九日に同郡韮山村(現・伊豆の国市)、九月十二日に神奈川県足柄下郡元箱根村(現・箱根町)、九月十六日に三島市を視察した。三島では、森永食糧工業(現・森永製菓)三島工場を訪れ、建設中のペニシリン工場などを見学している（前掲『拝命』）。
その翌日には、秩父宮妃が三養荘を訪れた。二人は自動車に乗り、天城峠を越えて静岡県賀茂郡下田町（現・下田市）に入り、下田ホテルに泊まった。

翌々日は伊豆半島南端の石廊崎灯台を見学したが、15章で記したように、皇太后は二三年五月に横須賀市の観音崎灯台を見学して以来、集落から離れた灯台を守る職員や家族に対して、ハンセン病患者に劣らぬ関心をもち続けていた。カスリーン台風で大きな被害が出た直後にもかかわらず、皇太后が下田への行啓にこだわったのは、石廊崎に行きたい一念があったからではないか。

皇太后の本心は、石廊崎から東南東に約九キロ離れた太平洋上の神子元《みこもと》島灯台を訪れることにあった。それが危険で無理だとわかり、石廊崎灯台から神子元島を眺めるだけにしたという（前掲『今上陛下と母宮貞明皇后』）。

二人は再び自動車で三養荘に戻り、秩父宮妃は九月十九日、御殿場の秩父宮別邸に戻った。同行した山川一郎は、「非常に苦慮した行啓も、幸いに何の故障もなく有り難かった」と回想している（前掲『拝命』）。九月二十八日には、皇太后が三養荘から日帰りで御殿場を訪れ、秩父宮に再会している（前掲『雍仁親王実紀』）。

このように、皇太后は四七年九月を三養荘で過ごした。三養荘は沼津御用邸に近い古奈《こな》温泉にあったが、空襲で本邸を焼失した沼津御用邸とは異なり、戦争の傷跡はなかった。時代の「影」がまるで感じられないこの旅館を、皇太后はよほど気に入ったのだろう。山川は、「以前は御入湯も余りお好きではあられなかったが、今度は非常にお気に召し、毎日御入湯なされ」たと述べている（前掲『拝命』）。宮中では「清」（腰から上）と「次」（下）の区別がやかましく、潔斎でも上から下へ湯をかけるのが原則であった。湯船にどっぷり漬かることは、清と次の区別がなくなるので許されなかった（高橋紘『象徴天皇』、岩波新書、一九八七年）。皇太后が長い間入湯を嫌っていたのも、このことと無縁ではあるまい。

18章で触れたように、皇太后はアマテラスがまつられた皇大神宮（伊勢神宮内宮）に参拝するまでに潔斎を三度も行うなど、祭祀にきわめて厳格であった。しかし四四年四月三日の神武天皇祭を最後に、宮中祭祀には出なくなり、四一年三月の靖国神社参拝以来、神社への参拝もしていなかった。皇太后は、三養荘で初めて、温泉の楽しみを味わったのかもしれない。

伊豆長岡町には、宇垣一成《うがきかずしげ》の別荘「松籟荘」（現・食彩あら川）もあった。

宇垣は元陸軍軍人で、陸軍大臣や朝鮮総督などを歴任し、三七年一月に広田弘毅内閣が総辞職したときには首相に推挙されたが、陸軍大臣のポストが埋まらず、組閣を断念した。その後も外相や拓務大臣になり、天皇や皇太后ともしばしば面会したが、天皇は『昭和天皇独白録　寺崎英成・御用掛日記』（文藝春秋、一九九一年）で「この様な人は総理大臣にしてはならぬと思ふ」と述べているように、宇垣を評価していなかった。敗戦後は公職追放の処分を受け、松籟荘に引きこもりながら、再起の機会をじっとうかがっていた。

十月一日、皇太后は町役場などを訪れた帰途、松籟荘の近くを通った。宇垣が歩み寄り最敬礼すると、皇太后は洋傘をたたみ、「誠に久振りにて御目に掛かりたな―」と懐かしそうに言葉をかけた（『宇垣一成日記』3、みすず書房、一九七一年）。翌日の午後五時、宇垣は三養荘を訪れ、皇太后と二十分あまり話した。

余よりは過日太〔大〕夫に話し置きし線に沿ひ此腑甲斐なき失敗に直面し慚愧悔恨面目次第もなき微衷を言上せしに、陛下には同感を表し被遊。斯くなり至りしも到底一人や二人の力で喰止めることも六ヶ敷、結局運命乎？ナー、殊に宇垣は朝鮮の為色々と尽して呉れありしが夫れも水泡に帰したる形となり一段と残念であらうと推察する、と仰せあり、余は重ねて、最早余命□□永からず□此儘では、此有様では彼世に参りて先輩友人共に国の現状報告を致す面目もなしと苦慮して居りますと申上げしに、御察しする、併し十分体を大切にして御国の行末を克く見届けて貰はねばならぬ！　云々。（同）

宇垣は、朝鮮総督時代の三五年七月十三日に皇太后に会ったさい、「朝鮮の社会事業就中癩予防及び患者退治に関する状況」（前掲『宇垣一成日記』2）を言上するなど、植民地朝鮮におけるハンセン病予防事業の現状を報告していた。皇太后が「殊に宇垣は朝鮮の為色々と尽して呉れありしが」と話したのは、おそらくこのことを意味していたのだろう。

皇太后は、敗戦を運命と受けとめている。「到底一人や二人の力で喰止めることも六ヶ敷」という言葉は、「ドンナニ人ガ死ンデモ最後マデ生キテ神様ニ祈ル心デアル」という四五年一月の言葉とは、あまりにも隔たりがある。

皇太后は、敗戦という「腑甲斐なき失敗」に拘泥し、このままでは「彼世」に行っても面目が立たないと話す宇垣に対して、気持ちはわかると伝えたうえで、「御国の行末」を見届けるように命じている。「過去」を振り返るよりも「将来」を見据えよという敗戦直後のメッセージを、またしても繰り返しているのである。

三養荘に滞在中の九月二日、皇太后は財団法人大日本蚕糸会総裁に就任した。養蚕に熱心な皇太后は、蚕糸業の象徴的存在と見なされていた。そのため、四六年二月に梨本宮守正王が辞任して以来、空席となっていた総裁の座に、「皇太后陛下御自らの特別な思召」（前掲大日本蚕糸会版『貞明皇后』）によって就くことになった。

十月三日、皇太后は三養荘を発ち、大宮御所に戻った（国立公文書館所蔵「皇太后陛下静岡県下より還啓の件」）。そして十月二十八日には、千代田区の蚕糸会館四階にある大日本蚕糸会を訪れた。その前日には会頭の吉田清二に会い、次の令旨を下している。

わが国は今非常な苦しみの中にありますがこの苦しみに打ちかつて新しい日本を建設するにはどうしても経済の発展にまたなければならないと考えます。従つて蚕糸絹物の生産にたずさわる人たちは責任のいよいよ重いことをさとり、お互に心をあわせ助け合つて、科学の応用と経営の刷新とに工夫をこらし、いよいよ製品の声価を高めることに一だんと努力される様望んでやみません。（前掲大日本蚕糸会版『貞明皇后』）

四五年までずっと戦勝を信じ、アマテラスに祈り続けた皇太后の面影は、もはやどこにもない。軽井沢で武者小路公共に向かって言った「将来」とは、「経済の発展」を意味していたのである。そのためには「蚕糸絹物の生産」を奨励し、国産品を大量に製造しなければならないというのが、皇太后の考えであった。

もちろん、その背景には、GHQの占領統治に伴い、日本社会が「亜米利加の 民主々義」に染まってゆくことに対抗したいという意識があったと思われる。だが、それは同時に、GHQに見守られながら巡幸を続ける天皇への対抗でもあることが、やがて明らかになる。皇太后は、天皇に代わる政治的主体となることを、決してあきらめていたわけではなかったのだ。

［注］

1　ただし、折口信夫が羽仁もと子に会ったのは、このときが初めてではなかった。國學院大学時代に当たる明治末期に、「婦人之友」の会ですでに会っていた。前掲『折口信夫』を参照。

2　政治学者の石川公彌子《くみこ》は、「なによりも女帝の宗教性を重視した折口の立場からすると、貞明皇后の摂政就任を飛び越えて女帝としての即位をも視野に入れていたと考えることはけっして荒唐無稽な妄想とはいえないだろう」（「『女帝考』とその周辺」、『現代思想』二〇一四年五月臨時増刊号所収）と述べているように、皇太后が摂政ではなく、天皇になる可能性すら考えていたとするが、神功皇后と重ね合わせるなら、摂政でも折口のいう女帝の条件を十分満たしているといえよう。

3　前掲『今上陛下と母宮貞明皇后』は、「終戦の翌二十一年、沼津御滞在中には、陛下の御巡幸のお手助けと思し召されてか、沼津から浜松あたりにかけて、学校や引き揚げ者寮、さては色々の工場などにもお出かけになった」と記すが、国立公文書館所蔵の行政文書によれば、皇太后が沼津から浜松まで足を延ばしたのは、一九四八年四月のことであった。この点については次章で改めて触れる。また同書は、「〔昭和二十一＝一九四六年〕十月の末、沼津市内の引き揚げ者寮協生園においでになった」とも記すが、『沼津市史』史料編現代（沼津市、二〇〇四年）によれば、生活保護法による保護施設として協生園が創設されたのは、四七年四月一日であった。

4　この「人間宣言」に対して、逆に「神」を自称したのが、アマテラスに由来する「天照皇大神宮」が肚に宿ったとして天照皇大神宮教を創始した北村サヨと、天照皇大神が下した聖天子を名乗り、「璽光尊」と称して璽宇を創始した長岡良子である。まるで皇太后から憑きものが落ちるのを待っていたかのように、二人の女性がほぼ同時に本格的な宗教活動を始めるのが興味深い。

　特に後者は、皇后と同じ漢字で同じ読みの良子を名乗っているように、天皇ばかりか皇后も強く意識しており、四七年には東宮御仮寓所や御殿場の秩父宮別邸、沼津御用邸を相次いで訪ねたものの、いずれも門前払いにあっている（高杉善治『天皇明仁の昭和史』、ワック、二〇〇六年および対馬路人「敗戦と世直し——璽宇の千年王国思想と運動——」2、『関西学院大学社会学部紀要』第八十七号、二〇〇〇年所収）。現在も天照皇大神宮教は中規模の教団として存続しているのに対して、璽宇は事実上活動を停止している（島田裕巳『日本の10大新宗教』、幻冬舎新書、二〇〇七年）。

5　天皇は、四七年五月二十一日、二十二日、二十六日と宮内府長官の松平慶民を呼び、この記事に言及した。宮内府は、事実に相違するとして時事新報社に取り消しを求めた（『昭和天皇実録』昭和二十二年五月二十一日条）。また六月三日には、皇后自身も記事内容を否定した（同、同年六月三日条）。背景に皇太后の存在があったことは想像に難くない。

6　王公族がその地位を失ったのは、日本国憲法が施行された四七年五月三日であり、秩父宮家、高松宮家、三笠宮家の三直宮家を除くすべての皇族が皇籍を離脱したのは、同年十月十四日であった。

7　三養荘は旧岩崎久彌別邸で、駿豆《すんず》鉄道（現・伊豆箱根鉄道）会長の堤康次郎が所有していた。現在でもプリンスホテル系列の旅館として営業しており、皇太后が滞在していた二部屋続きの客室は「松風／小督《こごう》」と呼ばれている。この客室からは、広い庭園を一望できる。

第22章　皇太后節子の急逝

一九四七（昭和二十二）年十月三日、日本民藝館館長の柳宗悦《やなぎむねよし》は、目黒区駒場町（現・駒場）の同館を訪れた天皇と皇后を案内し、解説を行った。その二ヵ月後の十二月六日、柳は大宮御所から皇太后が十日に同館を訪れるという通達を受けたことを、大原美術館館長の武内潔真《きよみ》あての手紙に記している（『柳宗悦全集』著作篇第二十一巻中、筑摩書房、一九八九年）。

十二月十日、皇太后は日本民藝館を初めて訪れた。同行した侍医の山川一郎は、「柳さんの説明で、沖縄の物産や、織物陶器など珍しいものの製作、其の他を台覧遊ばされた」と記している（前掲『拝命』）。

四八年五月十五日と五〇年五月十五日にも、皇太后は日本民藝館を訪れている（前掲『柳宗悦全集』著作篇第二十二巻下）。三回目に訪問したときの目的は、絹織物、それも黄八丈という、八丈島に伝わる草木染めの絹織物を見ることにあった。柳は、皇太后にこう説明した。

黄八丈は原料になる糸がないために、だんだんなくなってゆきます。大体日支交配の糸でなければなりませんが、現在のは繭大きく糸も節なくいいものだが、本当の黄八丈はこれでは駄目です。日本在来の小砲丸型か俵みたいなものでなければ、黄八丈の味は出ないものです。それが最

近はどこにもありません。(坊城俊良『宮中五十年』、明徳出版社、一九六〇年)

皇太后は、「それなら自分のところに種子〔蚕種。蚕の卵〕がある。紅葉山(皇居)の蚕糸場にあるはずだ、欲しければ分けてあげよう……」と話した(同)。大日本蚕糸会総裁となった皇太后にとって、黄八丈の製造を続けられるかどうかは、日本の絹織物業の将来を占う上で、決してゆるがせにできない問題であったと思われる。このエピソードは、天皇、皇后とは異なり、通り一遍の形式的な訪問だけで満足しない皇太后の真骨頂がよく表れている。

天皇は四六年に一都八県、四七年に二府二十県を回った。ところが四八年という年は、天皇制復活を恐れるGHQの警戒と極東国際軍事裁判(東京裁判)の結審のため、地方行幸が中断した。ただし東京近郊への日帰りの行幸は続けられ、天皇は皇后とともに、国立博物館(現・東京国立博物館)や東京都美術館を訪れて展覧会を見学したり、東京盲学校(現・筑波大学附属視覚特別支援学校)や都立聾唖学校などの社会・福祉事業関係の施設を訪れたりしている。特に後者の行幸は、社会事業共同募金中央委員会(現・中央共同募金会)が行っていた「赤い羽根共同募金」の活動期間に合わせて十月に実施された(前掲「象徴天皇制における行幸」)。

天皇と皇后は、四九年から五一年にかけても、毎年五月と十月に東京近郊の社会・福祉事業関係の施設を日帰りで訪れた。毎年各地で開かれる国民体育大会秋季大会でも、五〇年に名古屋市で開かれた第五回大会以降、天皇と皇后は開会式に出席するのに合わせて、開催地の社会・福祉事業関係の施設を訪れることが恒例となる(坂本孝治郎「昭和期の天皇行幸の変遷――一九二七年〜一九六四年を中心として」、『學習院大學法學部研究年報』第二四号、一九八九年所収)。

このような天皇と皇后の新しい行幸啓のスタイルは、天皇の皇后化、もっといえば、光明皇后化を意味している。明治以降、軍事的指導者として〈男性〉化ないし〈父性〉化した天皇は、陸海軍が解体され、大元帥でなくなった時代のなかで、〈女性〉化ないし〈母性〉化することで新たな正統性を得ようとしていた。歴史学者のベン＝アミー・シロニーは、天皇の〈母性〉化が可能となった要因として、マッカーサーという新しい父性像があったことを挙げている（『母なる天皇　女性的君主制の過去・現在・未来』、講談社、二〇〇三年）。

皇后を伴わない戦後巡幸で各地の病院や戦災孤児養護施設を積極的に回ったのも、天皇の皇后化の一環であった。四九年五月三十日には、天皇は九州巡幸の途上、熊本県を訪れ、予定には入っていなかったが自らの希望でハンセン病療養所の菊池恵楓園《きくちけいふうえん》の前で車から降り、園長に話しかけている（『昭和天皇実録』昭和二十四年五月三十日条）。

皇后は、四七年に日本赤十字社名誉総裁となる一方、引き続き「日本の母」としてとらえられた。四八年には「母の日」が皇后の誕生日である三月六日から、米国などの母の日に合わせて五月の第二日曜日に変更となり、約三千人の母親たちが宮中で皇后に花束を渡した（『朝日新聞』一九四八年五月十日および前掲「敗戦後における皇后イメージ」）。

皇太后は大日本蚕糸会総裁として、あるいは産業の奨励者として、四八年から本格的な地方視察を始めている。二月二十七日に商工省横浜繊維工業試験所を日帰りで訪れたのに続いて、三月十日からは再び沼津御用邸に滞在し、四月十日に吉原市（現・富士市）の大昭和製紙（現・日本製紙）鈴川工場（現・富士工場鈴川事業所）を日帰りで訪れたほか、十二日から十四日にかけて、浜松と静岡にそれぞれ一泊し、静岡県内を回った（前掲『拝命』）。

まず四月十二日は、沼津から浜松までお召列車[注1]で移動し、浜松で内外編物（現・ナイガイ）浜松工場、日清紡績（現・日清紡ホールディングス）浜松工場、静岡県蚕糸中瀬工場を巡覧してから、広沢町（現・中区広沢）の西川熊三郎邸に泊まった（国立公文書館所蔵「皇太后陛下浜松静岡方面へ行啓の件」）。皇太后が個人の邸宅に宿泊したのは、幼少期を東多摩郡高円寺村（現・杉並区）の大河原金蔵・てい夫妻の邸で過ごして以来のことであったろう。

四月十三日は、日本形染、日本楽器製造（現・ヤマハ）の各株式会社を訪問してからお召列車で静岡に移動し、紺屋町の杉本旅館に泊まった（同）。日本形染で皇太后は、「一時間廿分にわたり捺染、浸染、彫刻、晒、整理などの全工程を熱心に御巡視」したが、社長は「皇太后さまはお気軽にどしどし御質問されて本当にお親しみ深いと思いました、最初固くなつていた私共も自然に本来の陛下はこのようであらせられるのかと感ぜられました」と述べた（『静岡新聞』一九四八年四月十四日）。

四月十四日は、静岡県立第二高校（旧静岡高等女学校。現・静岡城北高校）、清水市（現・静岡市清水区）の日蓮宗寺院・龍華寺、富士町（現・富士市）の王子製紙富士工場、凸版印刷富士工場を訪れ、沼津御用邸に戻った（『静岡新聞』一九四八年四月十五日および前掲「皇太后陛下浜松静岡方面へ行啓の件」）。

この行啓では、西川熊三郎邸や杉本旅館で出された皇太后の食事についても報道された。

陛下の召上られるものは朝は煎り米に熱湯をそゝいだものと、お汁一碗だけにお香のものは沢庵、お昼は黒い半搗米（絶対に白米ではない）に一汁一菜、一般民が最もその日の献立中で贅沢な筈の晩飯の陛下の献立は干そばか干うどんに配給や献上品の椎茸や筍を煮込んだ俗にいう煮こみうどんと沢庵のお香のもので、いわゆる代用食だ（『静岡新聞』一九四八年四月十五日）

闇米を食べず、代用食で済ませている「『人間皇太后』の赤裸々な姿」（同）が、国民の模範として大いに称えられたのである。

皇太后は、四月十六日に沼津から帰京する（国立公文書館所蔵「皇太后陛下沼津より還啓の件」）。五月六日には輸出生糸の検査実況を視察するため、農林省横浜生糸検査所（現・横浜第二合同庁舎）を訪れたのに続いて、六月三日から七日にかけて、養蚕業の視察を主な目的として、埼玉県と群馬県を訪れた。皇太后は、あたかも地方行幸を中断した天皇の「不在」を埋めるかのごとく、四八年に地方行啓を繰り返してゆく。

六月三日、皇太后を乗せた自動車は所沢街道を経由し、午前九時二十分に北多摩郡東村山町の国立ハンセン病療養所である多磨全生園の正門前で停まった。このとき、先導のジープとオートバイは後続の車が停まったことに気づかず、そのまま走行していた。

皇太后は、運転手に命じて窓ガラスを開けさせた。全く予期せぬ事態に、患者自治会・全生会の会長であった鈴木寅雄は感激し、皇太后をまじまじと見た。

いま正目に見る陛下のお姿は、やゝ髪白く老い給ひては私達の心を強く〳〵しめつけるのであつた。やがてお静かな微笑をもつて幾度も幾度も私達の上にこたへられ乍ら、再び速度を増した陛下の自動車は、その後に尚二台の車を随へられて、白い国道を遠ざかつていつた。再びどつと湧き上つて来るしびれるような感激にむせび乍らそうして名残りつきない思ひの中に、私はじつと

眼を伏せて立ちつゞけてゐた。（「感激の日」、『山櫻』一九四八年七月号所収）

17章で触れたように、皇太后は三三年六月七日、東海道本線の車中から神山復生病院のハンセン病患者に目をとめたことがあった。今回は、自動車が完全に停止したため、患者との距離は一層近くなった。皇太后は久しぶりに、光明皇后としての役割を演じたのだ。

しかし、ハンセン病療養所への訪問という点からいえば、高松宮の方が熱心であった。高松宮は、四七年二月二十四日に多磨全生園創立三十八周年記念式に臨席して以来、四十年間にわたって全国十六ヵ所のハンセン病療養所を妃の喜久子とともに何度も訪れた。皇太后が多磨全生園の前を通り過ぎた一日前の六月二日にも鹿児島県鹿屋《かのや》市の星塚敬愛園を訪れ、外科病棟で白衣もマスクもつけずに患者の一人ひとりと握手を交わした（前掲『高松宮宣仁親王』）。高松宮に比べれば、皇太后はハンセン病療養所のなかに立ち入ること自体がなかった。

午前十時過ぎ、皇太后を乗せた車は、埼玉県入間郡飯能町（現・飯能市）の電元工業（現・新電元工業）に到着した。皇太后は、製糸工場で「超短波でサナギを殺す機械や自動真空の繭を煮る機械など」（『朝日新聞』一九四八年六月四日）を見学したほか、女工宿舎や医務室まで巡覧した。再び車に乗り、入間郡高麗川村（現・日高市）の高麗神社参道入口では宮司から神社の由緒について聞いている（前掲大日本蚕糸会版『貞明皇后』）。神功皇后の三韓征伐で服従させられたとされる高句麗とのゆかりが深い神社の由来について聞いた皇太后は、一体どのような感慨を抱いたのであろうか。

それから、大家村（現・坂戸市）の養蚕農家・鹿川文治邸と山田村（現・川越市）の養蚕農家・沼田理之丞邸を相次いで訪れ、比企郡西吉見村（現・吉見町）の吉見百穴と小川町の埼玉県製紙工業指導所（現・埼玉県産業技術総合センター）を視察し、午後六時に宿泊先である大里郡寄居町の佐々一郎邸に到着した（同）。

六月四日、皇太后は車で秩父郡秩父町（現・秩父市）に向かう途上、野上町長瀞（現・長瀞町）の養蚕農家・村田勝蔵邸を訪れた。丸々と発育した蚕をつまんで頬ずりしたり、五、六頭の蚕を手のひらに載せて瞑目したりする皇太后に対して、村田は「皇太后さまはだいぶお蚕がお好きなそうですが」と尋ねずにはいられなかった（同）。

秩父町では、まず秩父織物商業工業協同組合（現・秩父織物商工組合）事務所を訪れた。皇太后が事務所のベランダに出ると、集まった町民は万歳の連呼でこたえた。さらに秩父織物や秩父合同織物整理などにも訪れたが、その合間に秩父神社に参拝した。

同行した筧素彦は、参拝の模様をこう述べている。

神門内の袖の所で御手水を奉仕しようとお待ちしていた神職の前で、矢庭に、前の真薦の上に両膝をおつきになって、両の御手を差し伸べられてお清めをなさり、拝殿前では、深く低頭なさって、何やらお口の中で仰せられているらしく、長い長い時間、微動だになさらず御祈念になっておいでになるのには一同が驚嘆を申し上げました。（前掲『貞明皇后御歌集』）

皇太后は、敗戦をきっかけとして「神」に祈ること自体をやめたわけではなかった。それどころか、皇太后の参拝のスタイルは、二二年三月に香椎宮を参拝したときと全く変わっていない。けれどもこの神社が、宮号を名乗った直後の二二年十一月に参拝して以来、秩父宮にとって特別の神社であったことを、皇太后が知らないはずはなかった。皇太后が祈っていたのは、療養生活が続く秩父宮の回復であったと思われる。

四日もまた寄居町の佐々一郎邸に泊まり、翌五日には自動車で熊谷市を経て群馬県に入った。この日も行く先々で養蚕農家に立ち寄り、熊谷市の片倉工業石原製糸所（現・片倉シルク記念館）、伊勢崎市の群馬県是蚕種協同組合伊勢崎製造所を訪れてから、伊香保温泉の旅館「仁泉亭」別館（現・千明《ちぎら》仁泉亭本館）に泊まった（前掲大日本蚕糸会版『貞明皇后』）。

六日は北甘楽郡富岡町（現・富岡市）の片倉工業富岡工場（旧官営富岡製糸場）を訪れた。一八七三（明治六）年に英照皇太后と皇后美子が訪れたことのある日本最古の製糸場である。

3章に記したように、明治維新とともに皇后には、天皇にはない役割が課せられるようになった。すなわち、宮中で養蚕を行い、製糸産業を奨励し、女子教育を振興することである。それから七十五年がたち、皇太后節子は再び皇后美子と同じ立ち位置にまで戻ってきた。言い換えれば、近代の皇后の原点に立ち返ったように見える。このとき、工場の広場を埋めた従業員の口からは、皇后美子が詠んだ「糸車とくもめぐりて大御代の　富を助くる道ひらけつゝ」の斉唱が流れ出したという（同）。

それから群馬郡総社町（現・前橋市）の群馬県蚕業試験場総社支場を訪れ、養蚕農家に立ち寄って仁泉亭に戻った。仁泉亭には二泊したが、「ご用が多く」温泉には入らなかった（前掲『拝命』）。

七日は伊勢崎市の伊勢崎織物工業協同組合事務所、石英織物を見学してから、隣の桐生市に入った。「市内に入れば奉迎の学生は小旗を振つて万歳を連呼し、商店の軒下は延々たる人の垣である」（前掲大日本蚕糸会版『貞明皇后』）。まさに天皇の巡幸と見まがうばかりの光景が展開されていたのがわかる。
桐生市では、飯塚機業、桐生織物工業協同組合（現・桐生織物協同組合）事務所を訪れ、桐生から
お召列車に乗り、原宿宮廷駅に戻った。しかし三日に大宮御所を出発してから七日に桐生駅に着く
までは、すべて自動車による移動であった。
この当時は、まだ道路の整備が進んでおらず、鉄道よりも自動車のほうが多くの困難を伴った。
実際に皇太后がたどった道は悪路が多く乾燥していて、ところによっては前方が見えないほど土煙
が舞い上がったため、皇太后は喉を痛めたという（前掲『拝命』）。
九月十四日から十七日にかけては、山梨県内を視察した。今回は東京から自動車を使わず、原宿
からお召列車に乗った。皇太后は甲府の湯村温泉にある常磐ホテル（現存）に泊まり、富士シルク
工業山梨工場、大黒葡萄園、浅間神社、山梨県蚕業試験場（現・山梨県総合農業技術センター）、旭興
業、保証責任生糸販売組合連合会模範社、昇仙峡などを視察し、各地の桑園や養蚕農家を訪れた
（前掲大日本蚕糸会版『貞明皇后』）。
皇太后の行啓は、天皇の行幸に比べて県民との距離が一層近かった。日川村（現・山梨市）の桑園
では、養蚕協同組合の女性組合員が桑摘みの競技をするというので、皇太后も飛び入りで競技に加
わったが、「御手先が意のように動かず、その歯がゆさにお声をもらしてお笑いになるのであつた」
（同）。
アイオン台風が近づいてきたため、十六日に予定を繰り上げて甲府からお召列車に乗り、帰京し
ようとしたが、暴風雨のため笹子トンネルの脇で崖崩れがあり、やむなく初鹿野《はじかの》（現・甲斐大和）で
折り返し、再び常磐ホテルで泊まった。あわや大惨事になりかねない事態であった。天皇からは見

舞の電報が届いた（同）。

十七日は台風一過の秋晴れとなり、中央本線も復旧した。皇太后は、高台になっている甲府城址舞鶴公園（現・舞鶴城公園）を訪れ、いまだ戦災の跡が残る市内を一望し、再び甲府からお召列車に乗って帰京した（同）。静岡、埼玉、群馬、山梨と各県を回り、各地で養蚕業や絹織物業をはじめとする諸産業が復活しつつあることに、皇太后は手ごたえを感じていたに違いない。

こうした度重なる地方行啓は、地方行幸が中断した天皇に代わって皇太后の存在を浮上させた。しかも皇太后には、天皇にはない養蚕業の奨励者という明確なイメージが伴っていた。高天原を支配するアマテラスについて、『古事記』には「天照大御神、忌服屋《いみはた》に坐《ま》して、神御衣《かんみそ》織らしめたまひし時」、『日本書紀』には「天照大神の、方《みざかり》に神衣《かんみそ》を織りつつ、斎服殿《いみはたどの》に居《ま》します」というくだりがある。皇太后が蚕糸業の奨励に余生をかけたのは、高天原で機織りをさせたり、自ら機織りをしたりするアマテラスが念頭にあったのかもしれない。

十月十九日には、杉並区の農林省蚕糸試験場（現・蚕糸の森公園）を訪れる途中、旧高円寺村の大河原家に立ち寄っている。6章で触れたように、ここは皇太后が幼少期を過ごした「実家」であった。皇太后は、育ての親であった金蔵もていもいなくなったこの家で、五十年ぶりに仏壇に手を合わせた（前掲主婦の友社版『貞明皇后』）。

同じ十月、皇太后は初めて大宮御所を訪れたヴァイニング夫人に面会した。[注2] ヴァイニングは、「大変宗教的な御性格」（前掲『皇太子の窓』）である皇太后の印象を、次のように記している。

陛下は明るい眼をなさった体の小さな方で、横顔はどこか鷹を思わせ、表情は大変魅力的で、全体に溢れるような気品があった。陛下の召しておられる黒い絹のドレスのV字形の襟は、黒いレースの立襟で、黒玉のビーズのついた小さな黒いスリッパが、長いゆるやかなスカートの下に見えていた。陛下の御服装でただ一つの明るい個所は、V字形の襟元についている、ダイヤモンドのついたプラチナの飾針《ピン》であった。英国のヴィクトリア女皇がほっそりとしておられたとか、皇太后陛下のようにユーモアに富んだ方だったというようなことは、何の記録にも残っていないのに、どうしたものか、ヴィクトリア女皇のことを想いださずにはおられなかった。（同）

さすがに女性らしい観察眼である。注目すべきは、皇太后をヴィクトリア女王に比していることだろう。天皇がいることを百も承知のうえで、なぜヴァイニングは皇太后を「女皇」だと感じたのか。「ヴィクトリアは――特に老境に入ってからは――周囲から恐れられる威厳を身につけていた」（ケイト・ハバード『ヴィクトリア女王の王室　側近と使用人が語る大英帝国の象徴の真実』、橋本光彦訳、原書房、二〇一四年）とされるように、皇太后にも天皇や皇后にはない威厳のようなものが備わっていると感じたからではないか。

会話をリードしたのは、皇太后の方であった。「ひとをそらさぬ御態度といきいきした低いお声とで、陛下はいろんなことをおたずねになり、新しい話題を持ちだされるのだった。お膝の上で陛下の指がたえずいそがしげに動いていた」（前掲『皇太子の窓』）。新聞で「女性的」と書かれたこともあったほど声が甲高く、巡幸でも人との会話に慣れず、「ああ、そう」が口癖であった天皇とは対照的である。皇太后が指をたえず動かしていたのは、それだけ会話に全神経を集中させていたからだろう。

皇太后の態度に、卑屈なところは全くなかった。むしろ堂々としていたといってよい。そこには、米国の手を借りずとも、日本が復興しつつあるという自信のようなものがみなぎっていた。

皇太后は、「天皇のご一家が別々の御殿で暮らしている現状を、あなたは不思議にお感じになるかも知れません。しかし、これは日本の古い伝統にもとづくものです」と話すなど、日本の伝統を強調した。会見の部屋には源氏物語絵巻の屏風を立て、床の間には竹内栖鳳《せいほう》の富士の軸をかけることで、伝統の美を演出した。そして別室では、絹糸、絹布、金糸銀糸の刺繡のある絹の衣装を陳列し、ヴァイニングに見せた。国産品を前に熱心に語る皇太后の話を、ヴァイニングはただじっと聞くよりほかはなかった（前掲主婦の友社版『貞明皇后』）。

だが実際には、三〇年代に米国でナイロンが発明され、主に軍需用として使われてから、戦後は民需用に転換し、生糸の独占市場であった婦人用靴下の領域に食い込んでいた（『大日本蚕糸会百年史』、大日本蚕糸会、一九九二年）。生糸の輸出数量は五〇年に早くもピークを迎え、養蚕農家の数は四五年に百万四千戸あったのが、六五年には約半分の五十一万四千戸まで減った。繭の全国生産量は、五七年の十一万九千四百五十三トンが最高であった（小野直達『現代蚕糸業と養蚕経営　日本養蚕は活き残れるか』、農林統計協会、一九九六年）。高度成長の始まりとともに、産業構造の転換は着実に進んでいったのである。

巡幸が中断された四八年には、天皇の退位問題が再び持ち上がっていた。首相の芦田均は、六月十日の日記に「Time と Newsweek が天皇退位の問題を書き立てゝゐる。それが更に難問だ」と記し、七月八日にも「〔芦田と田島道治宮内府長官の〕二人で真剣に話したことは abdication（退位）の問題であった」と記している（前掲『芦田均日記』第二巻）。

田島は八月二十九日に芦田に会ったさい、「色々考へて見ると周囲の情勢は退位を許さないと思ふ」と話し、その根拠の一つとして「摂政となるべき適任者がないのみならず皇太子は余り若年である」点を挙げた（同）。

このとき田島が警戒していたのは、皇太后ではなく、「頭がよ」い高松宮が摂政になることであった。[注3]実際に高松宮は、六月二十三日に宮城県の鳴子温泉で、記者団からの質問に「天皇退位については何もいえない。最近、自分が摂政になるとのうわさがあるが、うわさをするのは自由である」と答えた（前掲『高松宮宣仁親王』）。摂政になるという噂を肯定もしなかったが、かといって否定もしなかったわけだ。

田島と同様の懸念を、英国政府やマッカーサーも抱いていた。駐日英国政府代表のアルバリー・ガスコインは、六月十二日にマッカーサーと会い、こう述べた。

摂政が設置されれば、おそらく高松宮が主導的役割を果たすだろうが、それは占領の目的からいって望ましくはない。私の知る限り、高松宮は反動的な傾向があり、公職追放された人間たちと結びついている。（英国ナショナルアーカイブス所蔵文書ＦＯ３７１／６９８２１所収。原文は英語）

マッカーサーは、高松宮は信用できないというガスコインの評価に同意した。彼によれば、退位の噂は日本で公職追放された人間が流しており、米国の雑誌『ニューズウィーク』を利用してウォール街の一部分子が広めているだけのことだった（同）。

十月十五日、芦田均内閣は総辞職する。前章で触れたように、時を同じくして高松宮ではなく、皇太后の摂政就任案が浮上してきた（前掲「封印された天皇の『お詫び』」）。発信元は、新首相となる吉田茂であったようだ。皇太后は軍籍になく、皇太子の母親でもないことが評価されたものと見られる。ちょうどこのころ、ヴァイニングは皇太后に会い、皇太后をヴィクトリア女王にたとえたのだ。果たしてこれは偶然の一致だったのだろうか。

確かに、天皇の退位に反対していた吉田が、皇太后の摂政就任案を持ち出すだろうかという疑問は残る。けれども、もし皇太后節子が皇太子明仁の摂政になり、狭心症の発作を起こすこともなかったら、三韓征伐の後という「戦後」に神功皇后が皇太后として応神天皇の摂政になったように、皇太子明仁が五一年十二月に成年式を挙げるまで、もしくは五三年六月に行われたエリザベス女王の戴冠式から帰国するまで、その地位にとどまった可能性が高い。たとえ皇室典範で女性天皇が否定されても、事実上の「女帝」が誕生したことになる。

皇太后は「還暦過ぎたら粗相があってはおそれ入るから賢所なども御遠慮すべきもの」（前掲『入江相政日記』第八巻）と考えていたが、摂政になれば宮中祭祀を自ら行っただろう。大正天皇の死去からずっと着ていた黒か紫の洋服に代わって、「御小袿・御長袴」や「御五衣・御唐衣・御裳」（十二単）を着用し、髪をお中やおすべらかし（大垂髪）にして宮中三殿に赴いただろう。三笠宮妃百合子は、皇太后の髪について「お長いですよ、お背中よりお長かったのでは。たっぷりとおありになってね、それを全部お上げになって、こう縛ってね」と回想している（前掲『母宮貞明皇后とその時代』）。つまり、いつでもお中やおすべらかしができる状態だったのだ。

皇太后は、女性皇族は新嘗祭に出られないという明治以来の慣例を破り、『日本書紀』や『古事記』で描かれたアマテラスが高天原で新嘗祭を行ったように、摂政として新嘗祭を行ったのではないか。なぜなら新嘗祭こそは、アマテラスに供えた新米を食べることで、アマテラスと一体となるための祭祀であったからである。確かに、新嘗祭に性的な意味があるならば、女性が新嘗祭を行うことができるのかという疑問は残るし、そもそも新嘗祭に出たことのない皇太后が、女性にとってとりわけ負担の重いこの祭祀を行うことができるのかという疑問も生ずるだろう。しかしながら、「神ながらの道」にのめり込んだ節子が新嘗祭を行うことは、大正大礼が行われた翌年の一六（大正五）年に京都で、大嘗祭当日の模様が復元された大嘗宮を訪れて以来の念願であったようにも思われるのだ。[注4]

実際には、マッカーサーが十月二十八日に吉田を呼んで天皇の退位反対を表明し、二十九日に吉田が参内して天皇にマッカーサーの意見を伝えた（加藤恭子、田島恭二監修『昭和天皇と美智子妃　その危機に「田島道治日記」を読む』、文春新書、二〇一〇年）。皇太后摂政案は、高松宮摂政案同様、うたかたの夢と消えたのである。

退位問題が取り沙汰されるなかで、天皇はより一層カトリックに接近しようとしていた。六月七日、次期のローマ法王と目されていたフランシス・ジョセフ・スペルマン枢機卿やジェラルド・トーマス・ベルガン大司教らが来日し、九日に天皇と約五十分にわたって会見した。四五年九月に続いて再来日したスペルマンは、新聞記者の取材に対して「天皇がキリスト教に帰依することなど全然話に出なかつた」（『読売新聞』一九四八年六月十日）と話したが、十七日には駐日カナダ政府代表であったハーバート・ノーマンが、式部官長の松平康昌から聞いた話を、オタワの外務省あてに送っている。

不安定な精神状態にあって、天皇はますます宗教に慰めを見出している。だから、最近の新聞の報道にあった、スペルマン枢機卿一行の先週の宮中訪問は、ある意味では天皇がカトリック教徒になることについて相談するためのものだった（以下略）（前掲『香淳皇后と激動の昭和』）

四七年九月八日に那須でフロジャックに会ったさい、天皇はローマ法王への伝言を依頼した。四八年一月二十三日、フロジャックは再び宮中で天皇と皇后に会い、三十一日に訪欧の旅に出た。その目的は、ローマ法王庁に日本のカトリック教会の現状を報告することにあった（『昭和天皇実録』昭和二十三年一月二十三日条）。三月三十日、彼はローマ法王ピウス十二世に会い、天皇からの伝言を渡した。訪欧の旅から帰国したフロジャックは、七月二日に参内して天皇、皇后に会い、成果を報告している（前掲『英国機密ファイルの昭和天皇』）。

天皇からの伝言を受け取ったローマ法王庁は、天皇がカトリック信者になる可能性について言及した。十二月七日発のヴァチカン特電は、法王庁消息筋から発せられた次のような言葉を伝えている。「一九四五年以来天皇、皇后両陛下はキリスト教に多大の関心を示され、日本におけるカトリックの慈善事業に対しても皇室からの援助が行われた、日本のカトリック教信者の多くは、天皇がカトリックの洗礼をうけられることを祈つている」（『朝日新聞』一九四八年十二月九日）。四九年三月二十五日には、ガスコイン駐日英国代表が、天皇がカトリック改宗を考えている可能性について、英国外務省に報告している（前掲『英国機密ファイルの昭和天皇』）。

なぜ天皇は、カトリックにこれほど接近したのか。

まず考えられるのは、皇后からの影響である。

19章と20章で記したように、皇后は四五年よりも前からキリスト教に多大の関心をもち、野口幽香から定期的に聖書の講義を受けていた。また四六年からは、聖園テレジアをはじめとするカトリックの修道女にしばしば面会していた。四七年になると、皇后を対象とする聖書の講義は野口幽香から植村環に受け継がれながら、なおも続けられた。さらに四八年七月七日には、天皇も皇后とともに植村の新約聖書の講義を皇后宮御進講室で約一時間二十分にわたって聴いている（『昭和天皇実録』昭和二十三年七月七日条）。これ以降、天皇は皇后とともに五〇年まで、植村の講義を少なくとも五回にわたって聴いていたことが、『昭和天皇実録』から確認できる。

天皇は宮中祭祀を続けながらも、神道が戦争と結びつき、終戦直前まで皇太后の意向を無視できず、わざわざ宇佐神宮と香椎宮まで勅使を参向させて敵国撃破を祈り続けたことに対する深い反省の念を抱いていたに違いない。その思いは、戦後に大分県や福岡県を訪れても、宇佐神宮や香椎宮に参拝しなかったことに表れている。

もう一つは、贖罪の意識である。

四八年十一月十二日、極東国際軍事裁判が結審し、十二月二十三日には元首相の東条英機ら七名のA級戦犯が絞首刑に処せられた。結審の直後から、裁判長のウェッブや首席検事のキーナンは、「天皇不起訴は政治的理由に基づく」とのコメントを相次いで出していた（冨永望『昭和天皇退位論のゆくえ』、吉川弘文館、二〇一四年）。裁判の舞台裏を知り尽くした天皇は、結審の前から裁判の行方に思いを馳せ、A級戦犯は自分の身代わりとなって処刑されることになると考えていたのではないか。そこに強烈な罪の意識が伴い、カトリックに救いを求めたように思われるのだ。

天皇の本意は、退位して皇后とともにカトリック信者となることにあったのかもしれない。十二月二十三日には、侍従長の三谷隆信に対して、「三谷、私は辞めたいと思う。三谷はどう思うか」と漏らしたという（前掲「封印された天皇の『お詫び』」[注5]）。

しかし前述のように、「周囲の情勢」は退位を許さなかった。十一月十二日に天皇がマッカーサーにあてたメッセージでは、「いまや私は一層の決意をもって、万難を排し、日本の国家再建を速やかならしめるために、国民と力を合わせ、最善を尽くす所存であります」（山極晃、中村政則編、岡田良之助訳『資料日本占領1　天皇制』、大月書店、一九九〇年）と述べて、自ら退位を否定している。

東大総長の南原繁は、四六年四月二十九日の「天長節に際して」と題する講演のなかで、「天皇には道義的、精神的な責任があり、そのことを最も強く感じておられるのは天皇御自身であると拝察する」と述べ、「この責任観念の表明により今後の皇室のあり方を基礎づけることができる」と強調した。天皇はこの講演に強い印象を受けたようで、五月四日に宮内大臣の松平慶民に話している（『昭和天皇実録』昭和二十一年五月四日条）。

南原の言葉を借りれば、退位を封じられた天皇にとって、カトリックへの改宗こそは自らの「責任観念の表明により今後の皇室のあり方を基礎づける」ためのもう一つの道であったはずだ。天皇の脳裏には、南原の講演に加えて、一九二一（大正十）年七月にベネディクト15世から聞いた、「カトリックの教理は確立した国体・政体の変更を許さない」という言葉が、ありありとよみがえっていたのではないか。

それだけではない。天皇は表向きＧＨＱやマッカーサーに忠実に従い、ヴァイニングに代表される米国経由のキリスト教徒を宮中に受け入れながらも、米国主導の占領体制に風穴を空け、別のチャンネルを確保しておきたいという思いがあったのではないか。信教の自由を最大限に尊重するGHQは、神道指令を出して国家神道を解体しつつも、天皇家が神道を信仰すること自体は認めた。ということは、もし天皇自身がカトリックに改宗したいといえば、それを止めさせることはできなかったはずだ。この点で、退位と改宗は明らかに異なる。天皇は折口信夫のように、「われわれは、日本の神々を、宗教の上に復活させて、千年以来の神の軛《クビキ》から解放してさし上げなければならぬのです」（「神道の新しい方向」、前掲『折口信夫天皇論集』所収。傍点原文）とは考えなかった。そうではなく、宗教としての資格を欠くがゆえに破局を招いた神道をまるごと捨てて改宗することで、戦争責任と米国からの相対的自立という二つの課題にこたえることができると考えたのではないか。これこそが、天皇をしてカトリックに接近せしめた最大の理由かもしれない。

　天皇は、四九年五月から六月にかけて九州七県を回り、各地で熱狂的歓迎を受けた。九州で人心が動揺し、カトリックの信者が増えているかもしれないという天皇の予想は、外れたように見えた。しかし、長崎県大村市のカトリック系修道会であるコンベンツアル聖フランシスコ修道会の施設、聖母の騎士園を訪れたときには、滞在時間が予定より約三十分も延びているし、大分県別府市のカトリック扶助者聖母会の施設、小百合愛児園を訪れたときには、予定外に聖堂の奥まで入り、案内を受けている（『昭和天皇実録』昭和二十四年五月二十五日条、同年六月八日条）[注6]。天皇は、A級戦犯が処刑されてからも、依然として宮中で皇后とともに聖書の講義を受け、キリスト教に対する関心を抱き続けていたのである。

四九年四月二十七日、皇太后は大日本蚕糸会蚕糸功労者表彰式に臨席した。二十八日には全国蚕糸業者大会に臨み、次のように述べた。

今日全国から、多数の蚕糸関係者が集〔ま〕り、協議されることは、まことに意義あることと思います、特に蚕糸業は、現下わが国経済復興のため、最も大切な事業でありますから、お互に心をあわせて、一層の工夫と努力とを、致されるよう希望してやみません。（前掲大日本蚕糸会版『貞明皇后』）

摂政就任の可能性がなくなった皇太后は、蚕糸業が盛んになり、日本が経済復興して再び世界に冠たる大国となることに最後の望みをかけていた。

四九年から五〇年にかけては、皇太后の地方行啓と天皇の地方行幸が同時並行的に行われた。天皇が九州を回った四九年に皇太后は静岡県伊豆地方、山梨県、長野県を回り、天皇が四国と淡路島を回った五〇年に皇太后は福島県、山形県、宮城県、岩手県を回った。いずれの行啓も、大日本蚕糸会総裁として各地の養蚕業や絹織物業を奨励することが目的であった。

皇太后は、四九年五月六日から七日にかけて、沼津御用邸から静岡県伊豆地方を自動車で訪れ、賀茂郡松崎町の静岡県立蚕業試験場松崎支場を見学した。このとき泊まった峰温泉の五楽荘は、旧三菱合資総理事の木村久寿弥太《くすやた》が建てたものであり、現在は登録有形文化財「木村屋敷」として一般公開されている。

続いて五月十二日と十三日には、沼津御用邸を自動車で出発し、前年九月に訪れるはずであった山梨県郡内地方を訪れた。南都留郡谷村町（現・都留市）では「御召車御通過の沿道を清掃の上に撒水し、町民はみな沿道に整列し、男女学生は小旗を振つて『陛下万歳』を連呼するなど熱烈な奉迎ぶりであつた」（同）。ここでも天皇と変わらぬ奉迎を受けていたのがわかる。皇太后は、郡内地方の織物業が輸出品に重点を移していることを非常に喜んだ。十三日に沼津御用邸に戻り、十八日には御殿場の秩父宮別邸を訪れている。

六月十四日から二十日にかけては、原宿からお召列車で「日本一の蚕糸王国」と言われた長野県を訪れ、諏訪、岡谷、飯田、天竜峡、塩尻、松本、有明、長野、須坂、上田、小諸などの養蚕農家や蚕飼育地、繊維工業試験場、製糸工場、蚕業高校、善光寺などを回り、篠ノ井から軽井沢を経由してお召列車で帰京した。

六月十五日には、タケミナカタをまつる諏訪大社上社を非公式に参拝している。その後、岡谷市の増澤工業（現・新増澤工業）製糸部の視察を終えて出発しようとした皇太后の自動車の前で、同会社木工部の青年部員約三十人が、赤旗を立て、「首切り反対」を叫んで陣取った（『信濃毎日新聞』一九四九年六月十六日）。これは直訴ではなかったが、皇太后の視線を意識した行動ではあった。

帰京に先立ち、皇太后は視察の感想を述べた。

かねてから一度見たいと思つていた長野県の養蚕糸業の実状を視察出来たことはまことにうれしく思つています。従来から養蚕業の盛んな県のことゝて、あらゆる観点から養蚕糸業の実状を視察出来たことは、大層勉強にもなり満足いたしました。（中略）経済界の困難な時期にもかゝわらず、一生懸命に養蚕糸業にいそしむ実状はまことに心強く感じました。（『信濃毎日新聞』一九四九年

六月二十一日。一部読点を句点に改めた）

皇太后の言う「経済界の困難な時期」とは、三月七日に実施されたドッジ・ラインに伴いデフレが進行し、失業や倒産が相次いだことを意味する。だが皇太后の見るところ、蚕糸業はドッジ不況を乗り越えられると映ったようだ。この予測は短期的に見れば正しく、前述のように五〇年には生糸の輸出数量がピークに達した。

七月には、秩父宮が米国主導の占領体制を公然と批判したことを、GHQが事件として問題視した（前掲『昭和天皇と美智子妃　その危機に』）。その具体的内容は明らかでないが、九五年に死去した秩父宮妃勢津子の遺品のなかから、秩父宮が当時記した文章が発見された。

……米国の最初に行つた政策には行き過ぎもあれば見当違ひもあつて、今日の混乱を招く原因となつたものが少くなかつた。

今迄相敵視してゐたものが敵国を占領したのだから仮令平和進駐でも多少前後の分別なく振舞ふのも自然の勢だつたらう。

日本を独逸の様な全体主義国家と思つてポツダム宣言に従ひ革命的民主化に一挙に乗り出したのも至当かも知れない。（中略）

思想問題を取り上げてみる。連合国だから仕方ないと云ふ外なかつたらうが、言論、信仰、思想等の自由の原則の上に立つ民主主義の一種として之等の自由を絶対に認めない共産主義を寛容したことは忽ち我解放された共産主義者に絶好の機会を与へて終つた。（中略）

日本の実情の即しない米国制度の直輸入も大いに批判されなければならない。六、三制の教育制度にしても、自治体の警察制度にしてもあせり過ぎてゐる様に感ぜられる。勿論日本の当局者の弱腰と云ふか、無責任と云ふか日本の実相を理解せしめる努力の足らないこともあるだらうが占領軍当局者のやり方は中央部の机上計画を矢鱈に強行する傾向があるのではないかと思はれないでもない。（「陸軍の崩壊　占領政策の批判」、『中央公論』一九九六年十一月号所収）

皇太后に言わせれば、これは「ソヴィエトの共産主義」や「亜米利加の　民主々義」（前掲『貞明皇后御集』）に対する明確な批判と見なせるだろう。結核のため御殿場で長期療養しており、前年に天皇の退位問題が持ち上がったときも摂政候補としては名前が挙がらなかった秩父宮がこうした意見を公然と表明したことに、ＧＨＱは衝撃を受けたように思われる。

宮内庁（六月一日に宮内府から改組）長官の田島道治は、七月十五日に葉山御用邸に滞在していた天皇に会い、事件について報告している。天皇は秩父宮や高松宮ばかりか、皇太后にもこの事件について報告するよう、田島に命じた。翌十六日、田島はまず御殿場の秩父宮別邸、次いで大宮御所を訪れた。このとき、秩父宮は「時又厄介カケルカモ知レヌ」と冗談を口にしたが、皇太后が何と発言したかは田島の日記には記されていない（前掲『昭和天皇と美智子妃　その危機に』）。

四九年十二月五日、侍医の山川一郎が皇太后を拝診したところ、やや著しい下肢のむくみがあった。毎日、大宮御所の御影殿で正座し、大正天皇の御影に向かって祈る生活が影響していると山川は考えた。秩父宮が回想するように、皇太后は冬の寒い底冷えのする日でも、座布団を使わなかった（前掲「亡き母上を偲ぶ」）。山川は御影殿を改装して絨毯を敷き、保温に注意するよう、皇太后に助言した（前掲『拝命』）。

五〇年三月九日、皇太后は沼津御用邸に移った。二十三日には皇后が御用邸に一泊したが、二十四日に山川が皇太后を拝診すると、一時的に不整脈と呼べるほど甚だしい脈の異状があった（同）。皇后を見送った直後のことだった。皇后が皇太后に何を話したのかは不明だが、例えばキリスト教のような、皇太后にとって著しい緊張を伴う話題が出たものと察せられる。

五月四日には、御殿場の秩父宮別邸を自動車で訪れた。その途中、ハンセン病療養所の神山復生病院の門前で車を停めさせ、職員患者の代表に会釈し、花と青菜の種を下賜した（同および前掲『神山復生病院120年の歩み』）。このときは、四八年六月三日に自動車で多磨全生園の門前を通ったときとは異なり、車から降りている（前掲『今上陛下と母宮貞明皇后』）。けれどもやはり、病院内に立ち入ることはなかった。

秩父宮は、「珍しく雨の強い日で、外には一歩も出られなかった」と回想している（前掲「亡き母上を偲ぶ」）。皇太后は、五一年四月十八日にも秩父宮別邸を訪れる予定であったが、秩父宮の体調が悪く、二十日以降は静岡県知事選挙を控えていたため、取りやめとなった。結果的に皇太后が秩父宮に会ったのは、これが最後となった（同および前掲『拝命』）。

六月九日から十六日までは福島県と山形県を、十月四日から十日までは岩手県と宮城県を、それぞれお召列車で訪れた。いずれも従来の地方行啓同様、大日本蚕糸会総裁として蚕糸業を視察するためであった（前掲大日本蚕糸会版『貞明皇后』）。行啓の準備はしだいに大掛かりとなり、奉迎は盛大となった。皇后や皇太后の行啓自体がなかった山形県では、皇太后をあたかも「生き神」のごとく拝む老人までいたという（前掲『拝命』）。

さらに五一年五月末からは、愛知県と岐阜県への訪問が予定されていた（前掲大日本蚕糸会版『貞明皇后』）。節子がこれほど頻繁に各地を回ることは、皇后時代にもなかった。すでに六十代半ばに達していた年齢を考えれば、驚くべき体力であった。一般には戦後巡幸ばかりが注目される占領期にあって、天皇ばかりか皇太后もまた政治的主体として浮上し、各地で人々に積極的に声をかけ、熱狂的な歓迎を受けたことを忘れてはならない。

だが、天皇や皇后とは異なり、皇太后が神社や寺院を訪れることはあっても、キリスト教の施設を訪れることは決してなかった。こうした行動を見る限り、天皇に見られたような贖罪や自責の念を皇太后に見いだすことはできない。

山川一郎は、一見健康そうな皇太后の身体に、異状があることを察知していた。レントゲン検査で心臓の肥大や大動脈弓の硬化が顕著に見られ、心臓濁音部も徐々に左側に拡大していた。皇太后自身の意欲とは裏腹に、医学的に見て皇太后はこれ以上行啓を続けるのを控えなければならない状況だった（前掲『拝命』）。

五一年五月十六日、山川は皇太后宮職御用掛となったばかりの勝沼精蔵に対して、このことを宮内庁長官の田島道治に伝えておくように話した（同）。

五月十七日、皇太后は皇太后宮大夫の坊城俊良に対して、「約束の種子〔蚕種〕を渡すから柳を呼びなさい」と言った。ほぼ一年前、駒場町の日本民藝館を訪れたときに柳宗悦と交わした会話を、皇太后は覚えていたのだ。坊城は昼ごろ、柳に電話をかけている（前掲『宮中五十年』）。

その日は、愛知県幡豆《はず》郡西尾町（現・西尾市）から来た勤労奉仕団が、午後三時までに作業を終わり、大宮御所の玄関近くに集まって、皇太后が現れるのを待っていた。皇太后は、三時三十分に玄関に出る前、御東所《おとうしよ》（便所のこと。御所言葉では「よそよそ」という）に行ったとき、激しい発作に襲われて倒れた。

ただならぬ物音がしたので、隣の「手水の間」に控えていた女官が扉を開けると、皇太后が懸命に起き上がろうとしている。廊下にいた女官長の保科武子が駆け寄り、背負って寝室に連れて行こうとしたが、皇太后は保科の申し出を断り、肩だけ借りて自分の足で歩いた（前掲『香淳皇后と激動の昭和』）。

寝室で皇太后は、胸を手で押さえながら、「痛い、狭心症とはこんなのかしら」と言ったきり、横になった。それが皇太后の最後の言葉となった（前掲『拝命』）。皇太后は、自ら死因を悟っていたのだ。

このとき、山川は熱海にいた。知らせを受けた侍医の小原辰三が飛んできたときには、すでに皇太后の脈は絶えていた。享年六十六。正確な時刻は、小原にすらわからなかったが、四時十分として発表した。

皇太后陛下には、予てから軽度の動脈硬化症、心臓肥大があられましたが、本日午後三時三十分、突然激甚な狭心症の御発作があられ、直ちに応急の処置を差し上げましたが、遂に午後四時十分崩御遊ばされました（同）

急遽熱海から帰京した山川と小原が、この「御容態書」を発表した。「軽度の」は、坊城に言われて後から付け加えたものである。三笠宮妃百合子は、「山形県の山寺、立石寺へいらしてずいぶんお歩きになってそのお出ましの時、ちょっとご気分が悪くなられたの。それが狭心症の一番最初だったのではないかって、後から考えると」（前掲『母宮貞明皇后とその時代』）と回想するが、同行した山川は特に記していない（前掲『拝命』）。

皇太后が御東所で倒れたことは公表されなかった。前掲大日本蚕糸会版『貞明皇后』や前掲主婦の友社版『貞明皇后』にも記されていない。それは宮中で、御東所が不浄を意味する「次」のなかでも「大次」と呼ばれる最も不浄な場所とされているからであり、皇太后が本来御東所を出てするべき二度の手水もせずに死去したことを公表したくなかったからではないか。

あれほど宮中のしきたりにうるさかった皇太后にとって、大次のまま死去するというのは決してあってはならないことだったに違いない。

この日、天皇は午後二時から皇居内の花蔭亭で東京教育大学（現・筑波大学）教授で歴史学者の家永三郎の親鸞に関する進講を受けていた。四時過ぎになって女官長の清水谷英子が侍従長の三谷隆信を呼び出し、三谷はすぐに皇太后の急変を天皇に知らせた。天皇と皇后が御文庫を出発して大宮御所に向かったのは四時四十七分で、皇太后が死去してからすでに三十分以上がたっていた（前掲『入江相政日記』第五巻）。

天皇、皇后に続いて、高松宮夫妻や三笠宮夫妻も大宮御所に駆けつけた。秩父宮妃も御殿場から飛んできた。一人御殿場に残された秩父宮は、「母上を偲ぶよすがに、せめてもと次から次とわく思い出にペンを走らせた。かくて十九日の朝、医師の許しを得て上京するまでの、十七日崩御の夜と十八日の昼とで書き綴ったものが、三十枚ばかりになった」（前掲「亡き母上を偲ぶ」）。

5章で記したように、皇太后美子もまた狭心症の発作で倒れた。しかし美子の場合、重体におちいってから死去するまでに半月あまりの時間があり、その間に天皇や皇后は侍従や医師団、皇后宮職御用掛、皇后宮主事、皇后宮典侍らを沼津御用邸に遣わしたほか、皇太子裕仁や雍仁、宣仁両親王や内親王らも美子に会っている（前掲『昭憲皇太后実録』下巻）。それに比べると、節子の死はあまりにも突然であった。

五月二十二日、田島道治は皇太后の追号《ついごう》につき、天皇に説明した（『昭和天皇実録』昭和二十六年五月二十二日条）。六月六日には漢学者の加藤虎之亮《とらのすけ》が追号説明書を持参し、八日には追号「貞明」が発表されている（前掲『昭和天皇と美智子妃　その危機に』）。

高松宮は日記で、追号には第一案「貞恵」、第二案「恵貞」、第三案「貞明」の三つの案があったことを明かしている（前掲『高松宮宣仁親王』）。正確にいえば、「皇后は貞操の徳高く、先帝の御影に事えること生けるが如く、廿五年一日も廃し給わず、また聡明仁恵にして、用を省き治療に資し、幽暗の天地に光明を与えたまえり」（前掲大日本蚕糸会版『貞明皇后』）と説明されたように、「貞明」は追号ではなく、生前の業績を称えた諡号であった。貞明皇太后でなく貞明皇后としたのは、一九一〇（明治四十三）年制定、四七年廃止の皇族身位令に従い、生前の最高位である皇后としたからである。

これは、天平宝字四（七六〇）年に死去した光明皇后が生前に中台天平応真仁正皇太后の尊号を与えられたり、一九一四（大正三）年に死去した皇太后美子が昭憲皇太后と追諡されたりしたのとは異なっていた。皇后として追諡されたのは、神功皇后以来であった。[注7]節子は死去することで、光明皇后と同じ「明」が諡号に含まれるとともに、神功皇后に次ぐ正式の皇后となったのである。

［注］

1 一九四七年十月二日制定の「お召列車の運転及び警護の取扱いについて」以降、御召列車は「お召列車」と表記が改められた（原田勝正「お召列車論序説」、遠山茂樹編『近代天皇制の展開 近代天皇制の研究Ⅱ』、岩波書店、一九八七年所収）。

2 前掲主婦の友社版『貞明皇后』では、皇太后がヴァイニングに会ったのを四七年十月としている。しかし、前掲『皇太子の窓』にあるように、この時期のヴァイニングは一時帰国している。

3 前掲『芦田均日記』第二巻における田島の高松宮に関する発言部分は、「何しろ頭がよくて＊＊＊＊＊＊＊」となっており、八字分が伏せられている。

4 10章で触れたように、『日本書紀』巻第二十四によれば、新嘗祭を初めて行ったのは女性天皇の皇《こう》極《ぎょく》天皇であった。また『日本書紀』や『続日本紀』によれば、持統、元明、元正、称徳の各女性天皇が大嘗祭を行っている。最後の女性天皇である江戸時代の後桜町天皇も大嘗祭を行っている。明治四（一八七一）年制定の四時祭典定則で新嘗祭も元始祭などと同様、天皇とともに皇后が出るべき大祭とされ、同年に神祇省が大嘗祭に皇后も拝礼すべきだとしたのは、まさにこのためである。したがって、皇太后が新嘗祭を行うことは、10章で紹介した村上重良の説に反してはいても、皇室の伝統を破ることにはならないという見方もできるわけである。

5 ただし『昭和天皇実録』昭和二十三年十二月二十三日条に、天皇が三谷隆信に会ったという記述はない。その代わりに同年十一月十三日条には、「表御座所において、宮内府長官田島道治・侍従長三谷隆信の拝謁を受けられ、極東国際軍事裁判の判決について天機奉伺をお受けになる」とある。したがってこの言葉は、十一月十三日に漏らした可能性もある。

6　大分の郷土史家、鬼塚英昭は、小百合愛児園で天皇が聖堂の奥まで入ったとき、カトリックへの改宗計画があったと推測している（『天皇のロザリオ　日本キリスト教国化の策謀』上下、成甲書房、二〇〇六年）。

7　嵯峨天皇の后に当たる檀林皇后は橘《たちばなの》嘉智子《かちこ》の異称であり、光明皇后同様、正式な追号ではない。

第23章 よみがえる光明皇后

おかくれになってから、改めて皇太后さまのお高い婦徳がいろいろと紹介された。その中にはこれまで宮中秘話とされ、私たちのはじめて耳にしたものもあったようである。その中でことに心を打つものとして、太平洋戦争が日ましに烈しくなってからは、いよいよ平和主義に徹せられたことこそ見のがせないものを感ずる。勝ちまけを越えて、一日も早く平和の訪れることを祈念された御心境、さらに終戦のためにかげながら大きな力となられたことは、その御婦徳を物語るものであろう。

皇太后節子の葬儀が行われた一九五一（昭和二十六）年六月二十二日、『毎日新聞』に掲載された「御大葬に際して」と題する社説の一節である。まさにこの瞬間から、貞明皇后の「婦徳」が称えられ、「平和主義者」として神話化が図られていたのがわかる。

こうした神格化は、皇太后と付き合いのあった関係者によっても図られた。野口幽香と並んで宮中にキリスト教をもちこんだ関屋衣子は、「皇太后様の御ことども」（『婦人之友』第四五巻第七号、一九五一年所収）のなかで、太平洋戦争の最中に皇太后に会ったさい、「今のまゝでは日本は負けます」と話すと、皇太后は「私は始めからそう思つていました」と言い、「しかし私は勝つとか負けるということでなくどうかすべての人が平和な世界に生きてゆくことを希いますと述べたと回想している。

「救ライ事業に献身」という皇太后のイメージは、その死に際しても強調された。葬儀当日は全国のハンセン病療養所でも、告別遥拝式が行われた（藤野豊『「いのち」の近代史　「民族浄化」の名のもとに迫害されたハンセン病患者』、かもがわ出版、二〇〇一年）。

だが、その四日前の六月十八日、宮内庁長官の田島道治は、日記にこう書いていた。

大宮御所ニテ朝大夫ヨリ山川侍医ノ話キク。大正十四年八月子供ノ引ツケセクノコトアリ。ソレ迄大体ハ中《ママ》ヨクナク、女官ハ皇后様付、大正天皇御気ノ毒トカ。入沢ト皇后様ト転地ニテ意見正反対。強引ニ、十五年八月葉山ヘ、ソレ故煩悶ニテ身体ノ御病気ハナカラントノコト。（前掲『昭和天皇と美智子妃　その危機に』）

大夫は皇太后宮大夫の坊城俊良、山川侍医は山川一郎、入沢は侍医頭の入沢達吉を指している。この日は東京都南多摩郡横山村（現・八王子市）の多摩陵（大正天皇陵）東隣に造営された多摩東陵で、四日後の葬儀の予行演習を行ったのだが、朝に関係者が集まった大宮御所で、田島は坊城から聞いた山川の話を、驚きをこめて書き留めたのだ。

ここで山川は、前掲『拝命』にも記していないことを語っている。大正十四年、つまり一九二五年八月に、天皇嘉仁の身に子供の痙攣のような引きつけがあった。それまで天皇嘉仁と皇后節子の仲はよくなく、女官も皇后付だったため、天皇は気の毒だった。転地療養の場所について、入沢と皇后の意見は正反対であったが、二六年八月に皇后が強引に葉山に転地させたため、天皇は煩悶を起こしたのであり、身体の病気ではなかった。

宮中で貞明皇后がいかに大きな権勢を振るっていたかを示すエピソードといえよう。山川は、そのことが大正天皇の命を縮める一因になったことをほのめかしているのだ。こうした発言が、まだ葬儀も行われないうちに出てきていることに注意する必要がある。

昭憲皇太后の女官であった山川三千子は、六〇年に書かれた前掲『女官』でこう述べている。

加賀淳子さんの「貞明皇后」も読みました。

この両陛下こそは、悲劇の帝王でございましょう。大正天皇を失われてからの皇后は、まるで「黒衣の人」といわれてもよいような、黒一色の生活をされ、自分自身の手で加えられるそのような鞭はなにがため、とありましたが、その謎はやはりご自分の心だけがとかれるものでしょう。お四かたの皇子もあげられたのですから、お睦まじい時もあったのでしょう。

御賢明にわたらせられすぎて、となげいた人もあったとか。亡き天皇をしのばれる時があるなら、ふと浮ぶざんげのお心持がなかったとは申せませんでしょう。

天皇があられたればこそ、皇后になられたのですから。

作家の加賀淳子は、『婦人公論』一九五九年五月号に掲載された「貞明皇后」で、「大正天皇を失われてからの皇后は、まるで『黒衣の人』と云われてもよいような、黒一色の生活をすごされた。粗衣粗食という文字が当てはまるような、きびしい毎日だったと云われている。自分自身の手で加えられるそのような鞭は、いったい何のために行われたものだろうか。それは変転きわまりない運命を辿られた『悲しく憂愁な皇后』の胸底に秘められた永遠の謎である」と書いている。引用した山川の文章は、明らかにこの箇所を踏まえている。

加賀の言う「永遠の謎」に対して、山川三千子は正面から即答することを避けてはいるものの、山川一郎と同様、大正天皇と貞明皇后が不仲であったことをほのめかしている。皇后は、天皇が存命中だったときの自らに対して「ざんげのお心持」があったからこそ、「黒一色の生活」を貫いたと暗に述べているのだ。おそらくは自らが仕えた昭憲皇太后との比較を念頭においた貞明皇后に対する辛辣な批判が、行間からにじみ出ている。

不仲の原因の一端が、結婚以来の嘉仁の「御癖」(前掲『佐佐木高行日記』)、すなわち浮気性にあったと見ることもできるだろう。しかし山川一郎ばかりか、9章で触れたように、女官時代、嘉仁に迫られたことがある山川三千子すら、ここでは嘉仁により同情的で、節子により批判的な見方をしている。

冒頭に掲げた新聞の社説とは相反するこうした秘話を読むと、改めて序章で触れた、一九二六(大正十五)年十月の詔書の意味について考えたくなる。長慶天皇を第九十八代天皇として認めることを公式に表明する一方、神功皇后を第十五代天皇としては認めないことを言外に含ませた、あの詔書である。あの詔書は、皇后が天皇を強引に葉山に転地させてから二ヵ月あまり後に公布されていることに注目しなければなるまい。

皇后が天皇を葉山に転地させたのは、あくまでも天皇が少しでも長く生きられるようにするためであった。つまり皇后としては、大正という時代が少しでも長く続いてほしかったのだ。こうして見ると、神功皇后を歴代天皇から外した背景に、当時の宮中で皇后が天皇を上回る権力を獲得しつつある状況に対する危惧の念があったとしてもおかしくはない。皇后が天皇として認められる前例をつくりたくはなかったということだ。

詔書が公表された日に皇后が遺書を書いたことは、16章で触れた。皇后節子の思いとは裏腹に、天皇嘉仁は二六年十二月二十五日、葉山で死去する。これは皇后にとって、大きな衝撃を伴う出来事であった。節子が皇太后になってから「黒一色の生活」を続けたのは、単に嘉仁に対する「ざんげのお心持」があったからだけではなく、自分自身もまた皇后ではなくなった「昭和」を拒絶したいという気持ちがあったからでもある。その異様な生活の裏に何があったかを、山川一郎も、山川三千子もひそかに感づいていたのだ。

皇太后の死去に伴い、五二年一月一日に皇太后宮職が廃止された。大宮御所にいた女官も、女官長の清水谷英子をはじめとする人々が退職した。皇太后宮職から侍従職に配置換えになった女官は、二人しかいなかった（河原敏明『昭和の皇室をゆるがせた女性たち』、講談社、二〇〇四年）。

これにより、かつて侍従次長の木下道雄が試みようとして挫折した改革がようやく実現した。女官が侍従職だけになることで、厳格な階級制度や源氏名は廃止され、お局もなくなった。長々としたあいさつで用いられる御所言葉も使われなくなった。

侍従職の女官たちは、しきたりにうるさく、煙たがっていた皇太后宮職がなくなることで、内心胸をなでおろしていたに違いない。けれども、皇太后節子が死去して胸をなでおろしていたのは、彼女らだけではなかった。皇后良子もまた同様だったのである。

皇太后の死去から十日後の五一年五月二十七日に開かれた皇族会議で、「大宮様の御哥集と追憶録のやうなもの」を編纂することが決まった。だが皇后は、「取込んでゐるから後でいゝ」として取り合わなかった（前掲『入江相政日記』第五巻）。『貞明皇后御集』草稿版三巻が霊前に供えられたのは一年後の五月十七日であった（『朝日新聞』一九五二年五月十七日夕刊）。「追憶録のやうなもの」が編纂されたかどうかはわかっていない。[注1]

九月九日（現地時間は八日）にはサンフランシスコ平和条約が調印され、日本は独立回復を認められる代わりに、第十一条で極東国際軍事裁判を受諾した。それは天皇もまた、たとえ不満があろうが、この裁判の判決を受け入れなければならないことを意味した。前章で触れたような、四八年の結審当時に天皇が抱えていた葛藤は消え、東条英機ら絞首刑にされたA級戦犯に戦争責任を押し付ける、後の「富田メモ」[注2]につながる論理がここから出てくるのである。

同日には、日米安全保障条約も調印され、日本国内の米軍の駐留が定められた。いわゆる日米同盟の礎が定まったのである。それはまた、たとえ独立を回復しても、米国主導の占領体制そのものからは脱却できないことを意味してもいた。カトリックに接近することでこの体制に風穴を空けようとする天皇の試みは、結局成功しなかった。独立回復以降に天皇が聖書の講義を受けることはなく、キリスト教徒との面会も激減するのは、決して偶然ではあるまい。

二つの条約調印から十日後、連合国軍最高司令官マッカーサーの後任のマシュー・リッジウェイ中将夫妻が宮中午餐に招かれた。このとき皇后は、皇太后がデザインした宮中服ではなく、初めて和服を着た。皇室研究家の髙橋紘は、この変化が皇太后の死去直後に起こったことに注目している（前掲『人間　昭和天皇』下）。

五二年八月には、服飾デザイナーの田中千代が皇后の専属となり、五九年まで皇后の公式の衣装を担当することになった（田中千代『皇后さまのデザイナー　モード随筆』、文藝春秋新社、一九五五年）。田中を抜擢したのは、父親が外交官どうしで家族ぐるみの付き合いがあった秩父宮妃勢津子であった（西村勝『田中千代　日本最初のデザイナー物語』、実業之日本社、一九九四年）。

五二年十月に第四皇女の厚子内親王が旧岡山藩主の子孫の池田隆政と結婚したときには、マリールイズ美容学院の千葉益子が皇后の美容と着付けを担当し、田中は皇后のために、金茶色の綸子の、肩と裾に鳩を飛ばせた和服をデザインした（同）。このとき皇后は、宮中祭祀でおすべらかしにするために六十センチも伸ばしていた髪の毛に初めてハサミを入れた（高瀬広居《ひろい》『皇后さまの微笑』、山手書房、一九八二年）。

五四年八月に天皇とともに北海道を訪れるのに先立ち、皇后は宮中祭祀に差し支えのない程度に髪の毛を短くし、衿元あたりまで詰めた。さらに五六年になると、国産のドライヤーを備えつけ、パーマまでかけている（前掲『人間　昭和天皇』下および前掲『皇后さまの微笑』）。

こうした一連の変化は、皇太后節子という重圧がいかに大きかったかを物語っていた。逆にいえば、その重圧から解放された皇后良子は、ようやく自分の時代がやってきたと実感したはずである。

解放感からか、皇后はさらに体重が増した。田中千代は、「やはりお肥りになっていらっしゃることを気に遊ばしていらっしゃるようなので、私はこの頃、ウェストのあたりを黙ってキュッと締めて差しあげる。私が一昨年〔一九五三年〕アメリカに行った時、お体に合わせて作らせたコルセットをお送りしたが、それを大変愛用なさっておられるようでうれしい」と述べている（前掲『皇后さまのデザイナー』)。五七年六月からは美容研究家の竹腰美代子の指導で美容体操を始めたが、最初に会ったとき、竹腰は皇后に「体操をあそばしても、おやせになりませんよ……」とはっきり言ったという(前掲『香淳皇后と激動の昭和』)。

ところが前述のように、皇太后宮職から侍従職に移った女官が、二人だけいた。その一人が、二九年に皇太后宮職の内侍となり、宮中祭祀で皇太后の代拝を行ったこともある今城誼子《いまきよしこ》(源氏名は「浜菊」)であった。たとえ皇太后が死去しても、祭祀を重んじる皇太后の考え方自体が宮中からなくなったわけではなかったのだ。注3

皇太后の死去に最も大きな衝撃を受けたのは、おそらく御殿場に一人残された秩父宮であったろう。その証拠に、「母というものは、その健在のときは、いてもいなくてもどうでもよいような存在に考えられるが、一度いなくなると、そこには非常に大きな空虚ができたような感じがして、さびしいともなんとも表現し得ないものだとは、母をなくした人々の異口同音に述懐する言葉である。まだ御遺骸も見ず、心のどこかにはなお半信半疑の消えぬ僕には、そんな感じなどとうていわかない」(前掲「亡き母上を偲ぶ」)と述べている。

五一年八月七日、駐日英国大使館参事のクラットンは、本国に送った報告で、再びサンフランシスコ平和条約締結後の天皇の退位の可能性について言及した。そのなかで、マツモト・カオルという人物が「秩父宮妃が摂政になるべきだとする提案にはかなりの支持がある」としていることに触れ、こう述べた。

秩父宮妃に関してマツモトが話しているように、彼女の資質、性格、人気に疑問の余地はない。もし彼女を摂政に任命する必要が生じた場合、広く歓迎されるだろう。しかし一九四七年一月に公布された現皇室典範によれば、天皇家の家系に属さない彼女は、摂政になる資格がない。（英国ナショナルアーカイブス所蔵文書ＦＯ０３７１／９２７１２所収。原文は英語）

皇太后が死去した直後に、皇室典範の規定に反する形で、皇太后の信頼が最も厚かった秩父宮妃勢津子の摂政就任案が持ち出されていたことがわかる。それは本来摂政になるべき秩父宮の代役としての意味をもっていたようにも見えるし、四八年十月に浮上した皇太后摂政就任案を継承する意味をもっていたようにも見える。

確かに秩父宮妃の人格は、政府でも高く評価されていたようだ。後のことだが、五三年七月二十五日に宮内庁長官の田島道治が、長官室で首相の吉田茂と皇太子妃の候補をめぐって雑談したさい、田島が「秩父宮妃のやうな方」と言ったのに対して、吉田は「あんな人ハ例外的存在で中々ないし」と答えたという（前掲『昭和天皇と美智子妃　その危機に』）。

だが、このマツモト・カオルという人物が誰なのかはわかっていない。最も可能性が高いのは、秩父宮も留学したオックスフォード大学を卒業し、四〇年から四一年にかけて外務省嘱託としてロンドン大使館に勤めたこともあり、五一年当時は上智大学や早稲田大学で政治史を教えていた松本馨だろう。

クラットンは、五一年七月二十日にマツモトがこの摂政問題をめぐって英国国務相と話し合ったとしているが、この点を確認できる史料はほかにない。出てくるのはマツモト・カオルという個人名だけであり、日本政府が秩父宮妃摂政案を検討したかどうかもわかっていない。

ただ前掲『雍仁親王実紀』には、松本馨の名前が何度か出てくる。まずロンドンから帰国後の四三年六月四日、松本は御殿場で秩父宮夫妻に会っている。松本は五一年六月十四日、皇太后の死去に伴い秩父宮夫妻が滞在していた東京の宮内庁長官官邸を訪れたのに続いて、十月五日にもまた宮内庁長官官邸を訪れ、秩父宮夫妻と食事をともにしている。この間に松本が渡英し、英国国務相と会ったと見ることもできるだろう。

五二年一月二十日、秩父宮は冬の寒さの厳しい御殿場から、藤沢市の鵠沼《くげぬま》（現・鵠沼桜が岡）に完成した別邸（現・天理教神奈川台分教会）に移った。三月十六日には、松本馨が鵠沼を訪れ、晩餐をともにしている。

一年間の宮中喪が明け、貞明皇后の御霊代が皇霊殿に奉遷された五月十九日、秩父宮は十二年ぶりに宮中祭祀に出席した。十一月十日には、皇太子の立太子式に参列した（同）。鵠沼に移ったことが、秩父宮の体調によい影響を与えているように見えた。

しかし十一月二十六日から再び体調を崩し、死期を悟った十二月七日にはひそかに遺言を書いた。十二月三十一日には重態に陥り、五三年一月四日に死去する（同）。享年五十であった。

14章で触れたように、遺書には「葬儀は、若し許されるならば、如何なる宗教の形式にもならないものとしたい」（同）と書かれていた。「僕は、神―此の字で表現することの適否は別として宇宙に人間の説明し能はない力の存在を認めないわけにいかぬ―を否定しない。然し現代の宗教に就いて一としてこれと云ふものはない」（同）として、皇太后の遺書とは対照的な宗教観をあらわにしたのである。それはまた「宗教心を持たねばだめだね」（前掲『侍従長の遺言』）と語り、一時はカトリックに急接近した天皇とも異なる境地であった。

四〇年からずっと療養生活を続けてきた秩父宮は、「神ながらの道」にせよカトリックにせよ、宗教が政治と結び付き、「勢力拡張の為には手段を選ばない傾向」（前掲『雍仁親王実紀』）さえあることに対して、批判的な姿勢を崩さなかった。

五二年六月、貞明皇后の遺志を継承する形で、高松宮を総裁とする藤楓《とうふう》協会が誕生した。「藤」は貞明皇后の、「楓」は昭憲皇太后の印章であった。癩予防協会の事業はここに引き継がれ、それまで「癩予防デー」と呼ばれていた貞明皇后の誕生日である六月二十五日は、「救らいの日」と改められた。

注目すべきは、この藤楓協会の設立が厚生省によるハンセン病患者の隔離強化と並行して進められたことである。五三年には戦前の「癩予防法」を改正した「らい予防法」が成立し、根絶のための隔離政策が維持されることになる（前掲『「いのち」の近代史』）。

皇族や元皇族のハンセン病療養所への訪問は、前章で触れたように、皇太后節子の在世中から高松宮が最も活発であった。それは象徴天皇制を安定化させたいGHQの意向に沿うものであったが、五二年四月の独立回復後もその傾向は変わらなかった。妃の喜久子を同伴する場合もあれば、単独の場合もあった。

高松宮に次ぐのは、五二年十月に結婚した池田隆政、厚子夫妻であった。これは二人が住んでいた岡山県内に、長島愛生園と邑久光明園《おくこうみょうえん》という二つのハンセン病療養所があることが関係していた（同）。

皇后は天皇とともに各地の病院や障害者施設、児童養護施設などを回ったが、ハンセン病療養所を訪問することはなかった。前章で触れたように、四九年五月に天皇が熊本県の菊池恵楓園の前を通ったことはあったものの、天皇と皇后による療養所への公式訪問は、七二年十月に奄美大島の奄美和光園を訪れるまでなかった（同）。このとき天皇は、「この園を我たづねたりたらちねの母はいかにとおぼしめすらむ」と詠んでいる（『昭和天皇実録』昭和四十七年十月二十五日条）。皇后良子は、結局「たらちねの母」、すなわち皇太后節子のような「光明皇后の再来」とは見なされなかったのである。

一方、皇太子明仁は、五一年五月の皇太后節子の死去によって延期されていた立太子礼と成年式を、五二年十一月十日に挙げている。この立太子礼は、主権回復後最初の国事であった。五三年三月から十月までは半年間にわたりイギリス、アメリカなど十四ヵ国を歴訪し、天皇の名代としてエリザベス女王の戴冠式に出席した（波多野勝『明仁皇太子エリザベス女王戴冠式列席記』、草思社、二〇一二年）。しかし帰国後の十二月に結核と診断され、毎年夏に軽井沢の旧朝香宮別邸、千ヶ滝プリンスホテル（現在は廃業）で静養するようになる。

このように、皇太后節子が死去し、サンフランシスコ平和条約が結ばれて独立が回復したのに続き、皇太子という新たな「役者」が登場したことは、天皇の退位問題で再三にわたって揺れた戦後の象徴天皇制を安定させるのに大きく貢献することになる。

それをよく示すのが、「天皇ご一家」写真が掲載された正月の新聞紙面と一般参賀である。

五二年元日の『毎日新聞』は、天皇、皇后、皇太子のほか、和子内親王、正仁親王、貴子内親王を加えた六人の「天皇ご一家」写真を初めて掲載した。続いて五三年元日には、『朝日新聞』もまた「御一家での楽しみ」の見出しのついた記事の横に、天皇、皇后と皇太子の写真を掲載している。ジェンダー史学者の北原恵は、正月の「ご一家」像がこのころに完成したとしている（「戦後天皇『ご一家』像の創出と公私の再編」、『大阪大学大学院文学研究科紀要』第54巻所収）。

二重橋が開放され、一般市民が参賀するスタイルは国民参賀として四八年正月から始められたが、五一年から皇后も答礼に加わり、五三年には一般参賀として確立された。参賀者の数は、五〇年に約一万五千人だったのが、皇后が加わった五一年に約二十八万人となった。皇太后の死去に伴い五二年は中止されたが、皇后が初めて着物姿で宮内庁玄関バルコニーに立った五三年には約六十四万人が訪れている（同）。また五四年にも約三十八万人が詰め掛け、将棋倒しによって十七名の死者を出す「二重橋事件」が起こっている（原武史・吉田裕編『岩波　天皇・皇室辞典』、岩波書店、二〇〇五年）。

当時の天皇制を、アメリカやイギリスはどう見ていたのだろうか。五七年三月二十八日、駐日米国大使館参事官のジョージ・A・モーガンは、駐日英国大使館大使のエスラー・デニングとの会話記録をワシントンの国務省に報告している。

戦後初期には、日本人はまだ新年の伝統行事を守ろうとしたが、皇居周辺の人波はきわめて少なかった。戦前の天皇制は大きく様変わりした。多くの日本人は天皇に敗戦責任があると見なす傾向があり、天皇の退位と皇太子への代替わりに賛成する感情がかなりあった。新憲法で日本国の象徴とされた天皇の役割は、かつて天皇に付与されていたような精神的感化力を国民に及ぼすことができないという批判もあった。さらに、敗戦国の厳しい経済状態や日常生活で否応なく起こる困難は、普通の日本人が天皇について考えることを難しくさせた。またマッカーサーの存在が、日本人の心に天皇を見劣りさせがちにする面もあった。

　経済状態が徐々に改善し、サンフランシスコ平和条約の結果として独立が回復されると、天皇制は日本人にとってより重要だと考えられるようになり、宮内庁は天皇や皇室を人間化しようとした。天皇の巡幸や皇族の外交上の舞踏会、映画試写会や諸儀式への参加は新聞を通して広く報道された。一九五三年の皇太子の外遊はさらに有益な宣伝材料となった。一層の経済回復と結びついたこの宣伝は、天皇に対する尊崇の念を徐々に増やす結果を招いた。こうした国民感情の変化は、新年の一般参賀の人数の多さに反映している。（米国国立公文書館所蔵文書ＮＮＤ８７７４０３。原文は英語[注4]）

　天皇や皇室の「人間化」は、軍服から背広服に着替えた天皇に加えて、前述のような皇后の外見上の変化も意味すると考えることができよう。

　この報告書では、一般参賀とともに初詣の参拝客の多さにも言及されている。「東京では、多くの人々が有名な神社に初詣の参拝をしてから、天皇に挨拶するため皇居を訪れる」（同）。初詣の参拝客については、元皇族妃の梨本伊都子も五二年一月一日と五三年一月一日の日記で次のように言及している。


　今年は伊勢神宮・明治神宮、其他神社の参拝者は、何十万といふはなし、ラヂオで聞。実に力づよい。それだけ、いくらか人民の心もちも、昔にかへり、やはり日本の神様に御祈りするといふ心がかへってきて、何ともうれしい事。

朝、六時半からラヂオを聞いたら、伊勢・明治神宮、其他の実況放送を耳にして、実に何ともいひしれぬうれしさ。何万といふ参拝の音をきゝ、つい〳〵涙がこみ上る様。やはり何といふても日本は神の国といふ事を、つく〴〵かんじる。（前掲『梨本宮伊都子妃の日記』）

梨本伊都子は、まるで戦前の日本が戻ってきたかのような幻想に浸っていたのかもしれない。前述したモーガンの報告書にも、「現在、天皇に対する民衆の熱狂や尊敬は戦後最高に達している。新聞のなかには、この感情は一九四五年以前とほぼ同じくらい強いとするものもある。天皇の地位が変化したのに伴い、多くの日本人が敗戦後に感じた精神的混乱はほぼ消えたといえる」（米国国立公文書館所蔵文書ＮＮＤ８７７４０３。原文は英語）という一節がある。しかし梨本が抱いた幻想は、やがて一人の女性によって崩されることになる。

皇太子のお妃探しは、まだ立太子礼や成年式を挙げる前の五〇年から始まっていた。田島道治の九月二日の日記には、「東宮妃サガスコト」の一文がある（前掲『昭和天皇と美智子妃　その危機に』）。

このときから、軽井沢のテニスコートで皇太子と正田美智子が運命の試合を行い、五八年十一月二十七日に二人の婚約が発表されるまでの経緯については、記述を省略する。正田美智子は、中学から大学までカトリックの修道会である聖心会経営の学校に通った人物で、正田家もカトリックを信仰していた。皇室会議で、首相の岸信介がこの点を問題にしたが、宮内庁長官の宇佐美毅は本人が洗礼を受けていないことを理由に問題はないとした（前掲『天皇の歴史09　天皇と宗教』）。

皇后は天皇とは異なり、独立回復後も五五年四月二十八日には宮内庁で、五六年六月十三日には葉山御用邸で、それぞれ聖園テレジアに会っていた（前掲『聖園テレジア追悼録』）。キリスト教に対する皇后の関心がなくなったわけではなかったのだ。しかし皇后に比べても、正田美智子がはるかにキリスト教的な環境で育ったことは間違いなかった。

侍従の入江相政は、正田美智子に対する皇后や皇族妃の反応を、五八年十月十一日の日記で書いている。「東宮様の御縁談について平民からとは怪しからんといふやうなことで皇后さまが勢津君様〔秩父宮妃〕と喜久君様〔高松宮妃〕を招んでお訴へになつた由。この夏御殿場でも勢津、喜久に松平信子といふ顔ぶれで田島〔道治〕さんに同じ趣旨のことをいはれた由」（前掲『入江相政日記』第六巻）。田島道治もまた十一月六日の日記で、「四時　長官参邸（秩父宮妃）……其間三十分計リ伺フ。Empress〔皇后〕ト懇談ノ時モ Princess T〔高松宮妃〕話ニヨレバ御不満解ケズトイフコト」と記した（前掲『昭和天皇と美智子妃　その危機に』）。社長令嬢とはいえ民間出身の正田美智子に対して、旧皇族出身の皇后がいかに不満だったかが伝わってくる。

梨本伊都子の反応も同様であった。婚約が発表された十一月二十七日の日記はこうである。

午前十時半、皇太子殿下の妃となる正田美智子の発表。それから一日中、大さわぎ。テレビにラヂオにさわぎ。

朝からよい晴にてあたゝかし。もう〳〵朝から御婚約発表でうめつくし、憤慨したり、なさけなく思ったり、色々。日本ももうだめだと考えた。（前掲『梨本宮伊都子妃の日記』）

伊都子の心の動揺はおさまらず、次のような和歌を詠んでいる。

あまりにも　かけはなれたる　はなしなり　吾日の本も　光りおちけり
心から　ことほぎのぶる　こともなし　あまりの事に　言の葉もなし（同）

だが、伊都子の心とは裏腹に、婚約発表の直後から世間はミッチー・ブームで沸き返っていた（石田あゆう『ミッチー・ブーム』、文春新書、二〇〇六年）。それは彼女自身が十二月七日の日記で「よるとさはると、このせつは正田のはなし。タクシーの運転手まで色々うはさをする」（前掲『梨本宮伊都子妃の日記』）と記した通りであった。

皇太后が死去し、ようやく自分の時代が来たと思った皇后が、今度は自分を飛び越えて、皇太子妃となる若い女性にばかり注目が集まるようになったことに対して、不快の念を抱いたのは想像に難くない。入江相政は十二月九日の日記に、「美智子さんの教育に呉竹寮を使ふことを昨日お上はいゝとおつしやつたのに皇后さまはいけないとおつしやつた由。まだモヤ〳〵があるらしい」と記している（前掲『入江相政日記』第六巻）。

ここで注目すべきは、皇后よりも天皇のほうが正田美智子に好感をもっていることである。占領期にカトリックに接近した経験をもっていた天皇は、自らの思いを理解してくれる女性として、正田美智子を評価していたのではないか。五九年三月十二日にも、天皇は入江に「美智子さんの事について非常に御期待になつてゐること」を話している（同）。

アメリカの見方はどうだったか。駐日米国大使館一等書記官のハーラン・B・クラークが、五八年十二月十九日にワシントンの国務省にあてた報告が残っている。

あらゆる点から見て、このたびの婚約が日本における天皇制の発展に重大な意味をもっているのは疑いない。敗戦以来、天皇の新憲法での地位や世論の流れとともに、皇室の「人間化」がゆっくりと、しかし着実に進んできている。こうした努力が少なくとも部分的に成功していることは、一般市民のなかで皇室の人気が増しつつあることや、皇室の公的な振る舞いがより自然になっていることから裏付けられる。このような明らかな変化にもかかわらず、イギリスの王制とよく似た天皇制の究極の目標は、天皇が皇太子に譲位するまで達成されないだろうと感じている日本人も多い。国民主権というイメージに合わせて、天皇が皇室の名誉を回復させるべく、立派な、時にはやや必死の努力を重ねても、それはかなり大変なやり方であり、明らかに個人的限界がある。

一方、皇太子は戦後に育ち、父親よりもずっと幅の広い教育を受け、とりわけ戦後の社会的精神的風潮に親しんでいる。皇太子が、旧皇族や華族の外の、彼自身よりもさらに自由な教育を受け、彼自身を上回る大衆の人気を獲得できる女性を選んだことは、天皇制を維持するのに決定的に重要だと思われる人間化を進める上で、結局のところ計り知れないプラスとなることがわかるはずである。（米国国立公文書館所蔵文書ＮＮＤ８７７４０３。原文は英語）

クラークは、天皇とは異なり、皇太子には軍隊経験がなく戦争と断絶しており、戦後の民主主義的な空気のなかで育ったことを指摘するとともに、正田美智子が人気の点で皇太子を上回っていることに注目する。そしてこの結婚が皇室の「人間化」を大きく前進させるとしながらも、それが完全に実現されるには天皇の代替わりを経なければならないことをほのめかしている。

皇太子明仁と正田美智子は、五九年四月十日に結婚する。皇太子は満二十五歳、皇太子妃は満二十四歳であった。宮中三殿の賢所で行われた結婚の儀は、賢所の内部にカメラが入ることはできなかったとはいえ、初めてテレビで中継された。

参列した東宮教育参与の小泉信三はこう述べている。

定刻に儀式始まる。一千人の集合に拘らず、四辺寂として、屋根のあたりに飛びかふ雀の声が耳だつた。目でその声を追へば、門の屋根の上にそびえる、楠と思はれる大樹の新葉、日の光りにかゞやき、燃えるやうであつた。黄丹御袍の皇太子殿下、紫の十二単を召された正田嬢、神殿に入り、参列員一同、白衣の祭官の相図に従ひ起立すれば、告文を読み上げらるゝ、聴き慣れた殿下の御声、微かに聞こえ来る。（『この一年』、文藝春秋新社、一九五九年）

このあと朝見の儀を経てパレードに移り、洋装に着替えた二人を乗せた儀装馬車が皇居から常磐松東宮仮御所（現・常陸宮邸）まで進み、沿道に五十三万人が詰め掛けた模様もまたテレビ中継された。

テレビ中継を見ていた一人に野上彌生子がいた。

皇太子は北軽〔北軽井沢〕に来た時より太つて、衣冠束帯の姿にはなか〳〵もの馴れたポーズがあるが、洋服になると花嫁の方に貫録があつて、姉と弟のかんじ。馬車にのる時も服装のかんけいもあつて、お嫁さんの方が場所をとり、その横に小さくなつたかんじ。男女で同じ年なら、女の方がたいてい姉である。美智子さんの落ちつき払つた態度は、彼女の性格にもよるだらうが二十四といふ一人まへの女の強味である。（前掲『野上彌生子全集』第Ⅱ期第十三巻）

皇太子妃美智子のほうが人気があるばかりか、存在感という点でも上だとしているわけだ。政治学者の松下圭一は、ミッチー・ブームを画期として成立した新たな天皇制を「大衆天皇制」と名付けたが（「大衆天皇制論」、『中央公論』一九五九年四月号所収）、それはテレビという新たなメディアの爆発的な普及により、視覚的にも皇太子でなく皇太子妃、天皇ではなく皇后が中心となる天皇制の幕開けを物語っていた。

五九年四月十八日、皇太子夫妻は結婚を報告するため、伊勢神宮に参拝した。前日、皇太子妃美智子は、神宮で初めて潔斎を行った。皇太后節子の命日に当たる五月十七日には、皇太子妃は皇后や皇太子らとともに貞明皇后七年祭に出席するべく、再び宮中三殿を訪れたが（天皇は風邪のため欠席）、このときも事前に潔斎を行い、髪形を祭祀にふさわしく整えるなど、入念に時間をかけた。結婚早々、宮中のしきたりに従ったのである。

六〇年二月二十三日、皇太子夫妻に第一皇子が誕生し、幼名は浩宮、名は徳仁《なるひと》と命名された。皇太子妃は、宮中で初めて乳人を名実ともに廃止し、東宮御所で親子同居を実現させて母乳で育て、「ナルちゃん憲法」と呼ばれる育児メモをつくり、自らの方針を周知徹底させた。

皇太子夫妻は、同年九月に訪米する直前、東京都下のひばりヶ丘団地（現・ひばりが丘パークヒルズ）と武蔵野緑町団地（現・武蔵野緑町パークタウン）を視察している。それは当時の団地が、最もアメリカ的なマイホームと認識されていたからであった（原武史『団地の空間政治学』、NHKブックス、二〇一二年）。

この日の妃殿下の服装は、いま流行のベージュのタイトワンピースに、もえぎ色ターバン風の帽子と同色のサッシュベルト、真珠のネックレスというデラックス・スタイル。洋装のスタイルには日ごろ口やかましい〝団地夫人〟からも「ベルトと帽子に同色を使われるなどセンスがあるわ。あのスタイルなら米国に行ってももてるでしょう」という声も聞かれ、妃殿下に対するスタイルは満点だった。（『毎日新聞』多摩版、一九六〇年九月七日）

団地住民が注目していたのは、皇太子明仁ではなく、皇太子妃美智子の洗練されたファッションであった。

自民党の佐藤栄作は、北海道開発庁長官兼科学技術庁長官だった六四年三月六日、皇后の誕生日に「皇后様今日は一層美しい。黒のビロードの服に頸冠章をかけられ神々しい」と日記に記した（『佐藤榮作日記』第二巻、朝日新聞社、一九九八年）。しかし首相在任中には、宮内庁長官の宇佐美毅に「皇后様に反物を献上したいが、どうすればよいのか」と電話し、断られると「君は皇后様の着物を見ているのか。ひどいぞ、あれは」と言ったという（岩見隆夫『陛下の御質問　昭和天皇と戦後政治』、文春文庫、二〇〇五年）。もちろん皇太子妃にこんなことは言わなかった。佐藤の脳裏からは、どれほど皇后が美しく着飾っても、占領期の宮中服を着たイメージが抜け切らなかったのかもしれない。六〇年九月の皇太子夫妻の訪米は、安保闘争の直後に行われた。闘争のあおりを受けてアイゼンハワー大統領が来日できなかった日米関係を修復させる政治的役割が、皇太子夫妻に課せられていた。この点では、皇室外交の先駆けといってよかった。皇太子妃は、早くも結婚した翌年に、それまで外国を訪れることのなかった昭憲皇太后、貞明皇后、皇后良子との違いを明確にしたのである。

ここには、米国＝〈男性〉にかしずく日本＝〈女性〉という対比の図式が当てはまる。社会学者の吉見俊哉は、四五年九月二十七日に撮影され、翌々日の新聞に掲載されたマッカーサーと天皇の写真に、早くもこの図式が象徴化されていたとする（「メディアとしての天皇制」、『岩波講座　天皇と王権を考える』第10巻、岩波書店、二〇〇二年所収）。ハワイやサンフランシスコ、ワシントンなど、行く先々で皇太子妃が皇太子以上に注目を浴びたのは、日本そのものを〈女性〉としてとらえる米国側のまなざしがあったからではないか。

歴史学者のジョン・ダワーは、敗戦直後の日本について「大挙してやってきたアメリカ人の頭の中では、この敗戦国じたいが女性的だとされてしまった。（中略）昨日まで危険で男性的な敵であった日本は、一度のまばたきのうちに、白人の征服者が思い通りにできる素直で女性的な肉体の持ち主へと変身した」と述べている（『敗北を抱きしめて』上、三浦陽一、高杉忠明訳、岩波書店、二〇〇一年）。しばしば和服を着用し、皇太子の半歩あとを歩く皇太子妃は、ダワーの言う「素直で女性的な肉体の持ち主」の化身ととらえられたのではないか。神功皇后と自らを一体化させて「かちいくさ」を祈り続け、敗戦後もヴァイニング夫人に対抗心をむき出しにした貞明皇后との落差の大きさは明らかである。

この訪米を機に、皇太子妃は皇太子とともに、積極的に外国を訪れた。六〇年十一月と十二月にイラン、エチオピア、インド、ネパール、六二年一月と二月にパキスタン、インドネシア、同年十一月にフィリピン、六四年五月にメキシコ、同年十二月にタイという具合に、ほぼ毎年のように外国を公式訪問した（伊達宗克「皇室外交の主役」、『知識』一九八六年一月号所収）。

外国を訪れるたびに、皇太子妃は大変な人気の的になった。例えば、六二年一月から二月にかけてインドネシアを訪れたときには、現地の新聞は「やさしいプリンセス」「シンデレラのような妃殿下」と書き立てた（同）。また六二年十一月にフィリピンのマニラの空港に降り立ったときの現地の反応はこうだった。


皇太子ご夫妻が特別機「宮島」のとびらのところへ出てこられたとき、フィリピンのカメラマンは小さな声でつぶやいた。「おお、ビューティフル」シルクハットとモーニング、黒ずくめの皇太子さまのかたわらにひわ色の和服姿で立たれた妃殿下にため息をついたのはこのカメラマンだけではなかったようだ。（『朝日新聞』一九六二年十一月六日）

インドネシアもフィリピンも、太平洋戦争で日本に侵略された激戦地である。けれども皇太子妃の訪問により、侵略を受けた「危険で男性的な敵」としての日本が後退し、米国と同じく〈女性〉としての日本に魅了される現地の反応がよく表れていよう。

国の内外で皇太子妃が注目されたのとは対照的に、皇后には不幸が襲いかかった。この前年に当たる六一年七月二十三日、天皇裕仁と皇后良子の第一皇女で、四三年に東久邇宮盛厚王と結婚した成子が、結腸ガンで死去したのだ。享年三十五であった。

成子のあまりに若い死は、皇后にとって大きな衝撃であった。18章で触れたように、成子は里子に出されず、女子学習院に入学する三二年四月に呉竹寮に移るまで、天皇と皇后のもとで育てられた。その期間は、すべての皇子、皇女のなかで最も長かった。皇后は、少なくとも成子だけは自分が育てたという認識をもっていたに違いない。

成子は天皇と皇后に甘やかされたと高松宮が批判し、明仁が東宮仮御所に移されたことはすでに見た通りだが、その背後にはしきたりにうるさい皇太后節子がいた。皇太后はヴァイニングに、「天皇のご一家が別々の御殿で暮らしている現状を、あなたは不思議にお感じになるかも知れません。しかし、これはアジアの古い伝統にもとづくものです」(前掲『皇太子の窓』)と話したように、このしきたりを変えるつもりはなかった。徳仁との同居を実現させた皇太子妃にとっては、皇太后がすでにいなかったことが幸いしたのである。


皇太子明仁と皇太子妃美智子は、結婚するや、国の内外で社会・福祉事業施設をしばしば訪問するようになる。これは敗戦以来の天皇裕仁と皇后良子の行幸啓を継ぐものであったが、訪問の回数が増えた上に、もっぱら国内に限られていた天皇と皇后に比べて、その規模が海外にまで拡大した点が異なっている。

具体的にいえば、皇太子夫妻は六〇年十一月一日に杉並区の養護施設(現・養護老人ホーム)浴風会浴風園を、六一年三月二十七日に長野県南安曇郡穂高町(現・安曇野市)の養護施設(現・養護老人ホーム）安曇寮を、同年六月七日に板橋区の整肢療護園（現・心身障害児総合医療療育センター）を、それぞれ訪れた（『読売新聞』一九六〇年十一月一日夕刊、『朝日新聞』一九六一年三月二十八日、同年六月七日夕刊）。

六二年五月に熊本県を訪れたときには、皇太子妃は十三日の「母の日」に単独で熊本市内の慈愛園子供ホームを視察し、次の和歌を詠んでいる。

吾子遠く置き来し旅の母の日に母なき子らの歌ひくれし歌（『瀬音　皇后陛下御歌集』、大東出版社、一九九七年）

自ら徳仁を育てる一人の母親として、母親のいない子供たちの身の上を案じた歌である。さらにこの年の九月十八日には、四六年から四七年にかけて、皇后や天皇も本部や支部を相次いで訪れた聖心愛子会の岡山支部を皇太子とともに訪れている（『朝日新聞』一九六二年九月十八日夕刊）。

六五年五月五日には、厚生省に寄せられた皇太子結婚の祝い金をもとに、「ゆたかな自然のなかでこどもたちを遊ばせる」施設として、横浜市港北区（現・青葉区）と東京都町田市にまたがる田奈弾薬庫跡に「こどもの国」が開園した。皇太子妃は、この施設に皇太子とともに開園前に二度視察して意見を述べるなど、一貫して並々ならぬ関心を注いでいる（『こどもの国三十年史』、社会福祉法人こどもの国協会、一九九六年）。

海外では、六二年十一月七日に皇太子とともにマニラの国立児童養護施設を、六四年五月十三日には皇太子妃単独でメキシコの児童保護所を、それぞれ訪問している。六二年十一月七日の『読売新聞』夕刊には、マニラのウェルフェアビル孤児院で赤ちゃんを抱く皇太子妃の写真が大きく掲載された（『読売新聞』一九六二年十一月七日夕刊および一九六四年五月十五日）。

皇太子妃は、表向きには宮中祭祀など皇室神道を尊重しつつも、根底にはやはりカトリックの信仰があるように見える。その信仰は貞明皇后がのめり込んだ「神ながらの道」とは対照的に、ナショナリズムを超えるものとして、今日まで一貫しているのではないか。皇太子妃の役割は、自らもカトリックに接近した天皇が結婚に際して期待したように、決してステロタイプ化した戦後の日米関係に還元されるわけではなかったのだ。

しかし、かつての皇太子妃節子と同様、皇太子妃美智子にも困難な道のりが待ち構えていた。入江相政は、皇太子妃の誕生日に当たる六二年十月二十日、「妃殿下に国民の九割九分迄は絶対の支持をしてゐること申上げ」た（前掲『入江相政日記』第六巻）。入江があえてこう言わなければならないほど、皇太子妃がいかに宮中で孤立感を味わっていたかが伝わってくる。また六七年十一月十三日にも、皇太子妃は入江に向かって、「皇后さまは一体どうお考へか、平民出身として以外に自分に何かお気に入らないことがあるか」と話している（前掲『入江相政日記』第七巻）。平民出身の皇太子妃に対する不満が、結婚して八年あまりが経過してもなお、皇后を中心にくすぶり続けていたのがわかる。

皇太子妃のカトリック信仰に関わる事件として、「宮中聖書事件」と呼ばれる事件がある。皇太子の弟の正仁親王がキリスト教に興味を持ったのは皇太子妃の影響であると聞いた天皇が皇太子妃を呼び付け、皇室においてキリスト教の話はしないよう叱責したとされる事件のことだ。しかしこの事件を伝える一次史料はなく、真相は不明のままである。

そもそも、正確な年すらわかっていない。皇太子の同級生の橋本明は六一年に、皇室ジャーナリストの渡辺みどりは六二年に起こったとしている（橋本明『美智子さまの恋文』、新潮社、二〇〇七年および渡辺みどり『美智子皇后の「いのちの旅」』、文藝春秋、一九九一年）。橋本明は、侍従でクリスチャンだった村井長正の談話として、「昭和天皇だが、それほどお怒りになったのではない」と明かしたとしている。さらには、天皇が怒ったこと自体を否定する関係者の談話まである（前掲『人間　昭和天皇』下）。

自らもカトリックに接近した天皇が、正仁や皇太子妃の信仰それ自体を問題にしたとは考えにくい。七七年十二月刊の『昭和日本史〈別巻1〉皇室の半世紀』（暁教育図書）でこの事件が書かれているのを見た天皇は、「このようなことは、事実がないばかりでなく、心に思ったことさえなかった」と話したという（『昭和天皇実録』昭和五十三年三月十一日条）。仮に事件が本当にあったとしても、天皇はせいぜい、信仰の事実が発覚して外に漏れることを警戒しただけではなかろうか。

六三年三月、宮内庁は作家の小山いと子が月刊誌『平凡』に連載していた「美智子さま」の連載中止を申し入れた。7章で触れたように、「美智子さま」には皇太子妃が五九年四月十八日に伊勢神宮を参拝したさいの、前日の潔斎の様子が生々しく描写されていた。

三月四日には、皇太子妃の二度目の懐妊が発表された。だが異常妊娠と判明し、二十二日に宮内庁病院に入院して流産の手術を受けた。皇太子妃は十キロ近くもやせ細り、四月から七月まで葉山御用邸で静養した。第二子の懐妊を機に精神的に落ち込むというのは、7章で触れた皇太子妃節子と似ていた。

皇太子妃節子が下田歌子と出会い、神功皇后について教えられることで精神的危機を脱していったとすれば、皇太子妃美智子にとって、下田歌子に匹敵するのは神谷美恵子であったろう。神谷は精神科医で、皇太子や皇太子妃にフランス語や西洋古典を進講した前田陽一の妹でもあった。またハンセン病に関心が深く、五七年から自宅のある兵庫県の芦屋と岡山県の国立療養所長島愛生園の間を往復する生活を続けていた（原武史「神谷美恵子と長島愛生園」、『思索の源泉としての鉄道』、講談社現代新書、二〇一四年所収）。

六五年十月六日、皇太子妃は東宮御所で初めて神谷美恵子に会っている。その翌日、神谷は元宮内庁長官の田島道治の自宅に招かれ、夕食をともにした。田島は神谷を皇太子妃の相談相手として推挙している（前掲『昭和天皇と美智子妃　その危機に』）。これ以降、神谷は上京するたびに皇太子妃に会うことが多くなり、長島愛生園の月刊誌『愛生』も必ず持参している。二人の交流は、七二年に神谷が病気で倒れるまで、七年間続いた（宮原安春『神谷美恵子　聖なる声』、講談社、一九九七年）。

当時の高松宮は、「ライ患者ヲ療養所ニ隔離シテ新患ヲ根絶スルト云フ考ヘハ古ク改メ得ル段階ニナッタ」と述べて隔離政策を批判した（前掲『高松宮宣仁親王』）。だが実際には、「らい予防法」が九六年三月に廃止されるまで隔離政策が改められることはなかった。

皇太子夫妻は、六八年四月七日に鹿児島県奄美大島の奄美和光園を訪れた（『皇太子殿下皇太子妃殿下行啓記念誌』、国立療養所奄美和光園、一九六九年）。ハンセン病療養所には、皇后良子もまだ訪問したことはなかった。皇太子妃は、七二年九月十五日に鹿児島県鹿屋市の星塚敬愛園を、七五年七月十八日に沖縄県名護市の沖縄愛楽園を、七七年七月五日に東京都東村山市の多磨全生園を、皇太子とともに訪れた（『名もなき星たちよ―今は亡き病友らに捧げる　星塚敬愛園入園者五十年史―』、星塚敬愛園入園者自治会、一九八五年、『命ひたすら　療養50年史』、国立療養所沖縄愛楽園入園者自治会、一九八九年、多磨全生園患者自治会編『倶会一処　患者が綴る全生園の七十年』、一光社、一九七九年)。このような度重なるハンセン病療養所への訪問に、神谷美恵子からの影響を見てとることができる。

療養所を訪れた皇太子妃を、貞明皇后の再来と感じた患者もいたに違いない。「今度皇太子同妃両殿下の愛楽園お成りに対する、入園者、職員の御歓迎の喜びの底には、貞明皇后様よりお継ぎいただいている、両殿下の御仁慈への感謝にお答えする率直な発露以外の何ものでもなかった事をひとしお感ずる次第です」(前掲『命ひたすら』)。だが、療養所の門前を一度通り過ぎただけで、公式に訪れたことはなかった貞明皇后よりも、皇太子妃のほうがずっと光明皇后に近づいている。

皇太子妃節子が、神功皇后に出会うことで精神の危機を脱したのに対して、皇太子妃美智子は、神谷美恵子を媒介として光明皇后に出会うことで、精神の危機を脱したのではないか。しかも、光明皇后が史上初めての皇族以外からの皇后であったのと同様に、皇太子妃美智子もまた初めての平民出身の皇太子妃であった。

おそらく、皇太子妃美智子を最も憎んでいたのは、お見合いをしたこともあるという三島由紀夫であったろう。三島は『中央公論』一九六八年九月号に発表した「文化防衛論」で、ミッチー・ブームに代表される大衆化によって、天皇制は「いはゆる『週刊誌天皇制』の域にまでそのディグニティーを失墜せしめられた」と断じるとともに、宮中祭祀と「御歌所の儀式」を続ける「祭司かつ詩人」としての天皇に「栄誉大権の実質を回復し、軍の儀仗を受けられることはもちろん、聯隊旗も直接下賜されなければならない」と訴えた。三島がひそかに期待したのは、天皇が日本文化の女性性（たをやめぶり）ばかりか男性性（ますらをぶり）をも兼ね備えた「美の総攬者」として復活することであった。

だが、三島の期待に反して、皇太子妃美智子の登場は天皇制の皇后化をいっそう決定づけた。敗戦とともに神功皇后の非実在説が強まり、2章で触れたような、西日本を中心に広く分布していた神功皇后に関する伝説が忘却されても、もう一人のモデルとしての光明皇后は戦後になってますます存在感を増した。一方、歴代の天皇には、光明皇后に匹敵する象徴天皇制のモデルがいなかった。

かつてハーラン・B・クラークが予想したように、昭和から平成になり、戦争と結び付いた天皇制の記憶は完全に過去のものとなった。平成の天皇制の特徴の一つは、行幸啓の多さにある。現天皇と現皇后は、即位十五年にしてすべての都道府県を回り終えた。災害地や太平洋戦争の激戦地、社会・福祉事業施設への訪問は、天皇ばかりか皇后にとっても重要な公務となっている。二〇一四年七月二十二日には、皇后は天皇とともに宮城県登米市の東北新生園を訪れたことで、全国に十四ヵ所あるハンセン病療養所をすべて訪れ、各療養所における元患者との面会を果たしている。天皇明仁に寄り添う皇后美智子のほほえみのまなざしは、いまや国民の間にすっかり定着している。

その一方、現天皇と現皇后は宮中祭祀に熱心である。現皇后は、カトリックの信仰を媒介として皇祖皇宗の存在を信じているように見えるが、その思考回路はまだよくわかっていない。しかし現皇后が、貞明皇后と同様にナカツスメラミコトに匹敵する境地に達している可能性は十分にあるように思われる。

敗戦を機に憲法が改正され、天皇は国民統合の象徴となった。憲法的には、天皇制が大きく変わったことは論をまたない。しかし皇后には天皇同様、憲法に規定されない公的行為や私事が認められている。具体的にいえば、皇后は戦前までと変わることなく、行啓も行えば宮中祭祀にも出席する。この点では戦前と戦後の間に連続性がある。いや、平成ほど皇后の行啓や宮中祭祀への出席が多かった時代はほかにない。皇后の存在感は、昭和期と比べても一層強まっているのだ。

それを改めて印象づけたのが、二〇一一年三月に起こった東日本大震災である。現皇后は現天皇とともに、三月から五月にかけて、被災地や被災者の集まる施設を訪問しつつ、宮中祭祀に出席して祈り続けた。朝日新聞編集委員の北野隆一は、こうした皇后の行動の背景に儒教的な天譴論があるとしている（『朝日新聞』二〇一四年六月二十一日）。そうだとすれば、15章で触れたように、関東大震災を「神のいさめ」ととらえ、東京市内の病院や患者を収容する施設を積極的に回った貞明皇后と現皇后とが、ますます重なって見えてくる。

皇后の存在感が強まることで、天皇制が明治以降に獲得した権力が、より巧妙に隠蔽されていることもまた事実と言わねばなるまい。例えば、「山狩り」と呼ばれる行幸啓直前に行われる「特別清掃」がある。作家の柳美里は、上野恩賜公園での取材をもとにした小説『JR上野駅公園口』（河出書房新社、二〇一四年）のなかで、実物と思われる次のような張り紙を引用している。

〈下記のとおり特別清掃を実施しますので、テントと荷物を移動してください。

日時　平成18年11月20日（月）雨天決行

午前8時30分までに、現在地から移動すること。

〈午前8時30分から午後1時00分までの間は公園内での移動禁止〉

①文化会館裏の荷物、仮集積場鋼板・桜並木通り側の荷物、すり鉢山裏のテントと荷物は管理所裏フェンス前に移動してください。
②ボードワン博士像、奏楽堂、旧動物園正門、ごみ集積場、グラント将軍碑付近のテントと荷物は、精養軒付近「お化け灯籠」前に移動してください。
③不忍池、ボート小屋付近のテントは、不忍池の中通りに移動してください。
④西郷像付近のテントはJR側に、荷物は以前、テントのあった側に移動してください。
⑤精養軒付近の植栽にある荷物はカラーコーンで明示した位置より「お化け灯籠」側に移動してください。
⑥テントと荷物を片付けた後に（バッテリー、バール、単管パイプ、刃物類等）の危険物やベニヤ板等は放置しないこと。

上野恩賜公園管理所〉

二〇〇六年十一月二十日、天皇と皇后が上野の日本学士院を訪れるのに先立ち、このような紙が張られたのだ。ここには、天皇や皇后といった文字は一切出てこない。しかしこれが、上野恩賜公園に住んでいたホームレスの一時的な強制排除を意図しているのは明白である。天皇を、あるいは皇后を「浄」のシンボルととらえ、その前では「不浄」なものを隠さなければならないという発想に、戦前までの行幸啓との連続性がうかがえる。

ハンセン病療養所への訪問にしても、浄―不浄の図式が前提となっていたのは否定できない。奄美和光園にいたハンセン病患者の金城睦元が、「らいは穢い、らいは怖い、らいは忌わしい、このような怨嗟の声、呪いの声に追われて、頑くなに自［ら］の心を塞いで来た（中略）が、皇太子様や同妃殿下様から直々に御声を賜わることがあろうなどとは夢にも思わなかったことだった」（前掲『皇太子殿下皇太子妃殿下行啓記念誌』）と述べているように、「浄」のシンボルである皇室が、「不浄」の患者たちにまで「仁慈」を注いでくださるという発想は、患者自身にも共有されていた。高松宮のような例外を除いて、皇室自身がその図式を前提とする隔離政策に異議を唱えることはなかった。この点では神谷美恵子も同じであった。

行幸啓が繰り返されるたびに、包摂と排除の政治力学が見えないところで作用する。たとえ皇后自身の本意でなくても、皇后は天皇制の権力強化に加担している。いや、加担しているどころではない。象徴天皇制の正統性は、天皇ではなく、光明皇后をモデルとする皇后によって担われていると言っても過言ではあるまい。現在、日本の女性政治家の比率は衆議院で約九・五パーセント、参議院で約十六パーセントと、先進国で最低レベルに甘んじているが、現皇后こそは最高のカリスマ的権威をもった〈政治家〉であることを忘れてはなるまい。

だが同時にそれは、もし皇后が皇后として十分な役割を果たせなければ、皇后に匹敵する有力な皇族妃が出てこない限り、象徴天皇制の正統性そのものが揺らぐことをも意味するのである。この仮定が決して荒唐無稽ではないことは、近い将来に証明されるであろう。

生まれながらの皇后はいない。天皇とは異なり、血脈によって正統性が保たれていない皇后は、人生の途中で皇室に嫁ぎ、さまざまな葛藤を克服して皇后に**なる**ことが求められる。しかし、誰もが貞明皇后や現皇后のように、その苛酷な条件をクリアしてナカツスメラミコトになれるわけではないのである。

［注］

1　当時、宮中以外で編纂された追憶録としては、一九五一年十二月二十五日に刊行された前掲大日本蚕糸会版『貞明皇后』があげられる。

2　元宮内庁長官の富田朝彦がつけていたとされるメモ。靖国神社宮司の松平永芳の判断で、一九七八年に同神社にA級戦犯を合祀したことに対して、「だから私あれ以来参拝していない　それが私の心だ」と天皇が怒りをあらわにする文章が見られる。

3　今城誼子は六〇年代後半から七〇年代初頭にかけて、天皇裕仁の祭祀負担軽減を進める入江相政と対立し、入江から「魔女」と呼ばれるようになるが、皇后良子もまた今城に影響されて入江と対立する。この件については、前掲『昭和天皇』を参照。

4　本文書は、ＴＢＳ報道特集取材チーム（代表は金平茂紀氏）から提供していただいたものである。以下の引用も同様。

付記　本書は、講談社の文芸誌『群像』二〇一二年九月号から二〇一四年八月号まで、途中二〇一二年十二月号を除いて二十三回にわたって連載された「皇后考」を、一四年四月に刊行された『昭憲皇太后実録』上下巻、別巻や同年九月に公開された『昭和天皇実録』などの新たな史資料を取り入れつつ、大幅に加筆修正したものである。本書を執筆するに当たり、特に片野真佐子（大阪商業大学）、奥中康人（静岡文化芸術大学）、吉岡三貴（元お茶の水女子大学大学院）、浅見雅男（元文藝春秋）、水上奥人（文藝春秋）、谷村友也（同）、岡本京子（元シティ大学ロンドン大学院）、金平茂紀（ＴＢＳ）、辻美智代（エレメネッツ）各氏からは、貴重なご教示を受けたり、史資料を提供していただいたりした。心よりお礼を申し上げるしだいである。また『群像』に連載するよう声をかけてくださったばかりか、福岡、佐賀、京都、奈良、大阪、静岡、長野各府県への現地取材にも同行し、毎回の編集を担当していただいた元出版部の長谷川淳さんと、長谷川さんの仕事を引き継いだ出版部の原田博志さん、見事な装幀に仕上げてくださった菊地信義さんにも厚く感謝申し上げたい。

初出「群像」二〇一二年九月号〜二〇一四年八月号
（二〇一二年一二月号をのぞく）
なお、単行本化にあたり大幅に加筆・修正を加えました。

原武史（はら・たけし）

1962年、東京生まれ。明治学院大学教授。専攻は日本政治思想史。1998年『「民都」大阪対「帝都」東京——思想としての関西私鉄』（講談社選書メチエ）でサントリー学芸賞、2001年『大正天皇』（朝日選書）で毎日出版文化賞、08年『滝山コミューン一九七四』（講談社）で講談社ノンフィクション賞、『昭和天皇』（岩波新書）で司馬遼太郎賞を受賞。他の著書に『レッドアローとスターハウス』（新潮社）、『団地の空間政治学』（NHKブックス）、『知の訓練』（新潮新書）などがある。

皇后考《こうごうこう》

二〇一五年二月四日　第一刷発行

著者　原《はら》 武史《たけし》

発行者　鈴木 哲

発行所　株式会社講談社

〒一一二—八〇〇一　東京都文京区音羽二—一二—二一

出版部　〇三—五三九五—三五〇四

販売部　〇三—五三九五—三六二二

業務部　〇三—五三九五—三六一五

印刷所　凸版印刷株式会社

製本所　大口製本印刷株式会社

定価はカバーに表示してあります。

ISBN978-4-06-219394-8　Printed in Japan